Filosofia, aprendizagem, experiência

ORGANIZADORES
Siomara Borba
Walter Kohan

Filosofia, aprendizagem, experiência

autêntica

Copyright © 2008 by os autores

CAPA
Patrícia De Michelis
(Sobre tela Sir Lawrence Alma-Tadema: *The Favourite Poet*, 1888)

EDITORAÇÃO ELETRÔNICA
Waldênia Alvarenga Santos Ataíde

REVISÃO
Vera Lúcia Simoni Castro
Ingrid Müller Xavier

Todos os direitos reservados pela Autêntica Editora. Nenhuma parte desta publicação poderá ser reproduzida, seja por meios mecânicos, eletrônicos, seja via cópia xerográfica sem a autorização prévia da editora.

AUTÊNTICA EDITORA LTDA.

Rua Aimorés, 981, 8º andar . Funcionários
30140-071 . Belo Horizonte . MG
Tel: (55 31) 3222 68 19
TELEVENDAS: 0800 283 13 22
www.autenticaeditora.com.br

Dados Internacionais de Catalogação na Publicação (CIP)
(Câmara Brasileira do Livro, SP, Brasil)

Filosofia, aprendizagem, experiência /organizadores Siomara Borba, Walter Kohan. — Belo Horizonte : Autêntica Editora, 2008.
Vários autores.
Bibliografia.
ISBN 978-85-7526-346-4
1. Filosofia - Introduções I. Borba, Siomara.II. Kohan, Walter.
08-07572   CDD-101

Índices para catálogo sistemático:
1. Filosofia : Introduções 101

Sumário

9 Apresentação
Siomara Borba e Walter Kohan

25 A Filosofia e seus afetos

27 A linha, a medida e a espera do futuro interior
Giuseppe Ferraro

41 Problema e emancipação na escola
Hubert Vincent

61 Aprender a viver – Wittgenstein e o "não-curso" de filosofia
Plínio W. Prado Jr.

77 Gênero e filosofia
Simona Marino

85 Nos braços de Circe: ensino de filosofia, amor e arte
Filipe Ceppas

103 Dois exercícios filosóficos
Gonçalo Armijos Palacios

115 O problema e a experiência do pensamento: implicações para o ensino da filosofia
Sílvio Gallo

131 Infâncias: Palavra e Silêncio

133 A criança imemorial. Experiência, silêncio e testemunho
Eugénia Vilela

151 Um canto interrompido. A melancolia do corpo na cerimônia do adeus
Fernando Bárcena

169 "Minh'alma agora é quase só tristeza": o filosofar como capacidade de dar conta dos golpes do destino. A criança filosofante Friedrich Nietzsche
Eva Marsal

185 Desejo de realidade. Experiência e alteridade na investigação educativa
Jorge Larrosa

195 Narrativas e experiência
Olga Grau Duhart

209 Uma inquietação a respeito da educação das crianças. Jean-François Lyotard crítico da doutrina humanista da educação
Pierre Lauret

223 As margens da infância em um percurso filosófico-literário
Bernardina Leal

233 A Educação, o espaço e o tempo – Hoje é amanhã?
Lúcia Helena Pulino

245 Filosofia e infância: entre o improviso e a criação
Paula Ramos de Oliveira

257 A escrita como *performance*. Uma contribuição para examinar a "cena originária" relativa à *a-parição* do *texto filosófico* no limite de sua própria *territorialização*
Ricardo Sassone

273 Política e pensamento na educação

275 A educação e o sujeito político em Alain Badiou
Alejandro Cerletti

285 As massas ou as castas: uma Universidade amável e hospitaleira para a República Bolivariana da Venezuela
Gregorio Valera-Villegas

297 Variações sobre o comum
Patrice Vermeren

305 Algumas considerações sobre o ensino da Filosofia da Educação
Violeta Guyot; Nora Fiezzi

315 O diálogo como experiência filosófica fundamental na Educação Básica
Dante Augusto Galeffi

329 Idéias que rimam
Maximiliano Valerio López

341 O filosofar entre o racional, o irracional e outros devires do pensar
Sérgio Augusto Sardi

349 Em torno da biopolítica
Sylvio Gadelha

Apresentação

Siomara Borba
Walter Kohan

A obrigatoriedade do ensino de filosofia (e sociologia, sobre a qual não nos referiremos nesta apresentação) como disciplina nas três séries do Ensino Médio brasileiro faz renascer uma antiga controvérsia. A polêmica vem de longa data. Seus movimentos parecem pendulares: quando a filosofia entra na instituição escolar, questiona-se sua presença e ela deve defender sua legitimidade; quando ela é ameaçada de ficar como optativa ou fica de fora, ela busca estar dentro e mais uma vez precisa defender suas credenciais para tal fim. Para entrar de maneira interessante na polêmica pode ser interessante analisar algumas razões lançadas contra a recente lei.

Boa parte dos argumentos coloca o problema nos professores: não há um número suficiente; eles não estariam preparados como deveriam; ou seriam doutrinadores... Além dos que culpam os professores, há os que questionam os alunos. Afirma-se, por exemplo, que dificilmente poderiam estudar filosofia alunos que não sabem ler ou aprender saberes mais simples, ou supõe-se que dificilmente terão interesse em algo "tão pouco sedutor" como a filosofia jovens que dão as costas para todas as coisas interessantes que a escola lhes ofereceria.

Se esses argumentos não parecem muito bem sustentados, muitos dos contra-argumentos apresentados para defender a obrigatoriedade da filosofia também não ajudam a esclarecer a questão. Esse ponto é da maior seriedade porque, nós, que lidamos com a filosofia, estamos acostumados a nos apresentar como expertos na palavra, no pensamento e nos argumentos. Afirma-se, por exemplo, uma imagem redentora da filosofia, como se ela – e só ela – fosse resolver todos os males da escola e da sociedade. Por exemplo, ela seria responsável, por fim, pela formação dos cidadãos críticos que a sociedade necessita ou merece; mais ainda, ela faria com que os alunos se tornassem de uma vez pessoas críticas. Como se eles não pudessem sê-lo sem filosofia e como se todos entendêssemos exatamente a mesma coisa por "crítica", uma dessas palavras mágicas apropriada por tantos discursos que já ficou esvaziada desse sentido preciso, que a própria tradição filosófica tem se esforçado por determinar. Ou então se afirma que a filosofia vai fazer florescer a criatividade dos alunos, como se o discurso publicitário não tivesse já afirmado o mesmo por pelo menos umas quantas décadas.

Claro que há argumentos mais interessantes contra a presença da filosofia, que problematizam atribuições que alguns outorgam à disciplina, como que ela seria capaz de "ensinar a pensar" ou a "ser ético". Afirma-se, com bom critério, que não é porque o estudante vai ler textos de pensadores sofisticados que se tornará um pensador mais refinado ou que, por entrar em contato com autores que pensaram os princípios e fundamentos da moral e da ética, vai tornar-se um ser mais moral ou ético.

Esse último argumento exige a maior atenção. A própria filosofia tem-se colocado essa questão desde os seus inícios: por exemplo, "A excelência é ensinável?" é a pergunta que inicia o *Mênon* de Platão. No livro que apresentamos, Plínio W. Prado Jr., brasileiro radicado há muitos anos na França, recria essa questão clássica, socrático-platônica, grega de uma forma mais geral. No seu texto intitulado "Aprender a viver – Wittgenstein e o 'não-curso' de filosofia", pergunta-se se é possível que um ser humano aprenda não apenas como a vida é (o que ensinam as ciências), mas a viver e a morrer de determinada maneira, o que é assunto da filosofia. Eis onde Plínio Prado Jr. encontra a ética – no cuidado que uma vida se outorga a si mesma, e onde entra no seu texto a questão educacional que inicia o *Mênon*: a ética, como vida virtuosa, pode ser ensinada? Como seu título o torna explícito, Wittgenstein, em particular sua experiência como professor de filosofia em Cambridge entre 1930 e 1947, é o seu maior interlocutor. Além de sua crítica à vida do ensino universitário, é de singular atualidade para o ensino de filosofia no Brasil sua solução paradoxal à questão colocada no início: a filosofia deve ser ensinada e ela é, ao mesmo tempo e na medida em que diz respeito ao sentido da vida, inensinável.

Também o texto que abre o livro, "A linha, a medida e a espera do futuro interior", do italiano Giuseppe Ferraro, da Universidade de Nápoles, dá-se a si mesmo a difícil tarefa de relacionar ética e pedagogia, sem cair nas armadilhas usuais de propor uma pedagogia ética, ou, de uma ética pedagógica. Ou seja, reuni-las não para que uma leve à outra, mas para mostrar sua remissão mútua e essencial. Com efeito, não há pedagogia sem ética, na medida em que a ética coloca em questão o lugar aonde ela conduz o jovem – como o pretende a própria palavra "pedagogia" –, e também porque aquela questiona o lugar onde essa termina; mas também não há ética sem pedagogia, porque o lugar da ética é o *dentro*, um interior até o qual a mesma pedagogia guia. Por fim, Giuseppe Ferraro explora, com particular intensidade, os limites e as linhas que aproximam, separando, ética e pedagogia. A questão, então, como claramente o sugere o autor, excede e muito os limites da filosofia como disciplina.

Contudo, parece então que ali estamos situados numa terra onde é mais interessante pensar o ensino de filosofia. Demos um salto. Já não estamos mais pensando para convencer; já não procuramos dar uma resposta superadora que responda a todas as críticas, colocando a filosofia "no seu verdadeiro lugar", justificando categoricamente os seus dotes para ser uma matéria digna na escola. Nesse novo lugar, percebemos que as questões envolvidas são extraordinariamente complexas. Para dizê-lo com Ferraro, notamos que a educação e a filosofia são como as duas caras de uma moeda: a filosofia é educativa e a educação é filosófica.

Ou, para escrevê-lo como Filipe Ceppas em "Nos braços de Circe: ensino de filosofia, amor e arte": há que pensar a questão do amor enquanto dimensão significativa da docência em geral, e do ensino de filosofia em particular. Afinal, "o ensino de filosofia (ou o aprender a filosofar) é, por definição, ensino (e aprendizagem) de uma relação amorosa com o saber". Esse texto, que começa com algumas referências inevitáveis a Platão, tem Adorno como seu interlocutor principal a partir de sua noção de esclarecimento e de sua tentativa de integrar arte, política, amor e esclarecimento. A filosofia ajudaria os estudantes a pensar nos problemas da vida a partir de pensar nas condições do próprio pensar.

Nesse ponto, Hubert Vincent, professor da Universidade de Paris VIII, ajuda a desvelar um mito, explorando, em "Problema e emancipação na escola", os paradoxos de uma tradição de pensamento em torno da emancipação, da qual, certamente, Adorno e antes Kant, tomam parte. Vincent problematiza o lugar de superioridade que a filosofia tem se outorgado frente à educação e outros saberes; dessacraliza seu lugar autoreferencial de fonte e sentido para pensar a emancipação e tantas outras questões a partir do estudo de um caso específico: a própria noção de problema. Mostra certos casos (que procura diferenciar dos exemplos) de emancipação tomados da própria escola e, finalmente, sugere que a filosofia poderia se inspirar no caso do ensino religioso para, desde uma posição de ignorância, deixar de ditar a lei aos outros saberes e também poder trabalhar sobre a vontade de ler, nos alunos, em vez de explicar-lhes como devem ler alguns textos.

Outro relato de um caso é "Gênero e Filosofia", experiência proporcionada por Simona Marino, professora da Universidade "Federico II" de Nápoles. Simona relata a tentativa pessoal de emancipar o pensamento através da voz da diferença de gênero que uma tradição dominante na própria filosofia insiste em pretender silenciar. Assim, a filósofa italiana deixa ver claramente como a filosofia pode ser o mais emancipador, mas também o mais embrutecedor dos dispositivos institucionalizados. De modo singular, o seminário de Simona Marino atende os textos clássicos da filosofia, mas também uma experiência narrativa que possa liberar a narradora de uma forma onipresente de ser narrada. O ensino de filosofia torna-se, então, exercício de leitura e narrativa que permite, afinal, "alcançar a consciência da própria diferença".

Claro que para ler e escrever nesse registro é necessária uma certa confiança inicial na capacidade do outro, como bem mostrou J. Rancière em *O mestre ignorante*, que permanece uma inspiração para vários dos textos do presente livro. É que, quando se afirma, por exemplo, que os alunos não serão capazes de aprender filosofia porque não são capazes de ler – o que, aliás, poderia dizer-se também de aprender história ou geografia e qualquer outro saber –, se deixa ver essa paixão não questionada pela incapacidade do outro ou pela própria superioridade. É a língua do amo que se dirige a um escravo, o superior que fala ao inferior. Nessa relação, nada interessante para o pensamento parece poder ter lugar.

Os argumentos apresentados contra a filosofia pressupõem também que ela é algo que se aprende como um conteúdo. Se os alunos não seriam capazes de aprender filosofia é porque não poderiam alcançar esse conteúdo que se encontraria nos textos, nos livros dos filósofos ou nos manuais de filosofia; assim, ensinar filosofia seria passar esses conteúdos; aprendê-la seria incorporá-los. Ainda na lógica que interpreta o ensino de filosofia a partir das habilidades ou competências, o esquema se mantém. Aprender filosofia significaria, então, incorporar algo que está fora do aluno e ensinar filosofia seria ajudar o aluno a internalizar esse fora. É verdade que aqui já não se trataria de algo fixo ou de um conteúdo pronto, mas de uma série de habilidades ou competências que antes o aluno não sabia fazer e agora será capaz de praticar. Por exemplo, antes ele não sabia fazer analogias e agora saberá; não sabia estabelecer comparações de certo tipo e agora poderá fazê-las; e o mesmo acontecerá com outras habilidades ou competências, como fazer sínteses, ler compreensivamente um texto, e outras semelhantes. Mas, em todo caso, ensinar filosofia teria a ver com repassar algo do exterior, que já está definido de antemão, seja ele conteúdo ou habilidade, para o interior do aluno.

Contudo, como Gonçalo Armijos Palacios mostra em "Dois exercícios filosóficos", o problema é que a filosofia não é algo tão simples e, conseqüentemente, também não o é seu ensino. Já vimos como Filipe Ceppas o afirma tão claramente: a filosofia é uma relação de afeto com o saber: a filosofia é uma forma de se relacionar com o saber desde a lógica da amizade, do amor. É claro que essa relação tem produzido saberes e ao conjunto desses saberes chamamos também filosofia. São esses saberes que compõem uma história, ordenada muitas vezes cronologicamente, desde as tradições mais influentes para nós (os gregos, os latinos, os alemães, etc.). Mas a diferença principal permanece: saber os saberes produzidos pelos filósofos e aos que damos o nome de filosofia não garante estar dentro dela, não assegura relacionar-se com o saber como a filosofia o exige. Gonçalo Armijos o mostra a partir de sua experiência de professor universitário em Goiânia: quando se ensina filosofia, do que se trata é de fazer o que os filósofos sempre fizeram, qual seja, pensar diretamente um problema, e discutir as soluções apresentadas para resolver esse problema. A filosofia, afirma o autor, acaba sendo uma paixão e também um direito: o direito de cada ser humano de pensar por si.

Em "O problema e a experiência do pensamento: implicações para o ensino da filosofia", Sílvio Gallo reafirma o lugar central dos problemas no filosofar e, desde uma matriz deleuziana, desdobra a trama da filosofia em problema e conceito. E mais do que compreender ou entender um problema e suas soluções, do que se trataria é de propiciar a experiência singular, o acontecimento de traçar o problema que outorgue sentido ao pensamento. Nesse ponto, Sílvio Gallo retoma a discussão que outros autores do presente livro propõem ao afirmar que um ensino de filosofia emancipador suporia, em linha com o autor anterior, "o direito aos próprios problemas", e afirma, por sua vez, uma pedagogia do conceito como espaço criador das possibilidades para que cada quem encontre seu próprio método para criar, sua própria experiência criadora no e do pensamento.

Sérgio Sardi, em "O filosofar entre o racional, o irracional e outros devires do pensar", busca olhar por detrás do próprio pensar, algo assim como suas próprias condições, o ponto zero da filosofia. E encontra ali devires que propõe, na forma de vinte exercícios, para jogar com mais intensidade o jogo do pensamento. Nesse espaço singular, entre o dito e seu silêncio de fundo, surgiria cada experiência de pensar em suas infinitas variações.

Esse parece ser o mesmo lugar buscado por Maximiliano López em "Idéias que rimam": o fundo impensado do pensamento. O autor descreve esse fundo com música. São quatro movimentos musicais do pensamento: "idéias que rimam", "mito e filosofia", "peso e suspensão", e, finalmente, "um sábio não tem idéia". Num jogo significativo de palavras, Maximiliano López conclui, ritmicamente, que quando se percebe a dimensão musical do pensamento, o diálogo entra em cena não como "acordo", mas como "acorde".

Precisamente o diálogo é a temática principal do trabalho de Dante Augusto Galeffi: "O diálogo como experiência filosófica fundamental". Para o professor da Universidade Federal da Bahia, o diálogo e a filosofia parecem-se tanto que quase se confundem. Dante Galeffi entende o diálogo como um imperativo radical da prática docente: sem diálogo, não há filosofia possível. Mas o diálogo não é um conteúdo, é o próprio *locus* do aprendizado do pensar interrogante na educação básica. Forma primordial da investigação filosófica, o autor chama a atenção para a ausência total do diálogo na própria formação dos professores. "O que, então, esperar de professores de filosofia que não aprenderam a filosofar?" pergunta-se incisivamente Dante Galeffi. Antes do que um lamento, a descrição oferecida é um desafio para propiciar experiências dialógicas na formação dos professores de filosofia.

Afinal, o que está novamente em pauta é o motivo para que ensinamos filosofia, qual é o sentido de tentar provocar nos alunos essa forma de afeto com o saber que tem sido a marca das mais diversas filosofias. O que está em pauta é o próprio significado e sentido de aprender filosofia, de se tornar um filósofo, não pela via institucional de se afiliar a uma tradição de pensamento, de saber o que os outros filósofos pensaram, mas de afirmar com o saber e com o pensamento uma relação de afeto que permita "pensar desde si", "pensar de outra maneira", "problematizar por que pensam o que pensam, porque sabem o que sabem, porque são aqueles que são". O sentido final de tudo isso, para dizê-lo resumidamente e através de uma conhecida fórmula nietzschiana e que o próprio Nietzsche remonta até Píndaro, é que cada um possa "chegar a ser o que se é", que cada um possa tornar-se o que é, a partir dos afetos com o saber e o pensamento que a filosofia gera. É claro que essa relação será fortalecida se soubermos acerca do que os outros filósofos pensaram, se pensarmos em diálogo com o que os outros filósofos pensaram – e é isso que torna significativa a presença dos filósofos da história no ensino de filosofia –, mas a riqueza dessa presença não deve impedir-nos de perceber os seus limites e sentido. A filosofia só pode ser aprendida desde a interioridade de cada um, na relação afetiva com o pensamento e os saberes, na intimidade de um ato de busca e liberdade que um professor apenas pode sugerir, insinuar, mas de forma alguma forçar ou determinar.

De modo que a filosofia não ensina a pensar e também não ensina a ser ético ou qualquer outra coisa a não ser propiciar um espaço onde cada um possa aprender a ser quem é. É nesse sentido que se pode dizer que a filosofia não se ensina, mas se aprende. E é nesse mesmo sentido que nós, professores de filosofia, eternamente preocupados com a *didática* da filosofia (a arte de ensiná-la, ou seja, no caso da filosofia, a arte de ensinar o que não se pode ensinar), poderíamos dar um pouco mais de atenção, como afirma Sílvio Gallo, à *matética* da filosofia (a arte de aprender filosofia, ou seja, a arte de aprender uma certa relação com o saber e o pensar), que até agora sequer tivemos necessidade de nomear. É preciso dizer algo mais sobre o histórico predomínio da didática da filosofia sobre a sua matética. Por um lado, o "fracasso" ao que toda didática da filosofia está condenada perante a impossibilidade de antecipar o que e como ensinar quando não há nada a ensinar. Por outro, a falta de atenção com o único que poderia servir para orientar a posição de quem ensina filosofia: a arte de aprender filosofia. É claro que a psicologia da aprendizagem tem tentado discernir como se aprende, dentre outras coisas, filosofia, e é isso que usualmente compõe o *corpus* pedagógico dos que são formados para ensinar filosofia em nossas universidades. Mas a passagem outorgada parece ser mais burocrática do que efetiva e o que seria objeto da própria filosofia é outra coisa: não algo da ordem do método ou do processo que leva a aprender filosofia, mas o significado e o sentido de tal aprender: as condições de uma criação distante também do mote tão estendido de "aprender a aprender".

Em suma, a filosofia promove uma certa relação com o pensar e com o pensamento, com os saberes e com o que sabemos, mas ela não é estritamente um pensar ou um saber e sequer é apenas um modo de pensar ou um tipo de saber. A diferença pode parecer sutil, mas não é. Que a filosofia não seja apenas um (modo de) pensar ou um (tipo de) saber significa que ela não pode ser ensinada desde a lógica da técnica e dos instrumentos. Em outras palavras, que ela não seja estritamente um saber ou um pensar significa que não há, em sentido forte, estratégias que possam garantir seu ensino, que não seria tão fácil como alguns pretendem definir justamente conteúdos ou competências – conceituais, atitudinais ou valorativos, para usar expressões mais atuais – que possam ser predeterminados.

As afirmações do parágrafo anterior tornam a questão extremamente delicada e complexa. É, por isso, preciso fazer mais alguns esclarecimentos antes de tirar outras conseqüências. O primeiro é que não é evidente ou certo que a filosofia possa ser ensinada, e muito menos que seja passível de ser ensinada numa instituição como a escola, que a maioria dos jovens freqüenta porque deve fazê-lo, mas não encontra sentido algum nela e, se pudesse, a abandonaria rapidamente. O segundo é que não é garantido que a filosofia possa ser ensinada porque em sentido estrito em filosofia não há nada que ensinar, nada que o professor saiba ou pense que o aluno deveria saber ou pensar durante ou ao final do processo de ensino e que poderia ser avaliado da mesma forma para todos. Além disso, não é certo que ela possa ser aprendida porque não há como garantir algo da ordem do afeto, num contexto em que o pensar não é estimulado nem valorizado. E muito menos há como antecipar um trabalho sobre si que essa relação afetiva possa vir a propiciar.

É preciso também esclarecer que a filosofia não é uma espécie de mística ou coisa misteriosa, própria de um grupo de escolhidos, iniciados, e restrita a eles. A filosofia é diferente apenas por não ser estritamente um saber por ser a única que, como afirma Giuseppe Ferraro, leva em seu nome a marca de um afeto. De modo que ela está aberta a qualquer um que consegue se abrir a essa afetividade no pensamento. Assim, nenhuma superioridade decorre dessa especificidade. Nessa diferença está sua força e também sua debilidade: ela talvez permita entender, pelo menos parcialmente, sua histórica dificuldade para se inserir na instituição escolar e também o constante apelo quando se trata de dar novo ar à escola. A filosofia, se diz, não serve para nada e, de repente parece que serve para tudo.

Em suma, se acaso a filosofia não pudesse de fato ser ensinada não seria por uma presunção de incapacidade de algum outro, aluno ou professor (como sempre, os presumidamente incapazes são os outros!), mas pelo próprio fazer filosófico, que exige condições, próprias dessa relação de afeto com o que pensamos e sabemos que não é claro que possam ser encontradas na escola brasileira dos dias de hoje.

Por fim, se não é claro que a filosofia, como transformação e busca do que se é, possa ser aprendida (e ensinada) na escola, a atual conjuntura no Brasil brinda um espaço onde temos a oportunidade de testá-lo. E aqueles que escolhemos trabalhar em educação com a filosofia em função da sua potência para transformar o que somos, e dessa maneira o modo em que vivemos, temos o compromisso de não deixar passar a oportunidade em vão. Não pelo menos sem antes tê-lo tentado. Também esse parece ser o espírito que guia a escrita e a prática profissional dos autores até aqui apresentados.

Assim, embora a distinção seja frágil e inexata, de alguma forma esses textos parecem ter mais a ver com uma filosofia *na* educação, do que com a filosofia *da* educação, pelo menos num sentido mais clássico da expressão, na medida em que eles pensam a filosofia no interior da prática educacional.

A seguir, então, apresentamos um outro conjunto de textos que se poderiam situar numa perspectiva mais clássica de filosofia da educação. A questão surge nítida com Violeta Guyot e Nora Fiezzi, professoras da Universidade Nacional de San Luis, Argentina, em "Algumas considerações sobre o ensino da filosofia da educação". Perante o desafio da formação, elas falam diretamente da necessidade de uma Filosofia da Educação fundada no paradigma da complexidade, que seja capaz de dar conta de formar um pedagogo, através da consideração das múltiplas possibilidades do conhecimento, um educador comprometido com o atendimento da tarefa que o mundo contemporâneo coloca. Frente à crise pela qual passa a sociedade latino-americana, que se apresenta sem condições reais para a vida imediata nesse novo século, torna-se necessário, sem mediação, "[...] reencontrar a via de uma educação do gênero humano baseada nos valores da justiça social, da liberdade, da vida democrática e de uma cultura para a paz [...]".

Desde outra perspectiva, Alejandro Cerletti, professor de prática de ensino em filosofia na Universidade de Buenos Aires, aborda o problema em "A educação e o sujeito político em Alain Badiou". O texto não elude algumas categorias centrais do filósofo francês, tais como evento, estado de situação, sujeito, representação, política. A escrita alcança seu ponto culminante ao pensar as condições para a emergência de um sujeito político na escola, quais sejam, as possibilidades de rupturas e construções políticas que interrompam o estado de cosas *na* educação. Para isso é necessário, na perspectiva de Badiou, separar a política do Estado, o que supõe três condições: a) um evento de ruptura; b) alguém que seja fiel a essa ruptura (o militante); c) princípios que afirmem uma nova política não representativa. Assim, o professor argentino contorna as condições políticas de um tornar-se "o que se é": a decisão de devir sujeito que é também a decisão da emergência de mundos alternativos ao estado de coisas. A reflexão filosófica sobre a educação acaba conduzindo assim a criar as condições políticas de uma educação filosófica.

Dentro da mesma temática, Sylvio Gadelha propõe um marco teórico diferente em "Em torno da biopolítica", a partir dos últimos textos de M. Foucault e alguns dos seus leitores contemporâneos. O texto comparte com o anterior a preocupação com os modos de subjetivação dominante nas instituições de nosso tempo, ligados a questões como a governamentalidade, as formas de relação a si dos sujeitos, a resistência, e as relações entre *biopoder* e a *biopolítica*. Haveria no marco da complexa gama de discursos em torno da biopolítica elementos cruciais não apenas para entender o que se passa nas instituições educativas, mas de um modo mais geral, para "compreender o tempo em que vivemos, seus impasses, as condições em que existimos, os novos mecanismos de dominação e de governo que regulam e controlam nossas vidas", bem como formas de resistência e ultrapassagem aos mesmos.

Se interessar voltar a pensar as condições de um ensino filosófico emancipador, então vale a pena chamar Patrice Vermeren, professor da Universidade de Paris 8 e diretor do Centro Franco-Argentino, Universidade de Buenos Aires. Em "Variações sobre o comum" busca pensar as condições sociais desse ensino. Na escola, como em política, isso significa ter já resolvido o problema de saber em que condições devemos criar uma comunidade e porque já estamos nela. O autor sugere que, a partir deste momento, talvez pudéssemos orientar-nos – para a escola e a filosofia – segundo duas idéias. A primeira afirma uma conflitividade não-guerreira. Talvez nessa tradição possamos situar os dois textos anteriores. A segunda idéia captaria a cultura da escola dentro de um modelo de pluralidade de línguas, da filosofia e seu ensino, para propor exemplos de encenações discursivas, onde a filosofia se pratica com a ajuda de formas de exposição que não lhe são próprias – ordem geométrica, poema ou diálogo –, não para impor uma cultura comum da aprendizagem de um espírito crítico, mas para criar e recriar continuamente as condições de possibilidade que permitem a cada um atuar de acordo com seu pensamento, o que é próprio de qualquer homem.

A pluralidade no pensar é justamente o que preocupa Ricardo Sassone, em "A Escrita como *performance*. Uma contribuição para examinar a 'cena originária' relativa à *a-parição* do *texto filosófico* no limite de sua própria *territorialização*". Depois de apresentar noções principais do *philodrama*, o teatrólogo e filósofo argentino discute a noção *heterologocentrista* de "textualidade" e o estatuto da categoria *logocentrista* de "texto filosófico", desde a perspectiva de uma "filosofia intercultural" e de sua correlação com as "ciências sociais performativas". O autor denuncia o deslinde "monocultural" ou unidirecional e assimétrico entre o que é "filosofia" e o que se caracteriza como "para-filosofia", ou seja, "'etno-filosofia'; 'pensamento'; 'cosmovisão'; 'pensamento mítico' ou simplesmente 'pseudo-filosofia'". Contra essa postura, afirma um universo de *textualidades filosóficas* tão grande como criativamente se possa conceber e conceitualizar. Propõe, finalmente, efetuar uma *máquina po(i)ético-filosófica* "conspirando", "ressoando", com o pensar e com o experimentar.

Pensar é, portanto, uma condição humana. A atividade e a experiência do pensamento exigem o exercício da interrogação. No texto "Massificação ou elitização, um dilema na educação superior da República Bolivariana de Venezuela", Gregorio Valera-Villegas, professor da Universidade Simón Rodriguez e da Universidade Central de Venezuela, de alguma forma, realiza esse exercício ao dirigir sua atenção para a atual situação da universidade venezuelana, a partir de uma das tensões que a atravessa. O autor propõe colocar em questão o fundo da polêmica: "universidade para quê?", pergunta que exige pensar na própria natureza da universidade desejada. Assim, com interlocutores como H. Arendt e Levinas, Valera afirma uma universidade amável: "aquela capaz de 'fazer lugar para quem chega' para com ele construir uma plataforma para resistir de algum modo na luta endemoninhada por uma vaga universitária, onde sobrevive o mais forte, o que é considerado o melhor dotado, esquecendo com isso que se está em presença de diferenças sociais ou de classe". Uma outra forma de comunidade e outras formas para construir o comum que as imperantes em nossas sociedades, como diria Patrice Vermeren.

Contudo, para um autor como Gregorio Valera-Villegas, não existe o ponto final, mas eternos finais provisórios. E é essa condição de fim provisório, de finais provisórios que fazem da ação humana e da filosofia momentos de infindáveis encontros. É essa condição de fim *inacabado* que faz da educação, na sua expressão de *aprendizagem* e de *experiência*, e da *filosofia*, manifestações sempre abertas a novos acolhimentos, despertares e palavras.

Novos acolhimentos, novos despertares, novas palavras que, nesse livro, compreendem diferentes caminhos – sempre *inventados* – para, *filosoficamente*, interrogar a *aprendizagem* e a *experiência*, em suma, a própria ação educativa. Digamos antes que seja já tarde demais: o motivo de todos eles foi a IV edição do Colóquio Franco-Brasileiro de Filosofia da Educação, celebrado na Universidade do Estado do Rio de Janeiro, UERJ, Campus Maracanã, Rio de Janeiro, entre 20 e 22 de agosto de 2008. Esses colóquios, nascidos da interlocução de grupos de pesquisadores da França e do Brasil, consolidaram-se recentemente com o projeto "Aprendizagem do pensamento e políticas da educação: aproximações filosóficas", do programa CAPES-COFECUB, em vigor desde março de 2008. Hubert Vincent e Walter Kohan, respectivamente, são os coordenadores das equipes francesa e brasileira. Outros membros do projeto, Pierre Lauret e Plínio Prado Jr. pela parte francesa e Filipe Ceppas e Sílvio Gallo, pela brasileira, participam da nova edição do colóquio e do presente livro. O outro pesquisador brasileiro da equipe, Pedro Pagni, organiza sucessivamente em Marília, SP, o II Simpósio Internacional em Educação e Filosofia. Ao mesmo tempo, o crescimento do trabalho expande a interlocução a outros grupos e tradições. Assim, autores de outros países europeus, como Alemanha, Espanha, Itália, e Portugal, africanos, como Cabo Verde e Moçambique, e americanos, como Argentina, Chile, Colômbia, Equador e Venezuela participam da empreitada. O livro que aqui apresentamos inclui os trabalhos das sessões plenárias do evento. São ao todo, vinte e cinco trabalhos. Na tentativa de destacar essas *invenções* humanas, os textos não reconhecem nenhuma autoridade autoral, temática ou conceitual. Eles estão aqui, mais do que por qualquer outra razão, pela força da sua escrita e pelo seu compromisso para pensar essa zona de interstícios entre a filosofia e a educação que o presente livro habita. São questões da *aprendizagem* e da *experiência* do e no lugar que cada *voz* se atribui, nessa jornada filosófica de busca de sentidos para a ação educativa.

Alguns outros textos colocam-se como problema o lugar da infância e as crianças entre a filosofia e a educação. É o caso de Paula Ramos de Oliveira, em "Filosofia e infância: entre o improviso e a criação". Ali, a professora paulista discute inicialmente duas imagens de infância: Valentin, do filme de mesmo título de Alejandro Agresti, e Mafalda, do desenhista Quino. Infância adultizada? Infância alteridade? Coloca, a seguir, a dificuldade de os professores se encontrarem com a infância fora de seu mundo adulto e, ao mesmo tempo, as potencialidades que se abrem nessa direção a partir do trabalho filosófico com crianças. Seu foco é o ensino de filosofia em nível fundamental e caminha na direção de uma pedagogia do improviso, distante de qualquer conotação negativa, capaz de gerar um encontro mais pleno e autêntico entre a infância e a filosofia, entre alunos e professores, além de subverter concepções mais clássicas no que diz respeito ao modo como a didática e a infância tem sido compreendidas.

Em outro texto, Eva Marsal, professora da *Pädagogische Hochschule Karlsruhe*, da Alemanha, aborda a infância na vida de Nietzsche em "'Minh'alma agora é quase só tristeza'. O filosofar como capacidade de dar conta dos golpes do destino. A criança filosofante Friedrich Nietzsche". A autora analisa uma série de poemas que Nietzsche escreveu quando criança para mostrar que o menino confronta-se com a morte, o papel de Deus, a questão da verdade ou a pergunta pelas conseqüências da dúvida, para suportar sua traumática experiência pessoal. Nietzsche seria uma mostra da associação irrecusável entre filosofia, arte e vida. Os textos e poemas de sua infância revelam os lances de pensamento em meio aos quais o jovem Nietzsche elabora sua perspectiva interior e prepara seu conceito de autonomia, no qual o indivíduo é explicitamente remetido a si mesmo. Algo assim como uma viagem em si que prepara e convida a tantas outras viagens.

Em "A Educação, o espaço e o tempo – Hoje é amanhã?", Lúcia Helena Cavasin Zabotto Pulino concentra-se na dimensão temporal da experiência infantil. Problematiza a noção de criança imperante no discurso acadêmico, e salienta a importância de se tomar a construção do conhecimento como um processo não apenas epistemológico, mas também ético, como já vimos com Ferraro e Prado Jr. Coloca, então, os elementos originais, criativos, inesperados que uma criança apresenta, com especial atenção à sua experiência do tempo como *aion*, o tempo do jogo, da brincadeira, o tempo não-cronológico. Por fim, seu texto propõe lugares de acolhimento e abertura para o novo, e relata a criação e o desenvolvimento de um espaço/tempo de reflexão e prática filosófica – o Espaço Aion, na Universidade de Brasília.

O tema da infância é recorrente nos textos de Jean-François Lyotard. Neles, a infância figura como o enigmático objeto de uma dívida paradoxal da qual não é possível liberar-se senão mantendo-a aberta. Com esse gesto filosófico, passamos da figura da infância à infância como figura. Contudo, de modo mais significativo, em Lyotard tal figura é menos uma metáfora do que o nome de tudo o que ordinariamente se deixa esquecer e recalcar, e que é chamado de maneira diversa: angústia, recalque originário, lei, e até esquecimento. Em qualquer caso, a concepção da infância opera em Lyotard como disparador de sua ácida crítica à concepção humanista em educação e o esforço principal do texto de Pierre Lauret, professor no *Collège International de Philosophie*, "Uma inquietação a respeito da educação das crianças. Jean-François Lyotard crítico da doutrina humanista da educação", é apresentar essa crítica de maneira detalhada e tirar dela todos os desdobramentos que a seguem.

Por sua vez, Eugénia Vilela, professora da Universidade do Porto, inverte a lógica habitual que liga o testemunho ao discurso e pensa "a experiência do testemunho a partir da palavra inarticulada e misteriosa de uma criança". No seu texto, "A criança imemorial. Experiência, silêncio e testemunho", a criança é o testemunho impossível, a criança sem nome, o corpo esvaziado de todas as palavras... Como testemunhar de verdade o mundo?, pergunta-se e pergunta-nos Eugénia. Como dizer com o corpo o essencial do mundo, seu avesso?, interpela-se e nos interpela.

Também o corpo é a morada das palavras do espanhol Fernando Bárcena (Universidade Complutense de Madri), em "Um canto interrompido: a melancolia do corpo na cerimônia do adeus". A partir da experiência limite do corpo que morre, o autor se pergunta intempestivamente por uma educação para o impossível e o que sempre temos evitado, a morte, ou, a que poderia ser chamada também como uma pedagogia da despedida. Como se despedir dos que morrem? Como ignorar, afinal, o que funda o nosso corpo? Como esperar com dignidade o inaceitável? Como dizer adeus a uma criança? O autor chama em sua ajuda a palavra literária e outorga inúmeras pistas para pensar essas questões.

O mesmo faz Bernardina Leal, em "As margens da infância em um percurso filosófico-literário". A tradição é outra, mas a relação com a literatura permanece. No caso, o chamado é Guimarães Rosa. Como soltando linhas de fuga, a escrita de Rosa torna-se um sem-lugar para os sentidos usuais atribuídos à infância, uma errância de sentido. Com Rosa, é impossível pensar a infância como costuma ser pensada no discurso pedagógico. Porém não se trata de restituir facilmente um outro lugar. Os lugares da infância não são fixos ou previsíveis. Os meninos sabem como os mapas, não podem representar. Também nós. Rosa escreve uma língua desviante, um modo infantil de inscrever-se no mundo ou, para dizê-lo com Deleuze, uma literatura menor.

Em "Desejo de realidade. Experiência e alteridade na investigação educativa", Jorge Larrosa, professor da Universidade de Barcelona, reivindica o modo de olhar, de dizer e de pensar a educação próprio da experiência, algo assim como um "desejo de realidade". Sem experiência não há realidade: pelo menos não há realidade como objeto, representação, intencionalidade ou lógica, mas a realidade como esse "algo", seja o que for, que tem uma certa intensidade, peso, brilho e força. Para lhe dar outro nome: com a experiência o real torna-se alteridade. O autor aragonês aprofunda nesse "desejo de realidade" para ver se, a partir daí, podemos construir uma pedagogia da atenção: do estar presente, do cuidado, da escuta, e da espera; uma pedagogia da confiança e do amor ao mundo.

A experiência é também o tema principal de "Narrativas e experiência", da professora chilena Olga Grau Duhart. Ela narra e explora duas atividades de narratividades com seus estudantes de graduação, na Universidade do Chile, a partir da narração de "experiências inibidoras" (que comportam certo nível de menosprezo de si), e "experiências potencializadoras" (que afirmam, ao contrário, a autovalorização) vividas em sua história pedagógica. A experiência pedagógica testemunha um esforço por perceber retrospectivamente o sentido do que nos aconteceu e por poder outorgar, ao experimentado, um novo sentido, a partir da narração em um novo contexto.

Assim, passam-se as 25 narrações que compõem o presente livro. Embora as linhas divisoras não sejam completamente nítidas, agrupamos os textos em três seções: "a filosofia e seus afetos", "infâncias: palavra e silêncio" e "política e pensamento na educação". O quadro é arbitrário. Trata-se apenas de uma orientação, entre tantas. As combinações poderiam variar quase até o infinito. Bem, para ser um pouco mais discretos, digamos que estamos pelo menos ante uma atendível e potente multiplicidade para pensar a filosofia e a educação. Através dessa multiplicidade, o comum: a exigência, a não-renúncia, o compromisso, enfim, como chamá-la, a aposta no pensamento. O leitor encontrará sua forma afetiva de acolher algumas delas e, quem sabe, terá (re)iniciado, mais uma vez, um caminho na filosofia. A aposta se verá então dobrada e a multiplicidade continuará a crescer em intensidade. E, com ela, a palavra. O silêncio. A filosofia. A aprendizagem. A experiência.

Rio de Janeiro, agosto de 2008

A Filosofia e seus afetos

A linha, a medida e a espera do futuro interior[1]

Giuseppe Ferraro[*]

Gênero e geração

A ética aparece sobre a cena da vida social na antiga Atenas como um discurso de pai. Um gênero de saber – *Éthika, as coisas que dizem respeito ao éthos* – que corresponde a um gênero literário. Uma palavra, um livro, um discurso dedicado a alguém. Um gênero literário completamente novo no mundo clássico e que é ainda bem próximo da Tragédia. Um discurso oblíquo. Volta-se para si mesmo e para o outro. Não para um outro qualquer. Mas para o filho. Seja o filho próprio, seja o filho adotivo, seja o estudante com quem se estabelece uma relação de cuidado que pretende ao fim atingir o saber de si. Ao longo dessa sucessão se pode ir ao texto aristotélico *dedicado* a Nicômaco, um nome tão familiar para nós quanto João, até chegar à *Ética para meu filho*, de Savater, com dedicatória ao seu filho Diego, passando pela dedicação de Cícero a Túlio, de Paulo a Timóteo, ao longo de uma história literária que inclui adoções formativas como a de Meneceu por Epicuro.

Subitamente surge uma consideração: a ética, tal qual um discurso dedicado a um filho, afirma uma linha explícita de gênero. Nesse caso, não só um gênero de saber e um gênero literário, mas mais expressamente um gênero sexuado. Não se apresenta como um discurso "neutro". Se, por outro lado, o gênero nunca é indiferente, nesse caso a diferença de gênero é diretamente posta em destaque. Em primeiro plano está o gênero e a geração, compreendida também como idade: o filho, o jovem. Será preciso buscar como alcançar ou como desenvolver uma ética de gênero feminino, a qual será, portanto, o discurso da mãe para a filha, ou considerar se

---

[*] Università "Federico II" di Napoli – Itália.
[1] Tradução de Sérgio A. Sardi e Walter O. Kohan.

será necessário colocar diferentemente a questão geradora implícita na expressão de gênero literário e de gênero de saber.

O pensamento recorre a Hannah Arendt, às suas lições de ética e à sua insistência sobre o passado e o futuro. A ética é o discurso, a palavra, a reflexão acerca do *éthos*, que, especificando-se como discurso de gênero e de geração, como passagem e transmissão geracional, convida a refletir sobre o passado e o presente. E isso em um momento no qual o mais evidente é a crise de todo historicismo que pretende se apresentar como história universal segundo uma linearidade que justifica e define um traçado finalístico em direção ao Bem e que tem orientado a Ética. O fato é que parece que perdemos tal linearidade do Bem, de modo que se poderia discutir isso em termos de uma *não-linearidade do bem*, pondo em questão as relações entre os gêneros e as gerações.

O trágico e o ético

Pasolini escreveu que um dos temas mais misteriosos da Tragédia grega é que os filhos são forçados a pagar as culpas do pai. A Tragédia se refere ao destino. É-se castigado também sem uma culpa própria, e responde-se por gerações a uma ação de arrogância (*hýbris*) para com os deuses. O divino é implacável. Espera. Sabe esperar, porque não conta o tempo, não articula o seu pensamento em anos, mas em eternidade (*aión*). O divino intervém sobre as gerações.

A ética nasce na Grécia paralelamente ao desenvolvimento da Tragédia. Vernant mostrou como naqueles anos a sociedade ateniense preparava uma modificação epocal da cidade-estado, a *pólis*. Tratava-se de dar um espaço jurídico autônomo aos laços de relações, escapando da mera periodização dos ritos e costumes religiosos. Tratava-se de revisar a tradição até então legada do mundo "poético" e fundada nas genealogias e na idéia da virtude, *areté*, como coragem, expressão do mais forte, do bom. *Agathós*, bom, é a palavra por excelência da genealogia, como bem explicam as páginas da *Genealogia da moral* de Nietzsche. Platão buscou convencer os atenienses do contrário: *Agathós*, bom, é aquele que conduz a si mesmo, imitando o deus, como se lê no *Teeteto*.

Com a ética de Aristóteles entra em discussão a própria idéia de felicidade, *eudaimonía*. Heródoto lembrava que, só ao fim de uma vida, se poderia julgar a própria felicidade. Aristóteles, quase reabilitando o significado binário do termo *télos*, faz compreender que a *eudaimonía* seria a finalidade (meta), e não o fim (término), referindo-se por isso à escolha e não ao "destino". Isso significa: dirigindo-se ao futuro, e não ao passado.

Uma mudança de registro que tornava a Ética uma alternativa ante a Tragédia, ou que separava a *felicidade* da Tragédia, apartando-a de um destino inelutável e de uma dívida a pagar por gerações por uma usurpação, *hýbris*, considerada tal pelos deuses.

Talvez nenhuma outra época como a nossa tenha sido chamada a repensar esta relação entre as gerações e a geração. Nenhuma outra época como a nossa esteve tão preocupada com o futuro das gerações e, portanto, com o próprio futuro da geração da vida. Isso demonstra a insistência da palavra ética, a qual se encontra em todo documento, em toda prática de saber e em todo agir relacional. Da bioética à ética financeira, da produção de alimentos aos cultivos, da ética da informação aos códigos profissionais de ética. Está-se em um ponto no qual não é possível conceber qualquer ação ou ocupação que não deva ter em conta que a ética não é apenas algo a mais, um valor agregado que poderia resultar supérfluo; mas, ao invés, é essencial, quando alguém não se fixa às regras e às proibições, mas se conduz à qualidade das relações.

Também a Pedagogia não existe sem a ética. Nenhuma reconsideração do seu estatuto científico e da sua aplicação prática pode ser chamada fora da ética. E não se deve pretender tal relação como uma mera aproximação. A Pedagogia nasceu na Grécia naquele mesmo contexto no qual se afirmava a Ética, a partir da mesma exigência de revisão das relações sociais na qual estava envolvida a Tragédia. Tratava-se de intervir nas Leis do Tempo e, por isso, nas gerações. Se, então, a Pedagogia deve ser repensada em referência à ética é porque a relação pedagógica não pode se encontrar separada da cidade e do agir social, nem pode ficar de fora das questões de gênero, das gerações e da geração.

A culpa do pai e a sua responsabilidade

A Tragédia não é mais "grega", não é submetida ao julgamento divino. Benjamin, quando refletia sobre o fim da Tragédia, pensava longamente na via inaugurada por Hölderlin e por Heine sobre a "fuga" dos deuses do mundo, sobre o fim do numinoso e sobre a afirmação do inconsciente e da lógica da psique. Nem mesmo a guerra poderia ter o valor da Tragédia grega, como Freud provou ao explicar ao jovem poeta. Era Rilke, ao longo daquele passeio, *vergehen*, falando da *Vergangenheit*, da *caducidade*, dizendo-lhe como tudo se retomava ao modo das estações e de um reequilíbrio necessário a um desequilíbrio também necessário da ordem corrente. A Tragédia antiga não é a expressão do luto, porque elabora a culpa. Porém, estamos agora em um tempo onde o luto está oculto ou desapareceu. Morre-se por acidente e sem sentido, para o que ninguém tem culpa, e menos ainda os deuses ou o deus, em nome do qual apelam os começos e as razões das guerras. Ainda há de se refletir sobre como a morte volta a evocar as gerações, como ela entra sempre de novo nas gerações e como, enfim, a crise do gerar está também no modo pelo qual nos relacionamos com a morte.

A ética é o discurso do pai. Quase nos tira a culpa. Torna-nos o filho, porque encontra uma relação e um comportamento social que nos preserva a vida, preservando a própria vida da cidade. A ética responde à exigência de um laço entre a identidade e a comunidade, ou responde à exigência da relação entre o indivíduo e a sociedade.

A relação pedagógica cruza essa ética enquanto está voltada ao jovem, que é também filho, mas não o próprio. Uma variação essencial. O filho é jovem, mas o jovem é um filho impróprio. Há uma familiaridade não-familiar que intervém na relação pedagógica. De tal modo que deixa entender uma relação com a ética como um "conjuntivo oblíquo", para usar uma expressão da gramática que não carece de referência ao conjunto e ao conjugar impróprio que se estabelece na relação pedagógica. O "conjuntivo oblíquo" indica, na gramática latina, uma forma de expressão dependente pela qual quem afirma e sustenta um enunciado o faz atribuindo-o a um outro. Um dizer e pensar próprio atribuído a um outro, uma espécie de próprio impróprio. Não se trata de uma transferência, mas de uma relação de transmissão pela qual a própria subjetividade é construída pessoalmente a partir de uma relação de estranheidade e pertença, de familiar não-familiaridade. Um pai não poderá jamais ser o mestre de um filho. Falta-lhe aquela não-familiaridade que abre o familiar sobre si mesmo, permitindo-lhe abrir-se em um percurso de formação de si. É a própria não-familiaridade (*unheimlich*) que induz a "olhar de fora" o familiar (*heimlich*). Sem essa "perturbante" *unheimlich* não é possível descobrir qual relação de familiaridade e estranheza tem lugar em si mesmo.

Assim como o pai não pode ser o mestre de seu filho, um mestre não pode ser o pai de seu discípulo. O que está aqui em jogo é o papel do pai, que não pode ser confundido com o do mestre e vice-versa. A lógica do "quase" ajuda a entender esse ponto: o pai é "quase" um mestre para o filho, mas não pode sê-lo inteiramente sem deteriorar a relação pai/filho. O mestre é "quase" um pai para o discípulo, mas não pode sê-lo sem perder a sua função formativa.

Dentro

A pedagogia como disciplina do saber é agônica, condutiva, educativa, e assinala uma passagem, que é de crescimento e geração. Sinaliza em sua explicação uma relação geradora. Era essa a perspectiva de Platão, e permanece também a de Aristóteles, mesmo que ele esteja à distância de Platão. O primeiro nos legou a pedagogia como filosofia da educação, o outro nos deixou a ética como filosofia da política. Duas escolhas de relações que se encontram e confundem, mas são distintas, e talvez só em nosso tempo seja possível perceber a urgente exigência de que ambas concordem e se confundam de modo direto.

Éthos anthrópoi daímon, lê-se no fragmento 119 de Heráclito. As coisas que têm a ver com o *éthos*, como é literalmente indicado pelo termo *éthika*, são coisas que dizem respeito a um tal *daímon*. Alguma coisa que existe dentro. *Éthos*, em seu significado originário, é o "dentro", o interior no qual se está, para refugiar-se. O significado primeiro indica a guarida para o animal, como recordava Hegel. *Éthos* é o lugar no qual alguém se refugia, o abrigo. E também é como a guarida, o lugar no qual alguém se protege. O termo passou a significar a casa, a habitação, e depois, com variações na sua escrita, o comportamento, a própria conduta, os hábitos. Na denominação de cada um desses significados restou, porém, o "interior", em oposição ao "fora", o perigo. Está sempre lá fora o perigo, e é sempre à vida que o perigo faz referência, e ainda a vida, lá fora, representa o perigo para a vida. O *éthos* apresenta-se realmente como algo demoníaco – relativo ao *daímon* – quando representa aquilo do qual fugir e no qual buscar refúgio. É difícil compreender-se numa tal subversão, é difícil encontrar o bem dentro do mal, e é também difícil curar o mal com o mal, conforme a expressão de Starobjnski, que foi já de Platão e reassumida mais diretamente por Derrida, ao entender deste modo o *phármakon* – veneno e remédio.

Pois a ética está aí: uma linha que assinala um limite ao interior de algo que pode se tornar em bem e em mal. Por isso, é a linha da medida. E ainda Heráclito necessitou escrever como o *éthos* humano, *anthrópeion*, à diferença do *éthos* divino, carece do conhecimento da medida, *gnôma*.

Porém, só o *éthos* divino tem "conhecimento da medida" porque a medida que o *éthos* humano é chamado a conhecer é a medida do tempo. O divino não conhece o tempo das etapas e dos períodos. O tempo do divino é todo junto, aiônico. Terá sido também por isso que os antigos puderam imaginar a Tragédia como expressão da justiça divina que chega sem tempo e ocorre à parte do tempo, porque golpeia as gerações. Contudo, é também por isso que a medida em ética para o humano deve ser a geração, como gerar a vida para defender/se a/da vida. O dentro da vida deverá então ser entendido como *éthos*. Um pôr-se dentro da vida para preservá-la. E, não obstante, é um interior que expõe. O dentro de um fora. Gerador.

Se a Tragédia volta-se para o passado, pelo qual os filhos pagam as culpas do pai, a ética volta-se para o futuro, pelo qual os filhos resgatam o pai e asseguram a continuidade da vida, própria e comum.

Não deve surpreender que Platão tenha pensado a pedagogia em termos geradores, pois ele pensou o amor como geração. Platão pensou a pedagogia *como* ética. E é o amor, *éros*, que faz a mediação do espelhamento da ética na pedagogia.

O futuro interior

É preciso então aproximar a relação entre ética e pedagogia para além da restrição prescritiva de uma pedagogia ética e de uma ética pedagógica. A pedagogia é ética e a ética é pedagógica no sentido de serem dois lados de uma mesma moeda. A remissão é, então, em forma de espelhamento, e é essencial. E é tal que se deixa entender não como a busca de uma ética *pela* pedagogia ou de uma pedagogia *pela* ética. Nesse assunto será mais próprio considerar que a pedagogia é a prática mesma da ética ou a sua disposição e ativação. Isso significa que não há ética *sem* pedagogia ou que a pedagogia é a expressão direta da ética.

Por tudo isso é necessário refletir sobre a essência da ética e da pedagogia, explicando como uma é o *movimento* da outra. A pergunta então é para onde nos leva a ética e para onde conduz a pedagogia. Se é próprio da pedagogia o *agogé*, o conduzir o *paidós*, o jovem, então para onde se deve conduzir o jovem? Para que é voltada a ação pedagógica? Onde conduz? É uma questão de fim entendido não só como finalidade, mas também como término. Está em questão o lugar: onde conduz e onde termina a pedagogia. Em qual lugar?

Só a partir dessa perspectiva podemos, talvez, entender melhor a relação entre o agir pedagógico e o agir ético. Não no sentido de uma pedagogia da ética ou de uma ética da pedagogia. Mas no sentido da imanência recíproca de uma relação de intimidade. Buscando onde conduz a pedagogia, ou melhor, perguntando de qual lugar dá-se lugar, poder-se-á responder que se trata de um lugar seguro, que protege, um lugar no qual alguém recompõe a si mesmo. Um lugar interior. Dentro.

Nesse ponto, encontramos-nos com o significado mais antigo da palavra *éthos*, que é *dentro*. Aquilo no qual se repara, aquilo ao qual se retorna.

Surpreende como a ética, aquilo que diz respeito ao *éthos*, e também as palavras que portam o *éthos*, sejam palavras e ações que levem *dentro*. Um movimento, dissemos anteriormente, de uma ética que se desenvolve em direção oposta à Tragédia na linha geracional de pai e filho. Enquanto para a Tragédia o filho paga a culpa do pai, com a ética o pai é absolvido em uma mensagem de responsabilidade dirigida ao filho. Um movimento voltado ao futuro, enquanto a tragédia é voltada ao passado. A tragédia *sofre* o passado, enquanto a ética *sustenta* o futuro.

O movimento da ética se volta não para o futuro cronológico, não para o futuro simples ou o futuro anterior, mas para o futuro interno. A ética traz o discurso para o *dentro*, volta a chamar o *dentro* da segurança e da legalidade como segurança dos laços sociais. A pedagogia *guia o futuro interior*.

Eu aprendi isso no cárcere. Diante de mim havia um homem que cumpria prisão perpétua. Não sairia mais da prisão. Ele falava comigo do seu futuro, das leituras que naquele momento realizávamos, dos diálogos. Começou a falar do seu futuro não fora, mas dentro daquelas paredes. Tratava-se de um futuro dentro dele mesmo. A Pedagogia conduz para um tal lugar. Dentro. *Éthos*. E sempre que se trata de lugares, trata-se também dos limites e laços.

Um estranho futuro interior porque é um futuro ao qual se *retorna* e que tem no seu retorno sua plena configuração. Um *retorno sem repetição*. Surpreende a etimologia da palavra *éthos*, na parte menor de sua expressão, *eti*, que indica o *ainda*, o *de novo*, onde sabemos que se enraíza a proximidade do familiar e o retornar ainda em si mesmo; jamais igual e, contudo, *ainda* sempre o mesmo. *Immer wieder* haveria dito Husserl, *sempre de novo*, conjugando juntamente o futuro e o ainda.

A linha pedagógica

O limite fala sempre das relações. Trata-se então de refletir sobre o limite da relação pedagógica e sobre o limite da relação ética. Para a ética está em questão o limite da relação entre pai e filho. E então refletimos que o pai mostra ao filho o laço de amizade como laço de legalidade. Trata-se de refletir sobre os laços. Para a pedagogia está em questão a relação de ensino. Qual é o limite, qual é a linha, torna-se a pergunta essencial.

Pode-se chamá-la linha pedagógica. Por essa se vai diretamente também à conduta pedagógica. Poder-se-ia também chamar linha educacional, linha de um papel a cumprir, linha de margem, de interação e de diálogo. Além das indicações múltiplas, a linha pedagógica representa o *mokhlós*

(Derrida) da relação educacional. Ao mesmo tempo, meio e limite. A linha define um mais aqui e um para além, um eu e um você, de um lado e do outro. É o limiar além do qual não se pode ir, de uma parte e de outra. A linha divide, mas também é o que torna possível a co/divisão, é o limiar que reúne as próprias divisões. Enfim, a linha dá lugar, estabelece a conduta, ordena a relação.

No cárcere, quando estive com os meninos, os menores, esta foi a primeira coisa que eu tive que observar. Estabelecer uma margem. Todo ensinante o sabe, todos os que estabelecem uma relação de ensino o sabem. A linha define uma margem. Mas ativa a imitação quando é uma linha educacional, a partir do momento em que a imitação é um dos aspectos mais notáveis do agir educacional. Para além da linha, há alguém, um jovem que se olha, espera, que se vê como gostaria de ser, que vê aquilo que gostaria de aprender. A linha dá impulso: mostra uma passagem. Imitação e passagem constituem aspectos essenciais do agir educacional. E é o passar *pelo meio* e, só por esse "para além de" que ocorre o provocar e o guiar de acordo com o agir anagógico próprio da pedagogia. Fazer passar. Essa é a tarefa. Fazer passar para lá onde poderá reencontrar a si mesmo, um passar que é determinado pela linha, mas que se torna interior. Uma passagem que é própria do jovem (grego: *paîs*).

A linha não pode ser rígida. A sua definição mais precisa é ser sempre uma linha aproximada. Linha de espera. Linha do quase. Do aproximadamente. Esta é a sua precisão, o ser "em torno de". A linha pedagógica é uma linha de proximidade. E é tal enquanto se estabelecem relações que se "arriscam" toda vez à confusão. A professora, a ensinante, a docente pode assumir a função de mãe, de irmã. O mesmo vale para o professor, para o ensinante, para o docente que pode se tornar pai e amigo. O risco se compreende bem em um contexto familiar, quando o pai se torna amigo e a mãe amiga dos próprios filhos. Trata-se de um risco corrente em uma sociedade que, evidentemente, alterou as relações entre as gerações, na qual a idade da adolescência é aumentada, assim como é também aumentada a idade para sentir-se jovem. As relações entre as gerações apresentam-se como as mais complexas no plano social, econômico, ético e pedagógico. O limiar da idade foi modificado a tal ponto que a idade não representa mais um limiar da relação de margem.

Quase, aproximadamente

A linha pedagógica é, portanto, uma linha do quase, do aproximadamente. Quem ensina é familiarmente não-familiar, conjuntivo. A relação pedagógica é uma relação impossível justamente em razão da indefinibilidade e da indizibilidade daquela linha. Se Koyré indicou a passagem do Mundo Antigo para o Moderno com aquela feliz expressão, *Do mundo fechado ao universo do quase*, essa formulação valeria agora como passagem do Moderno ao Tecnológico na expressão *Do mundo do quase ao universo do indizível*.

Ademais, seguindo a lição de Derrida, compreende-se que o indizível é tal em relação a uma linha. Com efeito, como ensinou Derrida, o indizível é tal pela *différence*, diferença. Deleuze usa a expressão *diferencial*, que talvez seja ainda mais incisiva para compreender aquela linha que dá lugar à diferença e que permanece indizível.

E Wittgenstein permite esclarecer, em *Philosophische Grammatik*, a função e o caráter do "aproximadamente" próprio da linha. Ele o faz nas páginas sobre *o conceito "aproximadamente"*, onde se lê:

> Veio aproximadamente de lá!
> O ponto mais claro do horizonte é aproximadamente *aqui*.
> Tem este longo eixo aproximadamente 2 metros.
>
> Para poder dizer isso tenho que conhecer os limites que determinam a margem de tolerância deste comprimento? Certamente não. Não é suficiente dizer, por exemplo: "a margem de tolerância de ±1 cm é certamente admitida; ±2 cms já seria muito?" Para o sentido da minha proposição é certamente essencial também que eu não esteja em condições de assinalar limites "exatos" à margem de tolerância. Isso deriva claramente do fato de que o espaço no qual trabalho tem uma métrica diferente da métrica euclidiana?[2]

A reflexão de Wittgenstein assume ainda mais relevância quando inclui as condições de tolerância e de tolerabilidade ou de normalidade. É próprio da tolerância e da normalidade o indizível, a suposição de um limite, a posição exata de uma demarcação. A linha pedagógica é uma linha insegura. A relação de ensino, que faz lembrar disso à pedagogia como ciência da educação, sabe dessa insegurança. O horizonte "geométrico", as disposições de ordem da pedagogia movem-se dentro do "quase" (Koyré) e do "aproximadamente" (Wittgenstein) de uma geometria não-euclidiana.

---

[2] WITTGENSTEIN, L. *Grammatica filosofica*. Firenze: La Nuova Italia, 1990, p. 196 ss.

Insegurança e violência

O efeito disso sobre a prática da relação de ensino é a insegurança. Pode-se responder a isso traduzindo a linha pedagógica como linha de demarcação e de autoridade. Uma linha de defesa. Faltaria então a função do limiar e, portanto, a ultrapassagem daquela linha. Desenvolvida como defesa, a linha se torna, por conseguinte, interna à "lógica" da violência, a qual se apresenta como o elemento mais inquietante da instituição educativa, de modo a suprimir toda outra atenção. O fato é que a expressão da violência é a representação evidente de uma crise de relação entre as gerações num contexto de confusão que afeta em sua intimidade a função de transmissão do saber e da cultura. Pode ser entendida como crise de historicidade, mas de maneira mais preocupante deve ser entendida como crise da "capacidade de gerar", que afeta diretamente a função geradora da relação ensinante. As questões de gênero (diferença), de gerações (idade) e de geração (vida) jamais são estados que estejam assim justapostos e confundidos. É possível afirmar que esse "estado de confusão" esteja no fundo do drama da violência na escola. Pensando bem, a violência é o sentimento que ficou vazio, uma paixão que não sabe encontrar a forma de sua emoção ao sentir o outro como seu desejo. Violência é quando o outro não é mais sentido, como um sentimento que se esvazia de seu desejo e que busca sua satisfação na cega gratuidade. A violência mais terrível e a mais gratuita é aquela que busca o outro ou a outra e que não percebe que está ali na frente, que não o sente.

Refletir sobre a linha pedagógica torna-se então extremamente essencial; da sua função depende a prática ética que acompanha a pedagogia, como expressão da sua ação social. Trata-se de uma medida de relação. Os múltiplos aspectos da violência encontram-se na relação de ensino, que se torna o ponto de concentração e o objetivo mesmo da violência nas escolas. A relação de ensino é o objetivo da violência tanto quanto pode representar o seu ponto de insurgência.

Compreende-se com evidência que, para responder à violência, não basta, ou não é necessário, medidas de controle, portões, videocâmeras, detectores de metais. Mais que proibições, trata-se de normas, e mais que elementos jurídicos, trata-se de elementos éticos sobre os quais é preciso voltar a refletir, conjugando ética e pedagogia não como duas disciplinas estranhas, mas como dois momentos que confluem para uma cidade educativa.

Surpreende reler a carta de don Milani endereçada aos juízes, quando nota como magistrados e mestres têm a mesma raiz etimológica, mas também a mesma função desde perspectivas distintas. Surpreende ainda mais reler as páginas de Platão, das *Leis*, quando faz a mesma referência entre legislação e legalidade, entre mestres e magistrados. A pedagogia é a ativação da formação dos laços de geração que garantem os laços de legalidade e o avanço cultural sobre a qual se mede a civilidade mesma de uma cidade.

Refletir sobre a linha pedagógica é, então, uma tarefa que diz respeito à medida da relação de ensino. Diz respeito à imanência ética do agir pedagógico. Não um conjunto de regras, não uma deontologia como lista de deveres, mas um enfrentar o "deon", através do qual é denominada toda deontologia. Enfrentar o que é preciso e necessário, enfrentar o tempo atual de acordo com princípios que regulam a linha do passado-presente-futuro em uma relação de transmissão de saber que também é passagem de uma vida (própria, singular, de existência) na vida, dessa vez, própria do vivente. É sempre o caso de chegar a uma existência plena de vida e a uma vida que possa existir em sua possibilidade de ser vivida. É sempre difícil definir a linha que assinala a passagem da margem, do con/fim, a confluência do fim da existência e da vida. É insegura. É sempre aproximadamente e um compromisso.

Rigor e paixão

Mais uma vez, o ponto é que não há nenhuma margem precisa de tolerância, na medida em que a tolerância está sempre no limite e aproximadamente. Não é possível assinalar limites exatos. Husserl sabia bem dessa questão quando pensava a fenomenologia não como ciência exata, mas como ciência rigorosa. Não há limites de exatidão a não ser buscando limites de rigor. Isso a pedagogia o exprime sabiamente, mas quando o faz ela é ética. Quando a pedagogia, como saber sobre a relação educacional, encontra o que fazer com a insegurança e a variação da tolerância como limite, então encontra a ética e se expressa, não como pedagogia da ética, pedagogia ética ou ética da pedagogia, mas como pedagogia, sendo ética em sua expressão, em seu caminho.

"[...] a gramática da palavra 'aproximadamente' pertence à geometria do nosso espaço", conclui Wittgenstein. Outra geometria, a geometria das paixões, de acordo com a imagem de Remo Bodei, ou, mais simplesmente, a geometria dos sentimentos, a geometria dos laços.

A íntima distância

Quase, Leopardi, nas páginas dispersas de *Zibaldone*, deixou um tratado sobre a argumentação. O *quase* solicita a imaginação, duplica a imagem, abre-a. São escritos variados, uma mescla de gêneros diversos e diferentes. Leopardi deixou anotações importantes sobre a relação geradora e educativa, indicando a "experiência" como o meio de comparação e de passagem entre as gerações.

Importante para nós agora é refletir sobre a linha do *quase* como uma íntima distância. A distância que há entre o jovem e o mestre na relação educativa representa uma relação ética a partir do momento em que "amadurece" essa distância íntima.

A imagem que ilustra a distância íntima é a de Sócrates com Alcibíades. Uma relação quase de amor ou uma relação de amor impossível que se alimenta da própria impossibilidade, em função da linha que demarca a sua diferença. A relação educacional sabe bem desse desvio, dessa linha que é tanto mais assim quanto mais dá lugar a uma distância de intimidade. Aquela mesma que permitirá ao jovem ver-se no outro diferente, ver-se do outro lado, na *passagem*.

Passagem e espera

Uma experiência didática pode ser considerada resolvida quando é possível contá-la. A experiência da relação de ensino que não avança o limiar de sua possibilidade de ser contada perde-se sobre si mesma, não deixa sinais. Quando deixa sinais, é uma história. Mínima, por ser própria. A história de uma passagem, como acontece em todo relato. A experiência educativa diz respeito a essa passagem. Quem ensina deixa passar. Libera uma passagem. Oferece os próprios signos, a própria história e experiência, o próprio saber. Ensina. Cria sinais, libera os sinais de passagem. Não de si mesmo. Mas do outro ou da outra. Como propriamente do outro ou da outra.

O saber é uma posse sem propriedade. É próprio e impróprio ao mesmo tempo. Próprio, porque não tem propriedade. Impróprio, porque já é antes de outro ou de outra. A impropriedade do antes é igual à não-propriedade do porvir. A relação de ensino sabe que a pedagogia é geradora, e por isso é *agógica* (de *ágo*, conduzir).

Uma passagem. Acontece quando quem ensina dá lugar à espera. A passagem é própria de quem espera, e se faz propriamente no esperar. Quem não espera nem sequer percebe o seu passar. Não é um deixar, mas um dividir-se. É também um separar-se para se reencontrar outramente entre os outros, como outro. O passar da espera é o mesmo do tempo. Sabe o sabor do passar do tempo.

O passar pode ser dito de modos muito diversos. Transpor, superar, atravessar [...] Ao buscar como se passa o tempo, descobre-se que se passa como o expressa a palavra tempo, *témno*, dividido. O tempo se passa dividindo-se. Separando-se. É como uma história dentro do presente, sem passado e sem futuro, que não é compreendida. Agora. Dividindo juntos, co/divindo. Estará nessa co/divisão a expressão mais clara da linha pedagógica.

Esperar o outro é codividir o seu passar. Esperar é ter algo em mira. Ter atenção. Quem está esperando por alguém está em estado de contínuo dirigir-se ao outro, o pensa, o espera. Quem se distrai na espera nem mesmo espera, aguarda. A espera é já um laço, posto entre um ou uma e outra ou outro, entre um tempo e um outro tempo. Um tempo suspenso no qual se codivide. O tempo de uma ética dos laços, feita de lugares, de retornos, porque quem espera retorna continuamente ao outro/a retornando a si mesmo/a.

Problema e emancipação na escola[1]

Hubert Vincent[*]

Uma tradição da emancipação

Meu propósito aqui é o de analisar a noção de problema segundo a idéia de emancipação no marco específico da escola e do ensino. Tomando por auxílio Kant e sua obra *O que são as Luzes?* inicialmente precisarei as principais coordenadas da noção de emancipação. Como sabemos, "as Luzes" são, antes de tudo, para Kant uma divisa, ou seja, um motivo de engajamento e de associação[2]. Essa divisa diz o seguinte: *sapere aude*, tenha a coragem de servir-te de teu próprio entendimento. A divisa tem em primeiro lugar um sentido moral, ou seja, ela se dirige à nossa liberdade; a qualquer momento pode-se proferi-la, não apenas às crianças, mas também aos adultos e a todos nós uma vez que menores ou que não façamos ainda uso de nossa liberdade; é sempre uma questão que podemos colocarnos, é sempre uma iniciativa que teríamos que tomar ou que poderíamos tomar, e algo que não é uma simples disposição adquirida que colocaríamos em jogo sem maiores considerações.

No entanto, ela tem também um sentido político, ao qual, estranhamente, se dá pouca ênfase e ao qual, felizmente, a recente leitura de um texto nos relembrou (evoco aqui os recentes trabalhos de Pierre Lauret concernentes a essa leitura): nós sabemos que acioná-lo não depende apenas da vontade própria dos indivíduos, mas do tipo de relação que eles mantêm com a autoridade. Kant é claro sobre este ponto: numerosos são os que, desde a infância, se empenham em nos dizer não apenas que é

---

[*] Université Paris VIII – França.
[1] Tradução de Ingrid Müller Xavier.
[2] No original *ralliement*, que tem o sentido também de adesão coletiva. (N.T.).

difícil e arriscado pensar por si mesmo, mas também em nos sugerir que é extremamente perigoso e que mais vale a pena confiar-se a eles. A vontade individual não faz tudo e está imediatamente referida às autoridades ou aos poderes com os quais ou contra os quais terá que lidar. A questão da emancipação tem, assim, um sentido propriamente político. Agora, se perguntarmos como nos devemos servir de nosso entendimento, ou seja, quais as regras que precisamos seguir, nós nos encontraremos diante de uma dupla dificuldade.

Buscamos regras e gostaríamos de saber como se exerce essa liberdade e o que é, pois, pensar por si mesmo. Mas é de todo certo que ao propor essa divisa, Kant seguramente não quis dizer que poderíamos pensá-la de qualquer maneira. Por um lado, precisamente, poderíamos dizer: ele está confiando na nossa possibilidade de pensar segundo regras, ou segundo as regras do reto entendimento, assim como estamos confiantes na possibilidade de toda criança aprender a andar ou a falar por si mesma, uma vez, que as condições lhe sejam propícias. Mas, por outro, é claro que a determinação prévia dessas regras, ou o cuidado com tal determinação prévia, com a qual contaríamos antes mesmo de começar, anularia a dimensão de iniciativa dessa liberdade. Nós poderíamos mesmo dizer que qualquer um que espere por essas regras para poder começar suprime, ele mesmo em si, a possibilidade de tal liberdade. Há, pois, uma relação complexa com as regras, das quais podemos dizer, ao mesmo tempo, que elas estão lá (nós pensamos, nós avançamos bem) e que elas não estão lá, ou que não podem ser representadas por antecipado, ou completamente ou integralmente. A solução dessa tensão determina a noção de aprendizagem.

A segunda dificuldade me parece ater-se ao fato de que uma determinação – antes mesmo da questão dessas regras e de nossa relação com elas – não pode furtar-se de perpassar a questão disciplinar, no sentido da existência de regras disciplinares próprias a tal ou qual campo do saber. O que quero dizer é o seguinte: parece justo dizer que as reflexões sobre a emancipação são freqüentemente ligadas não somente ao tratamento geral de um saber que seria próprio a emancipar, mas mais ainda à idéia de um saber que lhe seria particularmente próprio. Em algumas épocas, o saber matemático foi tido como decisivo; em outras, mais recentemente, a física; hoje, talvez a sociologia, a história e ainda o saber ecológico, ou ainda, simplesmente, o saber ler. Há, pois, uma ligação, que se pode atestar, parece-me, empiricamente, entre a questão da emancipação e a determinação ou a escolha de um determinado saber, uma vez que, nesse saber, a possibilidade da emancipação estaria particularmente coligada.

O que eu gostaria de reter dessas primeiras considerações são, pois, essas ligações entre a questão da emancipação e um conjunto de coordenadas que são as seguintes: a questão da iniciativa, ou de um pensar por si mesmo; o levar em conta político das modalidades de relação com o outro; a questão das regras; e por fim a questão ou a escolha de uma determinada disciplina, uma vez que nessa disciplina, em uma dada época, e sem dúvida também para outras, concentrar-se-ia mais claramente a possibilidade da emancipação. Enfim, a questão da emancipação teria assim quatro coordenadas: a iniciativa, a relação com outrem, a relação com as regras e com os saberes instituídos.

A aspiração de tornar essa divisa efetiva no nível da escola e da formação, com freqüência, suscitou a atenção dos filósofos, antes ou após Kant, e tal atenção foi reunida em certas noções. Penso, por exemplo, na noção de ensaio, que não apenas designa uma "noção comum" do que poderíamos denominar o campo pedagógico, mas também uma noção comum daquilo que é para nós pensarmos, mas que pode ser igualmente referida a certas obras ou autores precisos onde ela encontra alguma elaboração conceitual (penso aqui não apenas em Montaigne, mas também em Alain). Penso naquela de juízo ou de exercício do juízo, que tem também duplo estatuto e que pode ser referida para sua elaboração, novamente, às obras de Montaigne, Kant e alguns outros. Creio que também é preciso mencionar nessa direção o livro de J. Rancière, *O mestre ignorante*, que me parece situar-se na mesma linha, e ilustrar, à sua maneira, o cuidado com essa divisa, principalmente, neste caso, ao colocar a questão ao nível das relações mestre e aluno, muito fortemente privilegiada pela referência à questão da relação com o saber e a uma disciplina particular (ainda que o livro de Jacques Rancière e o conjunto de sua obra estejam, como sabemos, também ligados a um grande conhecimento histórico do século XIX e que não seria possível, sem dúvida, a não ser sobre as bases desse conhecimento; e também que a importância de saber ler e de uma relação com o livro seja aí central). E seria preciso dizer que esta atenção foi, em geral, muito breve; e não me parece porque tenham sido negligentes, mas, sem dúvida, porque eles consideravam que o essencial podia e devia ser dito rapidamente e podia sê-lo. Em outras palavras, que não havia muito a explicar, que essas coisas, com efeito, eram compreensíveis e no fundo quase "palpáveis", e que todo empenho em explicações correria o risco de nos dispensar de nossa tarefa, pensar por si mesmo.

A essa lista de noções seria necessário acrescentar hoje aquela de problema. Essa é uma noção mediante a qual alguns buscaram circunscrever as condições desse pensamento por si mesmo, dessa possibilidade de pensar por si mesmo, e é nessa perspectiva da emancipação que eu gostaria de me interessar aqui. Seria necessário começar citando Descartes, e eu o farei um pouco mais adiante; mas é preciso, sobretudo, mencionar Dewey, Popper, Deleuze, Kuhn e alguns outros. Direi apenas uma palavra em relação a Dewey a fim de insistir sobre um aspecto da questão que me ocupa aqui. Se seguirmos as primeiras lições de sua obra *Como pensamos*, que cada um seja capaz de pensar por si mesmo é, precisamente, segundo ele, o que o problema demonstra; os problemas são nossos educadores no sentido em que é porque somos confrontados a problemas que, não somente o pensamento se põe em marcha, mas também que ele se "vetorializa" a partir de si mesmo, ou se orienta. Nesse sentido, o problema, como em outro nível a noção de interesse, é uma noção que sintetiza, ou pretende sintetizar, uma espontaneidade do pensar e as regras do pensar. Desse modo, em Dewey, o problema é compreendido na perspectiva de uma formação do pensamento ou de uma educação do pensamento; ele é pensado ainda como instrumento ou a modalidade central de uma formação ao pensamento científico e particularmente físico, que cria e suscita uma disposição a bem pensar ou a pensar segundo certas regras. Mas o que está também aí em jogo é o motivo de um pensamento autônomo – que nasce graças à sua capacidade de se colocar problemas, de reencontrá-los de outra maneira, de aí correr risco e de, através disso, emancipar-se – e que se tratará de alguma forma, mais tarde, ou seguindo-se a esse primeiro impulso, de guiar. Por esse motivo, uma grande parte do livro é consagrada às regras do bem pensar. Se há, pois, nele uma determinada idéia de problema, uma vez que esse demonstra uma capacidade de pensar por si mesmo e que essa capacidade pode ser novamente posta em jogo, há também a ambição de ligar tal idéia ao projeto de uma formação (construir hábitos e bons hábitos), assim como a ambição de ligar esse aspecto formativo à ciência física e seus encaminhamentos próprios. É possível que esses dois aspectos não possam conjugar-se e, sobretudo, que o aspecto de iniciativa do problema não seja de fato jamais passível de solucionar em alguns hábitos ou redutível apenas ao enunciado de algumas regras. Como eu já havia sugerido acima, parece que podemos adiantar que ele pertence à iniciativa e ao cuidado de pensar por si mesmo, de querer e de não querer regras. Esses dois gestos lhe são essenciais; sem regras ela se perde, com regras se perde também.

Há assim, parece-me, uma tensão no próprio seio da noção de problema, posto que com ela designa-se tanto a iniciativa de uma liberdade que se exerce, pois ela se dá ou se cria os próprios problemas, como o cuidado com uma aptidão a pensar por problemas, que bem pode ir desde a aptidão de alguns em resolver palavras cruzadas ou sudokus, ou a serem muito hábeis na realização de determinados problemas matemáticos ou físicos, a resolver determinados enigmas, onde quase não encontraríamos a noção de iniciativa. Quaisquer que sejam estas últimas dificuldades, sobre as quais certamente retornarei, creio que podemos adiantar sem muita dificuldade que a noção de problema faz parte dessas noções nas quais a questão da emancipação se concentrou, e deste modo ela participa ao mesmo tempo em que constitui algo como uma tradição da emancipação.

É, pois, necessário apresentar a expressão um pouco paradoxal de uma tradição da emancipação.

Situar-se em uma tradição

Dir-se-á que é evidente, no entanto, creio que essa evidência deva ser relembrada, e isso ao menos por dois tipos de razões. Primeiramente, porque importa lembrar que essa tradição filosófica foi sempre igualmente cuidadosa em dizer que a filosofia, como disciplina particular, não possui o monopólio da emancipação, ou ainda que não apenas a filosofia dela se ocupou. Evocar essa tradição e evocá-la como filosofia, isto é, que os filósofos que pude mencionar sempre souberam reconhecer que essa possibilidade da emancipação não se situava somente na filosofia, mas poderia, se posso assim dizer, ser encontrada por toda parte, nas práticas ordinárias ou extra-ordinárias, tanto na filosofia como fora dela. Eu poderia mesmo adiantar que o cuidado com a emancipação as levou a estabelecer uma relação crítica com a filosofia e suas formas de ensino e em particular a recusa em ver na "filosofia" uma possibilidade de emancipação, antes o contrário. Em outras palavras, ainda que haja uma tradição filosófica da emancipação, é necessário dizer que essa julgou, geralmente, necessário tanto interrogar e suspeitar das formas habituais e recebidas do filosófico, como se abrir a um fora onde esse cuidado da emancipação pudesse ser não apenas demonstrado, mas também, por vezes, muito bem analisado, instruído e reconhecido. E é por isso que essa tradição ligou-se à curiosidade por certas pedagogias, ou por certos pedagogos, curiosidade também em relação a certas experiências ou práticas políticas, curiosidade ainda por determinadas maneiras de fazer das ciências, que pareciam, decerto, exemplares do ponto de vista da emancipação.

Há, portanto, algo de bom em colocar uma tradição e situar-se em uma tradição, pois se começa a nela reconhecer alguma pluralidade. E é a segunda razão que eu gostaria de elaborar um pouco. Ela concerne, desta vez, mais ao sujeito filosofante que, a meu ver, se pensa e se situa, ele mesmo, de maneira diferente em relação ao seu objeto, desde que ele se situe em uma tradição ou a reconheça. Com efeito, situar-se em uma tradição, e em uma tal situação de abertura, é todo o contrário de pensar que nossa tarefa seria a de fazer descer do céu uma preocupação filosófica e nessa circunstância, o tratamento da emancipação, em uma realidade que lhe seria, de algum modo, *a priori* estrangeira. É todo o contrário de pensar que nós seríamos algo como os heróis da emancipação; enfim, é todo o contrário de crer que os filósofos disseram coisas excelentes, mas muito difíceis e distantes que nós teríamos que fazer valer para um público ignorante e pouco esperto. Meu sentimento é que, por razões que é preciso analisar, e que estão ligadas às maneiras como a filosofia é transmitida hoje em dia – que têm a ver também com o modo como as nossas sociedades nela representam seu lugar, sempre um pouco exterior, sempre um pouco distante e perdido –, nós nos representamos muito e representamos nosso trabalho segundo esta idéia de que temos de fazer valer determinados grandes autores diante de uma realidade que lhe seria estrangeira *a priori*. Como se as obras, e as obras dos grandes filósofos, os grandes nomes da filosofia, tivessem substituído o céu das idéias platônicas e do qual nos seria necessário descer, sempre com alguma dificuldade, para esclarecer os ignorantes.

Relembrar que há uma tradição da emancipação é, pois, fazer justo o contrário, e dizer que de fato há uma tal tradição, ou ainda que há emancipação, ou ainda que a reflexão não é constitutiva dessa possibilidade, mas, antes, que ela busca pensá-la, reconhecê-la, protegê-la e que, por exemplo, as noções de ensaio, de juízo, de problema, mas também de interesse, de "técnicas Freinet", como outros, são nomes, antes de tudo, através dos quais nós podemos tentar, aqui e ali, pensar, dizer, recolher, representar, se se quer, essas possibilidades. E é também poder reconhecer e, sobretudo, aprender que o pensamento da emancipação, sem dúvida, é dito também em outros lugares, e para mim em outros lugares de outra maneira que não com as palavras convencionais que citei, e que eu não duvido de que não sejam as únicas. Há tradições da emancipação e elas são ditas de maneiras diferentes; importa, creio eu, estabelecer aproximações, trazer à luz essas aproximações. Reconhecer igualmente que tais nomes, se eles não constituem a possibilidade de emancipação, podem ser, no entanto, falantes; quero dizer que eles possam ser reconhecidos e compreendidos como fazendo entrever e dando a pensar a possibilidade de emancipação e, naturalmente, isso não ocorre sem estudos precisos e rigorosos daquilo que alguns quiseram fazê-los dizer. Há experiências que as palavras não têm a função de constituir ou de permitir, mas mais de evocar e de fazer entrever, e nesse sentido também de "tornar possível", mesmo que esta possibilidade nada tenha a ver com algo como uma demonstração ou uma produção.

A meu ver o perigo maior da transmissão filosófica é que nós nos persuadimos de que aquilo que não podemos indicar, evocar e mostrar não pode ganhar consistência efetiva para multiplicar nossos discursos, multiplicar nossas indicações.

Emancipação e problema: casos ordinários e extraordinários

A linha na qual estou engajado me obriga a mostrar que o que se pensa sobre essa noção de problema, as possibilidades de emancipação que nela se concentram e que me será necessário desenvolver um pouco, não são forçosamente exteriores e sempre estrangeiras à escola. Mas, ao contrário, podemos tentar mostrar e dizer que a possibilidade de um pensamento problemático faz parte de nossos possíveis próprios, de nossa experiência comum, e que assim ele não precisa, de modo algum, ser buscado lá longe para ser reconduzido à força a um real que lhe seria *a priori* estrangeiro. Mencionarei aqui, mais que exemplos, casos. Os exemplos dizem um mesmo e podem ser reduzidos a esse mesmo, sua singularidade desaparece; os casos se reportam a um mesmo e têm por função desenvolvê-lo e fazê-lo ver, nesse sentido eu diria que os exemplos se reportam a um conceito, enquanto que os casos, a um problema, que eles fazem ver ou desdobram. Naturalmente, essa diferença não é sempre fácil de estabelecer: podemos confundir os exemplos e os casos, seja reduzindo demais ao mesmo, seja ao contrário não vendo muito bem que os casos dizem de fato o mesmo e que não há, pois, que os mencionar todos. Mas parece-me que é o trabalho mesmo do pensamento tentar discernir o que pode ser tratado como caso e o que pode ser simplesmente tratado como exemplo.

Caso 1. *O endereçamento e a acolhida*

Por exemplo, se digo, ou se reproduzo mediante a ficção a seguinte cena: "Ó mestre, eis o que compreendi e fiz; não sei se compreendi bem, mas eis como compreendi e como fiz"; penso que estaremos de acordo em ver aí um indivíduo que, efetivamente, pensa por si mesmo. Sem dúvida, trata-se de uma ficção, no sentido em que jamais ouvimos alguém pronunciar uma tal frase, mas também no sentido de que seria totalmente possível imaginar que qualquer um poderia dizê-la, ou mesmo agir segundo essa máxima. Ficção ainda no sentido em que poderíamos imaginar um mundo ou uma relação na qual os professores acolheriam o que lhes é submetido segundo essa máxima, e que podemos pensar que não é impossível que os professores acolhessem assim os trabalhos de seus estudantes e alunos, ainda que não se dissessem uma tal máxima.

No entanto, ela coloca em cena bem as diferentes observações acima feitas: uma relação, ou um modo se relacionar com a autoridade, na qual nos deixamos conduzir ao mesmo tempo em que colocamos a própria iniciativa; em segundo lugar, a colocação em jogo de um saber cujo estatuto é o de ser problemático, no sentido em que, aquele que apresenta assim o seu saber, o sabe ao mesmo tempo como possivelmente defeituoso, como sabe também que essa possibilidade está inscrita no que disse e que pode, e poderá ainda ser compreendido, como ele o compreendeu. Enfim, a incerteza sobre o caminho percorrido, sobre as regras postas em jogo, mas que são, no entanto, algumas regras, ou algum caminho (eis como eu compreendi, eis como fiz). Enfim, há qualquer coisa de desconcertante no sentido em que, por um lado, essa ficção pode muito bem ser pensada como ao alcance de todos, mas, por outro, podemos dizer sem muito risco de nos equivocarmos que ela é efetivamente muito rara. Em um sentido é uma possibilidade da escola, ou ainda é tipicamente um comportamento escolar, na medida em que há um mestre ao qual submetemos o que para nós vale como um ensaio ou um problema. Mas, em outro sentido, creio, nós estaríamos prontos a admitir que a escola é também, desde outro ponto de vista, o que sempre se oporá a isso, o que não será jamais verdadeiramente reconhecido por alguns, o que em si não faz problema, mas não deixa de fazê-lo. Qual é, pois, dito de outro modo, o estatuto exato de tal possibilidade, ao mesmo tempo presente e ausente? É necessário, particularmente, distribuí-la entre o que as autoridades escolares dizem e o que elas fazem, que talvez seja completamente diferente? Ou ainda, distribuí-la segundo as diferentes cabeças ou segundo diferentes saberes e relações com o saber que manteriam mais ou menos a possibilidade?

Caso 2. *A invenção do caminho*

Mas encadearei muito rápido, e talvez rápido demais, com este outro caso tomado a Descartes, ao mesmo tempo muito próximo e, no entanto, muito distinto quanto a um ponto importante. Em um texto famoso das *Regras,* que já comentei em outro lugar, Descartes confessa seu "prazer inocente", quando estava ainda na escola, de tomar conhecimento da conclusão de certas obras, fechar o livro, e depois tentar por "seus próprios meios" chegar, por si mesmo, a esses resultados. E, sugerindo em seguida alguns exercícios em que esse poder do espírito de compreender "por si mesmo" pudesse ser transmitido aos alunos, ele acrescenta, a propósito do exercício de decodificação de "códigos secretos", que o aluno, renunciando a uma tentativa de resolução ao acaso, tenha chegado rapidamente a "forjar uma ordem", em seguida testaria esta ordem no caso em questão e TAMBÉM em outros. Ou seja, ele insiste sobre a possibilidade para o espírito de por si mesmo forjar ordens, para em seguida explorar o problema com auxílio dessas, e assim, não apenas resolver o problema, mas também adquirir a noção de um determinado método que pode ser aplicado em outras situações.

Mas, sem muito insistir aqui sobre o que aproxima este caso do primeiro, eu gostaria de ressaltar o lugar dos livros, a meu ver importante, mas que Descartes não parece querer destacar. No fundo, essa possibilidade de pensar por si mesmo é aqui outorgada ao fato de haver determinados livros, e livros escritos de tal forma que o autor, quer anuncie seus resultados, quer os mencione no final, permita àquele que deles se assenhore jogar com esses resultados e de encontrá-los pelos próprios meios. Todo o interesse e a atenção daquele que aprende se desloca dos resultados para o modo operatório: não se lhe reivindica saber, se lhe diz qual é o saber, toda a atenção se volta para o exercício das próprias forças, e para a aventura dos diferentes caminhos que ele poderá encontrar. É o livro, e apenas ele, que oferece essa possibilidade: não o livro escolhido e comentado pelo mestre, mas o livro de um "mestre", que vamos ler segundo este modo. E aqui, pois, a questão da relação com a autoridade muda ou pode mudar profundamente segundo se tenha trato com os livros, com aqueles "disponíveis" para quem souber desfrutá-los, e os livros oferecem sempre essa possibilidade.

Esse ponto é inteiramente escolar e, no entanto, não o é. É escolar uma vez que o que é dito claramente é que não temos nada a inventar e não temos que ser originais, ou ainda que podemos nos apoiar e confiar em outros saberes, com resultados seguros. A atenção é assim deslocada para o caminho, e a neutralização do resultado é a condição desse deslocamento. Mas ao mesmo tempo não me parece absolutamente sê-lo, a tal ponto é rara essa forma de trabalhar e fazer trabalhar na escola, mais ainda pelo fato de sermos convidados a nos preocupar com a originalidade de nosso saber ou de nossas opiniões, tanto que essas tomam a dianteira, e ainda somos ensinados a situar aí nossa originalidade, frustrando-nos completamente.

Caso 3. *A experiência do diálogo (a dialética).*

Mas eis um outro caso, desta vez tomado de empréstimo aos exercícios que são ditos orais. Quando um estudante, ou ainda uma criança, no marco de um diálogo oral, seja com seu professor, seja com seus colegas e encorajado pelo professor, depara-se com uma "opinião" adversa e ele então aprende não só que ele pode ou deve argumentar contra esse ponto de vista adverso, mas antes que se trataria de que aquilo que ele chama sua opinião de fato diz "um aspecto de um problema mais vasto", ou "exprime um ponto de vista particular sobre as coisas" o qual ele busca então coordenar com o que foi objetado e o que exprime essa objeção, um outro aspecto do problema ou da questão, então creio que podemos dizer que há algo como um problema. Isto é, existe doravante para ele a possibilidade de dois pontos de vista em tensão, ou dois aspectos da questão que exigem retomar a reflexão e graças à qual ele pode, efetivamente, aprender uma vez que seu primeiro ponto de vista não é o único e deve poder ser confrontado a um outro, ajustado, tomado em conjunto de algum modo.

Quando um estudante, em um exercício oral, faz isso, quando encara a possibilidade dessa coordenação e de seu vínculo eventual, sou levado a me dizer que ele começa a pensar por problema, que isso é exatamente pensar por problema, e que ao fazê-lo ele passa a pensar por si mesmo, uma vez que seu pensamento se abre e se situa de agora em diante na possibilidade de um mundo que se pode dizer "objetivo", onde não há senão opiniões que se enfrentam, e onde enfrentamento exprime uma realidade mais complexa que é necessário agora pensar. Ele faz, sobretudo, a experiência de que sua opinião não é senão uma opinião, ou ainda que não se trata para ele de estabelecer a certeza daquilo que ele pensa ao multiplicar as razões de pensá-lo, mas que essa opinião diz alguma coisa do ser, diz um aspecto do problema e da questão e que não há de fato opiniões, mas posições no ser que se exprimem. Ele faz então a experiência do diálogo e mais precisamente a experiência disso que a tradição filosófica chama dialética, da qual os primeiros diálogos socráticos deixaram uma imagem imperecível. Isso que é assim chamado não é, pois, um tema intelectual, mas designa em primeiro lugar um modo de relação com o outro e consigo mesmo que, se tem suas raízes nas conversas ordinárias, pode em seguida ser tematizada e tornada mais consciente no marco de um ensino de filosofia.

Nisso que foi dito não tenho particularmente a impressão de forçar a linguagem e torcê-la a meu bel-prazer, quero dizer que o sentido que dou aqui à noção de problema pode ser reconhecido por meus interlocutores, uma vez que eles falem e façam uso da mesma língua. O que eu queria sublinhar neste caso é que o professor que sou fica muito feliz quando ele constata que um estudante é capaz disso. "Muito feliz": isso quer dizer que ele pensa que sua missão foi cumprida e que ele atingiu seu objetivo. A meu ver, é isso que ele atinge e não o que vem em seguida, se o que se segue consiste em elaborar mais adiante a tensão que aqui foi trazida à luz. A presença dessa tensão basta para convencer que ela permanecerá, que a questão está aí e que ela aguarda uma investigação, em suma, que ela tem uma consistência independentemente das respostas que lhe possam ser dadas. Uma máquina foi posta em marcha, ou um desejo.

O professor que sou sabe também que tal aptidão não é de modo algum exclusiva de um agir firme e determinado e que são aqueles que parecem, não apenas ter uma certeza, mas estarem presos à forma da certeza que são inquietantes e lamentáveis do ponto de vista da ação e do ponto de vista da ação em relação aos outros. Daqueles primeiros alunos poderíamos dizer que eles estão sempre prontos a examinar o que fazem, como se agissem freqüentemente sem saber e sem poderem dizer-se o que fazem; se seu agir é nesse sentido silencioso e enigmático a seus próprios olhos, eles têm, no entanto, questões a colocar e a indagar sobre o que fazem. Já dos segundos podemos dizer não que eles não ajam, mas que sua ação, segundo eles mesmos, é sempre equivocada, sempre inadequada, mas não incerta. Os primeiros são emancipados, no sentido em que eles parecem saber essa distância entre o plano das práticas e o plano do discurso e que eles sabem que agem e também falam. Eles estão prontos a ouvir e a questionar.

Caso 4. *Ler (a hermenêutica)*

A emancipação se vê ainda quando, ao ler alguns textos com os estudantes, tomo o cuidado de distinguir todas as projeções que cada um faz muito rapidamente diante de um texto que mal compreendeu; elas podem ser vistas simplesmente na soma das "traduções" que eles infligem ao texto, de modo que parece e lhes parece que compreender um texto é reconhecê-lo, reconduzi-lo ao que se sabe e ao que se conhece. Não há nenhuma razão para moralizar tal relação e dizer que isso é o que não se deve fazer: todo leitor, ao que parece, começa sempre fazendo isso, e é isso que ele faz e que de algum modo se lhe pede que faça quando lhe ensinamos a ler: reconhecer, rapidamente, reconhecer e aí se reencontrar. Isso é verdade desde a primeira aprendizagem da leitura, quando as jovens crianças não param de preencher os buracos, de reconhecer rapidamente em alguns traços escritos aquilo que elas conhecem em sua língua. Muito precocemente, pois, ler é "compreender", isto é, reconhecer, aí se reconhecer, não se sentir mais perdido. E isso é verdade ainda nas aulas de filosofia, onde eles descobrem linguagens realmente surpreendentes e de fato difíceis e que então o primeiro cuidado é novamente compreender, traduzir com suas palavras e suas idéias e reconduzir ao conhecido para aí se reconhecer.

Não há, pois, que moralizar essa relação pelo fato também de que é a partir dela que se pode passar a outra coisa e, mais exatamente, que é se esforçando em medir as distâncias entre o que o texto diz e o que nele vemos ou o que nele se viu, que se vai construir algo como um entendimento, um início de entendimento daquilo que o texto tem a dizer, e a espécie de desordem que ele tenta introduzir não apenas em nossas idéias e cabeças, mas nos nossos modos de falar, como se, subitamente, as palavras pudessem trazer algo novamente e de novo, e não apenas serem os índices de algumas idéias que já lá estivessem. A percepção disto que denominarei a força de um texto, quero dizer a força da idéia que ele sustenta e apresenta, mais que dizê-la, só se pode fazer sempre considerando nossas primeiras compreensões. Não é jamais por acaso que há contra-sensos; esses foram trazidos por uma palavra ou uma frase que pareciam poder ter sido reconhecidas, de modo que é precisamente porque se retorna ao primeiro equívoco que se circunscreve melhor o que o texto tenta dizer ou situar. Enfim, não há o que moralizar, na medida em que o que nasce é outra idéia de tradução: como traduzir para mim essa novidade ou outra idéia que escuto, como ligá-la, e segundo que exemplos, a isso que de agora em diante posso dizer-me e ver em minha vida, como subverter as relações de experiência que tinha até então.

Parti de uma situação inteiramente escolar: ler um texto de filosofia com uma turma e entrar em uma relação com o texto que a tradição filosófica analisou como hermenêutica (e aqui, como para a dialética mais elevada, esses termos designam antes de tudo práticas ou relações, e não questões intelectuais). E a noção de problema tem novamente razão de ser no sentido em que eu poderia dizer, sem surpreender demais, que o trabalho dessa leitura é o de fazer surgir o que pode ter dito tal ou qual autor como problema, como idéia problemática, na medida em que ele subverte a ordem habitual e convencional de minhas representações e me obriga a pensar de outra forma. E mais uma vez me parece fundamentado dizer que se esse ponto foi alcançado, então cumpri minha missão, fiz meu trabalho, o essencial foi conquistado, outra voz escutada, sabemos que podem haver outras vozes. Como se no fundo a idéia se mantivesse ou fosse suscetível de ser mantida tão-somente do fato que ela interveio numa ordem primeira e a subverteu, obrigando-nos a reconsiderar nossa vida e o que dela pensamos.

Mais uma vez tenho a impressão de não ter dito coisas muito originais, mas novamente acredito que poderia dizer e vocês admitiriam que esse caso é ao mesmo tempo tipicamente escolar e recobre a experiência que qualquer um poderia ter feito na escola, mas que é também muito rara. Com efeito, na escola aprendemos com mais freqüência doutrinas: e mais precisamente "o que é preciso reter de". Nós não lemos muito, ou melhor, desde que começamos a ler nos é dito o que devemos reter e dizer de nossas leituras, como se um exercício de leitura não fosse um meio de despertar em nós algumas idéias e tentar dizê-las, apoderarmo-nos delas de maneira selvagem. Na escola se aprende a ler contra a escola.

Tentei mostrar que a possibilidade de emancipação ou de pensar por si mesmo pode ser buscada e encontrada no seio das nossas práticas mais cotidianas. Nesse sentido, ela nos serve, mais e melhor, que se a compreendermos como o que deve ser trazido do exterior para um real que lhe seria estrangeiro. A tarefa que então se oferece é precisamente um trabalho: não de dizer e redizer apenas o que foi ou deveria ser a emancipação, mas se tornar capaz e tornar outros capazes no seio de nossas práticas mais ordinárias e regulares. Com isso o que tentei dizer foi a tarefa do filósofo; mais exatamente tentei mostrar como nossas próprias práticas dão conta do cuidado com a emancipação. Em vários momentos o termo problema me foi útil, ou eu o achei útil, adequado e compreensível nas minhas descrições. Ele toma assim, pouco a pouco, o sentido de um instrumento que começamos a ter nas mãos, pois o fazemos servir a diferentes fins. Eu gostaria de fazer agora um último uso e propor-lhes um último caso, mediante o qual será possível sistematizar as observações precedentes.

Reencontrar o mestre ignorante: o ensino do fato religioso

Assim como muitos de vocês, imagino, li o livro de Jacques Rancière, *O mestre ignorante* e, como muitos de vocês, vi-me diante da questão de saber o que fazer. Pois, se em certa medida é fácil compreendê-lo e expô-lo aos outros, é bem mais difícil ser fiel à sua lição, reproduzi-la ou repeti-la, ainda que a obra nos obrigue a encarar tal perspectiva. Trata-se tipicamente de uma obra que sabemos não bastar apenas compreendê-la intelectualmente, mas que sua verdadeira compreensão passa por uma retomada para nós mesmos da possibilidade que ela indica. E foi neste ponto que por muito tempo fiquei encalhado: o que fazer? Como repetir sua lição?

Esta, me parece importante sublinhar, é uma ocasião que me permite recuperar, em certa medida, essa lição até mesmo porque eu já o tinha classificado entre os livros impossíveis e inacessíveis, certamente sedutores, mas apenas isso. Se insisto um pouco nessas considerações é porque elas me parecem importantes para alcançar um aspecto da possibilidade de repetir ou retomar: repetimos, retomamos quando esquecemos e porque esquecemos; a possibilidade de retomar o ensinamento de um livro e sua lição, surge no momento em que não acreditávamos mais ser possível e porque havíamos deixado de nos colocar a questão de integrá-lo à força em nossa prática. No entanto, como às vezes é a prática que toma a dianteira, quando, por exemplo, respondemos a novas solicitações, é a prática que por vezes mostra o caminho que em vão buscávamos. E, como sabemos, esse ocasionalismo é um aspecto importante do livro de Jacques Rancière. O relato que se segue propõe-se a circunscrever esse achado e examinar de novo suas condições de possibilidade.

Desde alguns anos na França, e em um marco laico, o "ensino do fato religioso" passou a fazer parte dos programas oficiais: os professores do ensino fundamental e médio devem ensinar o fato religioso. Como muitos outros professores de história ou de filosofia, meu trabalho foi de pôr em marcha tal ensino. Eu não tinha uma competência particular nessa matéria, e nem sequer podia dizer que estivesse muito interessado nisso que minha tradição filosófica me havia legado sobre esse ponto. As análises de Nietzsche e de Freud sobre estas questões me bastavam. De modo geral, eu era, creio, como muitos hoje em dia, indiferente a essas questões, e ainda o sou. Ao menos é o que me digo, ao mesmo tempo dizendo-me ser provável, e até mesmo certo, que ninguém pode dizer tal coisa, ou que ninguém "é verdadeiramente", ou não pode ser indiferente à questão religiosa e à questão da fé; comecei então a suspeitar do que eu pensava, de minhas representações espontâneas, e considerar com mais cautela esse ser, uma vez que digo não se poder ser indiferente a essas questões. Quem pode dizer, efetivamente, que "é" indiferente à questão religiosa? Não quero, de modo algum, colocar uma questão retórica, supondo com efeito que alguém possa sê-lo e querendo convencer vocês; quero apenas marcar que a possibilidade de dizer que se é, inteiramente, verdadeiramente, indiferente à questão religiosa não é com certeza um enunciado evidente. Isso é sem dúvida possível, mas em que condições exatamente? De modo que declarar sua indiferença é também levantar suspeitas quanto a essa declaração. Portanto, "ensinar o fato religioso" como é agora exigido na França, não pode deixar de avançar nesse questionamento, de avançar no questionamento de nossa indiferença.

Eis, pois como procedi. Uma vez que o tempo de formação era limitado, fiz a seguinte escolha: ler e fazer ler certo número de textos extraídos dos três monoteísmos, com a idéia de que seria possível lê-los com crianças e adolescentes. Em outras palavras, o trabalho que eu faria com meus alunos seria o mesmo que eu pediria que eles fizessem com os seus, resguardando a diferença de idade. Ao me obrigar a falar pelo menos das três religiões monoteístas, escolhi começar por uma parábola de Cristo (*O filho pródigo*), uma passagem dos Reis (*A vinha de Nabot*), uma surata do Corão (*A luz*, surata 40) e o início do *Gênesis* (Adão e Eva expulsos do Paraíso). Meu objetivo era bem simples: persuadi-los de que eles poderiam ler esses textos com as jovens crianças, e para isso estabelecer algo como um protocolo de leitura (onde eu distinguia uma compreensão lexical, uma compreensão situacional, uma compreensão simbólica, uma compreensão normativa e uma compreensão religiosa). O trabalho de leitura começou com auxílio do protocolo, mas também avaliando seus limites. Do conjunto dessa situação complexa, do trabalho que entre nós foi possível, gostaria de destacar os seguintes traços. Em primeiro lugar, ao fazer isso se surpreende os estudantes: eles descobrem que esses textos lhes dizem algo. Quero dizer que eles descobrem algo de suas experiências, algo que eles podem reconhecer nas suas experiências e que, em resumo e numa primeira aproximação, faz sentido para eles, ainda que eles verdadeiramente não o esperassem. Eles também se creiam indiferentes e também se diziam que, por serem ensinantes laicos, deveriam sê-lo, e isso para eles significa que a religião não pode falar de suas experiências, às quais eles podem dar sentido e valor. Ora, eles descobrem precisamente o contrário: que esses textos dizem coisas que, à primeira vista, eles reconhecem como tendo sentido e valor; depois igualmente descobrem que falar de determinadas coisas que têm sentido e valor para eles não é forçosamente excludente com relação a uma posição de ensinante, mesmo de ensinante laico. Eles constatam, como eu também, que: o que tal texto diz, eles estão à altura de pensar, eles mesmos podiam pensar ou se dizer, o problema que o texto coloca, as normas propostas pelo texto são em parte as suas. Por exemplo, *O filho pródigo* e o que isso parece dizer, o que é o amor paterno, que é para além do mérito, mas que coabita também com o caso do pastor e de sua ovelha desgarrada, como também com o da mulher que perdeu sua moeda; *A vinha de Nabot*, na medida em que esse texto põe em questão o que cada um pode reconhecer de um abuso de poder e de uma instrumentalização do outro, como também das relações homem-mulher, ou ainda do ato de propriedade e das relações de troca; a surata *A luz*, no que ela coloca em cena a questão do pudor, a questão da relação entre os sexos na medida em que expõe o pudor, também a questão do gosto pela delação e pelos mexericos aos quais Maomé é particularmente sensível, e ainda a questão da honra manchada e dos castigos. Em suma, estes textos põem em jogo, fazem ver, algo como normas de comportamento que, em alguns aspectos, poderiam ser as suas e, no entanto, são textos "de religião", oriundos da religião, textos ditos religiosos e que são incontestavelmente religiosos.

É nesse ponto que me parece que a noção de problema e a de investigação, que lhe está associada, se impôs duas vezes e com sentidos inteiramente diferentes. Que eu reconheça, por exemplo, os problemas de pudor entre os sexos como problemas reais, que eu constate que, como nesses textos religiosos, a questão do pudor não me é indiferente e que, segundo o que parece uma religião, ou uma surata de uma religião, nasceu vinculada a esse problema; que eu possa dizer então que provavelmente as comunidades ou as sociedades não são indiferentes a essas questões, tanto no nível jurídico como ao nível da regulação dos costumes, constitui essa questão do pudor como problema, do qual as sociedades se apropriam de maneiras muito diferentes: em um lugar está referida à regulação religiosa, em outro à regulação jurídica, em outro ainda à regulação dos costumes com o cuidado paralelo de diferenciar esses modos de regulação.

Contudo, não basta aqui separar o problema e a solução e cair em um funcionalismo um tanto preguiçoso ao dizer que se o problema permanece idêntico, as soluções variam. O texto vai bem mais longe, apontando, por exemplo, que a questão do pudor se coloca no nível do olhar, do vestuário, enfim, ao nível da constituição de um espaço feminino, que parece supor que, se a mulher é objeto de desejo, o homem não o é. Em outras palavras, isso que chamamos pudor em um texto não é apenas uma noção abstrata, mas um conjunto de coordenadas corporais, psíquicas e relacionais que deve como tal ser estudado.

Os outros textos propostos para leitura podem também permitir construir um problema diferente, mas de estrutura idêntica. O que significa para nós hoje, pois inegavelmente isso significa à primeira vista alguma coisa, essa determinação de um amor paterno para além do mérito e que, precisamente, por isso, se expõe ao risco da arbitrariedade, ao risco de suscitar o ciúme dos irmãos como é claramente indicado no texto? Um pai é isso e isso nos parece bem? O que significa que um homem seja rei e, como rei, possa declarar o que ele quer e querer o que ele quer, mas, no entanto, fazer com que o seu querer seja executado por outros? Como lidar aqui e ali com esses abusos de poder e por que é necessário que tais exemplos, tais narrativas tenham dado lugar e ainda dêem lugar a ressentimentos tão intensos? (E, para se persuadir disso, basta pesquisar na internet e ver a multiplicação de *sites* de diferentes ordens, onde diferentes textos são retomados, freqüentemente, moralizados e transformados em prédicas, ainda que não façam senão relatar histórias, mas histórias que, ao fim e ao cabo, serviram a muitos homens e ainda hoje servem.) Em suma, ao contrastar um presente indiferente, ou que assim se crê, com um passado religioso, ao constatar uma proximidade, constrói-se o espaço de um problema, que reclama certas questões e, sobretudo, certas comparações. Não estamos ainda em um trabalho comparativo, mas a isso nos encaminhamos.

O outro uso da noção de problema que igualmente nasce daí é a seguinte: "Então é isso a crença na religião? Por exemplo, para *O filho pródigo*, crer que há um pai, ou um pastor, ou uma mulher, sempre preocupados com o filho, a ovelha, a moeda de prata perdida?" E também, por exemplo, essas histórias obscuras de adultério e delação, de sedução entre os sexos em que, manifestamente, a religião nasce e se investe. E ainda as histórias de abuso de poder, de relações entre poderosos e pobres que nada opõem aos crimes dos primeiros, nas quais, mais uma vez, a religião se investe, como os textos, manifestamente, o dizem. A investigação começa nesse momento, nessa questão: é então isso a religião, o que mostram, o que se lê nos textos, com a idéia de que outros textos teriam ou poderiam manifestar outros traços "da religião". Nós então nos recusamos a dizer algo como a essência da religião, ou adiantar um saber sobre a religião. O que é então a religião? Um nome sob o qual se colocam muitas coisas e em primeiro lugar textos, esses textos; vejamos essas coisas, partamos dessas "coisas", que são aqui os textos. Como se vê, esse outro uso da noção de problema tem o sentido de um puro e simples nominalismo, pelo menos aqui assumido de forma metodológica.

Eis aí a questão decisiva, uma vez que ela dá lugar a um ensino efetivamente problemático: o ensinante não é mais convidado a transmitir um saber inicialmente suposto que dê conta de toda empiria, de garantir que se saberá o que é verdadeiramente a religião (a religião é isto, eis uma definição); antes ele está na situação de dizer:

> Eis o que podemos hoje dizer do que é a religião em função destes textos, em função destes dados que dispomos e, certamente, sabendo que há outros dados e que a continuação da investigação nos levará a outras conclusões, que talvez nos obriguem a corrigir nossas primeiras afirmações,

nossas primeiras representações, ou ainda nos dando algo diverso.

Retiremos algumas conclusões. Creio aí reencontrar o sentido e a possibilidade deste livro, *O mestre ignorante*. Por quê? Isso resulta dos seguintes fatos. Por um lado e em certo sentido, eu estava no mesmo ponto que eles: eu não sabia mais do que eles o que era a religião. Mais exatamente, aprendi a desconfiar daquele que se adiantasse sobre esse ponto. Se, de um modo ou de outro, eu tivesse dito que eu sabia alguma coisa da religião, eu teria impossibilitado a investigação. Aí, parece-me, reencontro a noção do mestre ignorante. Não é que ele nada saiba, mas ele se impede de saber em geral e extensamente, ele se recusa a dizer a essência. Contudo, por outro lado, meu trabalho de professor consistia em que eu lhes obrigasse a ler e a interpretar e, em primeiro lugar, constatar que o nível normativo posto em jogo pelos textos eram os seus, ou que eles podiam reconhecê-lo. Toda atividade de ensino investiu na exigência de ler e de dizer algo do que se leu, em particular constatar que aquilo que lemos não nos é indiferente. E creio aí reencontrar o aspecto voluntário, a exigência da vontade, do texto de Rancière.

Conclusão

Eu me pergunto se esse tipo de dispositivo não poderia ser reencontrado ao nível do ensino filosófico, ou se não haveria meios de reencontrar aí esse dispositivo ou essa postura de ensinante ignorante ao nível da filosofia; e ainda se seria possível colocar-se de maneira exterior à sua própria formação e sair da pressuposição de saber ou da opinião de ciência da qual nossa formação nos infecta. Parece-me que sim, e é isso que fiz recentemente em um outro artigo (*Cahiers philosophiques*, maio 2008, consagrado a Montaigne). Outra imagem da filosofia daí resulta, bem como uma relação diferente com a filosofia e com os textos filosóficos.

Bibliografia

É costume dar as indicações bibliográficas ao final dos artigos que escrevemos. A que corresponde exatamente esse uso, em que caso isso tem sentido. Se eu começasse a querer citar todos os livros que estão mais ou menos presentes neste artigo, a lista não teria fim. É uma conseqüência da posição adotada: eu quis repetir e reproduzir alguns elementos disso que me parece ser uma tradição "geral" ou "comum" da filosofia, que por essa razão não pertencem a tal ou qual autor em particular, mas a muitos, se não a todos. Como eu disse algumas vezes com relação a essa tradição, creio não ter dito coisas muito originais; simplesmente tentei dizer como a retomei ao meu modo e em que medida ela pareceu valer para pensar nossas práticas de ensino. Entretanto, alguns estudos podem ser citados, na medida em que eles acompanham de mais perto que outros as reflexões aqui expostas: a) I. Kant, "O que são as Luzes?", e a leitura que dele propôs Pierre Lauret no marco de um seminário no Collège International de Philosophie este ano em Paris; b) Jacques Rancière, *O mestre ignorante*; J. Dewey, *Como pensamos*; G. Deleuze, *Diferença e repetição*; H. G. Gadamer, *Verdade e Método*; Platão, os *diálogos* ditos socráticos e as conversas que venho tendo já há muito tempo com Walter Kohan.

Aprender a viver – Wittgenstein e o "não-curso" de filosofia[1]

Plínio W. Prado Jr.[*]

> [...] a arte é o que há de mais real, a mais austera *escola da vida*[...]
> (M. Proust, *Le Temps retrouvé*,
> Bibliothèque de la Pléiade, IV, p. 458)

Protocolo

1. Trata-se de uma questão antiga, sempre atual: como viver, e por quê?

Viver – e, portanto, morrer – é algo que pode ser aprendido?

Tal é em todo o caso a definição original do filosofar, depois do *Fédon* pelo menos, que põe em cena a morte exemplar do filósofo.

Quanto às ciências, elas nos ensinam *como* a "vida" é – a vida biológica, psíquica, social, econômica, antropológica. Elas não nos dizem como *devemos* levar nossa vida. As ciências não prescrevem condutas, não *obrigam*; elas não enunciam imperativos quanto ao *valor*, ético ou estético, de um ato ou de um objeto.

Ora o valor de uma vida, o que é necessário para que ela seja digna de ser vivida, não nos é dado de início, *ab ovo*, com nosso nascimento: ele

---

[*] Université Paris 8 – França.

[1] Este trabalho se inscreve num estudo mais amplo, do qual duas primeiras partes foram tratadas em duas conferências recentes. Como elas serão pressupostas nas presentes notas, dou suas referências aqui:
"*Peut-on apprendre à vivre?*" (*Wittgenstein in Confrontation*, colloque international franco-austriaco-norvégien, sous la dir. d'Antonia Soulez, Université de Paris 8, 2006 ; in *Cahiers de philosophie du langage*, n° 8);
"*Wittgenstein and the transference question. Art, philosophy and therapy*" (Seminar French-Norwegian, org. by the Department of philosophy at the University of Bergen, sup. by Arild Utaker, Skjolden, Norway 2008).

deve ser obtido, construído, conquistado, ele reclama um trabalho de si sobre si mesmo, uma elaboração, uma transformação de si. É esse cuidado de si, a *cura sui* dos latinos com vistas a uma vida que *valha* a pena, que merece rigorosamente o nome de ética.

Em outros termos, a nossa questão é a seguinte: a ética, assim entendida, com o senso da preocupação existencial que a anima, é algo que se pode aprender? Ela pode ser ensinada?

2. Em suas lições sobre a enciclopédia filosófica, Kant nos lembra que tal é, desde sempre, o objeto principal da Filosofia, de Sócrates, de Diógenes, de Epicuro, dos estóicos – e portanto o objeto último do seu ensino: a questão da significação da vida humana, do seu destino, e a maneira de realizá-lo. Sabemos também que houve, mais perto de nós, várias tentativas para reativar explicitamente essa inspiração original da filosofia como cuidado de si (por exemplo P. Rabbow e, na França, os trabalhos de Pierre Hadot e do último Foucault).

Mas é impossível não nos colocarmos atualmente a seguinte questão: quais são as chances efetivas de um tal projeto de investigação e de ensino *hoje*, no mundo em que vivemos ou sobrevivemos, mais de duzentos anos depois do século das Luzes e após o eclipse das promessas de emancipação, isto é, de sentido, que elas significavam?

Kant não conheceu o capitalismo no qual estamos mergulhados. André Malraux, que experimentou a fundo o seu niilismo, observa que somos "a primeira civilização consciente de ignorar a significação do homem". A civilização mais possante que a história conheceu, a civilização do capitalismo tecno-científico, não é capaz de nos dizer quem somos nós, nem por que vivemos, nem como aprender a viver. Ao contrário: ela tende a dar por evidente a inexistência de resposta, a ausência de significação – tal é o seu niilismo. Nessas condições, como querer levantar hoje – de maneira realmente audível – o problema de *como* viver, do *que é* viver, se é possível aprendê-lo ou não?

Proust, como outros artistas e filósofos, pretende entretanto que há uma "escola da vida". (Que o lugar por excelência dessa escola seja para ele a arte, e especialmente a literatura – e não mais os "laboratórios experimentais" da *arte de viver* que os Gregos chamavam *skhole* –, isso não é sem importância, inclusive, e particularmente, de um ponto de vista wittgensteiniano, como veremos em seguida.)

Se a pretensão proustiana é justificada, isso significa que a vida – a maneira justa de viver, a vida *ética* – permanece em princípio ensinável. Nesse caso, restará compreender *como* um tal ensino é possível.

3. Eu gostaria de apresentar e discutir aqui algumas notas extraídas de um trabalho em andamento que concerne fundamentalmente a essa questão da *vida justa*, como questão da Filosofia (justamente da filosofia *como maneira de viver*) e *aposta* central do seu ensino.

O que motiva inicialmente este trabalho são portanto as preocupações relativas à condição da Filosofia e de seu ensino na época que corre. Digamos: no mundo da "mundialização", do processo de complexificação chamado pesquisa & desenvolvimento tecno-científico-economico. A característica principal desse "mundo", o nosso, é a mobilização total das energias (E. Jünger) sob a regulação geral da lei do valor de troca e do seu princípio de rentabilidade. Essa tendência a impor a lei do mercado a *tudo* – palavras e afetos, corpos e psiques –, essa *prostituição*, como Marx e Baudelaire já a designavam, equivale a *privar* um número cada vez maior de humanos do direito de nem sequer se perguntar o que *deve ser* uma vida digna de ser vivida. O que *pode* a Filosofia, e o seu ensino, neste "mundo"?[2]

Probidade

4. Essas notas tomam por fio condutor, a título de protocolo de investigação, uma experiência original, *limite*, ela própria atormentada, do ensino da Filosofia e do desafio crucial da questão ética. Quero me referir à experiência de Wittgenstein como professor em Cambridge, no meio do século XX, entre 1930 e 1947.

Esclareceremos em seguida as razões dessa escolha. Mas já podemos notar desde agora dois traços relevantes da prática wittgensteiniana do ensino, que me parecem da maior importância (considerando nossas questões e nosso contexto hoje).

1° traço: a exigência fundamental de retidão, de *probidade* (*Anständigkeit, decency*): exigência ética incondicional, concernindo à maneira de levar uma vida que valha a pena. Essa exigência se acha no centro do ensino wittgensteiniano da Filosofia, ela rege a sua própria prática do filosofar e guia a forma que ele procurou obstinadamente dar à sua conduta e à sua existência, num combate permanente, em primeiro lugar contra ele mesmo.

---

[2] Essa questão guia o meu trabalho sobre o "princípio de universidade", publicado na ocasião das recentes lutas na França que opõem a universidade aos ataques da atual política liberal: cf. "Le principe d'université comme droit inconditionnel à la critique" (in Fabula: http://www.fabula.org/actualites/article24458.php; cf. também *Atelier philosophie*: http://www.atelier-philosophie.org).

(Não será difícil mostrar que essa exigência wittgensteiniana permanece notavelmente fiel, a seu modo, à inspiração inaugural, socrática, se não pitagórica, da Filosofia como *epimeleia heautou*, cuidado de si, *paideia* e *therapeia* ao mesmo tempo.[3] Inspiração que as escolas pós-socráticas da Antiguidade helenística e romana reelaboram, e que a Modernidade pós-hegeliana reativará à sua maneira, a partir de Kierkegaard, Marx e Nietzsche. Freud ocupa nessa série um lugar particular, que discutiremos mais tarde.)

2° traço (que decorre por assim dizer do traço precedente): a distinção entre filosofar e ensinar, concernindo em particular à diferença de *destinação*. O filosofar – que deve sempre começar por uma *confissão*, segundo Wittgenstein – reclama uma distância em face da verbiagem do mundo, um recolhimento, a solidão, uma *ascese*, e a escritura *sem destinação determinada* (Wittgenstein sublinha várias vezes: "Eu não escrevo para os meus contemporâneos...")[4]. Ao passo que o ensino oral da filosofia, destinado a um auditório imediato e exposto às tentações mundanas (sedução, transferências, narcisismo e sobretudo à vaidade: *vanity, Eitelkeit*), conteria em si uma espécie de defeito intrínseco grave, um vício que faz que (cito Wittgenstein) "é *dificílimo* ensinar a filosofia *honestamente*". A isso corresponde o seu gesto conhecido, professor, paradoxal apenas na aparência, que consiste em persuadir os seus estudantes de sobretudo *não* se tornarem filósofos profissionais.

5. Dessa distinção filosofar/ensinar é correlativa a diferença entre vida filosófica (e mais precisamente, ética) *e* vida universitária; assim como a distinção entre o verdadeiro filósofo (que vive *para* a filosofia, isto é, aplica-se a orientar a sua vida em função de um senso do inexprimível: a "significação da existência") *e* o professor universitário de Filosofia, profissional do discurso (que vive *da* Filosofia, funcionário formando funcionários). Wittgenstein retoma assim, à sua maneira, na concepção e no próprio *estilo* do seu ensino, o ataque em regra de Schopenhauer, mas também de um Nietzsche e de um Thoreau, contra a Filosofia universitária. Pode-se já imaginar a tensão extrema que será a sua experiência de professor em Cambridge.

---

[3] Exemplo de um estudo (injustamente pouco conhecido) a esse propósito, pondo em relação Wittgenstein e Epicuro: A.-J. Vœlke, *La philosophie comme thérapie de l'âme*, Fribourg-Paris, 1993.

[4] Sobre a ascese que exige o filosofar e que parece torná-lo incompatível com o ensino, Wittgenstein escrevia a N. Malcolm em 27 de agosto de 1947: "Eu nunca serei capaz [de "tentar escrever o meu livro"] enquanto ensinar em Cambridge. Eu creio além disso que, sem falar de escritura, eu preciso respirar um pouco a fim de pensar só sem ter que falar com quem quer que seja".

Naturalmente essas distinções pedem uma elucidação do termo "filosofia" que, conforme ao uso wittgensteiniano, permanece ambíguo. Essa ambigüidade deixa obviamente aberta a possibilidade de se interpretar a "filosofia" segundo Wittgenstein como na verdade uma "antifilosofia" (cf. por exemplo A. Badiou). Com efeito, de acordo com a acepção wittgensteiniana, a *filosofia deve nos curar da filosofia*. "A filosofia é um instrumento que não é útil senão contra os filósofos e contra o filósofo que está em nós." Entendamo-nos: a *filosofia*, como atividade de clarificação conceitual e de mostração, *deve nos remediar da filosofia* como teoria, "confusão gramatical", "*conceptual neurose*" e metafísica.

Um 3° traço relevante se impõe aqui: o contexto no seio do qual se desenrola o ensino wittgensteiniano da Filosofia e sua exigência ética sem condições: o mundo tecno-científico do capitalismo liberal. Wittgenstein nunca dissimulou a sua hostilidade visceral em face deste mundo da "civilização do progresso" e do seu espírito "que anima a vasta corrente da civilização européia e americana que nos cerca." Espírito típico de um "tempo de não-cultura", do qual um sintoma maior é a "idolatria da ciência", com seu efeito desastroso sobre a arte, a literatura, a sensibilidade e o senso da vida ética e religiosa. Daí esta primeira definição do seu ensino: "Persuadir as pessoas de mudar de maneira de pensar" e mesmo de mudar de maneira de viver. De renunciar ao "estilo de pensamento" do "progresso" tecno-científico. Mas, evidentemente a Universidade, onde ele professará esse ensino, desempenha ao contrário um papel central no mundo do "progresso".[5]

Dilema

6. Dessa exigência ética *incondicional* decorre o nervo do problema do ensino da Filosofia – e a tentativa de resposta que constitui o "estilo de ensino" singular de Wittgenstein. Posto que, compreendidos de maneira conseqüente, os problemas de ética são problemas de vida e de *probidade*

---

[5] Wittgenstein escreverá, um pouco antes de se demitir das funções de professor: "Cambridge me é cada vez mais odiável... A desintegração e a putrefação da civilização inglesa." "Eu me sinto estrangeiro neste mundo." E ele indica bem a radicalidade da experiência à qual se refere a expressão ser estrangeiro: "Se *nada* o vincula à humanidade ou a Deus, então você é um estrangeiro." (R. Monk, *The Duty of Genius*, ch. 24: " A Change of Aspect", Penguin Books, 1991.) O sentimento de derrelição é constante em seus diários. Observemos que se Wittgenstein viveu em princípio a sua experiência de "simples professor" de escola primária, no interior profundo da Áustria, como um gesto ético, tal não será o caso com a sua função de professor universitário em Cambridge, que ele tenderá a assimilar a uma forma de abjeção.

integral, que, como tais, são *irredutíveis* à linguagem cognitiva e significante, isto é, excedem a esfera do dizível.

Seria impossível reconstruir aqui a maneira como o dispositivo wittgensteiniano do *Tractatus logico-philosophicus* estabelece a irredutibilidade dos problemas da existência à significação articulada. Essa irredutibilidade repousa sobre a distinção entre *dizer* e *mostrar* (*saying/showing* ou *sagen/ zeigen*), que constitui "o argumento principal" do *Tractatus*, segundo Wittgenstein, e condensa o "problema cardial" da Filosofia. Ela está condensada neste aforismo do *Tractatus*: "Nós *sentimos* que, mesmo quando *todas* as questões científicas *possíveis* fossem resolvidas, nossos problemas de vida (*Lebensprobleme*) não seriam sequer tocados" (6.52).

Isso remete à concepção do sentido ou do valor, um senso do absoluto, no qual se pode ler a marca da convicção tolstoiana – isto é, da literatura (voltaremos sobre esse ponto). Compare-se, por exemplo, a afirmação de Tolstoi segundo a qual a significação última da vida se situa além dos limites de nosso entendimento, com a concepção ética, absoluta, do valor que elaboram os escritos wittgensteinianos, *Tractatus* ou *Lecture on Ethics*, sem falar de seus diários.

Numa palavra: se o discurso científico se refere aos fatos que ocorrem *no* mundo, os problemas da existência concernem ao sentido ou ao valor *do* mundo, ao "fato" de que o mundo existe – "*que* ele *é*" ('*dass' sie ist*) –, sentido do mundo que não se encontra portanto *no* mundo, mas *para lá* do mundo ("a ética é transcendental"):

"O sentido do mundo deve se achar fora do mundo. No mundo todas as coisas são como elas são e acontecem como elas acontecem. *Nele* não há valor algum – e, se houvesse um aí, ele não seria de nenhum valor.

"Se há um valor que tenha valor, ele deve se achar fora de todo acontecimento e de todo ser-assim (*So-sein*)." (*Tractatus logicus-philosophicus*, 6.41)

Em suma: não pode haver resposta (articulada lingüisticamente, dizível) para o problema que levanta a questão da existência e do seu sentido, a questão da ética. ("A ética, na medida em que ela nasce do desejo de dizer algo sobre a significação última da vida... não pode ser ciência." *Lecture on Ethics*.) Eis porque o sentido ético – objetivo último do ensino filosófico –, na medida em que não é dizível, não pode ser ensinado.

7. Podemos então resumir o problema do ensino da Filosofia da seguinte maneira:

- por um lado ele *deve* ser pensado e praticado em função da exigência ética incondicional, pautado por ela (senão ele se reduziria a uma pura e simples demonstração narcisista de "inteligência", *cleverness*: de astúcia, e sobretudo não engajaria nenhuma transformação da maneira de pensar e de ser de seus destinatários, que é porém o seu objetivo supremo[6]);

- mas por outro lado, segue-se, do próprio estatuto incondicional da ética, que "o que é ético não pode ser ensinado" (como Wittgenstein repete para Moritz Schlick — tomando assim seu partido no velho conflito entre a sofística e o socratismo).

De modo que, em princípio, o que está em jogo com o ensino da Filosofia define este ensino finalmente como um paradoxo ou um *dilema*: o de dever ensinar o que se encontra para além dos limites do ensinável.

8. Um tal dilema não cessou de obsedar Wittgenstein ao longo de sua vida de professor em Cambridge. Ele se traduz empiricamente na sua insatisfação e sua relutância constante, atormentado até o fim, permanentemente tentado pela idéia de se demitir de vez do que ele qualificará de "trabalho absurdo de professor de filosofia". Demissão que ele acabará por solicitar, definitivamente, em 1947.

À primeira vista, o exame que Wittgenstein tende a fazer de sua experiência de docente afigura-se freqüentemente desesperante (e poderíamos acrescentar, com Maurice Drury, que o seu sucesso universitário póstumo e a proliferação de *academic commentators* da "filosofia wittgensteiniana" parece confirmar esse balanço negativo).

Ao longo de sua busca obstinada, obsedado pelo "modo absolutamente correto de viver", suas cartas, seus diários, suas conversas atestam a presença recorrente de um mesmo tormento quanto ao ensino e o seu real alcance propriamente ético: "Para que serve ensinar a filosofia?" "Por que eu deveria ensiná-la?" "Por qual razão..." se ela não melhora a maneira de pensar e de viver de cada um? "Que interesse há, para a vida de alguém, em estudar filosofia, em seguir o meu curso?" Quanto ao aspecto particular da Filosofia profissional, Wittgenstein permaneceu convencido de que o seu ensino tinha feito mais mal do que bem.[7]

---

[6] Ver *Wittgenstein Conversations 1949-1951* de Oets K. Bouswma, J. L. Craft & Ronald E. Hustwit (eds.), Hackett, 1986.

[7] Ver Bouswma, *op. cit.*, e Monk, *op. cit.*, ch. 26: "A Citizen of No Community".

Numa carta surpreendente, dirigida a Norman Malcolm, ex-estudante que apesar de suas admoestações, se tornou ainda assim um filósofo profissional, professor nos Estados Unidos, Wittgenstein escreve, em novembro de 1944:

> Qual é o uso do estudo da filosofia, se tudo o que ela faz por você é torná-lo capaz de se exprimir com alguma plausibilidade sobre certas questões de lógica abstrusas, etc., e se isso não melhora a sua maneira de pensar sobre as questões importantes da vida de todos os dias, se isso não o torna mais consciente do que um... jornalista qualquer no uso de frases perigosas que esse tipo de gente utiliza para os seus próprios fins. Veja você, eu sei que é difícil *bem* pensar sobre a "certeza", a "probabilidade", a "percepção", etc. Mas é, se possível, ainda mais difícil pensar, ou *tentar* pensar, de maneira realmente honesta sobre a sua vida e a vida das outras pessoas.

E ele acrescenta: "O desolador é que pensar nestas coisas *não é palpitante* (is *not thrilling*, não é excitante), mas freqüentemente francamente desagradável. E quando isso é desagradável, é então que isso é o *mais* importante *(And when it's nasty then it's most important)*.

(Tom digno do estóico Epiteto, que concebia os seus cursos menos como um ensino das formas de silogismo do que como um *iatreion*, uma "clínica da alma", lugar onde se consagrar ao trabalho sobre si.)

Retomemos: é ainda mais difícil pensar ou repensar a própria vida, *lidar* com a questão ética ("o mais importante"), do que pensar sobre certas questões técnicas de Filosofia. E o signo de que nos aproximamos *realmente* à questão a ser pensada – por exemplo: as ilusões ou enganos com os quais nos comprazemos conscientemente ou não (nossas caras ilusões filosóficas...), ou o problema vivo que somos para nós mesmos –, esse signo é precisamente um *sentimento*, negativo, doloroso: o desprazer, o desgosto, a repugnância. É que a *cura sui*, o trabalho de si sobre si mesmo, é fundamentalmente um trabalho *contra* si mesmo, como sabem todos os que um dia se preocuparam com a ética.

Assim, a questão se recoloca: o ensino da Filosofia, o seu estudo, não pode nos ajudar a conduzir esse trabalho? Ele não pode melhorar nossa maneira de pensar os problemas da vida, de pensar ou repensar a nossa própria maneira de agir e de viver? O senso da preocupação ética não pode, de uma forma ou de outra, ser transmitido, despertado? O sentido do cuidado de si não é de modo algum ensinável?

"Não-curso"

9. Ora, nesse dilema há ainda outro aspecto. A experiência-limite, no limite do ensinável, induz ao mesmo tempo a um comportamento, a uma atitude: a tentativa de responder *em ato* o dilema; ou para enunciá-lo nos termos do *Tractatus*: de mostrar o que não é verbalizável, apontar para o não-ensinável. Estou me referindo ao *estilo de ensino* singular, insólito, praticado por Wittgenstein em Cambridge, em seu apartamento no Trinity College: as suas "*non-lectures*", suas "não-aulas", segundo a expressão de I. A. Richards, destinadas a um cenáculo restrito de ouvintes.

Todos os testemunhos desses "cursos" concordam: trata-se de um momento de graça do pensamento, que se aparenta mais com um exercício espiritual do que com uma demonstração argumentada. Wittgenstein pensa aí em voz alta, por assim dizer, diante do seu auditório, sem notas, avançando como um funâmbulo (segundo uma imagem que ele afeiçoava: sem garantias), investindo-se inteiramente, a tensão intensa estampada no rosto. De modo que se tem a impressão de estar assistindo o pensamento nascer, se criando diante de todos, abrindo o seu caminho (o oposto exato, portanto, de uma transmissão de saber estabelecido, exterior ao sujeito).

Em suma, a famosa *atividade* (que o *Tractatus* já definia, cf. 4.112 ss.): o ensino como processo, não como produto; trabalho de enunciação, não corpo de enunciados; *maneira* de fazer, em movimento, não resultado. Dir-se-ia variante, em ação, da máxima kantiana segundo a qual não se pode aprender a Filosofia, mas somente a filosofar.

Desenha-se assim uma prática de ensino que se apresenta como investigação "em ato", e não como transmissão de conteúdos já dados. O que implica expor-se à ocorrência inesperada do impensado, aos acidentes de percurso próprios à investigação viva: dúvidas, silêncios, hesitações, mas também instantes de inspiração[8]. I. A. Richards, ouvinte impressionado, como os demais eleitos do cenáculo, evoca esses "não-cursos" de maneira

---

[8] Pode-se reconhecer, nessa prática que Wittgenstein inventa ou reinventa, a afinidade com toda uma tradição do ensino como investigação "em ato", que remonta pelo menos ao diálogo socrático e às escolas de filosofia da Antiguidade, à maiêutica e à Filosofia como therapeia. É no fio direto dessa tradição que se inscreve, por exemplo, na França, a divisa que Michelet reivindicava em 1851 como princípio de seu ensino no Collège de France: "Nunca jamais ensinar senão o que eu não sabia", ou seja, ensinar o que acontece somente uma vez (cf. J. *Michelet, Cours au Collège de France*, t. II, Paris: Gallimard, 1995; lição do 6 de março de 1851).

O que vai em paralelo com um investimento de si, um engajamento inteiro dos participantes e uma relação *transferencial*, a partir da qual se põe em movimento o trabalho de cada um sobre si mesmo. Reencontraremos todos esses componentes na experiência wittgensteiniana do ensino.

fascinada e comovente no poema a eles dedicado, intitulado The Strayed Poet, o poeta extraviado, perdido no seio da universidade moderna e da análise da linguagem.

Contudo, não há dúvida de que o que está no horizonte desse ensino incomum e intempestivo (contrário às práticas universitárias) é finalmente – na linha direta do *Tractatus* – a indicação dos limites da linguagem: a *mostração* de um indizível, de um senso do valor que se encontra para além da linguagem significante.[9]

O movimento de ir ao encontro das fronteiras da linguagem, de bater contra os seus limites, é da ordem da ação e da prova existencial, da provação, e não de um ensino transmitindo significações articuladas. É nessa exata medida que esse *estilo* de ensino tenta responder ao dilema: conquanto *gesto*. O "não-curso" como resposta ao não-ensinável. O ensino, que não pode ensinar a ética por definição, deve se tornar ele próprio um *ato* ético (a ética "em ato").

Em outros termos, esse ensino, embora se desenvolva praticamente no campo da análise gramatical ou lógica e mesmo antropológica, terapêutica, do dizível – examinando escrupulosamente os conceitos de significação e de uso, de regra, de proposição, de "sense data" e de linguagem privada, de ver e de ver-como, etc. –, visa fundamentalmente, em última instância, indicar o inexprimível. No que esse ensino continua a cumprir rigorosamente o programa enunciado pelo *Tractatus:* indicar o não-dizível através da clarificação do dizível (4.115). Programa do qual o próprio *Tractatus* já é a realização, na própria forma de sua escritura e de sua composição.

O que continua a importar finalmente (os diários o atestarão até o fim[10]) é o que se mostra no limite da linguagem: um silêncio – mas carregado de sentido, que *"aponta para algo"*. Que não diz nem esconde, mas indica.[11]

---

[9] É o que revela igualmente, de uma maneira particularmente surpreendente, a admirável peça de Peter Verburgt, *Wittgenstein Incorporated*, dirigida por Jan Ritsema e magistralmente interpretada por Johan Leysen. Baseada *exclusivamente* nos textos dos "cursos" de Wittgenstein (estabelecidos por Cyrill Barrett), ela põe em cena um "teatro do pensamento" (Wittgenstein ensinando) que mostra o caráter intrinsecamente *dramático* das condições sob as quais certamente se desenrolavam os "cursos" de Wittgenstein.

[10] Cf. *Denkbewegungen. Tagebücher 1930-1932, 1936-1937 (MS 183)*. Hg. von Ilse Somavilla. Teil 1-2, 1997; tr. fr. Cometti, *Les Carnets de Cambridge et de Skjolden*, Paris: PUF, 1999.

[11] " ... *oute legei oute kryptei alla semainei.*" (Heráclito, fragmento 93). Neste ponto Wittgenstein acha-se mais próximo de Sócrates do que suas críticas explícitas permitiriam supor. Pois para o Ateniense também o que importa, para lá do amor pela palavra e pelo diálogo, é *mostrar* os limites da linguagem: o que é o *bem* ou a *justiça*, por exemplo, indica Sócrates, se situa para lá do verbalizável e deve se mostrar nos atos do homem bom ou justo.

10. É possível ver o episódio do encontro de Wittgenstein com os positivistas do futuro Círculo de Viena *como* um protótipo desse "ensino", um modelo do "não-curso" conquanto gesto. A cena é conhecida. Wittgenstein, que considera certamente que a leitura positivista do *Tractatus* deixa de lado "o principal", não se presta durante o encontro ao jogo de linguagem da "discussão racional e argumentada" mediante questões e objeções. Ele tenta, ao contrário, fazer os seus interlocutores compreenderem ou sentirem que, ao invés do que postula o positivismo, "o que mais importa" é precisamente o que *excede* os limites do que podemos dizer. Mas isso, justamente, ele não pode dizer. Ele pode apenas tentar mostrá-lo. Para tanto Wittgenstein recorrerá a um *gesto* em particular que consiste em voltar as costas aos seus convivas e ler os poemas de Rabindranath Tagore; isto é, o exemplo exato de linguagem que "Carnap e companhia" invalidavam como *sinnlos*, desprovido de sentido, *meaningless*. *Gesto* típico de um mestre Zen (como foi observado): *apontar* para um sentido que ultrapassa o que a linguagem pode articular.

(A esse respeito Carnap, assim como Russell e Frege, não se enganaram quando sentiram que o estilo de filosofia e de escritura de Wittgenstein estava mais próximo da arte e da literatura do que da ciência e da lógica argumentativa. Ora a mesma coisa deve ser dita a propósito do seu ensino, que Wittgenstein ele próprio definia como pertencendo ao campo da "persuasão estética", do mesmo modo que a psicanálise e a crítica de arte.)

Que a literatura faça a sua entrada neste ponto preciso (os poemas de Tagore), isso não é um acaso e não deve nos surpreender. Ela já tinha despontado aqui (referências a Tolstoi, ao poema de I. A. Richards, a Proust também), nós a encontraremos ainda. Poderíamos mostrar que ela já se acha implicada na problemática da *forma* – e eminentemente da forma *literária* – do *Tractatus*. Forma que o livro, num duplo gesto, trata de dizer e de mostrar, de tematizar *e de inscrever* na sua própria composição.[12]

Poder-se-ia dizer: a "literatura" começa lá onde batemos contra as fronteiras do dizível e provamos os limites da linguagem. Nessa medida ela é essencialmente *gesto: mostração*.

É importante observar aqui, a propósito de "não-curso" e do inexprimível, que a literatura, que se busca e se experimenta nessa mesma época

---

[12] Ver G. Gabriel, " La logique comme littérature? Remarques sur la signification de la forme littéraire chez Wittgenstein", in P. Hadot, *Wittgenstein et les limites du langage*, Paris: Vrin, 2004.

das "*non-lectures*", apresenta-se precisamente como escritura da "não-palavra", "*unword*". Tal é o termo que alegarão explicitamente Samuel Beckett e Clarice Lispector. A afinidade desse trabalho de escritura com a concepção wittgensteiniana da linguagem e da literatura – de suas possibilidades e de sua *responsabilidade* – é surpreendente e reclama um estudo aprofundado (ver, por exemplo, a correspondência de Wittgenstein com Paul Engelmann ou, mais tarde, suas conversas com Drury, onde ele evoca a literatura como acesso à "significação última", "para além das palavras").[13]

Therapeia

11. Tendo chegado neste ponto – e supondo que essas observações permitam situar, de uma maneira pertinente, o problema do ensino e do estilo de ensino, da *arte* de ensinar –, conviria agora examinar as suas implicações. Vou me contentar aqui em indicar simplesmente alguma delas. O seu exame ficará para outra ocasião.

1) Wittgenstein sempre assimilou seu estilo de ensino, concebido não como transmissão de teses ou de teoria, mas como *atividade*, a uma *terapia* (o que já estava em germe no *Tractatus*). O *topos* é conhecido: trata-se de curar as "cãibras mentais" que provêm de "confusões gramaticais", de uma má compreensão do funcionamento da linguagem; sobretudo, trata-se de considerar os problemas filosóficos não como questão, pedindo uma resposta, mas como uma doença reclamando um diagnóstico, um tratamento, uma cura do "filósofo que está em nós".

Gostaria de fazer, todavia, uma distinção, geralmente negligenciada pelos comentadores. Há duas acepções da terapia filosófica. A primeira é a terapia gramatical, que acabo de evocar. Ela é abundantemente comentada pelos especialistas. O seu recurso principal reside na *arte de comparar* coisas que à primeira vista parecem sem relação; um talento para ver analogias, descobri-las e explorá-las, que Aristóteles dizia ser fundamental tanto em Filosofia como em poesia. Wittgenstein considerava partilhar esse talento com Freud.

---

[13] Essa afinidade wittgensteiniana com o "literário" e a questão de uma "filosofia da literatura" ou da *literatura como maneira de viver* acham-se no centro do meu estudo " Clarice et Beckett: le "unword"(in *Psychanalyse et littérature*, Journée d'études org. par l'Université de Paris VIII, Universidade Federal de Minas Gerais, Collège International de Philosophie, Paris 2000"); cf. também meu estudo " O impronunciável. Notas sobre um fracasso sublime" (*Remate de Males*, São Paulo, 1989).

A segunda acepção concerne à terapia evocada nas presentes notas: a terapia que Wittgenstein caracteriza como "trabalho de si sobre si mesmo" (*Arbeit an Einem selbst*). Eu a subsumirei sob o termo grego de *therapeia*, pois, da mesma forma que para os filósofos da Antiguidade o seu objetivo, seu desafio, é propriamente ético e existencial: trata-se para cada um de trabalhar o seu *ethos*, a sua maneira de agir e de viver. Tal é o significado da expressão *therapeuein heauton*: cuidar de sua alma, de sua psique ou de seu corpo-psique, ocupar-se de si. (Notar neste ponto: afinidades surpreendentes entre Wittgenstein e o estoicismo.) É aqui que se situa, como objetivo supremo, a questão da *arte de* (*aprender a*) *viver*, a famosa *tekhne tou biou*.

2) A reelaboração wittgensteiniana da *therapeia* dos antigos, tal como a esboçamos aqui, revela-se parente, sob vários aspectos, da *talking cure* psicanalítica, que Freud definia como "terapia da alma pela linguagem", e que tem igualmente por objetivo uma mudança da maneira de viver. (Quanto a Freud, ele próprio aborda a *therapeia* das "escolas da vida" dos gregos, do ponto de vista da economia libidinal, em *O Mal-Estar na Civilização*.) Este ponto também pede um exame detalhado. As relações da terapia wittgensteiniana com a terapia freudiana são certamente complexas e ambivalentes (Wittgenstein "aceitava e rejeitava Freud numa igual medida", escreve McGuinness[14]). Mas o que me parece indubitável, interessante e importante, é que os últimos escritos wittgensteinianos sobre a "filosofia da psicologia" (1946-1949) descobrem e exploram recursos de linguagem que interessam diretamente o exercício da palavra e da escuta psicanalítica.[15]

Tal é o caso especialmente das observações relativas ao *leitmotiv* do *aspecto*.[16] Por exemplo, concernindo aos conceitos de *ver-como* (ver o contorno de uma nuvem *como* um perfil humano, ou sob o *aspecto* de um perfil humano), de *ouvir-como* (ouvir uma frase *como* um cumprimento ou *como*

---

[14] Brian McGuinness, "Freud and Wittgenstein", in Wittgenstein and his Times, ed. by Br. McGuinness, Oxford: B. Blacwell, 1982.

[15] Ver Wittgenstein, *Last Writings on the Philosophy of Psychology / Letzte Schriften über die Philosophie der Psychologie*. Bd. 1-2, 1992, 1998; *Remarks on the Philosophy of Psychology / Bemerkungen über die Philosophie der Psychologie*. Bd. 1-2, 1998.

[16] "Aspectus" traduz em latim o termo grego "eidos". Ele significa originalmente a vista e o fato de ser visto; daí os termos "visar" e "visage", face, fisionomia, que desempenhará o papel de paradigma nas análises wittgensteinianas dos conceitos de "significação" e de "compreensão", mas será também importante para a questão crucial da *mostração*, de que falamos aqui (*visus* é, precisamente, o que se mostra à vista).

Meu argumento é que a concepção de *aspecto*, desenvolvida nos escritos sobre a "filosofia da psicologia", permite retomar e renovar a questão "cardial" da relação entre *dizer* e *mostrar* elaborada no *Tractatus* e portanto a questão do ensino e do estilo de ensino.

um insulto, *como* uma ameaça ou *como* uma promessa). Esses conceitos nos remetem às questões de *gesto* e de *tom*, de *maneira* e de *forma*, que são questões de ordem eminentemente estética ("Escute esta nota do violoncelo *como* uma resolução", "Leia – ou pronuncie – este texto *como* uma confidência", etc.). Elas operam no limite do verbalizável, no limiar entre a linguagem (articulada) e o afeto (inarticulado). Elas concernem mais ao que se *mostra* do que o que é significado.

Sua importância para a psicanálise é evidente, pois a arte de discernir analogias, de *ver-como* e *ouvir-como*, está no centro do dispositivo da *talking cure*. O que não é surpreendente, dado que esse dispositivo visa favorecer a manifestação (aspectual) do afeto, sua escuta, sua interpretação e sua análise.[17] Mas elas são igualmente importantes para o ensino e o estilo de ensino de que falamos, para o "não-curso" voltado para o gesto de mostração. Sob esse ângulo, esses conceitos da "filosofia da psicologia" revelam o seu alcance existencial, ético e estético.

3) Isso nos conduz a um ponto particularmente capital das relações entre Freud e Wittgenstein – e concernindo diretamente ao ensino e a relação de ensino.

O estilo de ensino wittgensteiniano, com a sua exigência de implicação completa, existencial de cada um, engaja um tipo de *relação de ensino* intensa, mobilizando um investimento afetivo importante. Sabe-se que Freud tematizou esse tipo de relação sob o conceito de transferência, *Übertragung*, que define o fenômeno central da cura analítica. Mas a transferência excede o âmbito exclusivo da situação terapêutica *stricto sensu* e pode em princípio investir qualquer situação ou relação, por pouco que nela se ache implicada a questão do *outro*: o outro como questão, como *enigma*, sedução e intimidação ao mesmo tempo (assim, por exemplo, o adulto para a criança, o mestre para o discípulo, o confessor para o convertido, o mentor para o adepto). A transferência afetiva (irredutível, aqui também, ao que pode ser dito, à racionalidade discursiva) é uma *força* que investe e trabalha a relação.[18]

---

[17] Como procurei mostrar na conferência em Skjolden, "*Wittgenstein and the transference question. Art, philosophy and therapy*", op. cit.

[18] É importante considerar em sua inteira medida a relação *transferencial*, no sentido amplo do termo: ela designa uma dimensão fundamental do humano, que se acha implicada onde praticamos os jogos de linguagem "com as questões da existência" (para empregar a expressão de Wittgenstein no seu diário de Skjolden): onde o que está em jogo é o rumo ou o destino da existência de cada um. (Ver o trabalho de J. Laplanche a esse propósito, por exemplo *Entre séduction et inspiration: l'homme*, PUF, Paris 1999.)

No que toca à relação de ensino, a transferência é ou deve ser uma força propulsora, formadora e transformadora. Isso já é verificável no caso da *therapeia* dos antigos e da relação mestre/discípulo que ela supõe. Como Platão explica, o ensino socrático é uma psicagogia, formação da alma pela palavra (incluindo a mostração dos limites da linguagem). Ela exige uma interlocução fortemente pessoal, de afeição ou amor, onde mestre e discípulo pensam juntos, unidos pela inspiração de Eros. É através da "erotização" do diálogo socrático que o trabalho da transferência sustenta o movimento de iniciação ao filosofar. No fundo, apenas aprendemos de quem amamos (Goethe a Eckermann). Lacan, que consagra uma análise ao *Banquete* de Platão justamente no seu seminário sobre a transferência, observará: a transferência é amor que se dirige ao saber.

Wittgenstein conheceu perfeitamente tudo isso. Modelo do ser de exceção, *atopos*, despertando o Alcibíades em seus interlocutores (e ele próprio sujeito à "transferência incontrolada"[19]), sempre foi alvo de transferências intensas ultrapassando as fronteiras da relação pedagógica (a supor que estas possam ser claramente, univocamente e duravelmente delimitadas).

E todavia ... Wittgenstein parece ter deixado escapar completamente o conceito e a questão da transferência, enquanto tais. Inclusive em suas

---

Nesse sentido a dimensão transferencial é coextensiva à cultura e mais propriamente às obras de arte, de pensamento e de literatura, na medida em que nelas se abre – e se experimenta, prova-se – uma relação originária ao "sentido do mundo" (*"Wonder"*, escreve Wittgenstein, *"thaumazein"*, dizia Platão). É no seio dessa experiência que se elabora ou reelabora o destino de uma existência que procura se ordenar, pautar-se pelo senso de uma "significação última" (exemplo paradigmático aqui: a leitura que Wittgenstein faz de Tolstoi a bordo do torpedeiro nos primeiros meses da Guerra de 1914: um exercício espiritual, conduzido com a intensidade existencial que adivinhamos e que o fará repetir até o fim que Tolstoi salvou-lhe a vida).

E é aqui que reencontramos a questão da *infância*. A experiência ou a prova da relação originária ao "sentido do mundo" revive ou reativa a condição de infância, a sua *Hilflosigkeit* fundamental: ser desamparada antes de poder dizer ou designar o que a desampara. "Experiência" do outro de si que, em si, é mais do que si.

Assim entendida (como *condição* e não como idade ou período da vida), a *infantia* permanece a fonte na qual (e contra a qual) se alimenta a procura da maneira justa de viver, a busca da arte de aprender a viver. (Ver sobre isso os textos de J.-F. Lyotard, por exemplo *Lectures d'enfance*, Galilée, Paris, 1991; para uma breve introdução, cf. minha resenha "Le reste d'enfance" seguida de uma resposta de J.-F. Lyotard, "Agonie", in *Études Littéraires*, Université Laval, Canada 1994, doravante em linha: http://www.atelier-philosophie.org/index.html.)

[19] Cf. Br. McGuinness, *Young Ludwig: Wittgenstein's Life, 1889-1921*, Oxford University Press, 2005; e R. Monk, *The Duty of Genius*, op. cit.

observações críticas endereçadas à terapia freudiana, que ele tende a reduzir inexplicavelmente a uma simples relação de interação dialógica, de interlocução comunicacional entre *partners*, em que a questão dessa *relação* é deixada completamente de lado em prol da consideração exclusiva do *objeto* do qual eles falam e das *significações* que eles debatem[20]. Ora, Freud insiste: sem a *relação transferencial* o jogo de linguagem da *talking cure* simplesmente não seria possível.

Essa falta ou falha, esse engano (surpreendente no analista sagaz e penetrante das *diferenças* gramaticais entre os jogos de linguagem) levanta várias questões e merece certamente uma análise. Mas o que permanece impensado com ele, ou nele, resta pensável com os conceitos elaborados por ele: é possível retomar doravante a questão da transferência e da relação transferencial – inclusive no seio do estilo de ensino wittgensteiniano – a partir dos textos da "filosofia da psicologia".

Tudo isso concerne ao papel que os "conceitos de afeto" – a começar pelas "disposições afetivas" que são o *amor* e a *amizade* – desempenham em nossa vida, em nossos jogos de linguagem, nas experiências que podemos fazer sob os nomes de Filosofia, de ensino, de confissão, de *therapeia*. Onde se acha em jogo, se joga e se decide, a questão da maneira justa de viver.

Aposta do ensino da Filosofia, última linha de resistência: engajar um trabalho sobre si (e necessariamente contra si) visando à transformação de si, atento ao que *em* si é irredutível a si e *excede* o que se é.

(Em seu diário, numa nota já tardia (outubro de 1946), Wittgenstein se debruça, de maneira indizivelmente comovente, sobre uma experiência amorosa que concerne, ao mesmo tempo, a uma relação de ensino. Como durante estas notas tratamos da questão do *valor* e da mostração, retenhamos então este fragmento: o amor, eis precisamente o que "*mostra* o que é o grande valor".

"O *amor*, tal é a pérola de grande valor que se encerra perto do coração, que não se trocaria por *nada*, que coloca-se acima de tudo. De fato, isso *mostra* – por pouco que se o tenha – o que *é* o grande valor. Aprende-se o que isto *quer dizer*: isolar um metal precioso de todos os outros.")

---

[20] Cf. "*Wittgenstein and the transference question. Art, philosophy and therapy*", op. cit.

Gênero e filosofia[1]

Simona Marino[*]

Um caminho em direção ao gênero: a história de uma experiência

Corria o ano de 1987 quando, na Faculdade de Letras e Filosofia da Universidade Federico II de Nápoles, mais precisamente em uma aula do Departamento de Filosofia, deu-se início a um seminário só com mulheres sobre o pensamento da diferença sexual. Éramos poucas, mas muito motivadas, a ponto de nos encontrarmos fora do horário acadêmico dos cursos e dos seminários para experimentar juntas o prazer de ler textos de filosofia e de reflexões feministas. Muitas idéias, mas também muitas confusões; ficamos felizes por estarem presentes apenas mulheres, sem o peso da presença masculina que víamos como sufocante e invasora, e também emocionadas por iniciar um empreendimento sem saber se teria êxito, mas sentíamos que esse momento era muito importante para libertar a nossa inteligência retida nas teias de um saber que nos encantava e, ao mesmo tempo, alienava-nos.

A nossa relação com a filosofia constituía o primeiro nó a afrontar: uma relação ambígua, entrelaçada de amor pelos filósofos nos quais tínhamos nos formado, mas também profundamente crítica nos confrontos de uma tradição que tinha neutralizado o pensamento e desvalorizado a diferença. Na minha posição de professora de filosofia, ainda que só poucos anos mais velha, percebia a dificuldade de desfazer uma ligação profunda e, ao mesmo tempo, responsabilidade nos confrontos das meninas, expostas ao risco de perder uma coisa antes mesmo de conhecê-la e em relação à qual tinham projetado o seu futuro. Pensei então que seria importante proceder sobre uma dupla plataforma: de um lado, a travessia dos textos

---

[*] Università "Federico II" di Napoli – Itália.
[1] Tradução de Fabricia de Almeida de Sousa, Sérgio Sardi e Walter Kohan

clássicos, expondo-as a uma leitura pela primeira vez consciente da diferença de gênero e, por isso, atenta aos cancelamentos e às interpretações do feminino, e, por outro lado, dirigindo a atenção a textos literários de mulheres através de alguns trechos que eu mesma distribuía às meninas para convidá-las a uma reflexão e a uma escrita pessoal. Aprendi nas relações com outras mulheres que o feminismo não é um saber, mas uma prática do saber que reclama pôr-se em discussão de si, das relações de poder nas quais está inserida, e que é irredutível a uma teoria ou ao seu confinamento na instituição acadêmica. A minha experiência didática com as meninas, amadurecida ao longo de vários anos, dentro e fora da Universidade, ensinou-me o quanto de fato era forte nelas a necessidade de narrar-se e a impossibilidade, freqüentemente percebida junto a um frustrante senso de culpa, de conjugar os elementos do saber que, de vez em quando, adquiriam, com o sentido de si. Um hiato entre a palavra e a vivência que aumentava o estranhamento e o desconforto e que freqüentemente acabava por gerar a renúncia do silêncio ou a adoção mimética de uma linguagem não própria. Uma deportação simbólica que as mulheres conhecem bem e que, num lugar de alta produção simbólica como a Universidade, é ainda mais evidente.

Esse foi o meu ponto de partida para estimular a sua capacidade narrativa sem, todavia, jamais abandonar a relação com os textos, mas expondo-as a um trabalho de desconstrução no qual cada uma, operando seletivamente, isolava os conteúdos mais próximos ao próprio sentimento para restituí-los a uma recomposição comum. Uma hermenêutica de si, filtrada através de textos e palavras de outros, que tinha como objetivo inaugurar um gênero discursivo em que saber e narração se complicassem.

O tempo me deu razão, e o seminário, antes pequeno e clandestino, transformou-se, nos anos seguintes, em um laboratório de idéias e de práticas didáticas ao qual contribuíram docentes e pesquisadores de outras disciplinas. Nasceu, assim, um seminário expandido, interdisciplinar, voltado para as estudantes e os estudantes (na verdade, pouquíssimos, mas atentos e envolvidos) da faculdade, sobre o tema da emergência da subjetividade feminina sobre o cenário dos saberes. Uma experiência didática que procurava colocar em prática a interseção entre o plano interdisciplinar, representado pela confluência de sete disciplinas, e o olhar da perspectiva feminina que atravessava transversalmente esses âmbitos. O estilo de trabalho, confirmando a intuição originária, oscilava entre a prática de leitura e a interpretação dos textos e a irrupção de elementos da vivência pessoal, sobretudo por parte das estudantes. O desejo de elas se dizerem crescia de fato na interação com os conteúdos do saber, voltando-as para uma perspectiva que reduzia a estranheza e permitia assim a cada uma desenvolver a própria capacidade narrativa, como um poderoso instrumento crítico e idealizador.

Uma espécie de filologia invertida, em que o aprofundamento do conhecimento correspondia à aquisição de uma maior consciência de si e da própria ordem interna de prioridades. Tomava forma, para cada uma de maneira distinta, aquela experiência de descoberta e de reconhecimento da própria subjetividade, tornada possível pela codivisão de um projeto comum, o qual não era outro que o desejo de repensar juntas a trama das existências individuais, ressignificando-as a partir de um sentir que as aproximava. A condição para que se constituísse essa zona de compartilhamento consistia em liberar a capacidade narrativa delas do medo de se medirem sobre o terreno do saber, expulsando aquela insegurança profunda que governava os seus silêncios, assim como as suas palavras, fazendo emergir, ao invés, aquele potente desejo de afirmação que estava incubado em cada uma.

O método era parecido com aquele já adotado no primeiro seminário, ainda que certamente mais organizado. Cada encontro se articulava em três tempos. O primeiro consistia em uma aula tradicional dedicada à leitura crítica de um trecho de um texto de filosofia selecionado previamente, sobre o qual era aberta a discussão. Depois dessa primeira fase, distribuía-se uma folha para cada uma das mulheres presentes, sobre a qual estava transcrita uma breve citação de um romance ou de um conto escrito por uma mulher e que retomaria, na linguagem literária, os conteúdos do texto filosófico. O apelo à literatura, além de tornar mais compreensível o argumento de filosofia tratado anteriormente, sobretudo para aquelas que não tinham uma prática direta, como as estudantes de língua e de sociologia, respondia à exigência de atingir uma forma expressiva mais próxima da vivência de cada uma.

A folha era um convite à escrita, que as moças recebiam com curiosidade ou até mesmo com entusiasmo, e eram distribuídas livremente no amplo espaço da aula, individualmente ou em duplas. Somente para algumas a folha permanecia em branco. No final do tempo estabelecido, menos de meia-hora, reuniam-se novamente em torno da mesa para começar a leitura. Era o momento mais intenso porque não se tratava somente de transmitir à escuta das outras as breves reflexões escritas, mas de acompanhá-las com um comentário que exporia as suas intenções e que, além do texto, tornava todas participantes. Era como se fosse posto em círculo um fluxo de emoções e sentimentos onde cada uma podia reconhecer nas outras uma parte de si mesma, e nesse espaço de contigüidade que caracteriza fortemente o feminino, recompreender-se.

Viveu-se, assim, uma experiência de comunidade, talvez no único modo no qual ela possa acontecer, parcial, não só porque era limitada no tempo, mas principalmente porque não era fundada sobre um pacto de adesão a uma ordem simbólica feminina já constituída. Em outras palavras, para as estudantes não se tratava de escolher entre a ordem patriarcal e a mediação masculina e a ordem feminina. Essa escolha, pela sua radicalidade, teria pressuposto uma alternativa simplista, que não correspondia ao estilo do nosso seminário, nem às motivações políticas e teóricas que o tinham inspirado.

Em primeiro lugar, as professoras responsáveis pelo seminário não constituíam por sua vez uma comunidade, mas representavam no interior da Universidade um pólo de agregação de mulheres que, a partir de percursos diversos, tinham chegado à decisão comum de colocar em ação uma prática do saber feminino e de traduzi-lo em uma experimentação didática, sem que essa escolha excluísse as suas habituais atividades institucionais. A nossa dupla presença nos levava a assumir a contradição de estar dentro e fora, como uma condição não eliminável, tanto para o pensar quanto para o agir, e de praticar um jogo de alternância mais adequado para liberar as potencialidades individuais.

Acredito de fato que seja ilusório e fortemente penoso para as mulheres criar ilhas aparentemente não contaminadas, lugares de confinamento, correndo o risco de permanecerem presas no interior de um discurso e de uma realidade que, mesmo que se possa privilegiar como olhar perspectivo sobre si e sobre o mundo, não constitui certamente a única dimensão da existência. É essa imagem de complexidade que eu busquei restituir às estudantes, sem propor escolhas simplificadoras e reducionistas, mas também sem renunciar a encorajar o seu desejo de dizer-se e a sua vontade de saber.

Com essa convicção, continuei ensinando nos anos seguintes, mas dessa vez a rapazes e moças juntos, sem porém me esquecer, lá onde eu percebia neles a necessidade, de dedicar um espaço de palavra e de confronto somente para as moças. Infelizmente, essa foi uma demanda cada vez mais rara devido provavelmente à convicção difundida segundo a qual o feminismo seria uma experiência já distante no tempo e não mais necessário em função do grau de igualdade e de emancipação das mulheres.

Pelo menos esse parece ser o convencimento inicial com o qual as estudantes e os estudantes se aproximam desses problemas, eliminando-os rapidamente da agenda do presente como se já estivessem resolvidos. Então, adotei uma estratégia que é certamente mais demorada e trabalhosa que a anterior, mas que com o tempo dá seus frutos: não mais discursos sobre a diferença sexual, nem práticas separadas de reflexão sobre o próprio estar no mundo conquanto subjetividade encarnada, mas, depois de ter ganhado a confiança delas num terreno aparentemente neutro do discurso filosófico, fazer emergir a perspectiva do gênero, mostrando os vazios, os silêncios, as mistificações, em síntese, a neutralização operada pela nossa tradição filosófica. Uma prática do saber que, colocada nesses termos, não pode não dizer respeito tanto às mulheres quanto aos homens, em um percurso de linhas comuns, mas, muitas vezes, necessariamente separados, para alcançar a consciência da própria diferença.

A ética da diferença entre os sexos na relação de ensino

Para enfrentar esse tema, é necessário articular muitos percursos simultâneos, uma espécie de mapa sobre o qual cruzam diversos caminhos, que é possível começar a nomear quase como se fossem sinais indicadores:

1) O corpo na tradição filosófica: como os filósofos pensaram a corporeidade e, por conseguinte, a sexualidade; em poucas palavras, o estatuto do discurso filosófico.

2) A ética da diferença na relação de ensino: assunto filosófico, se entendemos a filosofia como reflexão sobre o sentido do agir e sobre as relações humanas.

1. O corpo, na tradição filosófica, constitui um impedimento da singularidade e, como tal, é excluído de um saber que pretendeu a universalidade: o efeito é a neutralização do sujeito do discurso, a sua desencarnação. O pensar separa-se da dimensão material do viver, e o corpo acaba sendo um objeto, lugar dos sentidos e das paixões. Nesse gesto de separação, que garante a passagem da experiência singular ao conhecimento universal, consuma-se o destino da dimensão sexual do sujeito que incide sobre a sua afetividade, mas não sobre o seu pensamento; encontramo-nos assim com um paradigma científico e representativo de nosso ser sujeito que continua agindo sub-repticiamente: a esfera da sexualidade está separada da conceitual, e interessa à dimensão afetiva ou patológica. Todos nós nos sabemos ser homens e mulheres, mas essa diferença, que salta aos olhos como óbvia, é percebida como insignificante para o pensar, que permanece em um limbo de neutralidade.

A filosofia pós-moderna, a crítica ao sujeito universal e a crise da razão clássica cruzam-se, no século XX, com a experiência feminista, sobretudo com a segunda fase do feminismo, mais cuidadoso para reatravessar os saberes a partir de um ponto de vista feminino e pôr novamente em discussão a falsa neutralidade; filósofos como Arendt, Weil, Stein, Zambrano, Irigaray contribuíram para alimentar uma modalidade diferente de aproximação à filosofia. Mas o ponto essencial não está em encontrar essas pensadoras dentro de uma tradição masculina, mas principalmente desejar saber quais são os efeitos de sentido que o pensar das mulheres produz dentro do discurso filosófico e como podem modificar a relação para com o outro/a em presença de um assimetria irredutível a toda compreensão.

Se filosofia não é só uma tradição escrita que estrutura a articulação dos saberes na cultura ocidental, mas é também reflexão sobre o sentido da existência e cuidado de si, não se tratará só de integrar um saber capenga, o masculino, mas de refletir sobre o próprio modo de estar no mundo e sobre a relação com o outro ou a outra. Aprender então a pensar por processos, e não por conceitos, fixando a atenção nas transformações, nos movimentos, nas interconexões, contra a linearidade e a objetividade, e produzir, em suma, aquilo que Rosi Braidotti define (Soggetto nomade, Roma, 1995; *In metamorfosi*, Milano, 2003) como uma leitura cartográfica do presente, onde se inscrevem as mutações sociais, culturais e simbólicas de um horizonte tecnológico que incide profundamente sobre a vida de qualquer um/a e que redesenha, a cada vez, a imagem do pensamento e o processo de subjetivação.

Pensar a partir de si, ao modo de uma subjetividade encarnada, comporta um processo de reapropriação transformativa do conhecimento e das modalidades de transmissão dos saberes. E é sobre esse ponto que a diferença de gênero investe na sua complexidade, tanto em relação aos homens como às mulheres. Não será mais possível praticar um saber neutro ao qual se acrescenta como complemento o olhar feminino, mas reformular uma visão não unitária e sexuada da subjetividade que reconhece a diferença de qualquer um/a como valor, e não como discriminação negativa.

2. Ensinar é um corpo a corpo, disse um filósofo, e é uma exposição de si mais que do próprio saber. Quando eu falo com os professores, postulo sempre, e isso não é uma premissa simples, que fui até eles não para levar-lhes um saber, mas uma prática de relação que produz uma modificação real que nos põe em jogo, isto é, se houver uma correspondência entre o próprio dizer e o próprio ser. Uma prática de si que, para mim, mulher, significa reatravessar a minha história pessoal, a relação com a minha mãe, e pôr novamente em discussão a espera e a expectativa que marcaram meu destino de mulher antes mesmo que eu pudesse escolhê-lo; em síntese, reapropriar-se dos meus próprios desejos, sabendo que é um trabalho infinito e às vezes muito faticoso. Desconstituir ou, pelo menos,

fazer emergir aquele senso de insuficiência que nos acompanha e que freqüentemente nos força a assumir hábitos masculinos e a competir entre nós pior que alguns homens. Para desconstruir a nossa relação com o poder, muitas vezes ambíguo, porque age como uma forma de vingança que revela pobreza simbólica e sujeição à cultura masculina; liberar-se do medo da dependência afetiva do outro que, se vivida livremente, pode se transformar em uma grande força.

São muitas as estradas que uma mulher encontra quando começa a pôr novamente em discussão a sua vida para se tornar o que ela é, mas são muitas também as vozes de outras mulheres que podem acompanhá-la nesse caminho. Só assim o gênero tomará corpo em cada uma de nós, não por ser assunto de ensino, mas experiência que modela o nosso modo de estar no mundo e de nos relacionarmos com o outro.

Uma experiência que para mim, filósofa, significou também me procurar lá onde não se está, ou escapar àquela imposição que o discurso sinaliza ao feminino, sem renunciar a ser sujeito de saber, mas sem me identificar com uma afiliação. Enamoramo-nos sempre dos próprios professores, e eu me enamorei daqueles filósofos com que eu compartilhei, ao longo do tempo, uma proximidade ideal, mas aprendi também com fatiga a reconhecer a minha estranheidade e a praticá-la fazendo aparecer, mediante um efeito de repetição crítica e irônica, as zonas escondidas, os silêncios, as censuras, toda aquela não-história onde se esconde o saber das mulheres e onde afundam as próprias raízes, os estereótipos e as representações simbólicas que aprisionam o masculino e o feminino em papéis determinados. Desse limiar que delimita o dentro/fora do discurso filosófico, eu comecei, junto com tantas outras mulheres que compartilham essa paixão, a decompor todas as oposições que a lógica binária nos ensinou: natureza/cultura, matéria/espírito, corpo/alma, masculino/feminino, etc. para liberar o pensamento ao movimento, à contradição não resolvível em termos dialéticos para, assim, operar transversalmente a leitura dos saberes, desde uma posição parcial e descentrada. E é isso que eu ensino aos meus alunos e às minhas alunas: a livrar-se dos pré-julgamentos e dos modelos preconstituídos e a pôr novamente em discussão toda certeza e convicção. Gayatri Spivak definiria isso como "uma ressistematização não-coercitiva dos desejos" (*A Critique of Postcolonial Reason: Toward a History of Vanishing Present*, Harvard University Press, Cambridge 1999), sublinhando a importância do momento educativo como aquele exercício que é o único à altura de preparar o irromper o ético.

Nos braços de Circe: ensino de filosofia, amor e arte[1]

Filipe Ceppas[*]

Relacionar amor e docência costuma ser piegas. Numa área tão carente como a educação básica, essa pieguice tem a função de compensar a dureza do cotidiano: se ela conforta o professor, tende também a mistificar sua profissão como ato de heroísmo ou doação maternal. São muitos os perigos, mas, por outro lado, talvez não seja errado dizer que existe uma urgência em pensar o amor como questão central à docência, em especial no âmbito do ensino de filosofia, e isso por quatro razões:

1. Em diversos contextos, os rituais de aprendizagem e de iniciação ao mundo adulto apresentam-se sob a forma da relação amorosa, ou de sua simulação. No Ocidente, as origens da própria transmissão cultural se confundem, por exemplo, com a instituição da pederastia, na Grécia;

2. Por mais profissional e desinteressado que seja o exercício da docência, seu sentido depende inexoravelmente de um "desejo de futuro", seja como for que se o entenda: como geração, transmissão, aprendizagem, experiência, etc. Trata-se de um investimento impossível de ser entendido fora do âmbito da libido, e por mais tortuoso que seja esse caminho;

3. Todo gesto educativo mobiliza forças contraditórias: quanto mais ele pretende ser um gesto de "desvelamento do real", mais põe em risco a segurança que conquistamos a duras penas em nossos processos

---

[*] Universidade Gama Filho (UGF) e Pontífica Universidade Católica do Rio de Janeiro (PUC-RJ).

[1] Uma versão bastante preliminar deste texto foi apresentada no Encontro Nacional do GT *Filosofar e ensinar a filosofar* da Anpof, em Uberlândia, 2007. O ensino de filosofia, aqui, tem sempre como referência o ensino médio, centro de interesse de minha atuação profissional, tanto na formação de professores para esse nível de ensino como na tentativa de contribuir para pensar filosoficamente "a educação".

de adaptação ao mundo; mais ele desafia seja a ignorância, sejam as certezas herdadas e inquestionadas. A educação como "desvelamento" (em especial se entendemos que não há, necessariamente, uma realidade última a ser revelada), ao nos expor à insegurança do desconhecimento, perturba via de regra o apego ao que nos é mais caro. Mas não são apenas essas experiências de "reconstrução do mundo" que mobilizam os sentimentos indissociáveis de "amor" e "ódio" – lembrando que não são, obviamente, apenas a escola e os saberes científicos os responsáveis por essa contínua reconstrução, e que, para muita gente, eles não são nunca os principais! É o próprio jogo de conhecimento e desconhecimento que, onde quer que ele se dê, com intensidades e abrangências as mais diversas, parece ser sempre mediado pela imagem da relação amorosa. Não apenas todo ensinar pressupõe um desejo e uma aposta, mas também o aprender, em última instância, envolve sempre uma transformação que não deixa nunca indiferentes os afetos.

4. O ensino de filosofia (ou o aprender a filosofar) é, por definição, ensino (e aprendizagem) de uma relação amorosa com o saber.

Amor e docência, gênero e natureza

Comecemos por este quarto ponto, inevitável quando se fala do próprio conceito de filosofia. Como Platão afirma no *Banquete*, a filosofia (o *amor ao saber*) não é o saber ele mesmo, é uma busca, e aquilo que se busca com mais intensidade é sempre o bem. Nesse diálogo, Platão associa o "eros popular" ou "vulgar" ao *bem para si*, aos prazeres dos sentidos, e a "Afrodite celeste", ao *bem em si mesmo*. O amor, no discurso de Diotima, seria um intermediário entre o homem e o divino. Uma importante interpretação do mito de *Eros e Psiquê*, narrado por Apuleio (*O Burro de Ouro*), concorda com o caminho de ascese que Platão identifica como sendo próprio à filosofia, isto é, o da passagem da busca do *bem para si* à busca do *bem em si mesmo*. No mito, a mortal Psiquê vive num fausto palácio, deleitando-se toda noite com os prazeres de um desconhecido, e sob a condição de jamais conhecê-lo (de jamais *vê-lo*). Seu misterioso parceiro é Eros, o deus juvenil, imberbe. Eros aparece somente à noite, na total escuridão, e a perdição de Psiquê advém de seu desespero, de sua necessidade de ver/conhecer seu parceiro. Ao ver/descobrir Eros dormindo nu ao seu lado, Psiquê começa um longo percurso de aprendizagem, de iniciação e purificação, sob as ordens de Afrodite, até transformar-se em deusa pelas mãos de Zeus. Numa das interpretações do mito, não é apenas a alma que, após abandonar os prazeres dos sentidos representados por Eros, se torna imortal ao submeter-se às provações do amor celeste, representado por Afrodite; é o próprio amor que, purificado ou sublimado, se torna maduro: Eros cresce, torna-se adulto, casa-se com Psiquê e tem uma filha, a Volúpia.

Sabemos que, em grego, *eidenai* (saber) tem a mesma raiz de *ídein*, que significa *ver*. Conhecemos também a alegoria da caverna de Platão, e a importância da metáfora da visão em sua metafísica, nos mais diversos momentos de sua obra. Como mostrou Derrida, essa metáfora é inseparável da idéia do *pharmakón*, ao mesmo tempo remédio e veneno. Também no âmbito da religião grega, se o iniciado nos mistérios de Elêusis era chamado *epóptes*, isto é, *aquele que vê* (ou *aquele que viu*, uma vez que o termo é reservado a aquele que já tenha participado ao menos uma vez das celebrações a Deméter), a visão de um deus é constantemente associada à morte. Quem vê um deus morre! Quando Psiquê acende a lamparina e vê Eros, ela assina sua sentença de morte. De imediato, ela quase morre, literalmente: Eros foge, voando, e Psiquê agarra-se a seus pés, até não agüentar mais e cair de uma grande altura. A partir de então, submetida às provações impostas por Afrodite, Psiquê enfrenta perigos mortais, e pensa recorrentemente em suicídio. Na última das provações, Psiquê morre metafórica e literalmente: desce ao Hades, para buscar um pouco da beleza de Perséfone, e morre de fato ao abrir a caixa com o sopro do sono eterno. Também aqui Apuleio remete à metáfora da visão: quem ensina como entrar e sair do Hades impunemente é a torre, que leva a Deus, de onde tudo se vê e tudo se conhece. A busca do conhecimento leva à morte e ao renascimento de Psiquê, como um bom processo de sublimação. Retemos dessas indicações bastante sumárias a íntima vinculação entre amor, visão, aprendizagem, sublimação e morte.

A *dokimasia* de Psiquê pode dar lugar a diversas interpretações, mas há uma que é preciso ressaltar, porque traz à tona elementos importantes para pensar a relação entre amor e docência. No mito, Psiquê é incitada por suas irmãs invejosas a descobrir a identidade de seu marido misterioso. Mas o caráter maléfico das irmãs, tantas vezes enfatizado e terrivelmente punido, não anula o importante papel que elas têm a cumprir: incitar a *hybris* de Psiquê contra um marido tirânico, monstruoso. Ao contrário de Édipo, que tem o incesto expiado com a cegueira, Psiquê escapa da escuridão ao desafiar a relação incestuosa de Afrodite com Eros, a quem a deusa beija "com os lábios entreabertos". A *hybris* de Psiquê dificilmente poderia situá-la no mesmo patamar das diversas representações femininas ameaçadoras da mitologia antiga: Psiquê é temerosa, age mais por medo e sugestão do que por convicção ou instinto. Mas ela não deixa de tematizar a aproximação ao monstruoso ou à animalidade, comum àquelas representações. Afinal, ela se enche de coragem suficiente para, se preciso for, esfaquear a "serpente venenosa e asquerosa" que seria o seu marido. A relação entre a *hybris* feminina e o acesso privilegiado à natureza (à animalidade) é uma constante na tragédia e na mitologia gregas, nas figuras das bacantes, de Medéia, das deusas Ártemis, Circe e Calipso, e também das sereias, elas próprias monstros disfarçados da "promessa irresistível do prazer".

Se por um lado a busca do saber e os processos formais de ensino e aprendizagem no Ocidente foram um assunto predominantemente masculino, muitas de suas representações estão centradas na potência, por vezes devastadora, (de imagens) do feminino (no âmbito da filosofia, por exemplo, Diotima é uma personagem incontornável). Não parece fácil indicar a pertinência dessas referências femininas naquilo que elas fazem relacionar de modo intrínseco as questões do amor, da animalidade (ou da "natureza" de modo geral) e a docência. Mas é isso que alguns autores, como Rousseau e Adorno, não deixaram de fazer. Tentaremos apresentar adiante alguns aspectos da filosofia de Adorno em que esses temas se cruzam; em primeiro lugar, com base em passagens clássicas acerca do conceito de esclarecimento; em seguida, tomando como fio condutor a disputa entre duas concepções da arte (a partir dos conceitos de belo e sublime) e seu possível interesse para repensar questões referentes ao ensino de filosofia.[2]

---

[2] Vale indicar aqui ao menos mais dois caminhos importantes para se trabalhar as relações entre amor, feminilidade, natureza (animalidade e/ou morte) e docência. Encontramos elementos sugestivos nas representações mais primordiais da docência no Ocidente, que deveriam ser investigados em comparação com os mais diversos ritos de passagens estudados pela antropologia. Que sirvam de indícios a figura de Quíron, o "grande educador", e uma passagem de Manacorda: "Esses educadores arcaicos têm em comum algo de estranho; são pessoas que mataram ou tentaram matar e, por isso, tiveram que fugir de suas terras e procurar hospitalidade em outro lugar. Fênix, instigado pela mãe, tentou matar o pai por causa da amante: "então, com bronze agudo, tentei matá-lo..." (Il. IX, 458). Pátroclo, num momento de ira, matou um colega de jogo: "Menécio de Oponto trouxe-me até vós por triste homicídio..." (Il. XXIII, 85-85). De modo paradoxal, exatamente estes feitos pouco promissores lhes abrem o caminho para a missão de educador. Afinal, o grupo de hebreus, que matou 3 mil de seus irmãos por terem cultuado o bezerro de ouro, não foi promovido por Javé a educador do povo, formando assim a carreira dos levitas? Esta é, então, nos mitos antigos, a ideal "prosopopéia" do educador" (MANACORDA, 2000, p. 43-44). Esses temas poderiam ser investigados, ainda, a partir de uma perspectiva psicanalítica, incluindo as delicadas questões referentes à sexualidade do/a professor/a – aspecto ressaltado também por Adorno, no texto "Tabus acerca do magistério" (ADORNO, 1995).

Esclarecimento e amor em Adorno

A idéia do esclarecimento, base da racionalidade ocidental, e que podemos fazer retroceder tanto às imagens da sabedoria egípcia quanto aos fragmentos de Heráclito, constitui o fundamento iluminista de toda aposta na formação.[3] Nessa perspectiva, segundo Adorno e Horkheimer, emancipar-se seria superar, através do conhecimento, as forças cegas da natureza que nos arremessam com violência em direção ao indiferenciado e à destruição. Ulisses preso ao mastro do navio é a imagem emblemática dessa luta entre o princípio de uma razão patriarcal contra a força encantatória e feminina do desconhecido, que se confunde com a "promessa irresistível do prazer". Mas, como argumentam os autores, esse poder de Ulisses é ilusório:

> Ulisses foi alertado por Circe, a divindade da reconversão ao estado animal, à qual resistira e que, em troca disso, fortaleceu-o para resistir a outras potências da dissolução. Mas a sedução das Sereias permanece mais poderosa. Ninguém que ouve sua canção pode escapar a ela. A humanidade teve que se submeter a terríveis provações até que se formasse o eu, o caráter idêntico, determinado e viril do homem, e toda infância ainda é de certa forma a repetição disso. (ADORNO; HORKHEIMER, 1985, p. 44-45)[4]

---

[3] Essa frase aparentemente banal esconde muitas questões complexas. Para a metáfora visual e suas raízes egípcias (lembrando que, segundo Houaiss, seguindo o *Dictionnaire etymologique de la langue latine* de Ernout e Meillet, a palavra latina crarus, de onde deriva "claro" e todas as suas assemelhadas, como esclarecimento, só tardiamente foi associada à percepção visual), ver Derrida (1997). Para a questão da absolutização da raiz capitalista da dominação da natureza por uma "razão iluminista", ver Martin Jay (1996).

[4] A continuação do texto levar-nos-ia longe demais na articulação entre a sublimação, os conceitos freudianos de ego, princípio de prazer e pulsão de morte, por um lado, e a questão do belo e do sublime na arte, por outro. Por isso, reproduzo-a nesta nota apenas para indicar a importância da questão: "O esforço para manter a coesão do ego marca-o em todas as suas fases, e a tentação de perdê-lo jamais deixou de acompanhar a determinação cega de conservá-lo. A embriaguez narcótica, que expia com um sono parecido à morte a euforia na qual o eu está suspenso, é uma das mais antigas cerimônias sociais mediadoras entre a autoconservação e a autodestruição, uma tentativa do eu de sobreviver a si mesmo. O medo de perder o eu e o de suprimir com o eu o limite entre si mesmo e a outra vida, o temor da morte e da destruição, está irmanado a uma promessa de felicidade, que ameaçava a cada instante a civilização. O caminho da civilização era o da obediência e do trabalho, sobre o qual a satisfação não brilha senão como mera aparência, como beleza destituída de poder".

O divórcio entre o "intelecto autocrático" e a experiência sensível (promessa de prazer e destruição) é, simultaneamente, condição do desenvolvimento da civilização e sua destruição:

> A maldição do progresso irrefreável é a irrefreável regressão. Esta não se limita à experiência do mundo sensível, que está ligada à proximidade das coisas mesmas, mas afeta ao mesmo tempo o intelecto autocrático, que se separa da experiência sensível para submetê-la. (ADORNO; HORKHEIMER, 1985, p. 46-47)

A perdição do pensamento está na perda do "elemento da reflexão sobre si mesmo", e é isso que faz do ensino de filosofia uma questão tão fundamental para a educação, uma vez que com ele pode-se manter a esperança de ao menos expor a ferida ainda não cicatrizada:

> Todo progresso da civilização tem renovado, ao mesmo tempo, a dominação e a perspectiva de seu abrandamento. Contudo, enquanto a história real se teceu a partir de um sofrimento real, que de modo algum diminui proporcionalmente ao crescimento dos meios para sua eliminação, a concretização desta perspectiva depende do conceito. Pois ele é não somente, enquanto ciência, um instrumento que serve para distanciar os homens da natureza, mas é também, enquanto tomada de consciência do próprio pensamento que, sob a forma da ciência, permanece preso à evolução cega da economia, um instrumento que permite medir a distância perpetuadora da injustiça. [...]
>
> Com o abandono do pensamento [...] o esclarecimento abdicou de sua própria realização. (ADORNO; HORKHEIMER, 1985, p.50-51)

Importante ressaltar que, aqui, a defesa da filosofia, do pensamento reflexivo, do conceito, não é separável das tensões que a precipitam; assim como, obviamente, *nem todo pensamento é capaz de lançar luz sobre essas tensões*. Reconhecer a dominação dentro do próprio pensamento como natureza não reconciliada significa, portanto, priorizar a reflexão sobre essa não-reconciliação, antes de oferecer qualquer perspectiva de pensamento ou de ação que pudesse se apresentar como "solução" ou mero atenuante da dominação e da ausência de reflexão na sociedade.

Nessa perspectiva, refletir sobre as relações entre afetos, socialização (ou disciplinarização) e os imperativos da instrução, no âmbito da educação formal, implica fugir, a todo custo, da ilusão de uma "harmonia conciliatória". Falar sobre "amor" na educação, longe de ser uma atitude piegas e mistificadora, seria a tentativa de traduzir aquele compromisso: um interesse ou um investimento do/no pensamento que leva em conta a fissura entre a promessa de uma natureza conciliada – encarnada na figura do "homem emancipado" e que, como em Rousseau, encontra numa determinada caracterização do "amor" a própria chave para a sua realização – e a dominação e o sofrimento que têm lugar em toda parte. Não é gratuito que, convidado a opinar sobre questões educacionais, Adorno tenha se referido mais de uma vez ao amor e à sexualidade como temas centrais a serem sistematicamente desenvolvidos. Em "A filosofia e os professores", Adorno (1995, p. 64) afirma:

> Se não fosse pelo meu temor em ser interpretado equivocadamente como sentimental, eu diria que para haver formação cultural se requer amor; e o defeito certamente se refere à capacidade de amar. Instruções sobre como isto pode ser mudado são precárias. Em geral a definição decisiva a respeito se situa numa fase precoce do desenvolvimento infantil. Mas seria melhor que quem tem deficiências a este respeito, não se dedicasse a ensinar.

Noutro momento ("Educação após Auschwitz"), Adorno pondera que, longe de ser a chave para a solução dos problemas educacionais, as condições atuais para o amor (ou sua impossibilidade) devem ser encaradas em toda a sua crueza. Apesar de sua extensão, impossível deixar de citar aqui a seguinte passagem, que resume a questão:

> A incapacidade para a identificação foi sem dúvida a condição psicológica mais importante para tornar possível algo como Auschwitz em meio a pessoas mais ou menos civilizadas e inofensivas. [...] Não me entendam mal. Não quero pregar o amor. Penso que sua pregação é vã: ninguém teria inclusive o direito de pregá-lo, porque a deficiência de amor, repito, é uma deficiência de *todas* as pessoas, sem exceção, nos termos em que existem hoje. Pregar o amor pressupõe naqueles a quem nos dirigimos uma outra estrutura do caráter, diferente da que pretendemos transformar. Pois as pessoas que devemos amar são elas próprias

incapazes de amar e por isto nem são tão amáveis assim. [...] Provavelmente até hoje nunca existiu aquele calor humano que todos almejamos, a não ser durante períodos breves e em grupos bastante restritos, e talvez entre alguns selvagens pacíficos. Os utópicos freqüentemente ridicularizados perceberam isto. Charles Fourier, por exemplo, definiu a atração como algo ainda por ser constituído por uma ordem social digna de um ponto de vista humano. Também reconheceu que esta situação só seria possível quando os instintos não fossem mais reprimidos, mas satisfeitos e liberados. Se existe algo que pode ajudar contra a frieza como condição da desgraça, então se trata do conhecimento dos próprios pressupostos desta, bem como da tentativa de trabalhar previamente no plano individual contra esses pressupostos. Agrada pensar que a chance é tanto maior quanto menos se erra na infância, quanto melhor são tratadas as crianças. Mas mesmo aqui pode haver ilusões. Crianças que não suspeitam nada da crueldade e da dureza da vida acabam por ser particularmente expostas à barbárie depois que deixam de ser protegidas. Mas, sobretudo, não é possível mobilizar para o calor humano pais que são, eles próprios, produtos desta sociedade, cujas marcas ostentam. Além disto o amor não pode ser exigido em relações profissionalmente intermediadas, como entre professor e aluno, médico e paciente, advogado e cliente. Ele é algo direto e contraditório com relações que em sua essência são intermediadas. O incentivo ao amor – provavelmente na forma mais imperativa, de um dever – constitui ele próprio parte de uma ideologia que perpetua a frieza. Ele combina com o que é impositivo, opressor, que atua contraditoriamente à capacidade de amar. Por isto, o primeiro passo seria ajudar a frieza a adquirir consciência de si própria, das razões pelas quais foi gerada. (ADORNO, 1995, p. 134-136)

Entre as inúmeras referências na obra de Adorno onde amor e esclarecimento encontram-se diretamente relacionados (por exemplo, em *minima moralia*), existe um caminho aparentemente incontornável para se pensar uma perspectiva pedagógica, e de ensino de filosofia em particular, a partir da questão da sensibilidade – entendendo tal perspectiva como condição para fugir a toda expectativa que, no âmbito pedagógico, se frustra nas armadilhas de discursos via de regra doutrinários e impermeáveis à dinâmica desejante dos estudantes. Esse caminho seria o modo muito particular com que Adorno sempre relacionou estética e política, o que constitui um dos núcleos móveis de seu pensamento. Nesse sentido, para tentar esclarecer as bases de legitimação de uma perspectiva pedagógica em que se associam arte, política, amor e esclarecimento, propomos rever o posicionamento de Adorno perante o surrealismo, centrado na questão do amor e do corpo e de uma "arte do sublime".

Surrealismo, arte sublime e ensino de filosofia

É difícil ser contra a idéia razoável de que a escola deve oferecer para as novas gerações uma seleção dos conhecimentos que acreditamos dignos de ser preservados no futuro. A essa idéia razoável contrapõe-se, entretanto, uma infinidade de questões embaraçosas, entre as quais destaco apenas três: que a seleção curricular é sempre resultado de processos que escapam a uma racionalidade assim tão cristalina; que as "novas gerações" passam por escolas muito diferentes, em trajetórias e aproveitamentos absolutamente desiguais; que o sistema educacional formal convive e por vezes compete com outras instâncias de aprendizado e socialização que forçam transformações radicais no que entendemos por "transmissão cultural", aprendizagem, etc. Acrescente-se a isso que o próprio sistema educacional é cada vez mais forçado a rever a centralidade que, desde os primórdios da formulação de seu ideal republicano, outorgou aos conhecimentos, tentando dar conta do desafio de promover e coordenar processos de aquisição/produção do que se convencionou chamar de habilidades e competências, a reboque das demandas de um mundo do trabalho que, a despeito de transformações radicais, continua absolutamente centrado na acumulação do capital. Tudo isso é por demais bem sabido, assim como o é também o fato de que nesse contexto a relação instrumental que a maioria dos jovens estabelece com a escola torna-se um desafio cada vez mais difícil, porque associada a (ou, de certo modo, "legitimada por") cenários culturais, econômicos, sociais e políticos marcados pelo consumismo, pela corrupção, pela violência ou pela simples apatia.

Porém, não se trata tanto de "resgatar" uma reflexão sobre o surrealismo (ou, mais amplamente, sobre as vanguardas do começo do século XX) com a desculpa de que a partir dela poderíamos quem sabe tematizar, no âmbito das artes, uma certa dinâmica de reação à "lógica cultural do capitalismo tardio", em que convergiriam, em seus primórdios, tanto crítica como alegremente, as mais diversas percepções dos fenômenos de reificação na cultura; o caráter constitutivo da violência da industrialização regida pelo princípio da automação, pelos avanços tecnocientíficos; e, fundamentalmente, a dimensão inconsciente e desejante de uma tal subordinação da vida ao predomínio das experiências de ruptura, de fragmentação (a montagem e a colagem como princípios de composição), a recusa das convenções, sociais e "racionais", e tudo mais que poderíamos fazer caber numa perspectiva de continuidade com o "pós-moderno". A posição de Adorno perante o surrealismo não deixa de transitar em tal curto-circuito, num primeiro momento de forma simpática ao movimento, em parte na esteira de Walter Benjamin,[5] (tendo chegado inclusive, em 1931, a fazer composições em que exercita a escrita automática) e, num segundo momento, de modo crítico. Mas o que sobretudo interessa nessa história é o modo como as temáticas surrealistas, *tal como elas são repensadas por Adorno* (embora não exclusivamente), sobrevivem, não propriamente como "denúncia do capitalismo", "proposta artística revolucionária" ou "antecipação do pós-modernismo", mas como centros gravitacionais em torno dos quais a arte vai reconfigurar-se, e que acreditamos poder relacionar à defesa de certa perspectiva de ensino de filosofia.

Adorno sem dúvida sempre defendeu, como diz Heinz Steinert[6], uma concepção de arte enraizada num conceito forte de *obra*, capaz de criar uma "aliança trabalhosa" entre ela e seu público. Nesse contexto, o surrealismo chegou a significar para ele uma maneira importante de explorar na arte as ruínas da sociedade, sem cair em qualquer mistificação estética totalizante; o surrealismo revelaria "as fendas sociais por uma técnica descontínua que reivindica sua qualidade de acabamento sem reivindicar a aura de uma totalidade estética".[7] Mas, ao contrário da perspectiva de um Schoenberg – na

---

[5] Em carta a Benjamin, de 6 de novembro de 1934, Adorno escreve: "Encontrei, numa revista inglesa de cinema, uma resenha do novo livro de Breton (*Les vases communicants*), o qual, ao menos que eu esteja muito enganado, parece convergir fortemente com muitas de nossas próprias intenções. Ele também leva em conta a interpretação psicológica do sonho e defende uma abordagem em termos de imagens objetivas, e também parece atribuir uma característica histórica crucial a tais imagens. Todo o trabalho está tão intimamente relacionado às nossas preocupações temáticas que demandará provavelmente uma clara revisão radical precisamente com relação à questão mais central [...]; mas, se esse trabalho realmente produz uma tal revisão, isso pode provar ser de grande significação para você, comparável talvez [...] ao significado de Saxl e Panofsky para o seu livro sobre o Barroco!" (ADORNO; BENJAMIN, 1999, p. 54).

[6] STEINERT, H. "Porquoi Adorno a changé d'avis sur le surréalisme après 1945", in *Agone* 20 –Art raison & subversion. Acessível em http://www.atheles.org/lyber_pdf/lyber_380.pdf

[7] "Er verzichtet auf die positive Lösung und begnügt sich, die gesellschaftlichen Brüche durch brüchige, sich selbst als scheinhaft setzende Faktur hervortreten zu lassen, ohne sie mehr durch ästhetische Totalität zu überwölben" (ADORNO, "Zur gesellschaftlichen Lage der Musik" [1932], *Gesammelte Schriften*, Vol.18, Rolf Tiedemann [org], Suhrkamp Verlag Frankfurt am Main 1986, p.734).

qual "dar as costas ao público" era um ato involuntário, uma tensão advinda dos problemas internos, formais, da própria música –, a provocação irônica do surrealismo era resultado de sua autoproclamação da arte como acontecimento. Para Adorno, ainda segundo Steinert, as destruições antiautoritárias do surrealismo acabaram por favorecer uma espécie de auto-submissão e o desprezo de si mesmo, cuja ressonância política seria, afinal, violentamente autoritária. A destruição artística proposta pelo movimento teria ajudado a preparar o terreno para o fascismo e, posteriormente, para a violência dos métodos libertários do "ativismo" estudantil de esquerda nos anos 1960, que, em combate com a "ordem burguesa", fez por diversas vias referências diretas ao surrealismo.[8] O interessante, entretanto, como foi dito acima, são as temáticas nas quais Adorno reconhecerá essa demissão do esforço, da paciência e dos avanços formais que deveriam caracterizar a "arte séria", único modo de resistir à aparentemente inescapável submissão aos ditames da indústria cultural.

No curto texto "Revendo o Surrealismo", de 1956, Adorno quer indicar que os choques do movimento "perderam toda sua força". Ao contrário de poder liberar aquele espanto das "experiências infantis", o surrealismo cria naturezas mortas:

> Suas montagens são as verdadeiras naturezas-mortas. [...] Essas imagens não são aquelas de uma interioridade, mas sim fetiches – fetiches da mercadoria – nos quais uma vez se fixou algo de subjetivo: a libido. É assim, e não através da imersão em si mesmo, que as imagens recuperam a infância. As obras pornográficas seriam os melhores modelos do Surrealismo. O que acontece nas colagens, o que nelas está contido de modo espasmódico, assemelha-se às alterações que ocorrem em uma imagem pornográfica no instante da satisfação do *voyeur*. Nas colagens, os seios cortados, as pernas de manequins em meias de seda, são monumentos aos objetos do instinto pervertido, que outrora despertavam a libido. Reificado e morto nas colagens, o que havia

---

[8] Valeria a pena acrescentar às evidências levantadas por Steinert uma menção às violentas desavenças no interior do próprio surrealismo, que resultaram, por exemplo, no afastamento de Artaud e de Bataille do movimento. Basta indicar aqui que os termos desses confrontos têm elementos em comum ao posicionamento de Adorno, relacionando arte, política e violência ou autoritarismo. Ver, por exemplo, Artaud, "A la grande nuit ou le *bluff* surrealiste" (in *Œuvres completes*, vol. I, Gallimard, Paris, 1970, pp. 364-365) e diversos textos de Bataille reunidos em "Por y contra el surrealismo" (*Obras Escogidas*, Barcelona: Barral Ed., 1974).

sido esquecido revela-se como o verdadeiro objeto do amor, como aquilo que o amor gostaria de parecer, e como nós gostaríamos de ser. (ADORNO, 2003, p. 139-140)⁹

Entenda-se bem: o que havia sido esquecido não é revelado senão como numa fotografia, como "imagem histórica", algo morto, e não como o amor (ou seu ideal?) no qual outrora se libertava a libido.[10] Adorno afirma, ao final do artigo, que, se o surrealismo "através das deformações [...] salva o antiquado, um álbum de idiossincrasias, no qual se desgasta a promessa de felicidade, pois os homens a vêem negada em seu próprio mundo dominado pela técnica", se ele (o surrealismo) por isso "parece obsoleto", "isso ocorre porque os homens já renunciaram a essa consciência da renúncia, capturada no negativo fotográfico do Surrealismo". Sob a intenção aparente do artigo, de "crítica" ao movimento, fica a impressão de que o negativo fotográfico do surrealismo é um elemento fundamental não exatamente para que nós saibamos que, na sociedade reificada, é preciso renunciar ao amor – pois essa é a condição inescapável da infelicidade coletiva –, mas para pelo menos sabermos que renunciamos a enfrentar a renúncia.

Importante notar, entretanto, que a apropriação e as transformações do amor na obra de arte sob o signo do fetichismo, e a própria obra de arte

---

[9] Em função da eventual dificuldade de compreensão do texto, vale citá-lo também no original: "Seine Montagen sind die wahren Stilleben. [...] Diese Bilder sind nicht sowohl die eines Inwendigen als vielmehr Fetische – Warenfetische – an die einmal Subjektives, Libido sich heftete. An ihnen, nicht durch die Selbstversenkung, holen sie die Kindheit herauf. Die Modelle des Surrealismus wären die Pornographien. Was in den Collages geschieht, was in ihnen krampfhaft innehält wie der gespannte Zug von Wollust um den Mund, ähnelt den Veränderungen, die eine pornographische Darstellung im Augenblick der Befriedigung des Voyeurs durchmacht. Abgeschnittene Brüste, Beine von Modepuppen in SeidenstrŸmpfen auf den Collages – das sind Erinnerungsmerkmale jener Objekte der Partialtriebe, an denen einst die Libido aufwachte. Das Vergessene offenbart dinghaft, tot, sich in ihnen als das, was die Liebe eigentlich wollte, dem sie sich selbst gleichmachen will, dem wir gleichen." (ADORNO, "Rückblickend auf den Surrealismus", in *Gesammelte Schriften*, Vol.11, Rolf Tiedemann [org.], Suhrkamp Verlag Frankfurt am Main 1986, p. 105).

[10] Um parágrafo antes, Adorno escreve: "Soa paradoxal que, na modernidade, já submetida à maldição da mesmice da produção em massa, ainda haja história. Esse paradoxo causa estranheza, tornando-se, nas 'imagens infantis da modernidade', a expressão de uma subjetividade que, com o mundo, tornou-se estranha até diante de si mesma. A tensão no Surrealismo, que se descarrega no choque, está a meio caminho entre a esquizofrenia e a reificação, e justamente por isso não pode ser confundida com uma inspiração psicológica. Em face da reificação total, que o remete completamente a si mesmo e a seu protesto, o sujeito tornado absoluto, dispondo de si livremente e sem qualquer consideração pelo mundo empírico, revela-se como algo sem alma, algo virtualmente morto".

simultaneamente referida à morte e *como* "coisa morta", não representaram meras obsessões de uma subversão de conteúdo e forma na arte, deixadas para trás como uma fotografia amarelada. Impossível ignorar o quanto essa "subversão", a despeito de qualquer tentativa de "balanço" do surrealismo, caminha passo a passo com uma verdadeira transformação da própria idéia de arte. É o que ressalta Heinert:

> [...] que a arte deva ser constituída de "obras" (e não de "acontecimentos artísticos"), como o pressupõe Adorno – que apresenta esse fato como uma evidência, retendo-o como critério de avaliação da natureza artística de toda criação –, corresponde na história a um momento muito específico. Esta concepção da "arte, aliança trabalhosa", clássica e burguesa, foi desenvolvida apenas a partir do Renascimento para ser finalmente abolida no século XX.

Ora, apesar de seu apego a uma concepção de arte centrada na unidade da "obra", Adorno obviamente não é indiferente ao caráter irreversível e inevitável das radicais transformações conteudistas e formais que marcaram a produção artística no século XX – sendo certamente bem menos sensível quando elas dizem respeito às artes plásticas (as referências são raras e, em alguns casos, inexistentes: Duchamp, Magritte, Miró e muitos outros artistas europeus importantes estão ausentes dos textos estéticos de Adorno) do que quando dizem respeito à música e à literatura. E não é gratuito que, para tematizar a dissolução dos gêneros, por exemplo, ele lance mão do conceito de sublime em sua *Teoria Estética*. Mas, antes de entender esta associação nos termos do próprio Adorno, é fundamental reter mais uma vez o sentido daquele deslocamento que, para o bem ou para o mal, o surrealismo faz quando aproxima a arte a uma espécie de vivência do amor como fetiche e da morte. Está implícito nesses textos de Adorno um diálogo com Benjamin, que adota de modo inquestionável o princípio de montagem como chave não somente para pensar a arte, mas para o próprio trabalho filosófico. Trabalhando a proximidade do conceito kantiano de sublime com o conceito de alegoria em Benjamin, Kátia Muricy chamou a atenção para o sinal "positivo" que a referência à morte adquire sob o trabalho de montagem do alegorista: "O olhar do alegorista petrifica o objeto, mata-o. Isto é, destitui-lhe de um sentido para depois tê-lo como material inerte a ser 'reanimado' pela sua construção alegórica" (MURICY, 2007, p. 48). Mais adiante, apoiando-se em Peter Bürger[11], ela reforça a descrição do procedimento:

---

[11] *Teoria da Vanguarda*, Lisboa: Ed. Vega, 1993.

> [Para] o vanguardista [...] o material é apenas material, algo morto. Compete mesmo ao artista de vanguarda arrancá-lo de um "organismo", de uma "vitalidade" qualquer e, violentando a forma em que se inscrevia a sua naturalidade, reduzi-lo à inércia morta de material. É a descrição exata do procedimento alegórico, que passa a ser "dono" dos significados ou mesmo da impossibilidade de qualquer significado. (MURICY, 2007, p. 49)

Mas, ao contrário do que poderia parecer, esse não é um "gesto autocrático" do artista; trata-se de um "gesto revolucionário" que "afasta do artista o poder absoluto sobre a elaboração da arte" e desfaz a pressuposição "orgânica" de "uma unidade dialética do todo e das partes" (MURICY, 2007, p. 50). Como bem nota Kátia Muricy, também Adorno pensará o sublime a partir dessa ruptura com a unidade dialética; porém, seria preciso acrescentar que este o faz de modo "torturado", ou mesmo "nostálgico", perante as exigências do acesso a uma totalidade que se esvai. Para Adorno, o conceito tradicional (kantiano) de sublime traz uma carga negativa intrínseca, "como um fim infinito presente" ou "atual" [*gegenwärtig Unendlichen beseelte*].[12] Ao ser absorvido como um conceito da arte, malgrado Kant, o conceito de sublime transforma a dialética entre arte e natureza. Importante reproduzir aqui toda a extensa passagem onde, em primeiro lugar, se nota essa proximidade com Benjamin:

> O conceito de natureza próprio da Ilustração [*Aufklärung*] contribuiu para a invasão da arte pelo sublime. Ao fazer a crítica de um mundo absolutista de formas que convertia a natureza em tabú por impetuosa, indômita, plebéia, em toda a Europa, até fins do século XVIII, penetrou concretamente na atividade artística o que Kant havia reservado à natureza, o sublime, que entrou em crescente conflito com o gosto estético. A liberação do elementar foi idêntica à emancipação do sujeito e a autoconsciência do espírito [*Die Entfesselung des Elementarischen war eins mit der Emanzipation des Subjekts und damit dem Selbstbewußtsein des Geistes*]. Como natureza, espiritualiza a arte. [...] Reciprocamente a espiritualização levou à arte tudo aquilo que é repelente e

---

[11] Para a *Teoria Estética*, sigo a tradução espanhola, citada na bibliografia (ADORNO, 1970), com indicação do texto original entre colchetes, quando cabe precisar alguma expressão.

desagradável aos sentidos, o que antes era para ela tabu; o sensualmente não-agradável tem afinidade com o espírito. A emancipação do sujeito na arte é a emancipação da autonomia dessa arte; quando esta se liberta das considerações pela sua recepção, sua fachada sensível torna-se indiferente e se converte em função do conteúdo. E este conteúdo se torna robusto no que ainda não está pré-formado nem aprovado pela sociedade. A arte não se espiritualiza pelas idéias que anuncia, mas pelo elementar. (ADORNO, 1970, p. 258-259)

Mas, logo em seguida, Adorno apressa-se em afirmar que, nesse movimento, o sublime "acaba por se transformar em seu contrário." E é, sem dúvida, o critério da totalidade da obra de arte que mais uma vez aparece como um fantasma no horizonte:

> [...] na música, seu elemento não conceitual, sua mudança e sua articulação estão determinados antes de tudo por seus próprios meios, e seu conteúdo é alcançado pela totalidade das determinações que ela se dá a si mesma, conteúdo ignorado pelo conceito de jogo das formas. O que se apresenta como sublime soa a vazio; o que se repete incessantemente volta ao estado pueril do qual procede. [...] O sublime, ao final, transforma-se no seu contrário. [...] A frase "do sublime ao ridículo há apenas um passo" foi acolhida pela história e confirmada em todo seu horror, como o expressou Napoleão quando sua sorte mudou. [...] O sublime deveria ser a grandeza do homem enquanto espírito que domina a natureza. Mas, se se descobre que a experiência do sublime é a consciência que o homem tem de sua procedência natural, então a composição da própria categoria se altera. (ADORNO, 1970, p. 260-261)

Desde o ponto de vista da importância desse debate para a consideração de um certo "mal-estar na cultura" a que nos referíamos mais acima, certamente não é indiferente o aprofundamento das divergências entre as perspectivas de Benjamin e as de Adorno.[13] Sem condições para avançar muito, em função dos limites deste artigo, resta apenas explicitar o porquê.

---

[13] Vimos que, embora concordando na importância do descentramento da unidade dialética da arte e, em parte, acerca dos elementos responsáveis por esse deslocamento, Adorno e Benjamin formam claramente duas alternativas divergentes. Gay Shapiro, num importante texto sobre o sublime na tradição marxista, resume a divergência do

O desafio cotidiano de ajudar os estudantes a *pensar sobre* os problemas da vida (sobre o conhecimento, a arte, a política... isto é, "a filosofar") não pode prescindir de uma consideração sobre as condições em que o pensar se dá; porque é também *no pensar* que esses problemas se revelam. Assim, quando nos defrontamos com aquelas questões que são, quem sabe, "da maior gravidade" (a banalização diária da violência e da morte; os crescentes "alertas científicos" de esgotamento do planeta e da "sustentabilidade" de nosso modo de vida; a incapacidade generalizada de amar e ser feliz; enfim, o que Adorno resumiria com o termo "barbárie"), talvez a única possibilidade de fugir de um discurso que reproduz em sua própria forma aquilo que condena seja, paradoxalmente, não fugir dele, mas enfrentá-lo... E que não se pense que tudo se resume ao velho elogio da filosofia que, conquanto "exercício inútil", seria o mais relevante, tentando legitimar descaradamente, no mesmo passo, mais um comentário filosófico tipicamente acadêmico como o que aparentemente acaba de ser feito. Não! A "colagem" que acabo de apresentar é antes parte de um ainda incipiente esforço de formular com mais propriedade a prioridade da arte como meio de acesso ao conceito no âmbito da introdução à filosofia.

Referências

ADORNO T. & HORKHEIMER, M. *Dialética do esclarecimento*, Trad. G. de Almeida, Rio de Janeiro: Zahar, 1985.

ADORNO, T. & BENJAMIN, W. *The Complete Correspondence, 1928-1940*. Cambridge: Harvard University Press, ed. H. Lonitz/Trans. by N. Walker, 1999.

ADORNO, T. *Educação e emancipação*. Trad. W. L. Maar, São Paulo: Paz e Terra, 1995.

ADORNO, T. *Gesammelte Schriften*, Rolf Tiedemann [Org.], Suhrkamp Verlag Frankfurt am Main, Digitale Bibliothek, 1986.

ADORNO, T. *Notas de Literatura I*, Trad. J. de Almeida. São Paulo: Duas Cidades/Ed. 34, 2003.

ADORNO, T. *Teoría Estética*, Trad. F. Riaza, Madrid: Taurus, 1970.

DERRIDA, J. *A farmácia de Platão*. Trad. R. da Costa, São Paulo: Iluminuras, 1997.

---

seguinte modo: "... podemos dizer que a tendência fundamental de Benjamin é de pensar o sublime, embora ele ocasionalmente faça um apelo desesperado pelo belo; enquanto Adorno vê o belo como sendo de primeira importância para a arte, mas permanece obsessivamente consciente de nossa distância para com ele, e a articulação desta distância o transforma num crítico efetivo do sublime [*into a practical critic of the sublime*]" (SHAPIRO, 1985, p. 229).

JAY, M. *The dialectical imagination. A history of the Frankfurt School and the Institute of Social Research, 1923-1950*, Berkeley: University of California Press, 1996.

MANACORDA, M. A. *História da Educação, da antiguidade aos nossos dias.* Trad. G. Lo Monaco, São Paulo: Cortez Ed., 2000.

MURICY, K. "O sublime e a alegoria", in *O que nos faz pensar. Cadernos do Dpto. de Filosofia da PUC-Rio*, 21, junho 2007, pp. 39-52.

SHAPIRO, G. "From the sublime to the political: some historical notes", in *New Literary History*, v. 16, n. 2, 1985, p. 213-235.

STEINERT, H. "Porquoi Adorno a changé d'avis sur le surréalisme après 1945", in *Agone 20* – Art raison & subversion, 1998, p. 61-79.

Dois exercícios filosóficos[1]

Gonçalo Armijos Palacios[*]

Os exercícios filosóficos feitos em duas disciplinas oferecidas no curso de graduação em filosofia, e sobre os quais falarei aqui, só foram possíveis porque temos frente a nós um novo estudante de filosofia. Esse novo estudante é aquele que já não se guia pelo que o mestre diz, mas pelo que ele mesmo pensa. Faz tempo escrevi um artigo sobre uma experiência pedagógica numa escola nos Estados Unidos. Na escola primária em que estudaram meus filhos, os professores pediam que as crianças lessem contos. O que eles, depois, pediam das crianças não era um resumo do que tinham lido. Pediam às crianças que mudassem a trama de acordo ao que elas gostariam que tivesse acontecido. Pareceu-me uma experiência louvável na medida em que incentivava a criatividade nas crianças, não a mera receptividade. Penso que isso pode ser aplicado em todos os níveis do ensino com bons resultados.

Quando dei aula na Universidade de Indiana, tanto em Bloomington como em Indianápolis, tive turmas de várias faixas etárias, de muito jovens a adultos. Uma das coisas que desde o início me chamou a atenção era ver que os estudantes nunca tomavam as coisas como se fossem a última palavra, ou "*at face value*", como dizem por lá. Tudo era recebido criticamente, as teses aparentemente mais óbvias eram questionadas, e nas aulas, em geral, tinha muita interação com os estudantes. Minhas últimas aulas ocorreram em 1989. No início dos anos 90, já no Brasil, o perfil do estudante universitário que conheci era bastante diferente. Não somente eram poucas as perguntas que os estudantes dessa época faziam, como, em alguns casos, seu silêncio – ou o que eu via como apatia – chegava-me a exasperar.

---

[*] Universidade Federal de Goiás (UFG).

[1] Algumas reflexões aqui vertidas apareceram no Jornal *Opção*, semanário goiano, no qual possuo uma coluna semanal, Idéias.

Comecei ministrando aula numa universidade privada. Sei por experiência que há uma diferença entre o público que ingressa em certas universidades privadas e as públicas. Além disso, não podemos desconsiderar as condições do ensino universitário brasileiro há 20 anos, o número de cursos de pós-graduação em filosofia, o número de doutores ministrando aula nos cursos de graduação, a idade média em que as pessoas se doutoravam, etc.

Passaram-se quase vinte anos. Muita coisa mudou. Na última década, a atitude dos estudantes começou a transformar-se drasticamente, e de forma clara (e com ela, o perfil e a titulação dos professores). Cada turma nova que recebo mostra-se mais e mais dinâmica. A interatividade em sala de aula chega a ser tal que, literalmente, termino a aula como se tivesse feito alguma atividade física que requer esforço. As perguntas não cessam, as hipóteses dos próprios estudantes são contínuas e tudo da forma mais natural, nunca por eu está-los forçando a intervir, perguntar ou se posicionar. Não é raro ultrapassar o período da aula, entrar no intervalo e não perceber.

Fica claro para mim que a época do *"magister dixit"* acabou. As novas, diria, chegam com mais ousadia. Chegam e ousam dizer, "eu penso". Para felicidade da filosofia. Mas eles não vão ousar dizer o que pensam se a academia os recebe com o rótulo: "Aqui é proibido pensar por si".

Insisto há muito tempo que um departamento de filosofia deve ter como um dos seus principais objetivos formar filósofos e isso passa pelo estímulo a "pensar por si". Isso pode contrariar uma tradição muito forte que considera que isso não passa de um desejo utópico ou mesmo de um atrevimento. Segundo essa tradição, os estudantes de filosofia devem ser expostos ao pensamento filosófico para que, no máximo, estejam em condições de escrever textos em terceira pessoa – a primeira pessoa sendo, sempre, o filósofo clássico sobre cujas teses os textos são meros comentários. Uma terceira pessoa, aliás, que não participa de diálogos e discussões nos quais o próprio filósofo formou parte. É uma terceira pessoa distante a quem essa mesma tradição proíbe de se posicionar.

A trajetória de um estudante de filosofia, então, é a mesma em praticamente todo lado, independentemente das grades curriculares, projetos pedagógicos e orientações filosóficas dos cursos. Ele entra, recebe uma formação que consiste em ler os clássicos, no melhor dos casos, e sai com uma bagagem de informações sobre o que certos filósofos disseram. Pode também ser obrigado a seguir um determinado método de leitura, aquele que fosse privilegiado pelo seu curso, e deverá ter demonstrado, ao longo de seus estudos, que domina uma maneira estabelecida de se ler um texto filosófico e também uma determinada forma para se escrever uma monografia ou um trabalho de fim de curso.

Assim, o que vemos é uma uniformização na trajetória de praticamente todos os estudantes de filosofia. Devem se submeter às disposições metodológicas e às estratégias didáticas dos cursos.

Com a consolidação da pós-graduação no Brasil, a situação pode não ter melhorado, pelo contrário. Em princípio, poderíamos esperar que o surgimento, o crescimento e a consolidação da pós-graduação em filosofia no Brasil ajudassem na constituição do que poderíamos chamar, em geral, trabalho filosófico ou, melhor, trabalho autenticamente filosófico. A pergunta, claro, é esta: o que é "autêntico trabalho filosófico"? Ao respondermos a essa pergunta, podemos ver as enormes diferenças que existem entre uma academia que estimula, e até obriga, a reflexão filosófica, e outra que a proíbe, exigindo de seus estudantes a aceitação de um papel secundário no filosofar.

Surge um problema. A consolidação da pós-graduação cria, ao mesmo tempo, a pressão nos cursos de graduação a criarem cursos de pós-graduação no país inteiro. E, uma vez criados, a pressão recai sobre esses novos cursos, que deverão adaptar-se ao que as agências avaliadoras e de fomento exigem daquelas pós-graduações. É evidente que num país em que a maioria de professores de filosofia tradicionalmente não se chama – ou evita chamar-se – a si mesmo "filósofo" e prefere o eufemismo 'professor de filosofia', os critérios de avaliação podem estar assentados em valores equivocados. Pois o que se avalia não é a capacidade de criação filosófica, nem a participação num debate filosófico nacional – praticamente inexistente – que contribua para que o Brasil pense o mundo e também o Brasil. Isso soa a um desprestigiado nacionalismo, o mesmo provincianismo. Grandes filósofos podem ter escolhido como objeto a própria realidade nacional, e mesmo insistido em escrever nas línguas nacionais, valorizando o próprio – a própria realidade e a própria língua –, mas no Brasil isso ainda é visto, se feito em relação à realidade brasileira, como uma espécie de folclorismo.

Se constatarmos o que a filosofia foi desde o início, vemos que ela se caracteriza por pensar diretamente o problema, em primeiro lugar, e pelas discussões das soluções apresentadas, em segundo lugar. Discussões que geraram as famosas discrepâncias filosóficas e que marcam o início do filosofar grego. Com efeito, o que vemos nos gregos, desde o início, é uma tentativa de resolver um problema, propor uma solução e discutir as apresentadas. Basta lembrar o problema de Tales, a proposta de solução desse problema, e as propostas discordantes de Anaximandro e Anaxímenes. Tampouco poderemos deixar de notar a referência dura de Heráclito a Pitágoras e a Xenófanes. Disse o filósofo de Éfeso: "Saber muitas coisas não ensina a ter inteligência; pois teria ensinado a Hesíodo e a Pitágoras, e, de novo, a Xenófanes e a Hecateu".[2]

E não são mais amenas as referências de Parmênides a filósofos que pareciam ter "duplas cabeças", em clara referência a Heráclito.

> Pois primeiro desta via de inquérito eu te afasto,/ mas depois daquela outra, em que mortais que nada sabem/ erram, duplas cabeças, pois o imediato em seus/ peitos dirige errante pensamento; e são levados/ como surdos e cegos, perplexas, indecisas massas,/ para os quais ser e não ser é reputado o mesmo/ e não o mesmo, e de tudo é reversível o caminho[3]

Apesar de algumas coincidências, destacam-se, no início da filosofia ocidental com os antigos gregos, as discordâncias. Elas continuam entre Empédocles, Anaxágoras e os atomistas. Há, sem dúvida, o que poderíamos chamar de elementos constantes, mas sobre os mesmos elementos e as mesmas influências criaram-se as mais díspares concepções filosóficas.

O desenvolvimento dos estudos de pós-graduação no Brasil e a subseqüente pressão sobre seus professores para mostrar produtividade os obriga a publicar a qualquer custo. Assim, a consolidação da pós-graduação veio acompanhada de uma explosão na produção de artigos em revistas especializadas. Artigos que seriam o fruto do tipo de pesquisa que esses professores realizam ao longo de sua carreira.

Na área de filosofia, e em muitos periódicos escritos em língua inglesa, não é raro ver discussões, debates, réplicas, tréplicas, objeções e respostas às objeções. Artigos em que seus autores discutem diretamente seu objeto e procuram resolver os próprios problemas. Desconheço a academia européia continental. Mas, em língua inglesa, os artigos costumam ser continuamente debatidos pelos seus pares. Não sei se poderemos citar dois exemplos de uma discussão dessas num periódico especializado aqui no

---

[2] Cf. KIRK, G.S., RAVEN, J.E., SCHOFIELD, M. *The Presocratic Philosophers*. 2. ed. Cambridge University Press : Cambridge, 1983, p. 181. Ou, também, "Heráclito". In: *Os pré-socráticos*. (1ª Ed.) Abril Cultural : São Paulo, 1973 (Col. Os Pensadores). Veja-se o fragmento 40, p. 89.

[3] Cf. "Parmênides". In: *Os pré-socráticos,* (Op. cit.) Veja-se o fragmento 6, p. 148. (Tradução de José Cavalcante de Souza.)

Brasil. O que vamos encontrar, sem dúvida, é artigos exegéticos e comentários sobre as obras de filósofos consagrados, num número exorbitante. E pouquíssimos artigos discutindo as posições de colegas da própria academia brasileira. Isso é sintomático. Mas é um mau sintoma. Pois os problemas discutidos são aqueles já trilhados pela tradição e sobre os quais os estudantes são obrigados a se debruçar. Dessa forma, o trabalho filosófico inovador fica a esperar. Quando eu mesmo ousei discutir artigos (e um livro) de colegas, provoquei uma reação de verdadeiro estupor. O primeiro colega ficou espantado quando lhe disse que havia criticado um livro seu num outro livro meu. Um livro que ele escreveu depois de eu ter criticado um artigo anterior num artigo meu. Meu artigo foi olimpicamente ignorado quando, na publicação do livro em que meu colega reiterava as teses do artigo criticado, ele não faria uma menção às críticas que eu tinha feito. Publicado o livro pela primeira vez em 1997, em cujas páginas iniciais menciono por que escrevi o livro e quem critico, até agora não apareceu a resposta.

Muitas vezes ouvi que insistir no trabalho filosófico inovador corre o risco de esquecer a tradição. De que se trataria de olvidar os clássicos. Ou também que se estaria ignorando a importância da pesquisa bibliográfica, exegética ou histórica. Sinceramente não sei como poderíamos avançar em filosofia desconhecendo os clássicos. Um dos alicerces para o avanço da filosofia é a tradição e, aliás, um conhecimento profundo dos clássicos. Negar a importância do estudo dos clássicos é, simplesmente, uma tolice. O problema é obrigar pesquisadores e estudantes e só escrever textos comentarísticos, exegéticos ou históricos. Proibi-los de pensar livremente e de tentar resolver os próprios problemas. O acúmulo de importantes trabalhos comentarísticos e exegéticos nos periódicos de filosofia no Brasil é, então, um sintoma de que a finalidade dos cursos de graduação e pós-graduação não é a construção de pensamento filosófico, mas a construção de comentário filosófico ou a interpretação filosófica.[4]

Penso que o objetivo de um departamento de filosofia não pode ser, única e exclusivamente, formar comentaristas, exegetas ou historiadores da filosofia. O que não significa que pense que os comentaristas prestam,

---

[4] Um momento fundamental na crítica a essa tradição é uma carta do professor Porchat Pereira dirigida aos estudantes de filosofia da USP, uma entrevista concedida a uma revista (*Livro aberto*, n. 5. São Paulo, Cone Sul, agosto de 1997, pp. 11-17), e um debate subseqüente na Folha de São Paulo. Nesses materiais, o professor Porchat assume a parte de responsabilidade por ter proibido nos estudantes de filosofia o que considerava uma "veleidade", pensar por si mesmos e querer filosofar. (A referência à entrevista a devo ao amigo Paulo Jonas de Lima Piva, professor da Universidade São Judas Tadeu.)

todos eles, um desserviço à filosofia. Nada disso. Há excelentes comentários de obras filosóficas que, eles próprios, induzem à reflexão filosófica e, portanto, fazem parte do trabalho filosófico rigoroso. Lamentavelmente, a maioria de comentários, em certos lugares, não passa de observações anódinas de textos do pensamento filosófico que talvez só interessam ao autor – e muito provavelmente para ter com que preencher seu currículo.

A questão central – e o grande desafio que devo enfrentar – é: como fazer de um estudante de filosofia de um curso de graduação um filósofo? De várias formas.

As várias formas consistem em, por exemplo, desde o início do curso de filosofia, discutir os textos dos grandes filósofos. Mostrar não só as problemáticas que motivaram os clássicos a escrever suas obras, como as soluções dadas por eles. Levar o estudante a que veja por si mesmo como os grandes filósofos se afastaram e mesmo criticaram outros grandes filósofos – muitos dos quais foram seus mestres. Por exemplo, discutir a crítica de Platão ao seu "pai" filosófico: Parmênides (no *Sofista*, para citar um caso, diálogo em que Platão abandona a teoria de Parmênides do ser e propõe uma nova). Em 241d, o Estrangeiro diz a Teeteto: "Isto, então, vou te pedir ainda mais... Que não me suponhas ter-me tornado um parricida".[5] Ante a surpresa e a pergunta de Teeteto, o Estrangeiro responde: "Que, para defender-nos, será necessário examinar a teoria do nosso pai Parmênides." Com efeito, o Estrangeiro não só a examina como a refuta para, no final do diálogo, defender uma nova teoria sobre o ser que inclui o movimento, o repouso e o não-ser.[6]

Com efeito, os diálogos platônicos são uma fonte inesgotável de exemplos de discussão e refutação de teorias. Um caso paradigmático é a *República*, obra em que nos três primeiros livros já encontramos refutações e críticas a teorias e visões de mundo diferentes. Além da famosa discussão da caracterização historicista de Trasímaco do Livro I, segundo a qual a justiça é o interesse dos governantes, temos, no Livro II, a crítica de uma visão contratualista das leis que, junto com a teoria de Trasímaco, teria sido defendido por "milhares" de pessoas. Tão populares parecem ter sido tais teorias que Glauco chega a dizer: "Estou perplexo [...] e com os ouvidos surdos escutando Trasímaco e milhares de outros" – ouvindo a tantas pessoas, isto é, defender aquelas teorias e não a justiça como sendo algo superior à injustiça (Cf. 358 c-d).

---

[5] *Sofista*, 241d.
[6] Ibidem. Cf. a excelente tradução de Jorge Paleikat e João Cruz Costa na Coleção Os Pensadores, 1. ed. (Abril Cultural: São Paulo, 1973.)

Outra fonte inesgotável de exemplos é o *corpus* aristotélico. Na *Política,* o estagirita critica duramente várias teorias presentes na *República* de Platão. No início do Livro II se pergunta sobre a conveniência de se ter filhos, mulheres e bens em comum: "Qual é, então, o melhor sistema? O adotado atualmente, ou a legislação proposta na *República?*" (1261a ff.) E responde:

> De início, há muitas dificuldades na comunidade de mulheres, e o princípio no qual Sócrates baseia a necessidade de tal instituição não é firmado por seus argumentos. Ademais, o esquema, como um meio para atingir o fim por ele atribuído à cidade, é literalmente impraticável, e ele não diz claramente em parte alguma como devemos interpretá-lo.[7]

Depois, no Livro V voltará a criticar Platão, quando analisa as teorias das revoluções nos estados. No início da sua avaliação afirma: "Na *República,* Sócrates fala sobre as revoluções, no entanto, não fala corretamente." Nessas passagens (1316a-1316b), Aristóteles usa expressões como essa ("não fala corretamente"), ou ainda mais duras: "é absurdo" (ou, "é fora de lugar") ou "isso é falso". Dessa forma, ao levar os estudantes a filosofar, não devemos nos omitir o que é uma das características mais importantes e claras da filosofia (como ela verdadeiramente existiu e existe): a crítica, o debate, a discordância. O que nos permite destruir, de passo, o mito de que o filósofo é um sábio infalível ou o de que a filosofia é feita de verdades incontestáveis e eternas. Pois se Aristóteles diz que o que Platão afirma é falso, só devemos inferir daí que alguém pode ser filósofo, e um grande filósofo, mesmo estando equivocado. Pois, no caso citado, só é possível que um deles, Platão ou Aristóteles, esteja certo, já que os dois não podem ter razão discordando sobre o mesmo assunto. (Sem deixar de lembrar que os dois, logicamente, poderiam estar enganados.)

A filosofia medieval também nos oferece excelentes oportunidades para levar os estudantes a perceber a luta dos filósofos por tornar coerentes sua visão de mundo. Como é o caso da necessidade que os filósofos cristãos tinham de compatibilizar a crença num Deus perfeito, onipresente e criador de todas as coisas, por um lado, com a eventual existência do mal, por outro. Ou da onisciência divina com a liberdade e responsabilidade humanas.

---

[7] ARISTÓTELES. *Política.* Trad. Mário da Gama Kury. Editora Universidade de Brasília: Brasília, 1997. 1261a. As críticas se estendem até o final de 1262b.

A transição da filosofia medieval para a moderna é outro solo fértil no nosso desejo de semear o espírito filosófico. Aqui vemos que começa a tomar corpo uma nova característica: a crítica dura à tradição (numa atitude que lembra o desprezo de Platão pela sofística e do que considerava nefasto na mitologia grega). O *Novum Organum* de Bacon nos oferece a oportunidade de ver os filósofos lutando contra os valores tradicionais para afirmar uma nova forma de pensar e ser. Na luta contra o academicismo, os aforismos de Bacon ocupam um lugar especial. Resgatando os pré-socráticos Empédocles, Anaxágoras, Leucipo, Demócrito, Parmênides, Heráclito, Xenófanes e Filolau, critica duramente Platão e Aristóteles: "Os gregos, com efeito, possuem o que é próprio das crianças: estão sempre prontos para tagarelar, mas são incapazes de gerar, pois, a sua sabedoria é farta em palavras, mas estéril de obras".[8]

É importante mostrarmos para os estudantes que, em determinados momentos, só é possível filosofar combatendo o academicismo que obriga as novas gerações a seguir padrões estabelecidos. Os filósofos modernos se viram na necessidade de derrubar para construir. Nessa crítica à tradição escolástica, Hobbes possui um texto primoroso no seu *Leviatã*:

> Qual é o significado destas palavras: *A primeira causa não insufla necessariamente alguma coisa na segunda, por força da subordinação essencial das causas segundas, pela qual pode ser levada a atuar?* Elas são a tradução do título do sexto capítulo do primeiro livro de Suárez, Do Concurso, Movimento e Ajuda de Deus. Quando alguém escreve volumes inteiros cheios de tais coisas, é porque está louco ou porque pretende enlouquecer os outros? E particularmente quanto ao problema da transubstanciação, aqueles que dizem, depois de pronunciar certas palavras, que a bran*cura,* a redon*dez,* a magni*tude,* a quali*dade,* a corruptibili*dade,* todas as quais são incorpóreas, etc., passam da hóstia para o corpo de nosso abençoado Salvador, não estarão eles fazendo desses *Uras, Ezes, Tudes e Dades* outros tantos espíritos possuindo corpos? [...] Assim, esse tipo de absurdo pode legitimamente ser contado entre as muitas espécies de loucura. E todo o tempo em que, guiados por pensamentos claros de suas paixões mundanas, se abstêm de

---

[8] BACON, F. "Novum Organum". In: *Bacon* (1ª Ed.). (Trad. José Aluysio Reis de Andrade). Abril Cultural : São Paulo, 1973. (Col. Os Pensadores. Aforismo LXXI, p 47.

discutir ou escrever assim, não é mais do que um intervalo de lucidez.⁹

Além de trabalharmos esses textos, podemos mostrar que também houve discussões entre os clássicos do pensamento moderno, como aquela célebre entre Descartes e Hobbes. (Discussão que aparece em boas edições das *Meditações* de Descartes, que trazem as objeções ao filósofo francês e as respostas deste último.)¹⁰

Dois anos atrás, os estudantes me pediram um curso sobre a relação entre filosofia e arte. Decidi oferecer um seminário. Na primeira aula pedi para os estudantes que refletissem sobre esta questão: que é belo. E solicitei que, para a próxima aula, escrevessem um pequeno texto tentando definir que é belo com base nas posições que cada um apresentou naquela primeira aula. Eu recebia os pequenos textos antecipadamente e os lia para a turma, cada um deles. Isso gerava uma discussão já que, naturalmente, nem todos concordavam com as posições dos colegas. Pedi, mais uma vez, que escrevessem um pequeno texto respondendo às objeções recebidas ou fazendo objeções sobre o que se afirmara em outros textos. Depois de algumas sessões em que eles próprios foram constituindo uma posição sobre o que é belo, pedi que lessem a *Poética* de Aristóteles e se posicionassem a respeito do que ali leriam. Os novos textos, então, já incluíam argumentos favoráveis e contrários aos do filósofo ateniense. E assim, dessa forma, cada semana eles iam defendendo suas posições com base nas objeções ou teses que ouviam de outros colegas. Os textos produzidos eram não só filosóficos, mas de qualidade.

No ano passado, um estudante me pediu que ministrasse uma disciplina sobre o que é filosofar. Aceitei o pedido e me decidi a enfrentar esse desafio. Como iria ser essa disciplina? Naturalmente, não podia ser um curso típico em que eu discutiria as teses de algum filósofo. O que estava em jogo, na verdade, era a própria capacidade dos estudantes de pensar filosoficamente. E a única via era – pensei – pedindo que eles próprios produzissem textos filosóficos. O desafio foi, então, encarado dessa forma. Pedi que eles escrevessem um pequeno texto por semana. Na primeira aula

---

⁹ HOBBES, Th. "Leviatã". In: *Hobbes* (1. ed.) Trad. João Paulo Monteiro e Maria Beatriz NIzza da Silva. Abril Cultural : São Paulo, 1974, I, final do Cap. XVIII, p. 54.

¹⁰ Por exemplo, a 1ª edição de textos de Descartes da Coleção os Pensadores, a de fevereiro de 1973, que, depois das "Meditações", traz as "Respostas e Objeções".

pedi que revisassem os fragmentos dos primeiros pré-socráticos e tentassem trazer à luz a concepção implícita de filosofia que, segundo eles, tais pensadores tinham sobre o que faziam. Depois pedi a eles que comparassem as conclusões às que os estudantes chegaram, nos primeiros textos, com fragmentos de outros pré-socráticos. Por último, solicitei que procurassem refutações – ou teses contrárias – em outros filósofos pré-socráticos, sobre as conclusões a que tinham chegado.

Na seguinte etapa, pedi que lessem o artigo daquele colega que foi objeto da minha crítica. Uma vez que avaliaram esse artigo, entreguei o meu (em que eu procurava refutar a concepção proposta pelo colega) pedindo que se posicionassem sobre minha crítica. O próximo passo foi repassar, para todos os membros da turma, os artigos de cada um eles, isto é, aqueles textos em que avaliavam e criticavam meu próprio artigo, para que, por sua vez, se avaliassem e criticassem entre si. Como resultado disso tudo, recebi as mais variadas críticas e o mesmo ocorreu entre eles. Na última sessão, houve uma discussão em que todos os estudantes foram destrinchando argumentos a favor e contra do que pensavam que é a filosofia. Mas as idéias que estavam em jogo já não eram as dos pré-socráticos, de algum outro filósofo, do meu colega nem as minhas próprias. O que estava em jogo era o que cada um deles realmente pensava, com argumentos os mais variados, sobre o que é a filosofia. Poucas aulas foram tão ricas em discussão filosófica como as últimas. Pois filosofia só ocorre quando alguém ousa pensar por si próprio. Mas faço questão de insistir: isso não significa negar nem a tradição nem os clássicos. Tenho insistido na importância do conhecimento e do tratamento prolixo, mesmo que crítico, dessa tradição. Chega, no entanto, um momento em que, mesmo partindo da tradição, devemos propor algo por conta própria.

De qualquer forma, todos chegamos a, pelo menos, este ponto: definir o que é filosofia, sendo essa definição possível ou não, é sem dúvida um difícil problema filosófico. E a própria tentativa já é um exercício de filosofar. Mas isso só é possível quando se tem a convicção de que unicamente se faz filosofia quando se exerce o direito de pensar por si.

Referências

ARISTÓTELES. *Política*. Tradução de Mário da Gama Kury. Brasília: Ed UnB: 1997.

BACON, F. Novum Organum. In: *Bacon*. 1. ed. Tradução de José Aluysio Reis de Andrade. São Paulo: Abril Cultural, 1973. (Col. Os Pensadores).

KIRK, G. S.; RAVEN, J. E.; SCHOFIELD, M. *The Presocratic Philosophers*. 2. ed. Cambridge: Cambridge University Press, 1983.

HERÁCLITO. In: *Os Pré-Socráticos*. 1. ed. Tradução dos fragmentos de José Cavalcante de Souza. São Paulo: Abril Cultural, 1973. (Col. Os Pensadores).

HOBBES, Th. Leviatã. In: *Hobbes*. 1. ed. Tradução de João Paulo Monteiro e Maria Beatriz Nizza da Silva. São Paulo: Abril Cultural, 1974. (Col. Os Pensadores).

PARMÊNIDES. In: *Os Pré-Socráticos*. 1. ed. Tradução dos fragmentos de José Cavalcante de Souza. São Paulo: Abril Cultural, 1973. (Col. Os Pensadores).

PEREIRA, P. Entrevista. *Livro aberto*. São Paulo: Cone Sul, n. 5, ago. 1997, p. 11-17.

O problema e a experiência do pensamento: implicações para o ensino da filosofia[1]

Sílvio Gallo[*]

> Indescifrada y sola, sé que puedo
> Ser en la vaga noche una plegaria
> De bronce o la sentencia en que se cifra
> El sabor de una vida o de una tarde
> O el sueño de Chuang Tzu, que ya conoces
> O una fecha trivial o una parábola
> O un vasto emperador, hoy unas sílabas,
> O el universo o tu secreto nombre
> O aquel enigma que indagaste en vano
> A lo largo del tiempo y de sus días.
> Puedo ser todo. Déjame en la sombra.
>
> (*Signos* - Jorge Luis Borges -1976)

De modo geral, experimentamos ensinar a filosofia de maneira *escolástica*, isto é, de modo a transmitir, de forma organizada e metódica, certo *corpus* de conhecimentos construídos ao longo da história. No âmbito de uma didática da filosofia, preocupamo-nos então com a transmissibilidade desses conhecimentos, como transpô-los de modo a ser assimiláveis pelos estudantes. Neste registro, estamos mais preocupados com o ensinar do que com o aprender, uma vez que se toma como premissa que o que é aprendido é aquilo que é ensinado. Por outro lado, é comum também que o professor ensine filosofia com base em uma "imagem de pensamento" (DELEUZE, 2006), isto é, ele ensina valendo-se de uma determinada concepção de filosofia e de pensamento que mobiliza e define sua própria forma de pensar, assim como a forma de pensar que induzirá nos estudantes. Ensinando no âmbito de uma dada imagem de pensamento, o professor já definiu de antemão o que significa pensar e o que e como deve ser pensado pelos estudantes. O que o ensino da filosofia mobiliza no estudante, nesse

---

[*] Universidade Estadual de Campinas (UNICAMP).

caso, é uma espécie de "recognição", isto é, o estudante é levado a pensar o já pensado.

Jacques Rancière denominou tal ensino de "explicador", na medida em que se centra no processo de um mestre que explica ao discípulo uma verdade. E ele está presente desde nossas origens, desde as origens do ensino da filosofia. É precisamente disso que trata a *alegoria da caverna*: o filósofo que faz o percurso do aprendizado, libertando-se da contemplação das sombras, tem uma espécie de "dever moral" de retornar à caverna e *ensinar* a seus iguais o caminho da verdade. A questão é que hoje vivemos numa espécie de "sociedade pedagogizada", para usar a expressão de Rancière, que se produziu pelo exercício da máquina explicadora. Uma tal sociedade é embrutecedora, pois, ao ligar o aprendizado à explicação, coloca na figura central do mestre a figura daquele do qual não se pode prescindir.

Mas há ao menos uma disciplina em que essa lógica é (ou pode ser) colocada em questão, pela sua própria natureza: a filosofia, esse conhecimento aberto por excelência, que aposta mais no *problema* do que na *solução*. A lógica da explicação, que parte de uma solução já dada, é, então, antifilosófica. Por isto, a presença da filosofia na escola pode ser um foco para desestabilizar esta pedagogização explicadora:

> [...] a filosofia pode ser, na instituição, este lugar onde se reverta o fundamento da autoridade do saber, onde o sentimento justo da ignorância apareça como a verdadeira superioridade do mestre: o mestre não é aquele que sabe e transmite; ele é aquele que aprende e faz aprender, aquele que, para falar a linguagem dos tempos humanistas, faz seu *estudo* e determina cada um a fazer por sua conta. A filosofia pode ocupar este ponto de reversão porque ela é o lugar de uma verdadeira ignorância. Todos sabem que, desde o começo da filosofia, os filósofos não sabem nada, não por falta de estudos ou de experiências, mas por falta de identificação. Também o ensino da filosofia pode ser este lugar onde a transmissão dos conhecimentos se autoriza a passar a algo mais sério: a transmissão do sentimento de ignorância. (RANCIÈRE, 1986, p. 119-120)

Se a filosofia é o sentimento da ignorância, é porque nela é fundamental a experiência do *problema*. Não se produz filosofia sem um problema, o que nos leva a afirmar que o problema é o *motor* da experiência de pensamento filosófica. Essa constatação levou González Porta (2002, p. 29) a afirmar que "o não atentar ao problema degrada o ensino ou o estudo filosófico a um contar ou escutar histórias". E nos faz questionar: o que pretendemos ao ensinar a filosofia? O que pretendemos que os estudantes aprendam ao estudar filosofia?

Se esperarmos da filosofia uma espécie de *ensino ativo*, mobilizado para que o estudante seja capaz de pensar por si mesmo (isto é, um *aprendizado ativo*), para além das experiências em que sua atividade não é mais do que uma "recognição", como afirmado anteriormente, então é necessário que ele faça a experiência do conceito, a experiência do pensamento conceitual. Para tanto, o processo educativo deve partir da experiência do problema como mobilizador e motor do pensamento, para que seja possível a criação conceitual. Esse parece ser o único caminho possível para que o ensino da filosofia não seja um mero "contar histórias" e seu estudo um mero "escutar histórias".

O problema como motor do pensamento

Em duas obras publicadas no final da década de 1960 (*Lógica do sentido* e *Diferença e repetição*), Gilles Deleuze tematizou a linguagem (a produção do sentido) e o pensamento, visando constituir uma filosofia da diferença, para além da filosofia da representação, que coloniza nosso pensamento desde a antiguidade. Nestas duas obras, especialmente na segunda, o problema desempenha um papel central, como aquilo que mobiliza o pensamento e o move, como aquilo que faz pensar. Desde a antiguidade que se procura atribuir uma certa "naturalidade" ao pensamento; ele faria parte de uma suposta natureza humana, sendo próprio do ser humano pensar. Lembremos, por exemplo, de Aristóteles, que definiu o ser humano como *zoon logon echon*, isto é, o animal portador da palavra, o animal que pensa ou, o "animal racional", como ficou largamente conhecida sua formulação. Ora, essa imagem é representacional, é produzida pelo próprio pensamento para justificar-se. Para Deleuze, o pensamento não é "natural", mas é forçado. Só pensamos porque somos forçados a pensar. E o que nos força a pensar? O problema.

> Há no mundo alguma coisa que força a pensar. Este algo é objeto de um *encontro* fundamental e não de uma recognição. O que é encontrado pode ser Sócrates, o templo ou o demônio. Pode ser apreendido sob tonalidades afetivas diversas, admiração, amor, ódio, dor. Mas, em sua primeira característica, e sob qualquer tonalidade, ele só pode ser sentido. É assim que ele se opõe à recognição, pois o sensível, na recognição,

> nunca é o que só pode ser sentido, mas o que se relaciona diretamente com os sentidos num objeto que pode ser lembrado, imaginado, concebido [...] Aquilo que só de ser sentido (o *sentiendum* ou o ser do sensível) sensibiliza a alma, torna-a "perplexa", isto é, força-a a colocar um problema, como se o objeto do encontro, o signo, fosse portador de problema – como se ele suscitasse problema. (2006, p. 203-204)

Vemos, assim, que o problema não é uma operação puramente racional, mas parte do sensível; a experiência problemática é sentida, vivenciada, para que possa ser racionalmente equacionada como problema. Por isso o problema é sempre fruto do encontro; há um encontro, uma experiência que coloca em relação elementos distintos e que gera o problemático. E se o problema é o que força a pensar, somos levados a admitir que o princípio (origem) do pensamento é sempre uma experiência sensível. Deleuze contrapõe-se, pois, a Platão e à teoria da recognição. Pensar não é reconhecer, não é recuperar algo já presente na alma. Pensar é experimentar o incômodo do desconhecido, do ainda-não pensado e *construir* algo que nos possibilite enfrentar o problema que nos fez pensar.

Se o problema é fruto de uma experiência sensível, podemos relacioná-lo com dois outros conceitos de Deleuze. O problema é da ordem do *acontecimento*, os problemas são acontecimentos e, portanto, caóticos e imprevisíveis. E o problema é sempre uma *singularidade*, por sua vez composto por um agenciamento de singularidades.

Para compreender essas aproximações, essas vizinhanças conceituais, visitemos a definição de problema em Deleuze, segundo Jean-Clet Martin e Arnaud Villani, em *Le Vocabulaire de Gilles Deleuze*:

> Se o teorema é uma regra possível de ser aplicada a todos os casos que ela envolve sob sua jurisdição, o problema impõe-se frente a um fato para qual nós não dispomos de nenhuma fórmula capaz de guiar-nos em sua descrição, necessariamente desmembrada por um conjunto de singularidades que não se põem de acordo sob a autoridade de um fio condutor, sabendo que suas vizinhanças não podem agenciar-se senão de modo heterogêneo. (SASSO; VILLANI, 2003, p. 289)

Essa é uma formulação complexa, pois complexa é a noção de problema trabalhada por Deleuze. Se o teorema é generalizante, abarcando uma série de casos, o problema é sempre singular e não apresenta uma fórmula predeterminada. O problema nos move a pensar justamente porque não somos capazes de compreendê-lo de antemão; ele não nos oferece uma resposta pronta, mas apresenta-se para nós como um desafio a ser enfrentado, para o qual uma resposta precisa ser *construída*. Todo problema é multiplicidade, na medida em que é composto por um conjunto de singularidades. Em *Lógica do Sentido* Deleuze aproximou o problema do acontecimento, ao afirmar que o acontecimento é problematizante. Por outro lado, o problema é também da ordem do acontecimental, na medida em que é resultante da conjunção de singularidades, que presidem à própria gênese das suas soluções.

> O acontecimento por si mesmo é problemático e problematizante. Um problema, com efeito, não é determinado senão por seus pontos singulares que exprimem suas condições. Não dizemos que, por isto, o problema é resolvido: ao contrário, ele é determinado como problema [...] Parece, pois, que um problema tem sempre a solução que merece segundo as condições que o determinam enquanto problema; e, com efeito, as singularidades presidem à gênese das soluções da equação. (DELEUZE, 1998, p. 57)

Assim, um problema nunca tem sua solução dada, mas ela depende de como se agenciam as singularidades que o compõem. Como multiplicidade, o problema é agenciamento, e pode ser articulado de inúmeras formas. O problema é resultado desses encontros e agenciamentos que se dão pelas vizinhanças das singularidades e, por sua vez, também produz suas possíveis soluções através desses encontros e vizinhanças.

Com tal abordagem, Deleuze procura livrar o problema de um caráter subjetivo e de algo que é superado pela solução no processo de construção do conhecimento. Para Deleuze, o problema é objetivo, é uma experiência sensível, como já afirmado. Visitemos ainda um trecho de *Lógica do Sentido*, em que isso é explicitado:

> Devemos, assim, romper com um longo hábito de pensamento que nos faz considerar o problemático como uma categoria subjetiva de nosso conhecimento, um momento empírico marcaria somente a imperfeição de nossa conduta, a triste necessidade em que nos encontramos de não saber de antemão e que desapareceria com o saber adquirido. O problema pode muito bem ser recoberto pelas soluções, nem por isto ele deixa de subsistir na Idéia que o

refere às suas condições e organiza a gênese das próprias soluções. Sem esta Idéia as soluções não teriam *sentido*. O problemático é ao mesmo tempo uma categoria objetiva do conhecimento e um gênero de ser perfeitamente objetivo. (DELEUZE, 1998, p. 57)

Dizendo de outra maneira, não podemos tomar o problema como um "falso problema", como algo artificial, que utilizamos como instrumento para a construção do pensamento. Não podemos transformar o problema em método, em metodologia, como etapa a ser superada. Ou o problema é objetivo, isto é, fruto da experiência, ou não é problema. E, se não é problema, não é agenciador de experiências de pensamento. Aí reside, no dizer de John Rajchman, o *empirismo* de Deleuze.[1]

> Tentativas pedagógicas procuraram obter a participação de alunos, mesmo muito jovens, na confecção de problemas, em sua constituição, em sua posição como problemas. Ainda mais, todo mundo "reconhece" de certa maneira que o mais importante são os problemas. Mas não basta reconhecê-lo de fato, como se o problema fosse tão-somente um movimento provisório e contingente, fadado a desaparecer na formação do saber, e que só devesse sua importância às condições empíricas negativas a que se encontra submetido o sujeito cognoscente; é preciso, ao contrário, levar esta descoberta ao nível transcendental e considerar os problemas não como "dados" (*data*), mas como "objetividades" ideais que têm sua suficiência, que implicam atos constituintes e investimentos em seus campos simbólicos. Em vez de concernir às soluções, o verdadeiro e o falso afetam em primeiro lugar os problemas.
> (DELEUZE, 2006, p. 228-229)

Os falsos problemas não são problemas, de fato, e para o movimento do pensamento de nada valeria o desenvolvimento de uma "pedagogia do problema" que o tomasse de maneira artificial, apenas como algo que permitisse uma construção racional argumentativa. De novo, estaríamos no

---

[1] Segundo Rajchman, Deleuze, em seu primeiro livro, sobre a filosofia de Hume (*Empirisme et Subjectivité*, 1953), reage contra uma tentação de seus contemporâneos franceses de reinstalar a transcendência, procurando retomar as bases do empirismo para o pensamento. Ver Deleuze un Mapa, especialmente o capítulo II, *Experimentación*.

reino da recognição, e não do pensamento "virgem", "genital"[2] de que fala Deleuze. Seria como o interlocutor de Sócrates, nos diálogos de Platão, que não passa de uma "escada" para a construção argumentativa do mestre. Uma verdadeira "pedagogia do problema" perderia, necessariamente, seu caráter de "pedagogia", de condução. Pois o enfrentamento do problema não pode ser conduzido, a experiência do pensamento não pode ser conduzida, ou deixa de ser experimentação, perde sua "objetividade", sua "genitalidade" em nome de uma construção artificial da ordem da recognição. E uma verdadeira "pedagogia do problema" perderia seu caráter de método, uma vez que método também implica condução, organização, orientação, e tudo isto impede a *genitalidade*, a originalidade do pensamento, o ato de criação. Ainda está para ser inventada esta "pedagogia do problema", mas o que a ela caberia seria o estabelecimento do problemático, a invenção de experimentações que levassem cada um a experimentar seus problemas e, a partir deles, "engendrar pensar no pensamento".

As pedagogias do problema que conhecemos fracassaram[3] porque tomaram falsos problemas, porque tomaram o problema como interrogação, como pergunta. Segundo Deleuze (2006, p. 225-227), a interrogação pressupõe já a resposta, uma vez que ela é calcada sobre as respostas desejadas, além do fato de que toda interrogação pressupõe uma espécie de "comunidade de sentido" que lhes garante o significado e a compreensão coletiva. A interrogação constitui-se, assim, como uma espécie de "traição" ao problema, uma vez que ela o desmembra e o recoloca no âmbito da recognição, do pensar o já pensado, e não no estabelecimento "virgem" do pensamento.

Se a interrogação pode ser tomada pelo problema, é porque o problema é equivocadamente tomado como proposição. Deleuze contrapõe-se a

---

[2] Deleuze, em *Diferença e repetição*, recorre a Artaud para identificar pensamento e criação, quando este afirma que o problema, para ele, não é como "orientar" seu pensamento, mas sim que chegue a pensar algo. E esclarece:
"[Artaud] *Sabe que pensar não é inato, mas deve ser engendrado no pensamento. Sabe que o problema não é dirigir, nem aplicar metodicamente um pensamento preexistente por natureza e de direito, mas fazer que nasça aquilo que ainda não existe /.../ Pensar é criar, não há outra criação, mas criar é, antes de tudo, engendrar "pensar" no pensamento. Eis porque Artaud opõe, no pensamento, a genitalidade ao inatismo, mas, igualmente, à reminiscência, estabelecendo, assim, o princípio de um empirismo transcendental [...]*" (2006, p. 213).

[3] Fracassaram segundo o ponto de vista assumido neste texto, de tomar o problema como mobilizador de um pensamento original, criativo. Se as tomarmos nas próprias bases, a de fazer uma "reconstrução" dos processos de produção do conhecimento (o que Deleuze chama de recognição), elas podem afirmar o próprio sucesso. A máquina conceitual deleuziana, porém, fornece-nos os instrumentos para colocar isso em questão.

Aristóteles, para quem toda proposição pode ser transformada em problema, ao afirmar: "Por não ver que o sentido ou o problema é extraproposicional, que ele difere, por natureza, de toda proposição, perde-se o essencial, a gênese do ato de pensar, o uso das faculdades" (2006, p. 226-227). Podemos afirmar, portanto, que o problema é mais do que sua enunciação lingüística. Quando analisou, com Guattari, os postulados da lingüística em *Mil Platôs*, Deleuze afirmou que a linguagem é constituída por "palavras de ordem": "A unidade elementar da linguagem – o enunciado – é a palavra de ordem" (1995, p. 12). Enunciar lingüisticamente um problema significa transformá-lo em palavra de ordem, retirar dele seu caráter problemático. Por essa razão, o uso escolar do problema, sua metodologização, sua pedagogização está fadada a fracassar, na medida em que perde aquilo que é próprio dele como experiência sensível: o engendramento do pensamento no próprio pensamento e não fora dele, na linguagem.

Para Deleuze, o problema é o "elemento diferencial no pensamento", é ele que possibilita que uma verdade seja construída:

> Estranho marcar passo e círculo vicioso pelos quais o filósofo pretende levar a verdade das soluções aos problemas, mas, ainda permanecendo prisioneiro da imagem dogmática, remete a verdade dos problemas à possibilidade de suas soluções. O que se perde é a característica interna do problema como tal, o elemento imperativo interior que decide antes de tudo de sua verdade e de sua falsidade e que mede seu poder de gênese intrínseca: o próprio objeto da dialética ou da combinatória, o "diferencial". Os problemas são provas e seleções. O essencial é que, no seio dos problemas, faz-se uma gênese da verdade, uma produção do verdadeiro no pensamento. O problema é o elemento diferencial no pensamento, o elemento genético no verdadeiro. (2006, p. 232)

Mais importante do que resolver um problema, do que decalcar a solução sobre o problema, é vivê-lo, experimentá-lo sensivelmente, já que as soluções são engendradas *pelo* próprio problema, *no* próprio problema. São os arranjos das componentes singulares do problema, por seus encontros e por suas vizinhanças, que possibilitarão que se *invente* uma solução que, se já está presente no problema por seus componentes, não está dada, mas precisa ser inventada. Do mesmo modo, como todo problema é multiplicidade, é composto por diversos elementos singulares, distintos arranjos são possíveis, distintas soluções podem ser inventadas. Seria falso afirmar que a cada problema corresponde uma solução. A cada experimentação singular do problema, novas soluções podem ser engendradas.

Por essa razão, diz Deleuze, é importante que cada um tenha direito aos próprios problemas. É importante que cada um viva o problema como seu, faça a própria experimentação, e não assuma falsamente o problema imposto por outrem.

> Fazem-nos acreditar que a atividade de pensar, assim como o verdadeiro e o falso em relação a esta atividade, só começa com a procura de soluções, só concerne às soluções. É provável que esta crença tenha a mesma origem que a dos outros postulados da imagem dogmática: exemplos pueris separados de seu contexto, arbitrariamente erigidos em modelos. É um preconceito infantil, segundo o qual o mestre apresenta um problema, sendo nossa a tarefa de resolvê-lo e sendo o resultado desta tarefa qualificado como verdadeiro ou falso por uma autoridade poderosa. E é um preconceito social, no visível interesse de nos manter crianças, que sempre nos convida a resolver problemas vindos de outro lugar e que nos consola, ou nos distrai, dizendo-nos que venceremos se soubermos responder: o problema como obstáculo e o respondente como Hércules. É esta a origem de uma grotesca imagem da cultura, que se reencontra igualmente nos testes, nas instruções governamentais, nos concursos de jornais (em que se convida cada um a escolher segundo seu gosto, com a condição de que este gosto coincida com o de todos). Seja você mesmo, ficando claro que este eu deve ser o dos outros. *Como se não continuássemos escravos enquanto não dispusermos dos próprios problemas, de uma participação nos problemas, de um direito aos problemas, de uma gestão dos problemas.* (DELEUZE, 2006, p. 228, grifos meus)

Penso ser possível afirmar que nesse trecho de *Diferença e repetição* está, de certo modo, condensada a tese que Rancière desenvolveria anos depois em *O mestre ignorante*. Em uma "sociedade pedagogizada", o papel do mestre é central: é ele que coloca os problemas, é ele que nos desafia a resolvê-los, é ele quem julga como falso ou verdadeiro o resultado a que chegamos. Numa tal sociedade, somos tratados como crianças, como escravos: como aqueles que não têm direito ao pensamento próprio, ao próprio juízo. A relação pedagógica assim concebida é embrutecedora, pois mantém um grupo social em dependência explícita e permanente de outro grupo, o dos mestres explicadores. Mantém um grupo como crianças permanentes, como perpetuamente escravos, na medida em que a eles não é permitido experienciar os próprios problemas, verdadeiros problemas, mas apenas os problemas falsos impostos pela palavra de ordem do mestre explicador.

A emancipação intelectual, ao contrário, consiste no exercício do direito aos próprios problemas, na experimentação sensível dos problemas singulares. Apenas com isso será possível experimentar um pensamento original, "genital", no dizer de Artaud, que seja engendrado no próprio ato de pensar. Experimentar os próprios problemas: eis a única condição para o exercício do pensamento próprio, de um pensamento autônomo não tutelado, não predeterminado.

Pensar no contexto do já pensado, praticar a recognição, pensar motivado pelos falsos problemas impostos pelos mestres explicadores, tudo isso significa, de acordo com Deleuze, pensar segundo uma imagem dogmática do pensamento, que define de antemão o que é pensar, como pensar, qual o quadro de suas possibilidades. Nesse contexto, não saímos da doxa, do exercício de uma ortodoxia[4] que é a repetição do mesmo, ainda que de maneiras diferentes. Por outro lado, ao experimentar os próprios problemas, temos a possibilidade de instaurar um pensamento do novo, o que Deleuze denomina um "pensamento sem imagem": "O pensamento que nasce no pensamento, o ato de pensar engendrado em sua genitalidade, nem dado no inatismo nem suposto na reminiscência, é o pensamento sem imagem" (2006, p. 240).

Pensar sem imagens, para além do já pensado, instituindo uma novidade no pensamento. Mas o que será essa novidade? O que é criado, no ato de pensamento? O que se coloca para além do dogmatismo da imagem dada de antemão? Em *Diferença e repetição* e em outros textos da época e mesmo posteriores, Deleuze fala em criar idéias, em "ter uma Idéia". Em textos do final da década de 1980, aparece a formulação que estaria presente em *O que é a filosofia?*, escrito com Guattari e publicado em 1991: o pensamento cria várias coisas; especificamente, no âmbito da filosofia, o pensamento cria *conceitos*. Experimentar problemas em filosofia significa, portanto, mobilizar o pensamento para criar conceitos como enfrentamento a tais problemas.

---

[4] Sobre a idéia de ortodoxia como manutenção e perpetuação da doxa, ver *Diferença e repetição*, páginas 196 e seguintes.

Experimentar o problema, produzir o conceito

Em uma conferência proferida para cineastas na FEMIS, em 17 de março de 1987,[5] Deleuze enfrentou o problema do ato de criação no pensamento, falando da criação no cinema e nas artes, de modo geral, na ciência, na filosofia. Tratando da filosofia, antecipa a tese central da obra que publicaria alguns anos mais tarde, afirmando ser a filosofia uma disciplina criadora. Acompanhemos sua argumentação:

> É simples: a filosofia também é uma disciplina criadora, tão inventiva quanto qualquer outra disciplina, e ela consiste em criar ou bem inventar conceitos. E os conceitos não existem desde já feitos, numa espécie de céu em que eles esperassem que um filósofo os agarrasse. É necessário fabricar os conceitos. Certamente, não se os fabrica assim, do nada. Não se diz, um dia, "bem, vou inventar tal conceito", como um pintor não diz, um dia, "bem, vou fazer um quadro assim", ou um cineasta "bem, vou fazer tal filme"! É necessário que se tenha uma necessidade, em filosofia ou nos outros casos, senão não haverá nada. Um criador não é um padre que trabalha pelo prazer. Um criador não faz nada além do que aquilo que absolutamente necessita. Resta que esta necessidade – que é uma coisa bastante complexa, se ela existe – faz com que um filósofo (aqui, pelo menos eu sei do que ele se ocupa) se proponha a inventar, a criar os conceitos e não se ocupar de refletir, ainda que seja sobre o cinema. (DELEUZE, 2003, p. 292)

Essa necessidade da qual fala Deleuze, que move o ato de criação, é, ao menos no caso da filosofia, o problema. O problema é aquele incômodo que perturba o filósofo, que não lhe permite descansar, que o faz aventurar-se no pensamento e fabricar os conceitos. Em *O que é a filosofia?*, ele afirmou que "não se cria conceitos, a não ser em função dos problemas que se considera mal vistos ou mal colocados" (1992, p. 28), sendo isso o que leva a uma "pedagogia do conceito": é preciso saber colocar bem o problema, para que o conceito possa ser criado. Um problema deslocado, toma-

---

[5] A conferência, intitulada *Qu'est-ce que l'acte de création?* (O que é o ato de criação?), foi filmada e está disponível em formato digital na edição em DVD do documentário de Pierre-André Boutang e Claire Parnet, *L'Abécédaire de Gilles Deleuze*. O texto foi publicado no segundo volume da edição de textos e entrevistas de Deleuze organizado por David Lapoujade, *Deux Régimes de Fous*, ainda sem tradução no Brasil.

do do plano de imanência de outro filósofo e colocado em outro campo problemático, é um novo problema, é um problema próprio, apto a ensejar novos conceitos.

O essencial, afirmam Deleuze e Guattari, é que "todo conceito remete a um problema, a problemas sem os quais não teria sentido, e que só podem ser isolados ou compreendidos na medida de sua solução" (1992, p. 27-28). Isso significa que a tarefa de uma "pedagogia do conceito" seria a de buscar fazer o movimento inverso ao da criação, que parte do problema. Tomando um dado conceito, é necessário perguntar que gênero de solução é ele, a que tipo de problema ou conjunto de problemas ele responde. O problema que, como vimos, é sensível, pré-racional, só pode ser compreendido, isto é, equacionado racionalmente, de forma regressiva, partindo de sua solução, que é o conceito. Assim, diríamos que no estudo da filosofia não se trataria de compreender o *conceito* pelo problema que o suscita, mas, ao contrário, compreender o *problema* valendo-se do conhecimento do conceito que foi produzido partindo-se dele.

Podemos, portanto, fazer um interessante estudo "escolar" da filosofia, através de uma pedagogia do conceito que, de modo algum, se assemelharia a uma "pedagogia do problema", cuja crítica foi apresentada anteriormente, que consiste em colocar falsos problemas, impondo que se pense no âmbito de uma imagem dogmática do pensamento. Uma pedagogia do conceito, ao contrário, teria o mérito de desvendar-nos os mistérios da criação de um conceito, mistérios sempre singulares, concernentes àquele conceito específico. Para cada conceito, um campo problemático, um conjunto de problemas, um conjunto de mistérios envolvidos em sua criação. Por um tal "método regressivo" da pedagogia do conceito, poderíamos descobrir esses mistérios, o que, porém, não nos autorizaria a colocar um método para criação dos conceitos, uma vez que não há métodos para a criação. Se Deleuze afirmou que "não há método para encontrar tesouros nem para aprender" (2006, p. 237), podemos acrescentar que não há métodos para criar. Cada criador precisa inventar o próprio método, o próprio *estilo* criativo.

Proceder *contra-indutivamente*, afirmava o epistemólogo Paul Feyerabend em *Contra o Método*, ao procurar desvendar os caminhos da produção do conhecimento na ciência. Não há método posto de antemão, mas a invenção de caminhos a partir dos problemas enfrentados. Se falamos em método, falamos *a posteriori*; só é possível identificar o caminho da invenção, da criação, depois que ele foi percorrido. Empirismo radical e absoluto, sem *a prioris* e inatismos, cujo único ponto de partida possível é o problema tomado como experiência sensível.⁶

Uma pedagogia do conceito, para a qual não há método possível, sob pena de cair na recognição, na imagem dogmática, na não-criação, estaria então baseada nesta dupla atividade: *experimentar o problema, produzir o conceito*, uma não sendo possível senão pela outra, e seus modos de ação sendo sempre singulares, múltiplos, plurais.

Por um ensino visando um aprendizado ativo, por uma experiência do pensamento

> A professora não se questiona quando interroga um aluno, assim como não se questiona quando ensina uma regra de gramática ou de cálculo. Ela "ensigna", dá ordens, comanda. Os mandamentos do professor não são exteriores nem se acrescentam ao que ele nos ensina. Não provêm de significações primeiras, não são as conseqüências de informações: a ordem se apóia sempre, e desde o início, em ordens, por isso é redundância. A máquina do ensino obrigatório não comunica informações, mas impõe à criança coordenadas semióticas com todas as bases duais da gramática (masculino-feminino, singular-plural, substantivo-verbo, sujeito do enunciado-sujeito de enunciação etc). Mais do que o senso comum, faculdade que centralizaria as informações, é preciso definir uma faculdade abominável que consiste em emitir, receber e transmitir palavras de ordem. A linguagem não é mesmo feita para que se acredite nela, mas para obedecer e fazer obedecer. (DELEUZE; GUATTARI, 1995, p. 11-12)

Ensinar é proferir, através da linguagem, palavras de ordem, uma vez que a linguagem está feita para obedecer e fazer obedecer. Se partirmos desta constatação, então o ensino da filosofia não poderia colocar-se de outra maneira, senão por meio da imposição de uma imagem dogmática de pensamento, da instigação a uma recognição, de uma prisão ao pensamento

---

⁶ Também Rajchman indica a pista de uma possível relação do empirismo de Deleuze com Feyerabend, quando aponta que *"pareceria então que há afinidades entre a obra de Deleuze e o 'empirismo' de Feyerabend, com sua proliferação na ciência de programas não unificados e incomensuráveis"* (2004, p. 24-25).

como representação. Mas, valendo-me das teses de Rancière em *O mestre ignorante*, penso ser possível afirmar que essa constatação de Deleuze e Guattari acima exposta é válida no contexto da sociedade pedagogizada. Se for possível oferecer resistência à sociedade pedagogizada, ao ensino embrutecedor, através de um ensino emancipatório, calcado na ignorância, na possibilidade de construção de uma igualdade de fato entre aquele que ensina e aquele que aprende, para além da assimetria pedagógica, então será possível investir em um ensino da filosofia que aposte em um aprendizado ativo, para além da recognição, em um ensino que seja a oportunização de experiências de pensamento, que implique um aprendizado criativo e não simplesmente reprodutivo.

Para um tal programa, a pedagogia do conceito apresenta-se como um caminho viável, se levarmos em consideração o que foi exposto anteriormente, de que não se trata de um método de ensino, uma vez que não há métodos para aprender. E para uma pedagogia do conceito, a experiência do problema tem uma importância fundamental. Um ensino da filosofia baseado na pedagogia do conceito significaria maior investimento na problematização, isto é, na colocação dos problemas, do que nas soluções. Não que o produto do pensamento (o conceito) não seja importante; mas sua produção só será possível através da vivência do problema e é importante que a produção do conceito não seja conclusiva, mas instigadora de novos problemas. Acompanhemos um trecho de um comentário de José Gil a *Diferença e repetição*:

> Colocar o problema e resolvê-lo implica, pois, um estranho cálculo que procura menos apresentar soluções do que abrir infinitamente o campo dos problemas virtuais contidos no corpo problemático dado [...] Cada singularidade desenrola novas multiplicidades. O cálculo procura desenvolver o campo das diferenças em redor de um dado ponto singular, a fim de determinar o melhor possível a superfície mais vasta das séries diferenciais; só assim conseguiremos abordar o pensamento do singular, isto é, da diferença. (GIL, 2000, p. 22)

Pensar o ensino da filosofia, pois, como cálculo diferencial do problemático. Desvendar os problemas regressivamente, com base nos conceitos, de modo a possibilitar a experiência do problema e a criação do conceito. Oportunizar assim, a cada um, a experimentação do pensamento no registro da filosofia. E, como a aprendizagem é caracterizada por Deleuze como os "atos subjetivos operados frente ao problema", podemos inferir que o aprendizado do problemático, como experiência do problema, pode redundar na criação do conceito. Eis a noção de aprendiz:

> Com efeito, de um lado, o aprendiz é aquele que constitui e enfrenta problemas práticos ou especulativos como tais. Aprender é o nome que convém aos atos subjetivos operados em face da objetividade do problema (Idéia), ao passo que saber designa apenas a generalidade do conceito ou a calma posse de uma regra das soluções. (DELEUZE, 2006, p. 236)

Se o aprendiz de natação é aquele que enfrenta o problema de nadar, nadando, o aprendiz de filosofia é aquele que enfrenta o problema do conceito pensando conceitualmente. Não há outro modo de aprender o movimento do conceito, senão lançando-se ao conceito. E, como não se pode aprender o conceito senão pelo problema que o incita, o aprendiz de filosofia precisa adentrar nos campos problemáticos, precisa experimentar sensivelmente os problemas, de modo a poder ver engendrado o ato de pensar no próprio pensamento.

E como essa experiência é necessariamente singular, como singulares são os componentes do conceito e do problema, o ato de pensar aí engendrado não redunda em uma repetição do mesmo, em uma recognição, uma vez que não se trata de uma imagem dogmática do pensamento, mas de um pensamento sem imagem, virgem, genital.

Tomar o aprendizado da filosofia regressivamente, partindo dos conceitos para poder compreender os problemas que os suscitaram, mobiliza no aprendiz de filosofia a experimentação dos problemas como experiência sensível. E, quando isso efetivamente se passa, está aberto o caminho para o pensamento próprio, instigado pela experiência do problema.

Muita coisa pode ser um problema. Indecifrado e só, como no poema de Borges citado no início deste texto, o problema pode ser tudo. Regressivamente, a partir dos conceitos, podemos encontrar muitos problemas, podemos inventar outros problemas. Não os deixemos à sombra! Lançar luz sobre os problemas é forçar a pensar, é produzir a violência benéfica desse feliz encontro que produz o pensamento vivo e criativo.

Referências

BORGES, Jorge Luis. *Obra Poética*. Buenos Aires: Emecé Editores, 2005.

BOUTANG, Pierre-André. *L'Abécédaire de Gilles Deleuze* (3 DVDs). Paris: Les Éd. Montparnasse, 2004.

DELEUZE, Gilles. *Deux Régimes de Fous (textes et entretiens 1975-1995)*. Paris: Les Ed. de Minuit, 2003.

DELEUZE, Gilles. *Diferença e repetição*. 2. ed. Rio de Janeiro: Graal, 2006.

DELEUZE, Gilles; GUATTARI, Félix. 20 de novembro de 1923 – Postulados da Lingüística. In: *Mil Platôs*. v. 2. Rio de Janeiro: Ed. 34, 1995.

DELEUZE, Gilles; GUATTARI, Félix. *O que é a filosofia?* Rio de Janeiro: Ed. 34, 1992.

DELEUZE, Gilles; PARNET, Claire. *Diálogos*. São Paulo: Escuta, 1998.

FEYERABEND, Paul. *Contra o Método*. 3. ed. Rio de Janeiro: Francisco Alves, 1989.

GIL, José. O Alfabeto do Pensamento (Prefácio à edição portuguesa de *Diferença e repetição*). In: DELEUZE, Gilles. *Diferença e repetição*. Lisboa: Relógio D'Água, 2000. p. 9-29.

GONZÁLEZ PORTA, Mario Ariel. *A filosofia a partir de seus problemas*. São Paulo: Ed. Loyola, 2002.

RAJCHMAN, John. *Deleuze un mapa*. Buenos Aires: Ed. Nueva Visión, 2004.

RANCIÈRE, Jacques. Nous que sommes si critiques... In : VVAA. *La Grève des Philosophes – école et philosophie*. Paris: Éd. Osiris, 1986.

RANCIÈRE, Jacques. *O mestre ignorante*. Belo Horizonte: Autêntica, 2002.

Infâncias: Palavra e Silêncio

A criança imemorial. Experiência, silêncio e testemunho

Eugénia Vilela[*]

> Feridas mais fundas do que em mim
> abriu em ti o silêncio,
> estrelas maiores
> enredam-te na rede dos seus olhares,
> cinza mais branca
> repousa sobre a palavra em que acreditaste
> (Paul Celan)

Testemunho. No abismo da linguagem

O testemunho é um gesto imperfeito de tradução de um acontecimento sem tradução: testemunhar os desaparecidos e arrancá-los ao seu destino anônimo.

Partindo da construção de um imaginário descrito sob uma lógica narrativa identificada como forma que *produz sentido*, a idéia clássica de *testemunho* foi delineada através de uma lógica narrativa do limite conquanto estratégia narrativa construída como um dispositivo de produção de afecções, e não como um modo de irrupção de acontecimentos. Tradicionalmente perspectivado sob o modo de uma estratégia narrativa comum – histórica ou jurídica –, o testemunho não se coaduna, no entanto, com as formas clássicas das estratégias narrativas. Se uma estrutura narrativa clássica desenvolve a idéia de uma integração das forças de morte na vida, através de uma relação dialética pela qual essas forças são objeto de um ato de reconciliação com uma significação positiva (sendo essa uma forma de redenção pela qual a força da vida é domesticada), no testemunho há uma série de escórias que restam e permanecem como matérias sensíveis expostas. A linguagem da testemunha é a palavra-gesto de um ser singular,

---

[*] Universidade do Porto – Portugal.

finito, magoado; e não a radical afirmação de um desejo sem ferida. O testemunho desenha, assim, uma forma intempestiva do sentido. Ele é o enfrentamento agônico – entre as forças de morte e as forças de vida latentes na experiência limite de um indivíduo ou de um conjunto de indivíduos – que procura ser resolvido através de uma forma essencial do humano enfrentar o abismo: a linguagem.

Sendo um dispositivo singular e profundamente forte – pois pode aproximar-se de todos os vestígios –, a linguagem é uma via de relação com o extraproposicional, ou seja, é uma via de relação com a possibilidade de fazer entrar cada um de nós na imanência. Daí que sejam fundamentais, como afirma Ítalo Calvino em *Seis propostas para o novo milénio*, os esforços das palavras para dar conta, com a maior precisão possível, do aspecto sensível das coisas. No testemunho ocorre uma relação entre a linguagem e o extraproposicional que se reflete nessa possibilidade de fazer entrar cada um de nós na imanência. Ao distanciar-se de uma determinação lógica-epistemológica do sentido, o testemunho vincula-se a uma sensualidade do pensamento em que o esforço de linguagem é um gesto de recuperação do mundo – das coisas e dos seres. Nele, o sentido é algo que resulta do encontro com outra potência; e desse encontro há um acréscimo que produz alegria (Espinoza). Deste modo, o testemunho distancia-se de uma figura de morte circunscrita na *pulsão de morte*. Não sendo um *querer a morte* mas a paralisação daquilo que é vida, essa pulsão é um modo de domesticação da força selvagem da vida. Daí, a importância da linguagem; ela pode transmitir *forças* que rompem com a pulsão de morte, tal como ocorre, por exemplo, num poema ou num testemunho. A linguagem é, assim, um meio de diferenciação das forças que a transcendência arrasta consigo.

Imanente-transcendente, o testemunho não se reduz à justaposição entre o fato e o discurso que "diz a verdade" desse fato. Ele não é determinável, nem como objeto lógico (sob as categorias de verdade ou erro entendidos como mecanismos de exclusão), nem como objeto de um juízo de valor que o determina como verdade ou mentira. A ligação entre o testemunho e a expressão de uma verdade que inicia e acaba no espaço da sua própria exposição supõe uma afirmação que possui uma nítida determinação epistemológica. Ela reenvia a um tipo de estruturação discursiva que delimita a cartografia de um mundo de opostos onde as palavras e as coisas se dividem, e onde, como desdobramento dessa oposição, a disjunção entre o verdadeiro e o falso se converte em princípio fundamental. Essa oposição constitui-se como um eixo em torno do qual as coisas só parecem existir porque as palavras constroem as idéias das coisas e das palavras que expõem as coisas: apresentando-as, configurando-as, representando-as. Contudo, na *verdade* da memória há uma dramaticidade do tempo que não se confina aos parâmetros de uma idéia da verdade característica de um pensamento que se move sobre a idéia de um tempo a recuperar, indemne, através de estratégias de reconstituição positiva dos fatos. A reconstituição nunca é a colagem de diferentes fragmentos que constituem a *ânfora partida* da memória.[1]

Imersa numa trama confusa de fatos que lhe rompem a memória, a testemunha habita uma dor. A vivência de um determinado fato transforma-o em *experiência*, em acontecimento de si. Há, assim, o que poderíamos designar como *paradoxo da referência do testemunho*. Reconhecendo que a noção de referência surge quase sempre associada aos conceitos de identidade e de objetividade, o paradoxo da referência do testemunho reside na sua componente intrinsecamente tensional entre ausência e presença, distância e proximidade. Nessa tensão pressente-se o traço de um *aqui* sem fim, em que se abre um tempo de errância do real; um tempo no qual a *ferida* não é uma metáfora do corpo abandonado, mas a própria designação do corpo errante daquele que testemunha. Esta é a específica materialidade do testemunho. A testemunha não pode testemunhar a realidade – "a realidade não é, a realidade vai ser procurada e conquistada", afirma Paul Celan. Isso não significa, no entanto, uma evasão da realidade, mas a inscrição da realidade no movimento descontínuo e inconcluso do próprio testemunho onde a realidade é recriada.

Os sentidos (do real) que emergem no testemunho fraturam as significações literais dos fatos. O testemunho aponta para uma força de referência concebida não como "identificante" ou "objetivante", mas como "transformante". A alteridade do mundo – decorrente da *alteridade* infiltrada no próprio olhar, na linguagem, no movimento – supõe essa intensa força de referência. Testemunhamos sempre acontecimentos. Os fatos são apenas o nome de um desejo de real. Todavia, na sua dimensão material, o real não é senão uma densidade que se tece entre o pensamento e o fragmento. Testemunhamos uma verdade cuja ligação com os fatos passa pelo lugar construído através do modo como olhamos, como falamos, como sentimos, e cuja ligação com o acontecimento se dá a partir dos traços que o acontecimento deixou no corpo do mundo.[2] Testemunhamos na linha de

---

[1] Cf. Walter Benjamin (2000) "La tâche du traducteur". In *Œuvres I*. Paris: Gallimard, p. 244-262.

[2] "Les événements passés laissent deux sortes de traces: les unes, qu'on appelle 'mnésiques', dans l'esprit des êtres humains; les autres dans le monde, sous forme de faits matériels: une empreinte, un vestige, une lettre, un décret (les mots sont eux aussi des faits. Ces

sombra dos fragmentos que nos ligam a um tempo anterior. Desse modo, no corpo singular que testemunha, há uma deslocação do real.

Sob uma perspectiva clássica, a possibilidade de reconhecimento de uma afirmação – conquanto testemunho – exige o recurso à descrição literal dos fatos através de palavras sem sombra. Nesse cenário, o fato é perspectivado como a significação apreensível, aquilo que corresponde a um conjunto de significados cuja possibilidade de compreensão se alinha sob o poder da visibilidade. Todavia, a verdade das afirmações que constituem o testemunho não se encontra nas palavras de um léxico reconhecido. O testemunho nasce da resistência à significação determinante de um discurso no qual os acontecimentos são elididos ou perspectivados unicamente como fatos. No lugar de uma recitação cumulativa dos fatos, o testemunho vincula-se ao acontecimento, aos fragmentos que o compõem. Ele é expressão da singularidade de um acontecimento.

Todo o testemunho comporta uma *lacuna*: nós, os sobreviventes, não somos as verdadeiras testemunhas, diz Primo Levi.[3] É essencial pensar essa lacuna, pois ela põe em causa o sentido do testemunho, a identidade e a credibilidade das testemunhas. Em princípio, a testemunha pretende testemunhar em defesa da verdade e da justiça que conferem às suas palavras consistência e plenitude. Todavia, há no testemunho algo como uma impossibilidade de testemunhar que se enreda numa outra lacuna existente em todo o testemunho:

---

différentes traces ont plusieurs traits communs: d'abord, elles ne constituent qu'une petite partie des événements passés, le reste étant perdu; ensuite, le choix de cette partie n'est pas, en règle générale le produit d'une décision volontaire, mais du hasard ou de pulsions inconscientes dans l'esprit de l'individu" (TODOROV, 2000:133).

[3] "Nous, les survivants, nous sommes une minorité non seulement exiguë, mais anormale: nous sommes ceux qui, grâce à la prévarication, l'habilité ou la chance, n'ont pas touché le fond. Ceux qui l'on fait, qui ont vu la Gorgone, ne sont pas revenus pour raconter, ou sont revenus muets, mais ce sont eux, les 'musulmans', les engloutis, les témoins intégraux, ceux dont la déposition aurait eu une signification générale. Eux sont la règle, nous, l'exception. [...] Nous autres, favorisés par le sort, nous avons essayé avec plus ou moins de savoir de raconter non seulement notre destin, mais aussi celui des autres, des engloutis; mais c'est un discours fait 'pour le compte d'un tiers', c'est le récit de choses vues de près, non vécues à notre propre compte. La destruction menée à son terme, l'œuvre accomplie, personne ne l'a racontée, comme personne n'est jamais revenu pour raconter sa propre mort. Les engloutis, même s'ils avaient eu une plume et du papier, n'auraient pas témoigné, parce que leur mort avait commencé avant la mort corporelle. Des semaines et des mois avant de s'éteindre, ils avaient déjà perdu la force d'observer, de se souvenir, de prendre la mesure des choses et de s'exprimer. Nous, nous parlons à leur place, par délégation" (LEVI, 1989, p. 82-83).

> As testemunhas são, por definição, sobreviventes, e todos eles, de uma maneira ou de outra, gozaram de um privilégio. [...] O destino do preso comum, ninguém o contou, porque, para ele, não era materialmente possível sobreviver. [...] Eu mesmo os descrevi como "muçulmanos": mas, por si mesmos, os muçulmanos não falaram. (LEVI, 1997, p. 215-216)

No limite, definindo o testemunho através da figura do *muçulmano*,[4] o paradoxo de Primo Levi articula uma possibilidade de palavra através de uma impossibilidade. O sobrevivente não pode testemunhar integralmente, pois não pode dizer a sua própria lacuna. O testemunho é essa *inumana impossibilidade de ver aquilo que apela e interpela o humano*. Para explicitar essa impossibilidade, Agamben faz referência às investigações realizadas na Universidade de Yale por Shoshana Felman e Dori Laub, os quais apresentaram uma definição da *Shoah* conquanto *acontecimento sem testemunha*.[5] Isso porque "é tão impossível testemunhar do interior de um acontecimento – não se testemunha do interior da morte, não existe voz para a extinção das vozes – como do exterior – o *outsider* é por definição excluído do acontecimento" (AGAMBEN, 1999, p. 43). Não é possível *dizer a verdade*

---

[4] "Soit Auschwitz, comme ce dont il est impossible de témoigner; et soit le 'musulman' comme absolue impossibilité de témoigner: si le témoin témoigne pour le 'musulman', s'il parvient à faire venir à la parole l'impossibilité de parler – si, donc, le musulman devient le témoin intégral –, alors le négationnisme est réfuté dans son principe même. Chez le musulman, l'impossibilité de témoigner n'est plus, en effet, une simple privation; elle est devenue réelle, elle existe comme telle. Si le rescapé témoigne, non des chambres à gaz ou d'Auschwitz, mais pour le musulman, s'il parle seulement à partir d'une impossibilité de parler, alors son témoignage est indéniable. Auschwitz – ce dont il est impossible de témoigner – est prouvé de façon absolue et irréfutable" (AGAMBEN, 1999, p. 216-217). Agamben termina o seu livro referindo-se a um artigo publicado nos Auschwitz-Hefte, em 1987, (um ano depois da morte de Levi), intitulado "Aux confins de la vie et de la mort. Une étude du phénomène du musulman dans le camp de concentration", onde são reunidos oitenta e nove testemunhos de sobreviventes dos campos de concentração, dez dos quais são os testemunhos de homens que sobreviveram à condição de muçulmano. Nesses testemunhos, a expressão 'Eu era um muçulmano' indicia uma nova forma de testemunho que, não trazendo a anulação do paradoxo de Primo Levi, surge como a sua formulação mais extrema. Isto porque, "non seulement le musulman est le témoin intégral, mais voici qu'il parle et témoigne à la première personne. *Moi, celui qui parle, j'étais un musulman, c'est-à-dire celui qui ne peut en aucun cas parler.* [...] cette formule extrême ne contredit pas le paradoxo, mais au contraire le confirme en tout point. C'est donc à eux – aux musulmans – qu'il convient de laisser le dernier mot" (AGAMBEN, 1999, p. 218).

[5] Cf. Shoshana Felman e Dori Laub (1992) *Testimony. Crises of witnessing in literature, psychoanalysis and history*. London/New York: Routledge.

no ato de testemunhar do exterior. Todavia, também não é possível testemunhar do interior. A atitude impossível do testemunho – a tensão testemunhal do testemunho – consiste em não estar linearmente no exterior ou no interior; mas, paradoxalmente, nos dois em simultâneo. Pensar esse espaço de indistinção entre o interior e o exterior poderia levar a uma *compreensão da estrutura do testemunho*.[6] Mas nem o canto nem o poema podem intervir para salvar o testemunho impossível. Essa seria, segundo Giorgio Agamben, apenas uma forma de o estetizar. Para ele, é o próprio testemunho que, eventualmente, pode fundar a possibilidade do poema.

Nesse sentido, invertendo as regras históricas e jurídicas que definem discursivamente o testemunho, talvez seja possível pensar a experiência do testemunho a partir da palavra inarticulada e misteriosa de uma criança. Uma criança sem nome. Porque *o testemunho pode fundar a possibilidade do poema*.

Hurbinek. A palavra secreta

O seu nome é Hurbinek; a sua palavra é a palavra secreta que nasce do abandono. Em *A trégua* (1963), especificamente no capítulo intitulado "O campo grande", Primo Levi conta como, nos dias a seguir à libertação (quando os russos transferiram os sobreviventes para o campo de Auschwitz), tinha sido atraído pela presença obsessiva de uma criança. Os sobreviventes deram-lhe o nome de Hurbinek: um nome que se assemelhava ao som dos seus gritos inarticulados. Na história do encontro com essa criança, Levi captura a natureza destrutiva da linguagem da vida no campo. Nela, "a mortal força de afirmação" do mais inocente de todos os deportados:

> Hurbinek era um zé-ninguém, um filho da morte, um filho de Auschwitz. Aparentava cerca de três anos, ninguém sabia nada dele, não falava e não tinha nome: aquele curioso nome, Hurbinek, fora dado por nós, se calhar por uma das mulheres, que tinham interpretado com aquelas sílabas

---

[6] "Or le témoignage vaut ici essentiellement pour ce qui lui manque; il porte en son cœur cet 'intémoignable' qui prive les rescapés de toute autorité. Les 'vrais' témoins, les 'témoins intégraux', sont ceux qui n'ont pas témoigné, et n'auraient pu le faire. Ce sont ceux qui 'on touché le fond', les 'musulmans', les engloutis. Les rescapés, pseudo-témoins, parlent à leur place, par délégation – témoignent d'un témoignage manquant. Mais parler de délégation n'a ici guère de sens: les engloutis n'ont rien à dire, aucune instruction ou mémoire à transmettre. Ils n'ont ni 'histoire', ni 'visage', ni, à plus forte raison, 'pensée'. Qui se charge de témoigner pour eux sait qu'il devra témoigner, et oblige à chercher son sens dans une zone inattendue" (AGAMBEN, 1999, p. 41-42).

> um dos sons inarticulados que o pequeno de vez em quando emitia. Estava paralisado dos rins para baixo, e tinha as pernas atrofiadas, delgadas como canas; mas os seus olhos, perdidos no rosto triangular e macilento, dardejavam terrivelmente vivos, plenos de perguntas, de asserção, de vontade de desencadear, de quebrar o túmulo do mutismo. A palavra que faltava, que ninguém tivera o cuidado de lhe ensinar, a necessidade da palavra fazia pressão no seu olhar com uma urgência explosiva: era um olhar selvagem e humano ao mesmo tempo, aliás maduro e juiz, que nenhum de nós era capaz de suster, tão carregado era de força e de pensar. (LEVI, 2004, p. 19)

Hurbinek era a criança sem origem e sem linguagem. Uma noite, inesperadamente, essa criança começa a repetir uma palavra que ninguém consegue compreender.

> Uma palavra difícil, não húngara: qualquer coisa como "mass-klo", "matisklo". À noite pusemo-nos de ouvido à escuta: era verdade, do canto de Hurbinek vinha de quando em quando uma palavra. Nem sempre exactamente a mesma, na verdade, mas era com toda a certeza uma palavra articulada; ou melhor, palavras articuladas levemente diferentes, variações experimentais em volta de um tema, de uma raiz, talvez de um nome. (LEVI, 2004, p. 20)

Esse *balbuciamento inarticulado* – "palavras articuladas levemente diferentes, variações experimentais em volta de uma raiz, talvez de um nome" – emergia como uma *linguagem obscura*. Todos procuram decifrar esse vocabulário que nascia. Mas essa palavra de Hurbinek permanecia incompreensível. A palavra por ele repetida era um som incerto e despido de significado, no avesso de uma língua.

Hurbinek continuou, enquanto viveu, nas suas experiências obstinadas. Nos dias seguintes, todos o ouvíamos em silêncio, e havia entre nós falantes de todas as línguas da Europa: mas a palavra de Hurbinek permaneceu secreta. Não, não era certamente uma mensagem, nem uma revelação: talvez fosse o seu nome, se porventura lhe tivesse calhado algum em sorte [...]. Hurbinek, que tinha três anos e talvez tivesse nascido em Auschwitz sem nunca ter visto uma árvore; Hurbinek, que combateu como um homem, até ao último respiro, para conquistar a entrada no mundo dos homens, de que uma força bestial o havia banido; Hurbinek, o sem-nome, cujo minúsculo antebraço também foi marcado com a tatuagem de Auschwitz; Hurbinek morreu nos primeiros dias de Março de 1945, livre mas não redimido. Dele nada resta: Hurbinek testemunha através das minhas palavras. (LEVI, 2004, p. 20-21)

Destinado a desaparecer numa morte sem nome e sem frase. Nenhum traço seria guardado da sua existência. Hurbinek testemunha através das palavras de Primo Levi. Na materialidade da sua presença, essa criança é símbolo do efeito traumático da violência extrema dos campos de concentração, nos quais se rasga a palavra daqueles que fizeram essa experiência. No corpo da criança marca-se a presença de um mundo em dissolução muda, e Levi testemunha sobre a existência dessa criança: a escrita afigura-se, aqui, como um *memorial* por essa criança singular. As palavras de Levi surgem como uma elegia. Contudo, ele escolhe conscientemente um estilo de escrita sóbria para descrever o mundo trágico do campo de concentração, um estilo que permita sublinhar a força do seu testemunho, a partir do imperativo ético de testemunhar.[7]

Para Primo Levi e Elie Wiesel, há no ato de testemunhar, desde a sua origem, limites inultrapassáveis: os que sobreviveram não testemunham a experiência integral. Aqueles que testemunharam essa experiência são aqueles que, por definição, não puderam testemunhar. Na sua mudez, Hurbinek é a criança encerrada na intensa e inacessível imanência dessa experiência. Ela é, na expressão de Felman e Laub, um *acontecimento sem testemunha*. No entanto, no gesto de criação dessa palavra desconhecida, Hurbinek testemunha a sua experiência na aridez do sentido; resistir no interior da respiração em que se desenha essa palavra única. Talvez essa fosse uma palavra secreta: a palavra do *intestemunhado*.[8]

---

[7] A escolha deliberada de uma linguagem calma e sóbria para a testemunha – e não a forma dos lamentos da vítima ou da voz irada de quem procura vingança – aponta para um testemunho que Levi considerava poder ser tanto mais credível e útil quanto mais objetivo e menos emocional soasse. Segundo ele, apenas desta forma a testemunha desempenha a sua tarefa face à justiça.

[8] "Peut-être toute parole, toute écriture naît-elle, en ce sens, comme témoignage. Pour cette raison même, ce dont elle témoigne ne peut-être déjà langue, déjà écriture: ce ne peut être qu'un intémoigné. Et c'est bien là le son qui nous parvient de la lacune, la non-langue qui se parle seule, de laquelle répond la langue, dans laquelle naît la langue. Et c'est sur la nature de cet intémoigné, sur sa non-langue, qu'il convient de s'interroger. [...] La trace que la langue croit transcrire à partir de l'intémoigné n'est pas la parole de celui-ci. C'est la parole de la langue, celle qui naît quand le verbe n'est plus au commencement, quand il déchoit de celui-ci pour – simplement – témoigner: 'Ce n'était pas la lumière, mais ce qui témoigne de la lumière. [...]

Testemunhar é colocar-se, no âmago da sua própria língua, na posição daqueles que a perderam, é instalar-se numa língua viva como se ela estivesse morta, ou numa língua morta como se ela estivesse – em todo o caso, fora do arquivo e do corpus do já-dito. Não surpreende que este gesto de testemunho seja também o gesto do poeta, do *auctor* por excelência (AGAMBEN, 1999, p. 212).

Testemunhar é o gesto de arrancar a linguagem ao desaparecimento de um destino sem sombra. E esse gesto enraíza-se na poesia; no avesso da esteticização. Para Soljenitsyne, a arte surge como a única experiência que permite tocar a experiência que não nos foi dado viver.[9] Como testemunhar? Talvez através da repetição das *palavras secretas* daqueles que foram as testemunhas. Talvez nessa repetição sem acordes miméticos seja possível recordar o seu silêncio e testemunhar um testemunho perdido. Talvez essa seja outra forma de trazer à existência os desaparecidos sem rasto.

Matisklo. A aprendizagem do silêncio

Poderia ensaiar falar do *tudo* e do *nada* na voz de uma criança sem nome – Hurbinek –, começando pela aprendizagem do silêncio. Um deslocamento sutil, como um passo que se ensaia. Começar por uma respiração em suspensão, a aprendizagem começa por um acontecimento: um abismo anterior ao instante, na breve diferença que nasce de um eco de tudo aquilo que se repete no idêntico, mas que, na realidade, não se repete. Essa aprendizagem abre-se sobre um espaço que é o próprio espaço intraduzível.

Matisklo. Uma palavra, por vezes apenas uma palavra, faz-nos ou desfaz-nos o mundo. Uma palavra pode ser intraduzível, um lugar de

---

Cela veut dire que le témoignage est la rencontre entre deux impossibilités de témoigner; que la langue, pour témoigner, doit céder la place à une non-langue, montrer l'impossibilité de témoigner. La langue du témoignage est une langue qui ne signifie plus, mais qui, par son non signifier, s'avance dans le sans-langue jusqu'à recueillir une autre insignifiance, celle du témoin intégrale, de celui qui, par définition, ne peut témoigner. Pour témoigner, il ne suffit donc pas de porter la langue jusqu'à son propre non-sens, jusqu'à la pure indécidabilité des lettres; il faut encore que son dénué de sens soit à son tour la voix de quelque chose ou de quelqu'un qui, pour de toutes autres raisons, ne peut témoigner. Autrement dit, que l'impossibilité de témoigner, la "lacune" constitutive de la langue humaine, s'effondre sur soi pour céder la place à une autre impossibilité de témoigner – celle de ce qui n'a pas de langue" (AGAMBEN, 1999:47-48).

[9] "L'art transmet d'un homme à l'autre, pendant leur bref séjour sur la Terre, tout le poids d'une très longue et inhabituelle expérience, avec ses fardeaux, ses couleurs, la sève de sa vie : il la recrée dans notre chair et nous permet d'en prendre possession, comme si elle était nôtre." (SOLJENYTSINE,1972:108).

desproteção: uma palavra como um *resto*. Um resto que nos afeta, que nos lança na procura ou no sofrimento, como ferida secreta no mais fundo de si. Esse *resto* pertence à nossa "condição de imperfeição", a essas "íntimas terras estranhas" de que falava Freud. De alguma maneira, esse *resto* decorre da *condição de infância da linguagem humana*. Uma palavra, um gesto, um corpo – singulares-universais em intensidade – são o espaço de um murmúrio que se propaga, íntimo, na superfície do mundo. O espaço mínimo de uma herança de vida que persiste na experiência fundadora do silêncio. Para Rilke, a infância é a "palavra possível".

Na sua experiência do silêncio, a palavra de Hurbinek rasga a ligação linear com a linguagem entendida enquanto *dispositivo*: a linguagem é um dispositivo e "a história dos homens não é, talvez, nada mais do que o incessante corpo a corpo com os dispositivos que eles próprios produziram", escreve Agamben na senda de Michel Foucault (2006, p. 100). Todavia, a palavra misteriosa de Hurbinek é o avesso de todos os dispositivos do poder pelos quais a sua vida foi posta em jogo; o que não significa a sua destruição. Aqui, o corpo a corpo acontece entre essa palavra-sombra e a ferida que ela rasga no corpo da linguagem. Num espaço marcado por uma violência extrema, Hurbinek encarna a experiência de uma subjetividade que se inscreve conquanto *forma de vida*: "a subjetividade produz-se onde o ser vivo, encontrando a linguagem e pondo-se aí em jogo sem reservas, exibe num gesto a própria irredutibilidade a esse fato" (AGAMBEN, 2006, p.100). A sua palavra-corpo é um gesto de resistência desde dentro do corpo de uma linguagem nua.

> Imaginemos que todos os signos estavam preenchidos, que tinha sido redimida a culpa do homem na linguagem, satisfeitas todas as demandas possíveis e proferido tudo o que pudesse ser dito – o que seria então a vida dos homens sobre a terra? [...] Supondo que tivéssemos ainda vontade de chorar ou de rir, por que coisa choráramos ou riríamos, que coisa poderiam saber esse choro ou esse riso, se, enquanto nós éramos prisioneiros da linguagem, eles não eram, não podiam ser mais do que a experiência triste ou alegre, tragédia ou comédia, dos seus limites, da insuficiência da linguagem? No lugar onde a linguagem fosse perfeitamente acabada, perfeitamente delimitada, começaria o outro riso, o outro pranto da humanidade. (AGAMBEN, 1999b, p. 110)

Uma criança existe, mas não tem nome. Hurbinek não recebe a sua palavra de um tempo que o precede, ele mesmo a cria. É rente à sua língua inaugural que se descobre a potência do sentido, a experiência paradoxal de proferir uma palavra cuja língua é desconhecida. O testemunho seria essa *palavra sem língua* que encontrou a sua forma singular. O silêncio dessa criança permite pensar a partir dos mais frágeis sintomas de vida que apenas se intuem nas dobras, nos recantos e nos segredos impossíveis de transportar. Na intradutibilidade. Em cada gesto de silêncio há o *tudo* e o *nada*, a memória e o esquecimento. Que apenas se podem tocar numa aproximação infinita. Numa deslocação. E, em convulsão, uma voz: "Não esqueci nada", "não esqueci o esquecimento". *Matisklo*. Impossível permanecer entre todas as vozes. Im-possível permanecer. A palavra da criança é *abolida*, no sentido etimológico da palavra (*aboleo*), isto é, "vinda de longe" (*origem*). Daí a experiência paradoxal do esquecimento e da memória. Indecidíveis. E na abolição (*origem*) ocorre o encontro com a experiência de sentido pela ausência, pelo poder da ausência, isto é, pelo reconhecimento dos seus traços. *Matisklo*. Palavra-abolida ("vinda de longe": *origem*) e palavra-vestígio (*traço*); sendo um *traço* "o que evoca uma origem no próprio instante em que é testemunhado o seu desaparecimento" (AGAMBEN, 1998, p. 60).

Matisklo: origem e traço

No exterior de qualquer sujeição da coisa à palavra legitimada, essa criança torna corpo o nome secreto da palavra. Ou seja, é o corpo que liberta essa palavra singular da linguagem discursiva dos nomes manifestos. Nela, a experiência do silêncio ocorre na aprendizagem da infância de um *corpo-palavra*. A palavra secreta é esse corpo-gesto, é o gesto pelo qual se regressa à origem no traço desse som. Ser não tem nome. A origem e o traço de uma experiência de criação emergem nessa palavra secreta que des-cria o mundo, pois, no interior de um ato de criação há, inevitavelmente, um ato de des-criação. O que supõe, tal como pensa Deleuze, que todo o ato de criação é sempre um ato de resistência. E resistir é ter a força de des-criar o que existe, ser mais forte que o fato. Nesse sentido, *Matisklo* é a palavra *para dizer*, onde nada é dito. Nela, marca-se a coincidência entre a *potentia activa* e a *potentia passiva*. A palavra secreta de Hurbinek é a *palavra des-criada*; essa palavra que nada diz de reconhecível é a palavra mais forte. Ela permite pensar a *potência de ser: pura potência*. O seu corpo *sem-palavra* é o refúgio de toda a palavra. A criança sem-nome é a criança *imemorial*.[10]

---

[10] Ao delinear a noção de *Eterno retorno*, Nietzsche procurou pensar a coincidência entre a *potentia activa* e a *potentia passiva*: a vontade de potência que se afeta a si mesma. O paradoxo da vontade de potência era pensado não apenas através do modo da *potentia*

Situando a *palavra secreta* no centro da experiência, o corpo de Hurbinek abre uma zona de indecidibilidade entre o real e o possível. A palavra secreta restitui a *possibilidade*, pois a experiência última dos campos de extermínio reside no sentido extremo do princípio "tudo é possível" (Arendt). Mas essa palavra restitui também a *interrupção*. Uma não-coincidência entre o som e o sentido. Como acontece no poema: "O poema como hesitação prolongada entre o som e o sentido", na expressão de Paul Valéry. Essa palavra secreta é um poema material, pois interromper a palavra é subtraí-la ao fluxo do sentido para o mostrar na sua fragilidade de potência. Devir. Hesitação prolongada entre o corpo e o sentido, no tempo secreto da palavra de uma criança. Uma potência de *interrupção* que se inscreve no próprio corpo da palavra e que a subtrai ao poder narrativo para a mostrar conquanto (experiência de) respiração. Há no rasto do corpo dessa criança qualquer coisa que exige um nome sem nome: "Um testemunho de si para além de todas as expressões e de todas as memórias" (AGAMBEN, 2006, p. 90).

No gesto de Hurbinek essa palavra frágil, única, afigura-se como *experiência do imemorial*. Uma experiência em que as fronteiras do tempo deixam de existir numa mistura de sentidos rasgados no corpo das palavras sem corpo. Aquilo que se passa é avassalador e agudo: o encontro com o corpo das palavras perdidas no corpo de um mundo onde o mundo perdeu o seu corpo. É o encontro impossível que teve lugar, pois a criança encontra a impossível palavra, o impossível da sua palavra na aprendizagem do silêncio onde a origem e o traço, o presente e o passado, a palavra e a língua se dão reciprocamente a morte e a vida.

Sem nome, Hurbinek entra no tempo do testemunho que se faz com a matéria dos gestos. O testemunho constitui-se, assim, como um *gesto*. Se chamarmos "gesto àquilo que se mantém inexpresso em todos os atos de expressão" (AGAMBEN, 2006, p. 91), a testemunha está presente no testemunho apenas num gesto que existe conquanto abismo lateral de sentido. Aquele que testemunha não pára de desaparecer. A marca do testemunho está apenas na singularidade da sua ausência. A ausência é, paradoxalmente, a marcação da irredutível presença do gesto de desaparecer. Hurbinek, o autor dessa palavra-secreta – testemunho – apenas se manifesta

---

activa mas, sobretudo, como *potentia passiva*. Anos antes, em Philosophie der Offenbarung, ao pensar a questão da potência do ser, Schelling tinha-se confrontado com a idéia de um Imemorial. Pois, ao pensar a potência do ser, devemos pensá-la como potência pura, ou seja, puro poder sem ser. Essa potência é em si o puro existente. Desse modo, como pura potência de ser, ela transparece no ser antes de todo o pensamento, ou seja, de maneira imemorial (*unvordenklich*).

nos vestígios da sua ausência. Um testemunho de si para além de todas as expressões reconhecíveis e de todas as narrações da memória.

Nessa dobra, entre presença e ausência, o testemunho é procura: perda e encontro. Na palavra-gesto de Hurbinek há ângulos em que se inscreve a experiência da violenta separação dos encontros. Todo o encontro é uma deslocação: encontramo-nos sempre num lugar deslocado; num lugar deslocado ou numa palavra penúltima. A deslocação é o movimento em que dois mundos inversos vêm um em direção ao outro, aproximam-se, o mundo de um corpo-em-morte e de um corpo-em-vida. Apenas a experiência violenta faz esses mundos encontrar-se. Como pensar esse instante de silêncio – intensidade de sentido – que se afigura como *encontro* na separação? Encontramo-nos separados. Talvez a aprendizagem do encontro se dê na separação. Com a separação. Pela separação de um tempo dentro de um outro tempo, de um espaço dentro de um outro espaço. Talvez a aprendizagem do encontro seja o tempo de uma palavra cega na lucidez do dia. Perdida.

Procuro dizer a aprendizagem dessa deslocação, mas suspendo-me no corpo-gesto de uma criança. A vida da criança imemorial dá-se numa palavra secreta: no avesso do arquivo. Ela é a palavra que torna possível o silêncio. Incompreensível nas suas palavras, a criança testemunha o ponto em que, num testemunho, uma vida é *jogada*. O gesto de Hurbinek manifesta-se na sua palavra-corpo como uma presença incongruente e estranha, e, simultaneamente, como um testemunho ao qual dá vida. Essa palavra-corpo é aquilo que volta a ligar os sentidos perdidos, garantindo a possibilidade do testemunho através da irredutibilidade dessa terceira margem do mundo. Hurbinek volta, incessantemente, a fechar-se no acontecimento que ele mesmo criou. O *ter lugar do testemunho* não está na palavra dita, na testemunha ou naquele que escuta, mas no gesto em que todos se jogam na *palavra-gesto-sombra* e, juntos, dele se retiram infinitamente.

Na sua palavra inarticulada – *Matisklo* – dá-se a *passagem*. Dar corpo ao instante no movimento caótico de sentidos instáveis: é a vida. Como se toda a palavra fosse uma fidelidade penetrante de uma infidelidade a ela mesma. E o que reúne esses elementos instáveis é uma criança perdida, infinitamente, num tempo em dissolução lenta no interior da noite do barracão num campo de extermínio, como se o dia a impedisse de ver. Nesse balbuciamento, por trás das palavras – dos sons de uma linguagem inicial – irrompe o esforço de ver a pele de um mundo que começa e acaba nesse momento. *Matisklo* é o som indecifrável que assinala o limite da linguagem. De uma linguagem incapaz de mergulhar na profunda ferida que nela se esconde. É o testemunho de uma aprendizagem do silêncio. Um testemunho que não é conhecimento dos fatos, narração literal dos nomes, mas gesto no qual os nomes são fraturados.

Como aprender a dizer o avesso do mundo? Como pensar desde a *raiz calcinada do sentido*[11], sem enlouquecer na impossibilidade de distância entre essa palavra sem corpo e o corpo que perdeu todas as palavras? Como cortar a garganta de cada grito imperfeito, intuído nessa criança – única – e deixar que o sentido escorra num tempo sem tempo, desenhando a impossibilidade de sobreviver no interior de um corpo ou no exterior de um outro? O mesmo? Descer sem altura a noite; algo cai; e no seu olhar diz a noite como o seu outro dia. Como dizer o essencial? O que é o essencial?

Desenho um traço de som, e sinto que ele mergulha na densidade de um movimento indefinido. E o sentido imerge nesse silêncio eterno; nos sons precipitados no abismo do instante. O que acaba de chegar vai cair: encontro do vivo e do seu fim. Deslocação. Avançamos num espaço imperfeito, deixando para trás as formas reconhecidas. Tal como um destino: ser, do corpo ao esquecimento. Como guardar o que passa no presente? Para continuar é necessário esquecer; fazer parte da morte. Uma aprendizagem do silêncio: não para perder, não para guardar, mas para tocar o corpo do instante com a ponta das vozes.

---

[11] Expressão utilizada por Michel Foucault no Prefácio a *Folie et déraison. Histoire de la folie à l'âge classique* (edição de 1961). "La plénitude de l'histoire n'est possible que dans l'espace, vide et peuplé en même temps, de tous ces mots sans langage qui font entendre à qui prête l'oreille un bruit sourd d'en dessous de l'histoire, le murmure obstiné d'un langage qui parlerait *tout seul* – sans sujet parlant et sans interlocuteur, tassé sur lui-même, noué à la gorge, s'effondrant avant d'avoir atteint toute formulation et retournant sans éclat au silence dont il ne s'est jamais défait. Racine calcinée du sens.

Cela n'est point folie encore, mais la première césure á partir de quoi le partage de la folie est possible. [...] la perception que de l'homme occidental a de son temps et de son espace laisse apparaître une structure de refus, à partir de laquelle on dénonce une parole comme n'étant pas langage, un geste comme n'étant pas une œuvre, une figure comme n'ayant pas droit à prendre place dans l'histoire. Cette structure est constitutive de ce qui est sens et non-sens, ou plutôt de cette réciprocité par laquelle ils sont liées l'un à l'autre; elle seule peut rendre compte de ce fait qu'il ne peut y avoir dans notre culture de raison sans folie". ("Préface" [1961] in DE-I, p.191)

A *raiz calcinada do sentido* é origem absoluta, "pura origem da qual nasce a linguagem da história" "barulho surdo debaixo da história", o "murmúrio obstinado de uma linguagem [...] retornando sem barulho ao silêncio de que nunca se desfez". Como "dar a palavra" *ao testemunho – à loucura do testemunho –*, ao seu *silêncio*, sem os trair? Aqui, a linguagem que permitirá o testemunho é aquela onde respiram as palavras secretas de uma criança sem nome.

Sem o primeiro silêncio não haveria o sentido, sempre estranho, sem preâmbulo. É necessário o som de uma língua estranha desde as primeiras palavras. Entre um corpo e a noite. O corpo de uma criança que engendra seres, coisas e mundos. Dirijo-me a ti. És a minha *morada*. Tu. É por ti, passando por ti, que cada palavra-gesto se descobre na nudez impossível: a loucura de não se assemelhar, de não obedecer. O excesso de vida fratura os muros do mundo: as tuas palavras-sons não são insanas. Elas possuem um sentido intenso. Mas tenho medo de não regressar desse lugar. Em ti, no corpo-criança da tua voz, a revelação da ferida.

Compreende-se, então, que no testemunho o indivíduo não enfrenta apenas a dor gerada pela recordação de um acontecimento anterior que fere, ou a resistência dos acontecimentos e dos corpos a serem nomeados. Ele enfrenta também as feridas da linguagem através do corpo a corpo com o representável. O testemunho é, assim, uma experiência: a experiência de um acontecimento em relação ao qual irrompe uma gramática da criação. Nesse sentido, ele surge como o lugar vivo de uma paisagem traumática, o gesto de escutar uma falha sísmica para pressentir a que distância irrecuperável nos encontramos da pulsação da verdade. Isso porque existe uma verdade, gerada no corpo, que não se confina ao discurso. Não sendo sinônimo de uma figura lógica ou substancial, essa verdade é um labirinto de traços onde, no corpo de um indivíduo, o discurso estruturado (*logos*) é levado para além dos seus limites. Possuindo mais do que um tempo, nessa verdade há tempos sobrepostos, misturados, rasgados, oblíquos, feridos. Nele, a força, o sentido e a mensagem da linguagem mobilizam-se, simultaneamente, num plano onde o corpo surge como campo de batalha.

No testemunho, o pensamento é produzido por qualquer coisa que lhe é extrínseco. Tudo se passa como se começássemos a pensar a partir de algo que é extrínseco ao próprio pensamento. Nesse contexto, a testemunha é, em si mesma, o *outro*: aquele que fez, até ao fundo, a experiência do acontecimento. Há assim, no testemunho, uma singular implicação entre o corpo, a morte, a linguagem e o silêncio que atravessam a espessura de um acontecimento. Ligado a uma estranha apropriação do tempo, nele ocorre uma deslocação da linguagem em face dos seus significados gerais. Ou seja, há um modo de interrupção e de recriação do mundo que passa pela criação de outros sentidos materiais. Distinto do tempo linear dos fatos, o acontecimento sustém um tempo intensivo, um tempo onde múltiplos acontecimentos tecem a trama desse acontecimento que, como tal, não é um acontecimento puro. Poder-se-ia talvez afirmar que a impureza do acontecimento é, no limite, a força que acolhe a impossibilidade do testemunho. Isso porque a verdade é, ela mesma, perspectivada como acontecimento (como abertura, fratura, força sem nome).

O testemunho envolve a transmissão de uma ausência. E, simultaneamente, a possibilidade de encontrar palavras para poder nomeá-la, numa linguagem ferida que é a forma de atravessar os acontecimentos, aprendendo a olhar o presente como uma memória incandescente. O testemunho reside, assim, na rugosidade da distância insalvável entre a linguagem, o corpo e a experiência. Nele, repete-se infinitamente o silêncio que não se apreende como mutismo (ligado a uma negação ou a um excesso de palavras), mas como inscrição de uma força singular cuja sobrevivência se pressente no impossível que o lança em devir.

Ao deixar em aberto a possibilidade de atravessar indefinidamente os sentidos, o testemunho transmite uma *experiência*. Sentir o silêncio que se prende a um experiência *indizível* é uma dimensão que lhe é essencial. Testemunhar é dar corpo a um silêncio – *dar* –, procurando ouvir, nesse gesto, a dor inquietante de *ser com um outro*. O testemunho possui, assim, o peso material de uma experiência que passa a existir na circulação dos sentidos que constituem o mundo, como uma *carta postal* enviada sem destinatário antecipado,[12] mas que na sua passagem – no *envio* – transforma o equilíbrio estratégico entre a dominação e a significação. O testemunho é, nesse sentido, o m ovimento de atravessar o mundo com a matéria do silêncio que a memória desloca no corpo, fazendo emergir um texto impossível. O texto da vida.

Referências

AGAMBEN, Giorgio (1998) *Image et mémoire*. Paris : Hoebeke.

AGAMBEN, Giorgio (1999) *Ce qui reste d'Auschwitz. L'archive et le témoin. Homo Sacer III*. Paris: Éditions Payot & Rivages.

AGAMBEN, Giorgio (1999b) *Idéia da Prosa*. Lisboa: Livros Cotovia.

AGAMBEN, Giorgio (2006) *Profanações*. Lisboa: Livros Cotovia.

BENJAMIN, Walter (2000) "La tâche du traducteur". In: *Œuvres I*. Paris: Gallimard.

CELAN, Paul (2004) *Sete rosas mais tarde*. Lisboa: Livros Cotovia.

---

[12] Cf. Jacques Derrida (1980) *La carte postal*. Paris: Éditions Flammarion.

FELMAN, Shoshana; LAUB, Dori (1992) Testimony. Crises of witnessing in literature, psychoanalysis and history. London/New York: Routledge.

FOUCAULT, Michel (2001) *Dits et Écrits*. Vol. I, Paris Gallimard.

LEVI, Primo (2004) *A Trégua*, Lisboa: Teorema.

LEVI, Primo (1989) *Les naufragés et les rescapés*. Paris : Gallimard.

LEVI, Primo (1997) *Conversazioni e interviste*. Turin: Einaudi.

SOLJENYTSINE, Alexandre (1972) "Discours de Stockholm". In: *Les droits de l'écrivain*, Paris: Seuil.

TODOROV, (2000) *Mémoire du mal, tentation du bien. Enquête sur le siècle.* Paris: Robert Laffont.

VILELA, Eugénia (2007) *Silêncios tangíveis. Corpo, resistência e testemunho nos espaços contemporâneos de abandono.* Porto: Edições Afrontamento.

Um canto interrompido: a melancolia do corpo na cerimônia do adeus[1]

Fernando Bárcena[*]

> Fui tu padre? ¿Puedo ser tu hijo? ¿Qué quieres de mí? Ven y rescata el mísero desorden de mi amor por ti. No supe deshacerme en ti... pero nunca te deshice tampoco.
>
> (Inês Pedrosa, *Te echo de menos*)

> Je suis le ténébreux, -le veuf, -l'inconsolé,
> Le prince d'Aquitaine à la tour abolie:
> Ma seule étoile est morte, -et mon luth constellé
> Porte le soleil noir de la Mélancolie.
>
> (Nerval)

Neste texto falarei de um caminho que a reflexão educativa tem evitado em demasia. Isso do qual falarei tem a ver com a experiência, entendida em seu significado original de "paixão" e "padecimento". Tentaremos dizer algo acerca da educação como experiência em relação com essa prova limite que é a morte do outro ou a própria morte. O que quero compartilhar hoje e aqui são algumas palavras sobre uma certa pedagogia da despedida.

Formular agora algumas perguntas pode servir de ajuda para fixar o sentido do que aspiro dizer: como fazer para que o aniquilamento do corpo enfermo esteja ao ponto da dignidade de uma despedida? O que pensar dessa infinita tristeza, com freqüência condenada ao silêncio, que envolve a melancolia dos corpos longamente hospitalizados? Como nos despedirmos dos que nos deixam – dos amigos, dos filhos, dos irmãos e dos pais que morreram? Como nos despedirmos da juventude do corpo, quando

---

[*] Universidad Complutense de Madrid – Espanha.
[1] Tradução de Bernardina Leal.

esse começa a dar seus primeiros sinais de cansaço e envelhecimento? Como nos despedirmos do corpo que havíamos amado? Como se negar a pronunciar as palavras da recordação? : "Querida: hoje me deu uma vontade enorme de te amar. E eu disse a mim mesmo: escreverei para ela. Mas não quero te amar agora, mas antes, muito antes. Que é quando ocorre o que é grande" (Ferreira, 2003, p. 7).

Aprender a concluir

No cenário cotidiano do familiar, diariamente acompanhamos os rituais de aparição e desaparecimento dos que vêm e se vão com gestos mecânicos nos quais o corpo ocupa um lugar indiferente na cerimônia da recepção e do adeus. A escola e a família reconhecem, cada qual em um grau distinto de intensidade, a necessidade de uma educação da civilidade, na qual essas cerimônias de saudações corretas e as despedidas emocionalmente contidas constituem formas básicas para se estabelecer uma pedagogia do corpo disciplinado. Uma pedagogia que nos educa os afetos para dominá-los e deixa, muitas vezes, condenada a queixa, proibida a melancolia, e obrigada à felicidade.

Recebemos com boas-vindas e nos despedimos de outros; garantimos sua entrada em nosso círculo íntimo ou impedimos seu passo, e nesse permanente ritual civilizado uma pergunta permanece sem formular-se: o que significa dizer adeus? Os gregos chamavam as crianças de "os novos" e os velhos de "os que desaparecem". Morrer significa "sair" e no Talmude babilônico a palavra saída possui o valor numérico 903. Não em vão se alude ali a 903 classes de morte. São muitas, mas não infinitas. Porém, sim, o luto: infinito e, muitas vezes, insuportável e quase impossível. Envelhecer e, portanto, morrer, é ter que desaparecer. Adoentar-se é necessitar esconder-se, refugiar-se na suposta tranqüilidade de uma alcova para fazer descansar um corpo maltratado e doente que nos devolve, somente então, dimensões inéditas e estranhas que ignorávamos.

Podíamos perguntar onde reside essa necessidade de uma educação para a morte. Não vou me entreter em argumentos demasiadamente conhecidos por todos e que têm a ver com a recusa de nossas sociedades à possibilidade de nomear essa coisa espantosa que é a morte, de evitar deliberadamente nomear a palavra "cadáver" quando assistimos à transformação que a morte realiza em um sujeito, que o faz passar de ser um corpo a essa espécie de materialidade absoluta que é o "cadáver".

Quero referir-me ao fato de que, talvez, no discurso pedagógico contemporâneo, a educação experimente uma falsa alternativa entre propostas formativas que nos obrigam a eleger entre uma espécie de *techné* que não caminha e uma subjetividade sem a possibilidade de incidir no externo, alternativa que oculta uma cegueira ante a evidência que educar é também saber despedir-se, de algum modo. Segundo essa disjuntiva, trata-se de ter que escolher entre pensar e fazer a educação como algo que se satisfaz em sua mera realização técnica, ou como uma atividade que quer apropriar-se da história pessoal dos aprendizes, estimulando suas dimensões mais íntimas, até o ponto de roçar certo tipo de psicoterapia que, em realidade, não se atenta à transformação do que acontece no sujeito.

Diante dessas alternativas excludentes, alguns de nós têm preferido pensar a educação como uma ajuda na busca de sentido, um sentido que possa, até onde seja possível, estar "armado" para poder insinuar-se nas pregas do real. Um sentido que não precise já da elaboração de metas narrativas que fundem o sentido da necessidade de sentido. Um sentido que aceite a aprendizagem de um certo desencanto (epistemológico, político, religioso e pedagógico); um sentido, em definitivo, que ensine que toda aprendizagem é, no fundo, a aprendizagem de uma decepção, pois a decepção é um momento fundamental de toda busca no aprender, e porque poucas coisas não são decepcionantes da primeira vez que as vemos, pois essa primeira vez é a vez da inexperiência (DELEUZE, 1972, p. 45). E a morte é, justamente, essa primeira vez. Esse instante de onde não se aprende a começar, e de onde ninguém nos ensina a morrer. E, sem dúvida, aprendemos.

Inevitavelmente, essa opção tem pressionado alguns de nós a ter que voltar a pensar a infância como uma figura exemplar desse *estallido* de sentido, assim definiu Deleuze o acontecimento (DELEUZE, 2005, p. 183). No meu caso concreto, foi Hannah Arendt a pensadora que, desde sua articulação da noção de "natalidade", me ajudou a pensar a educação como acontecimento a partir do nascente (BÁRCENA, 2006). Tal categoria, que não vou desenvolver agora, permitiu-me propor um pensamento da natalidade ante a um pensamento da morte, à luz de uma filosofia e uma poética do começo. Trata-se do intento de pensar a finitude de outro modo; não como a condição que arranca do dado certo de que o que nos produz angústia não é o fato da morte, senão de que *sabemos* que vamos morrer, a finitude pensada já como possibilidade de novos começos, porque sermos finitos significa que nossas possibilidades de novos inícios são infinitas.

É a partir desse ponto que recentemente voltei a pensar em algo que havia escrito Hannah Arendt: que ainda que os homens tenham de morrer, não vieram a este mundo só para isso, senão para iniciar algo novo. O caso é que, sem negar essa proposição, creio que a infância, como expressão do que faz nascer o tempo e a história, não é a única figura exemplar do acontecimento na educação. Pois a educação não apenas tem a ver com os inícios, senão com um aprender a concluir. É possível, então, tratar de pensar a morte – o limite, o término – como figura pedagogicamente adequada do acontecimento em educação e persistente, quem sabe, falar de uma pedagogia da morte, procurando evitar toda sorte de banalidades, já que a disciplina da morte é, ao mesmo tempo, o esforço da despedida, a qual também é horizonte que dá sentido à experiência da educação. Educar significa, ademais, aprender e ensinar a concluir, pois o caráter mesmo da relação educativa é o acabamento, sua morte simbólica. Ao final de um processo educativo, há que se saber dizer adeus: há que se acompanhar o sujeito até a morte "simbólica" de sua identidade. Não apenas dizemos que valeu a pena estarmos juntos, senão que se manifesta um pensamento agradecido: reconhece-se a troca, as transformações que aconteceram – o que nos passou – ao longo do percurso educativo. Mas, ao manifestar esse reconhecimento e ao criar uma disposição para poder agradecê-lo de algum modo, o que se coloca em jogo é, precisamente, a cerimônia do adeus à infância. Estar à altura da transformação que foi possível operar-se em nós significa, então, estar à altura da dignidade da despedida da infância, do que foi um começo, ter que assumir uma atitude de respeito perante ela. Despedir-se dos que morrem, como despedimo-nos de nós mesmos na trama experiencial da educação, é ter que despedir da própria infância, e é ter que recordá-la para preparar um mundo no qual o fato de ser criança não seja sinônimo de marginalidade, nem vir a ser adulto adote o sentido de uma traição.

Estou situando, como marco de integração do que direi em seguida, a outra face do acontecimento, uma que, sem negar a força dos inícios, reconhece a importância dos finais. Recorrer à morte como figura do acontecimento não é trair a infância, assim como aprender, transformar-se, tornar-se adulto não equivale a uma infância traída. Pensar a morte e o acontecimento que a antecede – o sofrimento, a dor e a lágrima – é tratar de pensar o que está em uma relação extrema comigo e com meu corpo: o que está fundado em cada um e o que não tem relação conosco, o incorporal, o impessoal (DELEUZE, 2005, p. 185). É ter que falar da parte do acontecimento cujo cumprimento não pode realizar-se, é ter que conceder uma palavra ao luto, um luto que, ao mesmo tempo em que é um convite à aprendizagem do concluir, é, no fundo, infinito. E assim o é porque a morte, à diferença talvez da dor e do sofrimento, é resistente à ordem da representação; ou para dizê-lo, quem sabe, mais corretamente: a representação da morte é a representação de uma ausência e sua figura literária mais apropriada é, talvez, a prosopopéia, o tropo (*tropus*) segundo o qual uma pessoa ausente ou imaginária é apresentada como se falasse ou atuasse, algo assim como uma presença falida, como uma presença sem presente ou como a presença do fantasma (CRITCHLEY, 2007, p. 72). A representação da morte é sempre uma máscara por detrás da qual não há nada, um pouco como o rosto de Tadzio, que aparece a Von Ashenbach, quando ele morre na praia, ao final de *Morte em Veneza*. Talvez por ele, o sentido último da finitude humana é que não podemos encontrar uma realização com sentido para o finito e por ele a morte carece de sentido e a tarefa do luto é infinita.

Porém, que não possamos encontrar uma realização "com sentido" para a morte e que o luto seja infinito, não quer dizer que o luto não possa realizar-se como tarefa, nem que possamos aprender a consentir a morte, no sentido de uma aprendizagem da despedida. A morte é o inaceitável, mas a assumimos o luto é infinito, mas o realizamos.

Neste ponto tenho que traçar, então, como proceder. Como dizer que não podemos representar, mas sim assumir? Da única maneira em que, apesar de tudo, me é possível fazê-lo: literalmente. Proponho a vocês que me acompanhem em um percurso de leituras e de acontecimentos, em que a voz de alguns escritores e, preferencialmente de um único, o escritor francês Philippe Forest, inevitavelmente acabará confundindo-se com minha própria voz (FOREST, 2005). No qual a morte de uma menina – figura do começo – se confunde com a morte de uma anciã, que é uma figura de desaparecimento. No qual a voz literária, em sua precariedade e fragilidade, levou-me a ter que aprender, na tarefa de um luto incessante, minhas próprias. E no qual percurso essas vozes que se mesclam estão embebidas pela infinita tristeza de uns corpos melancólicos em seu sofrer.

Quero intentar falar de uma infinita tristeza, da melancolia dos corpos na cerimônia da despedida. Falar quando se começa a dizer, como tudo o que é um começo, acaba sendo muito difícil, pois convoca muitas recordações, as leituras que fiz, a escrita que se rompeu, e me coloca frente ao abismo de minhas palavras, pois não importa já quem diga nem quem fale quando as palavras transmitem muito menos do que eu quero comunicar com elas.

Desse modo, hei de recorrer de novo à literatura, que nos ajuda, mas não nos salva, para nomear o acontecimento do que me passou. E eu o farei sabendo, no plano da reflexão filosófica, até onde pode levar-nos essa confusão do filosófico e do literário. Direi isso parafraseando um texto que Simon Critchley cita de seu mestre Stanley Cavell: "Pode a filosofia (da educação) converter-se em literatura e seguir reconhecendo-se a si mesma?" (CRITCHLEY, 2007, p. 20). A resposta é ambígua: sim, a filosofia (da educação) pode converte-se em literatura e seguir reconhecendo-se a si mesma... mas já não como filosofia.

Corpos entristecidos: da morte das crianças

Falemos, primeiro, do que não sabemos, quando é um não-saber o que nos protege e nos orienta ante a dor de um filho que morre. "Eu não sabia", escreve Philippe Forest:

> Ou melhor dito: já não me recordo. Minha vida era esse esquecimento e isso era o que eu não via. Vivia entre palavras, insistentes e insensatas, suntuosas e insolentes. Mas recordo: eu não sabia. Agora vivo nesse ponto do tempo. Cada noite, como um ritual, deposito o volume vermelho sobre a mesa de madeira que me serve de escritório. Somo os dias: agrego, suprimo, anoto, leio. (FOREST, 2005, p. 13)

Com essas palavras começa a novela – ensaio – diário de Forest intitulada *L'enfant éternel*; não sabemos muito bem como denominar uma escrita que é a expressão de um luto inconsolável. Trata-se de um texto escrito apenas sete meses depois da morte de sua filha de quatro anos por um osteocarcinoma maligno e em tão somente quatro meses de autêntico frenesi.

> A palavra câncer nunca se pronuncia. Fala-se de "regeneração", de "lesão, de "espessura", finalmente de "tumor". Logo se passa aos termos mais técnicos: "sarcoma ósseo"... [...] A aprendizagem da morte é uma longa pedagogia cujos rudimentos tratamos de incorporar, é o abecedário do terror. (FOREST, 2005, p. 53)

Os médicos economizam a linguagem, os modos de expressão e de fadiga psíquica: não dizem nada mais do que pode ser entendido, porque antes já fora adivinhado. E, enquanto o diagnóstico não é firme, os pacientes e seus familiares preferem não saber.

Esse texto de Forest indaga, sob o signo de um testemunho que não fora querido oferecer, as profundezas de um sofrimento inútil: sofrimento estéril por excesso de dor e por incapacidade do paciente, por incredulidade dos familiares; sofrimento que não redime, nem libera, nem purifica. Um sofrimento sem sujeito, pois quem o vive não pode resisti-lo e, sem dúvida, permanece nele, em um dia-a-dia cruel e implacável, como um mártir, de todo, involuntário. As palavras de Forest, escritas como quem remexe sua própria ferida, conformam uma escrita que não pode ser já terapia. Há que reconhecê-lo. Nem para Vitor Hugo, após a morte de sua filha Leopoldine, nem para Mallarmé, após a morte prematura de seu filho Anatole, a poesia foi cumprimento de um luto: "[...] nem o amor nem a poesia triunfam sobre a morte. São apenas um caminho de palavras que sempre conduzem ao ataúde fechado" (FOREST, 2005, p. 215). Tampouco para Forest que, sem dúvida, escreve e escreve:

> Fiz de minha filha um ser de papel. Transformei, a cada noite, meu escritório em um teatro de tinta onde sucediam, outra vez, suas aventuras inventadas. Cheguei ao ponto final. Guardei o livro junto aos outros. As palavras não servem de nada. Sonho. Ao despertar pela manhã, ela me chama com sua voz alegre. Subo ao seu quarto. Está débil e sorridente. Dizemos as palavras habituais. Já não pode descer sozinha a escada. A tomo em meus braços. Levanto seu corpo infinitamente leve. Sua mão esquerda se agarra, com força, em minhas costas, desliza em volta do meu colo seu braço direito e em meu ombro sinto a terna presença de sua cabeça nua. Levo-a comigo sustentando-me na varanda. E, de novo, em direção à vida, descemos a escada de madeira avermelhada. (FOREST, 2005, p. 399)

Forest segue e esteira poética de Mallarmé: não é possível que as crianças que vão morrer se dêem conta de sua própria morte. Aí está o atroz: na consciência nítida do último desfalecimento. É necessário conjurar a realidade da morte, sua contundente e obstinada evidência. Há que se dizer adeus sem pronunciar essa palavra, envolver a despedida em outra eternidade diferente daquela que possamos dispor. O filho, com sua morte, o pai, com sua supervivência, hão de encontrar um modo que os una nessa eternidade elaborada em um tempo especificamente humano. Pois uma morte não sabida, esta é a vã ilusão literária que nos resta, não é uma morte verdadeira: é preciso, então, escrever a morte, anotar essa dor, para furtar da morte sua vitória. É preciso eternizar a criança que morre no interior da escrita e é necessário, portanto, que a morte real chegue para que seu corpo inventado com palavras obtenha essa outra eternidade. Forest é lúcido aqui: a escrita é a faca com a qual Abraão se inclina, obediente, sobre Isaac:

> O menino recriado pelo verbo é um fantasma que a escrita apenas desperta para celebrar melhor a si mesma. Tudo o que ele era se perdeu. Ao converter-se em religião, a poesia justifica a morte e a mancha quando deveria manter os olhos abertos na obscuridade. A poesia não salva. Mata quando pretende salvar. Faz morrer de novo o menino quando ascende o seu cadáver, pretendendo ressuscitá-lo sobre a página. (FOREST, 2005, p. 219)

Mallarmé o sabe: "Oh! Sabes bem que se consinto em viver, em aparentar, é para alimentar minha dor e que este aparente esquecimento surja ainda mais vivo em lágrimas, a qualquer momento, em meio a esta vida, quando você me aparece" (MALLARMÉ, 2005, p. 161).

Dez anos depois, após duas novelas onde relata o sofrimento e a morte da menina, escreve *Tous les enfants sauf un*, um ensaio sobre a morte das crianças, a enfermidade e a melancolia hospitalar (FOREST, 2007). As palavras continuam sem servir muito, mas existe a íntima necessidade, quase urgência, de dar sentido. Durante dez anos Forest intenta pensar de novo o acontecimento da morte de sua filha para saber se havia algum significado. Pensar de novo o vivido; pensá-lo uma e várias vezes, para não esquecer, pois a revelação, se alcançada, concerne a cada um e só pode adotar a forma de uma experiência, de uma prova.

Neste ensaio o que se intenta é dar testemunho de uma reação unânime que, um dia, será de cada um. Idêntica experiência, mas distinto testemunho. O processo da enfermidade, o simbolismo que envolve a enfermidade e a morte das crianças, seu processo de canonização social, o universo hospitalar como um universo imóvel e indiferenciado que vagueia pelas margens de um mundo onde habitam os vivos. É difícil não representar o hospital como um gueto, como um espaço-outro onde populações internas de enfermos são detidas à espera de uma solução final, invisível e permanentemente dilacerante e temida.

O hospital: entrada com uma idade estranha cujas regras não são de todo desconhecidas, mas que subitamente aprendemos. Um país estranho onde as luzes nunca se apagam, onde as portas dos quartos raramente se fecham, onde os pacientes não têm direito a uma verdadeira intimidade; tudo se compartilha: tosses, escarros e nudez. A pequena Pauline terá que viver sozinha essa experiência. As provas diagnósticas são, a despeito de suas boas intenções, uma violência que se exerce em um corpo de menina, com cheiro de menina. Uma dessas provas, uma cintigrafia que exige a injeção de um produto radioativo que necessita de várias horas para fixar-se no esqueleto, exige que seus pais se vistam com umas enormes camisolas azuis, para protegerem-se dos efeitos dos raios. A pergunta é inevitável: "O corpo de nossa filha tornou-se venenoso e temos que nos proteger dele?" (FOREST, 2005, p. 49). Não é possível o contato entre o corpo da menina e de seus pais, nem as carícias, nem os beijos. Não é possível sentir o aroma da menina, o cheiro dos pais, o contato entre os corpos que se deram vida.

A cura exige anular o tato; o corpo dessa menina que não conheço me leva agora, dois anos depois, ao maltratado corpo da minha mãe, anciã, em avançado estado de câncer maligno de pele. Sem poder exercer controle algum sobre seu corpo, sem direito ao pudor, nua, deslizo sobre ela um líquido viscoso altamente contaminante, faço-o com a máxima delicadeza, quase envergonhado por ter que fazê-lo, e com a máxima ternura da qual sou capaz, oculto por detrás de uma enorme bata branca, gorro que me cobre os cabelos, luvas, enormes óculos que me impedem de ver e máscara. Ela guia minha mão pelo mapa de sua pele: "Filho, tenha cuidado com meus mamilos, doem-me muito os seios, o médico falou, meus braços, minhas nádegas, minhas coxas". E eu obedeço, dócil, suas orientações. E, assim, por um dia, e outro, e outro, e mais outro.

Uma grande melancolia reina no hospital. Médicos, enfermeiros e funcionários hospitalares praticam uma espécie de ritual voluntarista de bom humor que, em seguida, torna evidente que não serve mais do que para ocultar o contrário: uma infinita tristeza. A melancolia hospitalar é uma expressão da angústia metafísica que o espetáculo do sofrimento suscita; espetáculo insuportável que requer dos profissionais a distração para nomear a morte, ou a máscara do bom humor. A tudo o que pese, ao peso do trato diário com o sofrimento – ou precisamente devido a ele – a morte segue sendo um tabu para uma consciência moderna que crê ter triunfado sobre a superstição e os mitos, ao rodear aqueles que sofrem e morrem com um discurso razoável e compassivo. Ao aproximar-se a morte, o pessoal do hospital se retira. Síndrome de fuga por parte dos médicos e enfermeiros que hão de proteger-se do que vivem diariamente. Esse alheamento se acompanha de um vocabulário que coloca aquele que está, todavia vivo, na posição de já morto: "Precisa descansar, por favor, deixem o paciente dormir". É necessário que o moribundo permaneça tranqüilo, que descanse. E, mais além dos cuidados e dos calmantes necessários nesse momento, esses sinais mostram a impossibilidade, do pessoal do hospital, de suportar a enunciação da angústia, o desespero e a dor. Faz-se necessário impedir que isso (a morte, o fim) se diga. E, por ser o fim tão imenso, ele é a própria poesia. E necessita pouca retórica. Haveria que limitar-se a expô-lo com simplicidade.

No hospital enfrentam-se duas lógicas irreconciliáveis: a da ideologia e a do real. De um lado, certa colaboração na mentira, socialmente justificada, de que é técnica e economicamente factível oferecer (ou fabricar) um corpo perfeito, eternamente jovem, belo e são e que é justo, portanto, receber, em troca, uma redistribuição correspondente a tal propósito. Mas, por outro lado, não se pode fechar os olhos diante do que diariamente se evidencia como um testemunho mudo: que a morte e a velhice existem para todos, que a dor rompe em pedaços o fantasma narcisista de um corpo sempre são e belo. Médicos, enfermeiros, psiquiatras, psicólogos, assistentes sociais, educadores, sentem diariamente o *rasgo* que produz a esquizofrenia de situar-se na rachadura entre dois discursos contraditórios que coexistem.

O enfermo (o paciente, o que padece) percebe-se retirado do tempo. Nada do que se faz com ele, ou sobre ele – e tudo passa pelo que se faz com seu corpo, é controlado pelo próprio enfermo: esperas intermináveis, adiamentos constantes, trocas de programa terapêutico, noites com o sono constantemente interrompido... Tudo isso contribui para incrementar sua "impaciência", a colocar à prova sua condição de "paciente", com o sentimento de que tudo se tramou contra ele. A enfermidade, então, é uma estranha experiência do tempo. O doente crônico, hospitalizado durante muito tempo, abandona-se a tarefas que a vida moderna deixa em suas margens: a contemplação, a meditação, o silêncio, talvez a leitura. Ou simplesmente afunda seu olhar no infinito. Torna-se melancólico e, com freqüência, mais sábio.

O enfermo é, ademais, expropriado de sua condição de sujeito e, freqüentemente, percebe que é tratado como meio objeto, como um "caso" clínico, a parte experimental de uma exposição oral que se apresentará no próximo congresso internacional da especialidade. Sua única contribuição ao protocolo médico consiste na concordância da sua vontade à nova condição de enfermo. Seu corpo, antes silencioso, devém matéria e máquina, uma peça que faz parte de uma maquinaria cuja contribuição consiste em ser dócil a ela, em negar sua capacidade de resistência diante da invasão, diante do poder que se exerce em nome de uma saúde prometida. Mera prótese periférica da grande maquinaria médica. É certo que o tratamento não se faz nunca contra o doente, mas a lógica íntima do tratamento exige o aval silencioso do paciente, seu total consentimento, um ato de desprendimento de si mesmo. Trata-se de ascender a uma terrível passividade. Uma passividade que contrasta com essa passagem de um charmoso livro do poeta Al Berto:

> E no centro da cidade, um grito. Nele morrerei, escrevendo o que a vida me deixa. E sei que cada palavra escrita é um dardo envenenado, tem a dimensão de um túmulo, e todos os seus gestos são uma sinalização em direção à morte – ainda que sempre seja absurdo morrer. (AL BERTO, 1999, p. 168)

O hospital é o lugar de um ostracismo selvagem, mas também é o santuário protetor do enfermo. O lugar temido e, ao mesmo tempo, aspirado, o lugar de onde não se quer sair com facilidade, após uma hospitalização prolongada. O hospital é, então, como lugar de acolhida, refúgio sagrado, espaço de submissão e docilidade. As grandes dores são mudas. A morte das crianças – esse sofrimento inútil que tanto estremecia Dostoievski – impõe um silêncio e uma patética especial: é um escândalo que silencia qualquer metafísica.

Mas o hospital também infantiliza. Estranha relação entre o hospital e a infância. O hospital infantiliza ao educar os enfermos em um estado de dependência que os devolve aos primeiros anos de vida. Mas como infantilizar uma criança? Não é possível; há uma gravidade neles que nos causa admiração e nos inquieta. Bastam poucas semanas para que as crianças adquiram ali uma maturidade irreal, uma lucidez comumente infreqüente no adulto enfermo. É como se, no hospital, todos nós nos tornássemos crianças... menos as próprias crianças. Sua coragem, sua resistência, no hospital, causam-nos admiração. Uma criança enferma pode, facilmente, passar-se por um santo; uma criança morta dir-se-á divinizada. Mas esse processo de canonização social das crianças converterá seu sofrimento em um tipo de expropriação. Essa santificação, tão específica de certa mitologia da infância, mata a criança duas vezes: primeiro, como indivíduo, ao sugerir que todas as crianças são ideal e sublimemente parecidas e, segundo, como enfermo, ao afirmar que seu sofrimento é, no fundo, um bem, oculto sob a aparência de um mal que lhe permite elevar-se a um nível superior de existência. Assim, a santificação da criança enferma é, ao mesmo tempo, uma santificação da infância e da enfermidade, uma santificação que se paga o preço de uma negação.

Juntas, uma menina, convertida em figura literária, e uma anciã, que é minha própria mãe, reúnem o início e o final do tempo, toda uma história do corpo. E é que a questão do final remete à questão da origem: a vida recebida e a vida dada. A morte de Pauline é uma interrupção brutal da cadeia da carne, da esperança contida em um corpo que começa: "Pensávamos transmitir a vida que havíamos recebido e demos a morte. Toda novela designa esse laço de hálito e sangue pelo qual o indivíduo nasce à verdade do tempo. Paternidade ou maternidade: a experiência crucial é a da vida recebida, a da vida dada" (FOREST, 2005, p. 140). O tempo: assunto da origem e do começo, assunto da vida dada e recebida e assunto também da língua. Porém, nada serve de consolo: a escrita não cessa de triunfar sobre a morte.

Vitor Hugo e Mallarmé, desolados pela precoce morte de seus filhos, enlouquecem de dor, e se refugiam na escrita, que nos fornece consolo. *Contemplations* é o texto da dor de Vitor Hugo. *Pour un tombeau d'Anatole*, os fragmentos rotos de um intento, inacabado, de eternizar a pequena criança. "Seu espírito, / que tem eternidade – pode esperar / ser eternamente através de minha vida." E Forest, como se confundindo sua voz com a pena de Mallarmé, acrescenta: "A criança que morre é eterna, a pena do pensamento torna infinito o breve espaço dos dias que anunciam o fim" (FOREST, 2005, p. 209). Trata-se de fazer com que a pequena Pauline e o pequeno Anatole vivam na escrita para, assim, eternizarem-se; frágil esperança, porque a aproximação das respectivas escritas far-se-á sempre com uma memória que recorda um vazio que jamais poderá chegar a um ponto máximo.

Política do espírito: da melancolia

Sem dúvida, no texto de Forest há muita dor. Sua experiência é atroz. Mas há algo mais: uma profunda melancolia que permite sentir o que se pensa e se escreve. Existe toda uma *política do espírito* que permite a Forest gerir a própria dor até convertê-la em uma espécie de *poética da melancolia*. Nada salvará a menina. Não obstante, fez-se necessário transformá-la em uma criatura de papel – mera figura literária – para que perdurasse de outro modo no pai escritor. Sua escrita – a literatura – atravessou seu corpo melancólico.

Há vínculo entre o pensamento e a tristeza da qual é necessário dizer alguma coisa. Na verdade, o pensar nasce de um estado próximo a essa pena que não tem nome que é a melancolia. Há um fragmento de Schelling que nos fala desse vínculo. É um texto pertencente a *Sobre a essência da liberdade humana* (1809), e o cita George Steiner em seu ensaio *Ten (Possible)*

Reasons for the Sadness of Thought. O fragmento diz assim: "Esta é a tristeza que se adere a toda vida mortal, uma tristeza que, sem dúvida, nunca chega à realidade, senão que apenas serve à perdurável alegria da superação. Daí o manto do pesar que se estende sobre a natureza inteira, daí a profunda e indestrutível melancolia de toda a vida" (STEINER, 2007, p. 9-10).

Ao comentar esse fragmento, Steiner disse que o passo do *homo* ao *homo sapiens* está marcado por um véu de tristeza; a perda da inocência carrega, ao que parece, o "peso do pensamento" e uma espécie de "legado de culpa". Nossa admiração original pelo acontecimento do mundo nos empurra, transgredindo os limites de um "conhecimento proibido", a querer olhar, sem rubor, nos segredos que os deuses, ciumentos, guardam para si mesmos. Trata-se de segredos cujo objeto é nós mesmos, porque se refere a nós mesmos. Mas essa mesma admiração, essa curiosidade que nos é nata, coloca-nos frente a nossos próprios limites, faz-nos encarar com fadiga nossa finitude. Queremos saber, mas não podemos. Podemos pensar em algo, acerca de algo, mas o que está além do pensamento, esse ponto de inflexão do impensável – o que nos provoca tanta frustração, tristeza e desencanto – está mais distante de nós mesmos do que cremos. Sua origem não se encontra em nenhum cofre escondido pelos deuses, senão em nós mesmos: em nossos prazeres e em nossas dores. No fundo, a tristeza do pensamento nos torna melancólicos, porque o pensar nos faz presentes ante nós mesmos. E há que se recordar que a melancolia, que literalmente significa "bílis negra", é, em seu sentido original, uma característica do corpo.

O melancólico se identifica pela quietude do seu corpo, por seu olhar, por seus gestos. Uma enfermidade tanto do ânimo quanto da estrutura física, tanto da mente quanto do corpo. Na melancolia, o sujeito se encontra em um ponto intermediário entre o ser e o não-ser. Nisto consiste a melancolia: uma pena que não tem nome; ante-sala da tristeza, sim, mas também a base do nascimento da subjetividade e a possibilidade mesma da crítica. Recordemos a obrigação que tanto nas (dis)topias como em muitos totalitarismos havia de ser ditosa: proibida a tristeza, necessidade de um controle dos afetos. O adivinho, o louco e o herói melancólico situam-se nessa terra de ninguém que habita a melancolia. Um estado de "passividade" deve caracterizar o melancólico. Poetas e filósofos são seres melancólicos precisamente devido a essa passividade, algo que permite um estado de contemplação e de iniciação aos poderes de adivinhação. Os iniciados nos mistérios filosóficos devem estar passivos, fazer-se com as coisas, dizia Aristóteles, colocando-se frente a si mesmos em um tipo de "estado interior" que se caracteriza pela "paixão", pelo "sofrimento". Têm que ser padecer das coisas, e não tanto compreendê-las racionalmente.

Uma figura bem expressiva dessa melancolia é, sem duvida, *Melancholia I* de Alberto Durero: uma criatura que, sentada num ato de meditação, mantém um olhar absorto a sua frente. Abandonados ao chão, ao seu lado, espalham-se os objetos e utensílios da vida ativa: pregos, uma escova, um martelo, um esquadro, umas pinças, uma serra. O rosto do anjo melancólico se oculta por detrás das sombras, e a luz se reflete em suas amplas vestes e em uma esfera situada a seus pés. Agambem assinala que o anjo da melancolia representa a arte: o anjo está submerso em uma dimensão intemporal, nessa terra de ninguém a qual antes me referia (AGAMBEM, 1998, p. 173). Está detido em um instante do tempo e nele permanece em estado de quietude e passividade. Os objetos do mundo perderam para ele todo o significado e que estejam ali, abandonados a seu ser, não faz senão reforçar o estranhamento do próprio anjo. O estranhamento é, de fato, agora, seu mundo. Em sua quietude e tristeza, o anjo parece fazer do espaço da contemplação estética um ato radical de intransmissibilidade. Nesse estado de melancolia, nesse olhar contido, o anjo de Durero parece dizer-nos que somente a arte é capaz de expressar o intransmissível; tanto na beleza quanto no horrendo, tanto no prazer quanto na dor.

A melancolia opera suas transformações. Há muitos anos, em uma universidade de Paris, um professor que dava um curso sobre literatura romântica alemã surpreendeu-se em uma espécie de arrebatamento resultante de um amor implacável e radical, absoluto. Então, deu um giro no curso: transformou seu ponto de vista, suas referências, os textos, os instrumentos e, em tudo o que dizia, colocava-se no meio; estava falando dele e do que se passava. Seus próprios afetos – sua própria política do espírito – ficaram misturados aos escritores dos quais falava e fazia que nessas obras renascessem seu amor, sua angústia ou seus ciúmes. Desse amor e desse curso saiu, tempos depois, o livro *Fragments d'un discours amoureux*, de Roland Barthes. Da imensa dor de Forest saiu, como um grito emudecido, *L'enfant éternel*.

Final

E, agora, eu chego ao final desta escrita. Necessitei demorar-me, preparar este final, este adeus. Ainda que não haja um instante para se dizer adeus. A cerimônia de despedida se reparte em fragmentos de vida, enquanto a vida dura, e a morte nos alcança. A cerimônia de despedida se fez como uma cruel e lenta pedagogia da morte, no último ano da menina, enquanto a pequena Pauline ensinava seu pai a dizer adeus entre jogos, canções e estórias inventadas. O livro foi escrito; embora jamais tenha ele pensado em converter-se em escritor: bastava-lhe ser um professor de literatura comparada, um leitor audaz de literatura francesa. O livro encerrou-se, e o escritor tem de reconhecer que nem a arte nem a vida o salvaram do sofrimento e da angústia, da enfermidade e da morte. E, ainda assim, faz-se necessário seguir escrevendo e seguir vivendo. Ficamos como que compelidos a romper nosso silêncio e participar nos ritos do luto. E fazê-lo com a máxima delicadeza para evitar o *pathos* insidioso da memória pessoal. Seguir vivendo para contar a dor e contar a morte, talvez para consolar os vivos. Porque um se vai antes que o outro, e essa experiência de perda necessita da prova da singularidade de um afeto, de uma ausência ou de uma amizade. Ainda que nem a arte nem a escrita nos livrem da dor, elas nos ajudam a responder a um acontecimento singular: é uma ocasião única para intentar acertar com as palavras justas.

Não, a cerimônia da despedida não se resume a um só ato. Há que se esperar. Esperar que a parte que morreu daqueles que amamos morra também em nós, a parte que é apenas carne, a parte que vem e vai. Esse é o conselho que o bom Spangler, um personagem de *La comedia humana*, de William Saroyan, pode dar ao jovem Homer, após a morte de seu irmão em uma guerra cruel que não entende:

> Esse morrer está te doendo agora, mas espera um pouco. Quando a dor se torne total, quando se converta na morte mesmo, te deixará. Demora um pouco. Tenha paciência, ao final irás para casa sem nenhuma morte dentro de ti. Dá-lhe tempo para que se vá. Eu me sentarei contigo até que tenha ido. (SAROYAN, 2005, p. 207)

Que pese toda a dor, que pesem todas as injustiças e os suplícios que nos temos dado, nessas palavras encontro uma resposta, uma que será acusada de ilusória e vã, uma resposta que, para muitos, talvez não esteja à altura de nossos sofrimentos ou do que nos passa. E, sem dúvida, sim, está. Eu sei que está. Mas essa é uma experiência minha. Não é algo que eu tenha feito, mas algo que fizeram por mim. É uma resposta que não pretende salvar o mundo, mas sim tem curado feridas concretas e singulares. Essa resposta é: amor. Não há outra saída, na verdade nunca houve outra resposta, nem outro modo de proceder. Essa palavra, tremenda e já muito usada, é a que vemos em gestos que encerram sua própria poesia. Sim.

Creio que é algo assim; permitam-me que o diga. É um gesto de amor e de resistência. Tenho que crer que assim seja. E não posso demonstrar.

É um gesto do mestre Bernard, em *El primer hombre*, a novela de Camus, o mestre de Jacques, o mestre que, ao final de cada trimestre, lê para as crianças histórias de guerra e longas passagens de *Les Croix de bois*, esse gesto tímido de presenteá-lo com esse livro, rudemente envolto, a ele, ao pequeno Jacques, que um dia havia se emocionado com a leitura, enquanto lhe disse: "Pega, é para você; no último dia você chorou, lembra-se? Desde esse dia, o livro é seu" (CAMUS, 2003, p. 131).

No gesto da senhora Macauley, na novela de Saroyan, que disse ao seu filho Homer – que todas as tardes vai de bicicleta ao povoado de Ithaca levando mensagens carregadas de dor enviadas pelo Departamento de Defesa Americano, durante a Segunda Guerra Mundial – uma criança de doze anos a quem dói a dor de uma guerra que não entende, uma guerra que acabará matando seu irmão, a criança Homer, que não tem pai, e a quem dói crescer e tocar toda essa dor de fora, esse gesto, digo, de uma mãe que diz a seu filho:

> O mundo está cheio de criaturas assustadas. E, como estão assustadas, assustam-se a si mesmas. Tente entender. Tente amar a todo mundo que encontrares. Eu estarei te esperando nesta sala, todas as noites. Mas não importa que você entre e fale comigo, a menos que precise fazê-lo. Eu entenderei. Sei que haverá vezes em que o coração será incapaz de dar à língua uma única palavra a ser pronunciada. Você está cansado, agora tem que ir dormir. (SAROYAN, 2005, p. 30)

Era o gesto, agora a lembrança, de minha própria mãe, quando meu pai morria e emagrecia, e se assustava, e não queria saber que estava morrendo e, então, minha mãe diminuía a cintura de suas calças para que acreditasse que havia engordado e, então, meu pai quando se vestia, chamava-a, gritava-a e, com um sorriso, dizia: "Veja, Jose, parece que engordei". E minha mãe, esgotada, também sorria.

Sustento meu pai enquanto ele morre e sussurro para ele palavras que já não me lembro. Contemplo silencioso e aturdido os últimos instantes de minha mãe, cujo corpo ainda reconheço como seu e evoco as palavras que apenas doze horas antes me dizia com um fio de voz: "Como você está, mamãe?", "Morrendo, filho, morrendo". Não se pode dizer nada. Esperar que terminem os sonhos confundidos com pesadelos. Suportar o novo estado de desamparo em que me encontro: agora apenas posso ser pai do meu filho. É agora quando me chega a vidência esfarrapada de minha paternidade cansada. E permaneço ali, instalado na beleza e na humildade, entre a memória e o reconhecimento. Em uma dívida infinita. À espera da dignidade de um adeus; à espera da dignidade da lembrança; à espera da dignidade do esquecimento; à espera de outro tempo. Sim, talvez, somente à espera. Porém, a mim também segue estremecendo toda essa beleza. Toda essa vida. Sim, essa vida.

Referências

AGAMBEN, Giorgio. *El hombre sin contenido*. Barcelona: Áltera, 1998.

AL BERTO. *Lunário*. 2. ed. Lisboa: Assírio & Alvim, 1999.

BÁRCENA Fernando. *Hannah Arendt. Una filosofía de la natalidad*. Barcelona: Herder, 2006.

CAMUS, Albert. *El primer hombre*. 4. ed. Barcelona: Tusquets, 2003.

CRITCHELY, Simon. *Muy poco... casi nada. Sobre el nihilismo contemporáneo*. Barcelona: Marbot ediciones, 2007.

DELEUZE, Gilles. *Lógica del sentido*. Barcelona: Paidós, 2005.

DELEUZE, Gilles. *Proust y los signos*. Barcelona: Anagrama, 1972.

FERREIRA, Vergílio. *En nombre de la tierra*. Acantilado: Madrid, 2003.

FÖLDENYI, László. *Melancolía*. Barcelona: Galaxia Gutenberg/Círculo de Lectores, 1996.

FOREST, Philippe. *L'Enfant éternel*. Gallimard: Paris, 1997.

FOREST, Philippe. *Tous les enfants sauf un*. Gallimard: Paris, 2007.

MALLARMÉ, Stephane. *Pour un tombeau d'Anatole*. Edición bilíngüe. Vitoria: Ediciones Bassari, 2005.

SAROYAN, William. *La comedia humana*. Barcelona: El Acantilado, 2005.

"Minh'alma agora é quase só tristeza": o filosofar como capacidade de dar conta dos golpes do destino. A criança filosofante Friedrich Nietzsche[1]

Eva Marsal[*]

Gostaria em minha conferência de dar uma idéia da criança filosofante Nietzsche, criança que procura reflexivamente se libertar dos seus traumas desenvolvendo pensamentos e conceitos próprios. Escolhi, por isso, em meio à abundância de poemas e textos de infância, aqueles nos quais o menino Nietzsche, filosofando, confrontou-se com a morte, com o papel de Deus, com a questão da verdade ou com a pergunta pelas conseqüências da dúvida, buscando suportar sua traumática experiência pessoal. Já aí Nietzsche demonstra sua associação entre filosofia, arte e vida. Apresenta então a arte como meio de ligar numa forma unificada a visão trágica e o ímpeto vital, idéia que mais tarde explora[2] de forma sofrida em sua filosofia-experimental. Os textos e poemas de infância revelam os lances de pensamento em meio aos quais o jovem Nietzsche elabora sua perspectiva interior e prepara seu conceito de autonomia, no qual o indivíduo é explicitamente remetido a si mesmo.

O fundo biográfico

A reconstituição verbal de graves problemas e sua elaboração filosófica tem, segundo Daniela Cahmy, um efeito terapêutico. Essa suposição é endossada pela pesquisa dos traumas.

Semelhante comprovação fez Hermann Josef Schmidt em sua *Quadrologie zur Kindheit und Jugend vom Friedrich Nietzsche*. O biógrafo Werner

---

[*] Pädagogische Hochschule Karlsruche – Alemanha.
[1] Tradução de Edgar Lyra.
[2] GERHARDT. 1995, p. 18.

Ross[3] tem como ponto de partida um Nietzsche traumatizado por golpes do destino que lhe sobrevieram aos cinco anos de idade: a morte do seu pai e a concomitante perplexidade quanto ao papel divino. – Será que Deus não podia, ou não queria, dar ouvidos às orações e salvá-lo? Além disso, pouco tempo mais tarde Nietzsche teve que suportar a morte do seu pequeno irmão, e ainda por cima a perda da terra natal. A paróquia rústica da aldeia Röcken pertencia agora ao sucessor. Vinha associada à perda do seu lugar de refúgio, da qual se lembra num poema escrito ainda aos dez anos:

> Lá naquele pico rochoso
> Lá é meu lugar preferido[4]

Ross escreve: com a mudança para Maumbrug, Röcken soçobrou "para o menino de seis anos, tão irrevogável quanto a figura idealizada do pai. Naumburg era a antítese do idílio de lago e jardim: escura, estreita, provinciana", não restava mais lugar onde ele pudesse se esconder, sobrando apenas o sutil jogo de esconder feito com as palavras, jogo que ele praticou até o fim da sua vida consciente.[5] É preciso, por conseguinte, seguir em busca de pistas já nos textos de infância.

A narrativa ininterrupta da própria história como trabalho de destraumatização: a primeira autobiografia aos treze anos

Schmidt, que tão bem trabalhou na decifração desses textos de infância, chamou a atenção para aquilo que já Ross soubera, "que todos os testemunhos" que possuímos de Nietzsche são, de uma forma ou de outra, estilizados, que têm, portanto, "que ser sistematicamente procurados nos silêncios, nos matizes."[6] Acrescente-se que todos os motivos e temas centrais de que Nietzsche se ocupou em sua obra madura já se insinuam nos

---

[3] ROSS, Werner: *Der ängstliche Adler. Friedrich Nietzsches Leben*. Kastell: Stuttgart 1990, p. 23.
[4] BAW, p. 307.
[5] Gerhardt, Volker: *Friedrich Nietzsche*, München² 1995, p. 62: "Pensamento e expressão estão aqui imediatamente relacionados; a situação e o ambiente mais próximos são decisivos. Tudo depende, via de regra, de ocasião, entonação, nuance e pontuação; não menos que da estreiteza ou abrangência do contexto, do ânimo jovial, da forma solta ou da casualidade de um pronunciamento. O texto é sempre surpreendentemente bom. O texto é a tela com a qual Nietzsche não apenas mostra e adorna, mas também oculta".
[6] SCHMIDT 1991, p. 454.

seus textos de infância.⁷ De início, gostaria de me debruçar sobre sua primeira estilização própria, sua autobiografia iniciada em 1858, e com isso me concentrar na apresentação das situações que, na esteira de Ross, considero traumáticas. Quero, em seguida, reconstituir a contenda espiritual empreendida em seus primeiros poemas, com seus problemas e tentativas de solução.

Fazendo remissão a Goethe, o ginasiano Nietzsche nomeia sua autobiografia: "De minha vida". O subtítulo de Goethe, "Poesia e verdade", valeu para o jovem de treze anos provavelmente "como mote obscuro e ambíguo".⁸

> Os golpes do destino se fazem presentes na temática da tempestade. Cito a mais importante passagem, com algumas supressões:
>
> Até aqui a sorte e a alegria sempre nos tinham sorrido, nossa vida fluiu sem obscuridades, como um luminoso dia de verão; mas então formaram-se nuvens negras, vieram os riscos dos relâmpagos e abateram-se ruinosos os golpes do céu.
>
> De repente, em setembro de 1848, meu amado pai adoeceu psiquicamente. Nós e ele, porém, procuramos consolo na idéia de uma rápida convalescença [...]
>
> Para espanto de todos nós o médico diagnosticou uma necrose cerebral, não necessariamente letal, todavia muito perigosa. Meu amado pai teve que suportar dores monstruosas, mas a doença não quis regredir, só fazendo crescer dia após dia. Finalmente, foi a luz dos seus olhos que se apagou e ele teve seguir com seu padecimento em escuridão eterna. Durou ainda até julho de 1849 em cima de uma cama; aproximou-se então o dia da redenção [...]
>
> Se bem que ainda fosse bem jovem e inexperiente, eu já tinha uma idéia da morte; o pensamento de me ver para sempre separado do meu amado pai tomava-me e eu chorava amargamente.
>
> Os dias se passaram entre lágrimas e o preparativo para o enterro. Meu Deus! Eu ficara órfão de pai e minha mãe viúva!

---

⁷ Hans Joachim Mette e Karl Schlechta publicaram a grande coletânea desses textos dos anos 1854-1869, como escritos de juventude de Nietzsche, em 5 extensos volumes. As numerosas cartas, em contrapartida, foram lançadas junto com a correspondência adulta em 6 volumes.

⁸ SCHMIDT, 1991, p. 488.

– Em 2 de agosto o envoltório terreno do meu prezado pai foi confiado ao regaço da terra. [...] A uma da tarde começaram as solenidades sob intenso dobrar de sinos. Ó, nunca mais seu surdo soar se perderá dos meus ouvidos, nunca esquecerei a melodia da canção "Jesus meu esteio"! em seu lúgubre murmúrio [...]

Então o caixão foi baixado, foram proferidas as surdas palavras do clérigo e ele simplesmente se foi. [...]

Quando a gente despoja uma árvore de sua copa, ela fica murcha e desfolhada, e os passarinhos abandonam seus ramos. Nossa família foi sobretudo despojada do seu chefe, toda alegria sumiu dos nossos corações e um profundo luto nos dominou. Mas nem bem as feridas chegaram a sarar, já, de novo, dolorosamente se abriram. – Sonhei, naquela época, ter uma vez ouvido um som de órgão da Igreja, tal como no enterro. Vi então qual seria a causa: apareceu de repente um túmulo e meu pai saiu de dentro com a mortalha. Corre para o interior da igreja e logo volta com uma criança pequena no braço. O sepulcro se abre, ele se mete dentro e a tampa desce sobre a abertura. Tão logo o vibrante órgão se cala, eu desperto. – No dia seguinte a essa noite o pequeno Joseph fica de repente indisposto, vem o espasmo, e ele morre em poucas horas. Nossa dor era monstruosa. Meu sonho cumprira-se integralmente. Também o pequeno cadáver fora colocado nos braços do Pai. – Por ocasião dessa dupla infelicidade, nosso único consolo e abrigo era Deus no céu. Isso aconteceu no final de janeiro de 1850.

[...] Aproximava-se o tempo em que devíamos nos separar da nossa querida Röcken. [...] Tinha por impossível me sentir em casa em outro lugar. Como era doloroso me separar de uma aldeia onde desfrutei de alegria e sofrimento, onde estão os preciosos túmulos do pai e do irmãozinho, onde os habitantes do lugar nos receberam sempre só com afeto e amizade! [...]

Adeus, adeus, preciosa casa paterna!! [...]

Mas, já naquela época meu caráter começava a se revelar. Já tinha visto pesar e tristeza demais em minha jovem vida; não era, pois, tão jovial e irrequieto como as crianças cuidam de ser. Meus companheiros de classe se habituaram a fazer troça de mim em vista dessa sobriedade. [...]

"Minha'alma agora é quase só tristeza": o filosofar como capacidade de dar conta dos golpes do destino. A crinaça filosofante Friedrich Nietzsche – Eva Marsal

> Ao fim da infância busquei a solidão e me encontrei ao máximo ali onde podia abandonar-me sossegado a mim mesmo; isso usualmente se dava no templo aberto da natureza.
> [...] O trovão estrepitoso ao longe e os raios coriscantes só faziam aumentar minha reverência face a Deus.⁹

A autobiografia que o menino de treze anos escreveu na contramão do esquecimento contém uma descrição confiável em pormenor de todos os lugares e pessoas da sua infância. Ele evita, entretanto, todo tom crítico, toda dúvida ou ataques contra Deus. Por um lado, a autobiografia revela que a parte juvenil da sua história pode ser integralmente narrada sem recurso a recalcamentos – segundo Habermas, uma prova de saúde psíquica –, por outro, mostra que Nietzsche se comporta na ocasião de forma "socialmente desejável", que não se abandona a nenhuns sentimentos pessoais de desajuste.

Esse claro relato serve de base a um turbulento processo de decantação filosófica, no qual o jovem procurou dissolver sua perturbação emocional e sua confusão intelectual. Como outras crianças, valeu-se de metáforas. Sua profunda insegurança mostra-se já nas mais precoces anotações a nós acessíveis, aos dez anos, nas três bizarras fantasias poéticas de 1854/55, por exemplo, a angústia de morrer de repente como o irmão pequeno.

Contenda lírica com o medo da morte

No primeiro dos poemas que nos chegou, Nietzsche faz leões, aranhas, chacais e baratas beberem de uma taça dourada ao pálido luar, faz cabras debulhar uma farinha cinzenta e quer aconchegar a "raposa com olhar de lince". Essas cenas de contos de fada, fantasmagóricas e não obstante espirituosas, convertem-se repentinamente em ameaças: [10]

> Mas as montanhas se curvam
> E vem o presente fatal
> O camundongo pega o grande [...]
> E me mata de pancada [11]

---

[9] BAW 1, p. 4ff.

[10] Doch die Berge neigen sich/ Ein Bescherung ich nun krieg/ Mause nimt den grossen [...]/ Schlägt mich damit Mausetodt

[11] BAW 1, p. 307. (1854/55).

Também no seu terceiro poema, *Fantasia II*, que se inicia com o verso "vou para cama", o menino de dez anos faz fantasias de morte, de baratas e de ser abocanhado. Mas ele queria ir fundo nessas perguntas e por isso prossegue:[12]

> Quando me enfio naquela cama
> Acho ainda aquela chave
> Que à terra me dá acesso[13]

Já criança ele procurava a chave com a qual pudesse desbravar a terra – é a terra o alvo de seus esforços, não o céu. Schmidt[14] assume que desde então estão à vista os primeiros indícios do abandono da concepção de mundo familiar, que, portanto, a crítica tardia do cristianismo descobre já na infância a terra como "alternativa ao divino céu".[15] Vale ainda observar que o jovem quer estar "na" terra. A preposição "em" tem aí sentido metafórico, remetendo à sua ocupação com o tema da "morte". Na terra jazem seu pai e seu irmão Joseph.

A ambição de verdade e o desejo de proximidade

Renunciou, mais tarde, em seu escrito *Sobre Verdade e Mentira num Sentido Extra-moral* à esperança de adentrar as coisas.[16] Muito intempestivamente, Nietzsche chama aí atenção para os limites do conhecimento humano e duvida que a verdade, como questão final da razão, possa ser resolvida pelo intelecto humano. Tanto que pergunta: "Que sabe propriamente o homem a respeito de si mesmo!? [...]

A natureza não oculta dele a maior parte de si, [...] com a finalidade de [...] condená-lo a uma orgulhosa falsa consciência e aí encerrá-lo!? Ela jogou fora a chave: coitada da fatídica curiosidade, capaz de, por uma fresta, ver lá do alto o que se passa fora do âmbito da consciência, agora

---

[12] Wen ich in jenes Bette kroch/ Ich finde jenen Schlüssel noch/ Womit ich kann in die erde steigen.

[13] BAW 1, p. 308. (1854/55).

[14] SCHMIDT, 1991, p. 177.

[15] SCHMIDT, 1991, p. 177.

[16] Sobretudo, fez-se claro para ele que a busca pelo pai não tem lugar na terra, mas na identificação com o pai, em si mesmo. Dá a entender em vários textos que o pai sobrevive nele; ainda, ao final da sua vida consciente, explica em Ecce Homo a estreita ligação com seu pai.

pressentia que o homem repousa sobre a ausência de compaixão, a volúpia, o apetite insaciável e assassino, como se, na apatia do seu não saber, estivesse agarrado em sonhos ao dorso de um tigre. De onde vem, em todo esse mundo, numa constelação dessas, o impulso para a verdade".[17]

Não obstante essa descoberta, ele jamais, até o fim da sua vida consciente, abdicará do seu impulso de "querer saber", de chegar à verdade através do pensamento, com o qual aos dez anos abertamente se compromete. Esse ímpeto de pesquisa ao mesmo tempo o isola e lhe confere visibilidade na planície social. Ross assinala: Não houve "nenhuma aproximação amistosa a outra criança; elas debochavam dele, mas contavam em casa coisas exóticas sobre o douto rapazinho".[18]

Da mesma forma que muitas outras crianças superdotadas, "Fritz" tem também problemas de contato com os da sua idade. O progresso dos poemas atesta o quanto ele está consciente da sua situação social. Em "acesso à terra" ela verseja:[19]

> Se as crianças me evitam
> Se não sou polido
> Se sou como uma velha parede mofada
> Se é assim, então
> Seguirei com o camundongo

As duas últimas estrofes mostram que ele tem o desejo de dissolver essa rejeição geral vinda das outras crianças. Gostaria,"com o camundongo", de subir de novo ao ar livre, de cessar de ser visto como uma "velha parede mofada". Em que pese o seu vitalício anseio de solidão, aos dez anos ele queria encontrar amigos.

Dois anos mais tarde, isso lhe chega. É introduzido através da mediação da avó na alta sociedade de Maumburg e, no contato com a família de juristas Pinder e Krug, desenvolve amistosa relação com os seus sensíveis filhos, Wilhelm Pinder e Gustav Krug.

O interesse literário do pai de Wilhelm aproxima de Fritz, aos doze anos, o poeta Goethe, cujo mote – "Tudo me é de resto odioso, o que

---

[17] KSA 1 (*Über Lüge und Wahrheit im außermoralischen Sinn/ Sobre verdade e mentira num sentido extramoral*), p. 877.

[18] ROSS, 1990, p. 32.

[19] Nur alle Kinder mir thun weichen/Bin ich den nur nicht galant/ Wie ne alt verschimmelt Wand/ Wen das ist so wird ich dann/ Gehn mit der Maus hinan.

apenas de ensinamento me serviu, sem multiplicar ou imediatamente vivificar minha atividade"[20] – Nietzsche levará a termo, mais tarde, em sua filosofia da cultura e da vida.

O Conselheiro Krug inspirou através do seu amor à música[21] não apenas seu filho Gustav, mas também a um Nietzsche altamente musical.[22]

Tais laços de amizade proporcionaram aos três meninos de doze anos, além da inspiração musical, o cultivo de uma troca intelectual filosófico-literária. Aos quinze anos constituíram o clube "Germânia", no qual puseram suas obras em discussão. Estimularam-se mutuamente os três jovens, e fizeram crítica, sendo possível falar de uma íntima *community of inquiry*.

O tema do deserto: a perda das pessoas e dos mundos

Retornemos, todavia, ao menino de dez anos, que ainda devia com intensidade se confrontar com o tema da "perda das pessoas e dos mundos". Escreveu vários poemas sobre esse tema, nos quais elaborou a própria tragédia através da destruição repentina de barcos, casas, cidades e poderosos reinos.

O poema sobre a cidade de *Sebastopol* pode ser interpretado como um poema-chave infantil, que lida com o plano latente da perda do seu "reino" pessoal, reino que ele, criança pequena, tomara por "poderoso" e "indestrutível":[23]

> Minh'alma agora é quase só tristeza. – E como!
> Sento aqui chorando aflito. Bim bom.

---

[20] KSA 1 (Unzeitgemäße Betrachtungen: Zweites Stück: Vom Nutzen und Nachteil der Historie für das Leben/ Considerações Intempestivas: segunda parte: das vantagens e desvantagens da história para a vida), p. 245.

[21] FRENZEL, 1996, p.13.

[22] O fato de filosofar e compor não trouxe para Nietzsche nenhum conflito, tanto que observa, no início da idade adulta, que teria escrito "A Origem da Tragédia" de preferência como peça musical.

[23] *Trauer fast jetzt mein Gemüthe. – O wie./ Weinend sitz ich hier betrübt. Bim baum./Und Geläut der Gloken stimmt mich so tr<aurig>/ Künden mir den Fall der Festung./ O wie weine ich .../ / Sepastopol jetzt stehst du nicht mehr dort./ Wüste ist der Ort wo du gestanden/ Keine russche Fahne mehr/ Zeiget mir wie du so mächtig warst.// Lebe wohl der Würf<el> ist gefall<en>/ Der dein Schicksal dir bestimte/ Nicht<s> steht von dir nunnoch da/ Schutt und halb zerstörte Werke/ / Weinend blick ich dich zum letzten Mal/Nicht mehr werde ich Dich schauen/ Auch um diese Helden traure ich/ Die den Tod darin gefunden. Lebw<ohl>/ Lebe wohl.* NT: A cidade de Sebastopol, tida como inexpugnável, foi tomada durante a Guerra da Criméia, em 1854, justamente na época em que Nietzsche escreve o poema.

"Minha'alma agora é quase só tristeza": o filosofar como capacidade de dar conta dos golpes do destino. A crinaça filosofante Friedrich Nietzsche – Eva Marsal

> Quão tr<iste>me faz o bater dos sinos
> Ao me trazer notícias da tomada do forte.
> Ó, como choro...
>
> Agora não estás mais lá, Sebastopol.
> Está deserto o lugar onde estiveste
> Nenhuma bandeira russa mais
> Me mostra quão poderosa foste.
>
> Adeus, foi lançado o dado
> Que determinava teu destino
> Agora nada mais de ti há lá
> Só entulho e ruínas.
>
> Chorando vejo-te pela última vez
> Não mais te irei ver
> Também pelos heróis me entristeço
> Cuja morte aí encontraram. Adeus
> Adeus.[24]

O menino de dez anos lamenta com intensidade a derrocada dos heróis e da florescente cidade, em cujo lugar agora se instalou o deserto, o vácuo. Ele conhece essa experiência. Também em sua família, com a morte do herói, do pai, o poder soçobrou. O deslocamento do objeto, através da latente identificação do forte com a paróquia de Röcken, possibilita ao jovem expressar seu sofrimento. Já aqui se faz presente o conceito de "destino" com o qual Nietzsche, ainda jovem, fatalmente se ocupa em sua famosa redação escolar e em muitos poemas de juventude. Criança, ele pede ajuda às suas cartas oraculares: "Veja no futuro"[25] as diferentes variantes de destino a encenar. Tornara-se suspeita, após a morte do pai, a possibilidade cristã, o destino influenciado através da prece. Dá testemunho disso uma quadra que surge insuspeitada em meio ao seu "livro-forte": tematiza a dúvida e assinala as conseqüências perigosas que podem dela decorrer.[26]

---

[24] BAW 1, p. 332.
[25] BAW I, p. 336.
[26] Por isso ele modifica o adágio, que funciona como aviso numa placa junto às chamadas "fontes de Moisés", nas cercanias de Schönburg. A forma original diz: *Moisés o grande homem de Deus/ Que aqui começou a duvidar/ Se água Deus podia nos dar/ Não pôde por*

> Moisés o grande homem de Deus
> Começou então duvidar
> Se pode água da pedra brotar
> E por isso não pôde ir à Canaã ²⁷

Também nesses versos trata-se do tema do deserto e da pergunta pela *ajuda no deserto*. O poema remete a Êxodo 17, 1-7. À diferença do texto bíblico, Moisés duvida. Por castigo, não lhe é permitido entrar na terra prometida, morrendo no deserto. A dúvida, até mesmo por uma só vez, é de fato tão perigosa que a um dos mais importantes homens de Deus do Velho Testamento é imposto o supremo castigo.²⁸

A relação entre pensar e duvidar: os poemas marítimos

Nietzsche se ocupou da pergunta pelas conseqüências da dúvida porque ele próprio era dado à dúvida.²⁹ Já aos dez anos sentiu a contradição entre o livre pensar, ao qual pertence a "decisiva possibilidade de duvidar", e a crença em Deus, que não admite dúvida alguma. Mas ele oculta essas reflexões e críticas por trás de uma história bíblica.

O tema do castigo e da vingança, como possibilidade de explicação para os golpes do destino pessoalmente sofridos, pertencem, segundo Hermann Josef Schmidt, para o jovem Nietzsche, "de forma explícita, aos praticamente intransponíveis problemas básicos (e à comoção dessas experiências), que a criança buscou elaborar em seus poemas".³⁰

As *Poesias marítimas* oferecem a ele um espaço de jogo filosófico em que pode simular as conseqüências do risco e da liberdade em diferentes cenários. Trata-se aí sempre de morte e vida, de luta de navio contra raios, tempestade, tormenta, ressaca, de perigosos recifes, de uma volta segura ao lar.

---

isso ir a Canaã (Anno 1795)/ Moses der große Gottes Man/ Der fängt hier zu Zweiffeln an/ Ob Gott Wasser geben kann/Drum durft er nicht nach Canaan (Anno 1795). O texto tinha um viés pedagógico: queria ilustrar a periculosidade da dúvida, que pode custar a perda da terra prometida – Canaã. Que Nietzsche tenha anotado esse adágio, mostra que tinha relevância para ele. (1991, p. 182)

²⁷ *Moses der große Gottesmann/Fing an der Stell zu zweifeln an/Ob Wasser aus den Felsen kann/ Drum durft er nicht nach Kanaan (323).*

²⁸ Diz o texto do Antigo Testamento que Moisés poderia apenas olhar a terra prometida, mas não ingressar nela, porque tinha matado um egípcio em cólera.

²⁹ SCHMIDT, 1991, p. 182.

³⁰ SCHMIDT, 1991, p. 219.

"Minha'alma agora é quase só tristeza": o filosofar como capacidade de dar conta dos golpes do destino. A crinaça filosofante Friedrich Nietzsche – Eva Marsal

A ameaça de destroçar-se, naufragar, chocar-se com rochedos, está por toda parte. Mas há, simultaneamente, em algum lugar, um porto seguro.

O *navio* é uma significativa metáfora, no cancioneiro cristão, para a identidade autêntica, seja do indivíduo, seja da comunidade. Fala de segurança e certeza em meio à ameaça e à busca. A canção natalina alemã: "Vem um navio carregado", anuncia o Salvador. Também em Homero, com quem Nietzsche se familiariza desde pequeno, o navio é *topos* central. Muitos poemas da coletânea que Fritz, aos doze anos, dá de presente de aniversário à sua mãe, exibem a temática do naufrágio e da salvação.

No primeiro poema "*N. 2. Tempestade marítima*", o problema filosófico da tensão entre certeza e liberdade é posto em foco. A desgraça que abala o navio é apresentada como propriamente provocada, como punição para a demora, demasiado longa, na liberdade. Seria, então, a estada longa demais em mar aberto – no mar da liberdade – a razão do risco? É a demora na liberdade que é castigada – o pensar libertário? Esse problema mobiliza o menino aos dez anos. Cito as duas estrofes de referência:[31]

> Ó, pobre navio, agora pelas ondas
> Colhido, se muito tempo passar
> Não mais vai o porto alcançar
> Cego, na rebentação, há de findar.

> Dele agora se apodera o poder das ondas
> Que o lançam à escarpa rochosa
> Onde, em meio aos destroços, se perdem os homens.
> Desse navio se enamorou a desgraça.[32]

Crianças têm, quando não podem tornar claras para si as causas, via de regra, a tendência a atribuir os golpes do destino vivenciados a uma culpa pessoal. Nietzsche procura aqui construir um modelo explicativo que se case com o tema da dúvida. A liberdade que lhe importa é a intelectual. Essa autonomia intelectual não pertence ao universo cultural de crianças do século dezenove. Naquele tempo a nova kantiana do esclarecimento ainda não tinha penetrado no "reino infantil".

---

[31] *O, wehe dem Schiffe, wenn jetzo ereilt/ Die Wogen, wenn es zu lange verweilt/ Den Hafen nicht mehr erreichen kann/ Und blind hinein in die Brandung rann.// Jetzt erfaßt es der Wogen mächtig<er> Schwall,/ Sie werfen es gegen den Felsenwall/ Wo es zerschellte die Mannschaft verlohrn/ Solch Schiff, das Unglück sich auserkor'n.*

[32] BAW I, p. 339.

Encontramos nos póstumos o aforismo: "Enfie-se em suas próprias metas, *elevadas* e *nobres* metas, e nelas vá fundo! Não conheço nenhuma meta de vida melhor que ir fundo no que é grande e impossível".[33]

Respostas interiores

Não permanece, entretanto, o jovem pensador preso à referência pessimista do naufrágio; procura por respostas interiores que façam possível a *salvação*. Remete, assim, no poema *N. 5, Salvação*, à "generosidade da multidão" que, com seus barcos, salva os navegantes do navio em chamas. Cito alguns versos:[34]

>Escutais o som abafado?
>
>Com gritaria
>
>Corre para cá
>
>Agora a multidão
>
>[...]
>
>Vocês ainda não sabem?
>
>Uma coluna clara de fogo
>
>Sobe agora veloz
>
>Só escoras, vigas, mastros
>
>Alta se eleva a matéria ardente
>
>[...]
>
>Vejam os navios voltando
>
>Deles saltam
>
>Os que foram salvos
>
>Pela generosidade da multidão.

Sua pergunta visceral pela justiça divina, pelo *problema da teodicéia*, que o leva a indagar como pode a existência de um Deus onipotente, onisciente e bondoso estar no mundo associada à existência do mal – ou do maligno –, essa pergunta, o jovem a formula em seus dois próximos poemas. Recorda-se no prefácio da *Genealogia da Moral* de idéias que na ocasião o

---

[33] *Nachlass (Póstumos)*, 1873, 29/54; 7, 651.

[34] *Höret ihr den tumpfen Ton?/ Mit Geschrei/ Eilt herbei/ Jetzt des Volkes Menge// [...]// Habt ihr es noch nicht erfahr<e>n?/ Eine lichte Feuersäule/ Steiget jetzo rasch empor/Und nur Balken, Bretter, Masten/ Wirft die feurig Maß empor// [...]// Seth da nahn die Schiffe wieder/Und es kommen da heraus/ Alle die gerettet waren/ Durch den Edelmuth der Schaaren.*

intrigam: "Já me perseguia, de fato, rapaz de treze anos, o problema da origem do mal: eu lhe consagrava [...] meus primeiros exercícios filosóficos – e, quanto à minha "solução de então, eu, como é justo, honrei a Deus fazendo dele o pai do mal".³⁵

Já aos dez anos ele se perguntava: – Se Deus é responsável por tudo, por que, pois, também não por dirigir o navio para os rochedos? Por que não se atribui a Deus também a desgraça, se ele é tido como o autor da ventura?

Nietzsche formula essas perguntas no Poema N. 7³⁶, através da discrepância entre a ventura e a graça de Deus. Nesse poema o navio é lançado contra rochedos durante uma tempestade e se espatifa. Cito o desenrolar:³⁷

> A tripulação agarra vigas e pranchas
> E aí firme se mantém.
>
> Vem por sorte um navio
> Onde a gente segura estava
> Depois todos agradeceram a Deus
> Que os salvou de morrer nas águas. (343)

Estranho, salienta o jovem – é que a tripulação dirija o salvamento a Deus. Se Deus faz acontecer o positivo, por que então também não o negativo no mundo. Será possível que o bem seja sempre atribuído a Deus, enquanto o mal exclusivamente ao homem?³⁸

No próximo poema *N. 8, Temporal,* a questão da *Teodicéia* fica mais forte, visto que ele não menciona o nome de Deus, dizendo apenas "o lá de cima", identificado como aquele que protege e assiste os homens. Não obstante, tudo é deles tomado; desce o raio e queima tudo. O raio é visto em muitas religiões como atributo do poder divino, como instrumento de castigo. Agora, no poema *Temporal,* o castigo não mais atinge somente os que duvidam, mas a cada um: ao pai e ao filho. A ajuda não vem do alto, mas dos homens, que se compadecem da miséria.

---

³⁵ KSA 5, p. 249.

³⁶ BAW I, p. 343.

³⁷ *Die Mannschaft erfaßt Bretter und Balken/ Um sich daran festzuhalten.// Zun Glüke komt ein Schiff gefahren/ Bei dem die Leute in Sicherheit waren/ Doch nachher dankten alle Gott/ Der sie errettete vom Wassertod* (343)

³⁸ Ver SCHMIDT, 1991, p. 205f.

Cito alguns versos centrais:³⁹

> Através da sombria noite negra
> Correm raios de cima a baixo
> E apenas o lá de cima vigia
> A proteger as coisas dos homens
>
> [...]
>
> Vêde pois o risco do relâmpago
> Que dentro lá da casa caiu
> Sobe fumaça da habitação
> E nas ruas domina a comoção
>
> [...]
>
> Breve, o que ali da casa resta
> São só carvões e também cinzas
> Não longe do incêndio
> Resta a torre de vigia.
>
> Tende compaixão
> Pelos pobres
> Gente que no flagelo do fogo
> Perdeu seu pão de cada dia

O jovem remonta intencionalmente à fórmula religiosa do "Pai Nosso", a súplica pelo pão de cada dia. Mas Deus apenas assiste os homens intervirem, a agir e a salvar. Diferente do que [acontece] em Jó, a reparação posterior tampouco resulta da ação divina. Nietzsche demonstra nesse poema sua solução para o problema: apenas interiormente se deve contar com ajuda.

---

³⁹ *Durch die schwarze dunkle Nacht/ Fahren Blitze auf und nieder/ Und nur der der da oben wacht/ Und beschützt der Menschen Güter//[...]// Sehet da des Blitzes Strahl/ Der dort in das Haus hineinfuhr/ Aus der Wohnung Rauch aufwallt/ Auf den Strassen herschet Aufruhr//[...]// Bald steht von den Hause da/ Nur noch Kohlen und auch Asche/ Der Brandstätte etwas nah/ Steht die Bürgerwache da.// Habt Erbarmen/ Für die Armen/ Welche durch die Feuersnoth/ Haben verlor'n ihr täglich Brod.*

Essa perspectiva interior acompanha Nietzsche em seus poemas de ventura. Tendo se retrabalhado na amplitude dos conceitos filosóficos, chegou à solução que o levou, adulto, à filosofia-do-Deus-está-morto, ao niilismo, à transvaloração dos valores e à postulação da vontade-de-poder, quer dizer, em síntese, à filosofia-experimental. A resposta que ele, já aos treze anos, obteve filosofando diz: "És tu quem há de saber o que é melhor para ti"[40]. O interrogante é explicitamente remetido a si mesmo, não há instância alguma de julgamento como o indivíduo "lançado de volta a si mesmo". Nietzsche influenciou, com tudo isso, a literatura, a arte, o instinto de vida. Foi sobretudo acolhido na Alemanha, na França, no Japão e nos Estados Unidos de América, e inspirou em muitos o pensar-próprio-e-alargado. Junto a Platão, Agostinho, Hobbes ou Rousseau, conta-se Nietzsche entre os filósofos cujas filosofias se acham em estreita relação com a biografia.

Referências

CAMHY, Daniela [Hg.]. *Children: Thinking and Philosophy - Das philosophische Denken von Kindern*, Kongreßband des 5. Internationalen Kongresses für Kinderphilosophie, Graz 1992, Sankt Augustin 1994.

FRENZEL, Ivo. *Friedrich Nietzsche rororo*. Hamburg, (1985) 1996.

METTE, Hans Joachim (Hrsg.). *Friedrich Nietzsche*. Jugendschriften 1854-1861, (BAW 1), dtv München 1994.

NIETZSCHE, Friedrich. Sämtliche Werke. Kritische Studienausgabe in 15 Bänden (KSA), hrsg. v. Giorgio Colli und Mazzino Montinari, Deutscher Taschenbuchverlag de Gruyter, München / Berlin / New York 1999.

NIETZSCHE, Friedrich. Sämtliche Briefe. Kritische Studienausgabe in 6 Bänden (KBG), hrsg. v. Giorgio Colli und Mazzino Montinari, Deutscher Taschenbuchverlag de Gruyter, München / Berlin / New York 1986.

ROSS, Werner. *Der ängstliche Adler. Friedrich Nietzsches Leben*. Kastell: Stuttgart 1990.

SCHMIDT, Hermann Josef. *Nietzsche absconditus oder Spurenlesen bei Nietzsche*. Kindheit Teil 1/2 Zugänge und Entwicklung, IBDK Verlag Berlin-Aschaffenburg, 1991.

---

[40] BAW I, p. 379.

Desejo de realidade – Experiência e alteridade na investigação educativa[1]

Jorge Larrosa*

> A transformação se faz necessária quando algo que era validado como real deixa de ser real;
> então, se conseguimos a transformação, outras coisas se tornam reais;
> mas, se nenhuma outra coisa se torna real, sucumbimos.
> (Peter Handke. *Fantasias de la repetición*)

1

Usarei a palavra desejo em seu sentido mais óbvio, mais comum: o desejo daquilo que não temos, daquilo que perdemos, ou daquilo que sempre esteve aí, conosco, mas nunca será nosso. O desejo de realidade do meu título está relacionado com o desejo de vida, com a vontade de viver. E o desejo de viver está ligado ao sentimento de certa desvitalização da vida. Esse sentimento que nos faz dizer que esta vida não é vida, ou que a vida está em outra parte. Se temos vontade de viver, não é porque não estejamos vivos, e sim porque vivemos uma vida desvitalizada, uma vida a que lhe falta vida. E o que buscamos é algo assim, como a vida da vida, uma vida cheia de vida. O desejo, ou a vontade de realidade, tem relação, então, com a suspeita de que falta algo ao que nos é apresentado como real. Como se nos dissessem que, fora, o que existe é uma espécie de realidade sem realidade. E buscamos, portanto, algo como uma realidade da realidade, esse ingrediente, ou essa dimensão, que faz com que algo ou alguém

---

* Universidad de Barcelona – Espanha.
[1] Tradução de Marcelo Cunha Bueno.

seja validado como real, que nos dê certa sensação de realidade. Do mesmo modo que reivindicamos que a vida esteja viva, reivindicamos também que a realidade seja real, ou seja, que tenha a validade, a força, a presença, a intensidade e o brilho do real.

Com a palavra *investigação*, refiro-me a todas aquelas práticas e a todos aqueles discursos a que se propõem o conhecimento e a transformação da realidade educativa, em qualquer um de seus âmbitos ou de suas dimensões. E o que me ocorre é que esses discursos raramente me surpreendem, ou me comovem, ou me arrebatam com o que antes chamava de "a validade, a força, a presença, a intensidade e o brilho do real". Entretanto, de vez em quando, com a literatura, com as artes, com o cinema ou com a filosofia, essa validade, essa força, essa presença, essa intensidade e esse brilho do real me comovem ou me arrebatam. Como se o escritor, o artista, o cineasta ou o filósofo fossem capazes dessa relação com o real, uma relação em que o real está repleto de realidade.

E talvez isso aconteça, justamente, porque nem o escritor, nem o artista, nem o cineasta, nem o filósofo estão preocupados com o que na investigação se chama de "conhecimento do real" (ou, ao menos, não por um conhecimento desse tipo, o da investigação, que talvez pudéssemos chamar, provisoriamente, de "conhecimento objetivante" ou "conhecimento crítico"), nem estão preocupados pelo que na investigação se chama de "transformação do real" (ou, ao menos, não por uma transformação de tipo técnico, ou, inclusive, de tipo prático).

O que me proponho é fazer vibrar esse desejo de realidade com essas práticas e esses discursos que chamamos de investigação educativa. Porque talvez esse desejo de realidade nos impulsione a problematizar as nossas formas de ver, de dizer e de pensar "o educativo". E nos coloque no caminho para vermos de outro modo (e, quem sabe, possamos aprender com o cinema e com outras artes do olhar), para dizermos de outro modo (aprendendo, talvez, com a literatura, a arte da palavra), e para pensarmos de outro modo (aprendendo, aqui, com a filosofia, a arte do pensamento). Para que outro modo de ver, de dizer, de pensar nos faça encontrar uma realidade que mereça esse nome.

A experiência não é outra coisa se não a nossa relação com o mundo, com os outros e com nós mesmos. Uma relação em que algo nos passa, nos acontece. Então, o desejo de realidade está ligado à experiência, no sentido de que o real só acontece se experimentado: o real é o que nos passa, nos acontece na experiência. Portanto, a experiência é esse modo de relação com o mundo, com os outros e com nós mesmos em que o que chamamos de realidade adquire a validade, a força, a presença, a intensidade e o brilho aos quais me referi. O desejo de realidade não é muito diferente do desejo de experiência. Mas de uma experiência que não esteja ditada pelas regras do saber objetivante ou crítico, ou pelas regras da intencionalidade técnica ou prática.

Por último, o real só acontece na medida em que escapa ao que já sabemos, ao que já pensamos, ao que queremos. O real da experiência supõe uma dimensão de estranheza, de exterioridade, de *alteridade*. Por isso, o desejo de realidade é também um desejo de alteridade. Mas de uma alteridade que não tenha sido anteriormente capturada pelas regras da razão identificante e identificadora. Uma alteridade que se mantenha como tal, sem identificar, em sua dimensão de surpresa.

2

A questão que se coloca é que o real está muito difícil, cada vez mais difícil. Sobretudo agora que o mundo foi completamente *realizado* e, portanto, dá-nos uma estranha sensação de irrealidade. Porque tudo o que existe, ou o que nos dizem que existe, foi objetivado, ordenado, categorizado e determinado, quer dizer, foi desperdiçado como real. Meu ponto de partida, ou meu pedido inicial, é que o real está bem difícil. O que pretendo é apelar a uma cumplicidade com os senhores leitores. Uma cumplicidade com a sensação de que o real está difícil. Com uma sensação de que não só temos problemas com a idéia de realidade, ou com o conceito de realidade, ou com o conhecimento da realidade, ou com a transformação da realidade, mas com a própria realidade. Para esclarecer um pouco o que quero dizer com a *dificuldade do real*, talvez fosse conveniente fazer algumas considerações prévias.

Para começar, podemos dizer que o real não é objeto, que não acontece por objetivação ou por coisificação. De fato, a relação sujeito-objeto (a posição de um sujeito objetivante) nos separa do real. Por isso, a objetivação e a coisificação do que existe, produto da ciência objetiva e objetivante, nos dá a realidade de uma maneira particular, de uma maneira que, a meu ver, desrealiza o real, quer dizer, esvazia-o de realidade, desperdiça-o, põe-lo a perder. O tipo de relação com o que existe e que não é posta a perder, ou não é desperdiçada, não parte de posição alguma, se não que é, literalmente, ex-posição. O sujeito da experiência é um sujeito ex-posto, ou seja, receptivo, aberto, sensível e vulnerável. Além de ser também um sujeito que não constrói objetos, mas que se deixa afetar por acontecimentos. O desejo de realidade seria, então, um *desejo de acontecimento*.

Em segundo lugar, o real não é representação. Quando nos constituímos como sujeitos do saber e do poder, da teoria e da prática, fabricamos realidade, um certo tipo de realidade. Às vezes dizemos que partimos dela, às vezes a investigamos, às vezes a diagnosticamos, mas, nessas operações, o que fazemos é transformar a realidade em "realidade", quer dizer, em uma representação ou em um clone de si.

Há algum tempo, em Granada, passeando por Alhambra, ouvi alguém dizer que Alhambra havia sido vítima do alhambrismo, no sentido de que as diferentes reconstruções do palácio foram feitas para satisfazer certos estereótipos orientalistas dos consumidores de imagens exóticas. Alhambra havia se convertido em um clone irreal de si, em um clone que havia sido desperdiçado como realidade, precisamente por obra dos alhambristas. Ao que me parece, o mesmo poderíamos dizer do Oriente e o orientalismo, da Catalunha e o catalanismo, de Marx e o marxismo, das mulheres e o feminismo, da realidade e o realismo. Porque o real, aquele que é válido como real, aquele que tem a força e o brilho e a intensidade do real, é presença, e não representação. Uma presença que transborda qualquer representação. Por isso, o desejo de realidade seria também um *desejo de presença*.

Em terceiro lugar, poderíamos dizer que o real não é intencional. As intenções sobre o real, inclusive as melhores intenções, também nos separam do real, também o desrealizam e o desperdiçam, posto que o fabricam de acordo com os nossos objetivos e o convertem na matéria-prima de uma transformação, ou de uma modificação possível. Também, há algum tempo, agora, em Buenos Aires, em um seminário sobre o olhar, alguém fez uma espécie de genealogia desse curioso dispositivo que chamamos de "*distância crítica*". Segundo esse dispositivo, é preciso tomar distância ante o que há e preencher essa distância de uma atitude crítica. Esse gesto que consiste em se separar de algo, apontá-lo com o dedo e dizer: "não gosto". E, no contexto dessa conversa, alguém disse que talvez fosse interessante substituir a distância crítica por uma aproximação amorosa. De fato, o sujeito da crítica é o sujeito do juízo, aquele que não pode evitar julgar o que existe. Talvez fosse interessante explorar o que chamamos de aproximação amorosa, dessa relação com o que existe e que se faz a partir da proximidade e da amorosidade. Porque, talvez, o desejo de realidade seja também um *desejo de proximidade*. E um *desejo de afirmação*. Não de negação crítica, ou de juízo crítico, mas de afirmação amorosa daquilo que existe. O tipo de relação que não desperdiça o que existe, talvez não seja o da intenção, mas o da atenção. Porque atenção e intenção são inversamente proporcionais. Quanto mais intenção, menos atenção, e vice-versa. Quanto mais crítica e mais juízo, menos atenção, e vice-versa. E o sujeito da experiência não é um sujeito intencional, nem crítico, nem jurídico, mas um sujeito atento.

Por último, poderíamos dizer que o real não é lógico. O real não tem causa nem efeito, não pode se remeter à lógica das causas e efeitos, nem à lógica das determinações causais, nem a das determinações teleológicas. O real não pode se remeter à lógica do tempo orientado, esse tempo que dá um sentido, uma direção, uma origem e um destino, uma orientação ao que existe. O real escapa ao princípio de razão suficiente, aquele que diz *nihil est sine ratione*, que nada existe sem razão, a esse princípio que quer que tudo tenha uma determinação, uma lógica, uma explicação dada ou possível, uma razão de ser, uma meta, um objetivo, uma finalidade. O real é gratuito ou absurdo, resiste à inteligibilidade. Por isso, a vontade de inteligibilidade, a vontade de explicação, também nos separam do real, também o desrealizam, também o desperdiçam, no sentido de que nos dão o real como algo racional. Daí que o desejo de realidade seja também um desejo de surpresa, entendendo surpresa como o modo de existência de tudo aquilo que é inexplicável, que não tem razão de ser.

Para que o que existe tenha essa força, esse brilho, essa intensidade, que o validem como real, talvez não nos sirva nem a razão objetivante, nem a razão instrumental, nem a razão representativa, nem a razão jurídica, nem a razão crítica, nem a razão explicadora. Talvez, ainda, tenhamos de explorar as formas de relação com o mundo, com os outros e com nós mesmos que façam justiça ao acontecimento, à presença, à proximidade, à afirmação, à surpresa.

3

Apresentar-lhes-ei um retrato do realista, ou do realidófilo, ou do maníaco da realidade, tal como descreve Peter Handke:

> Faça constar que os maníacos da realidade não eram meros tiranos de sua época. Esses, com algum grau de realidade, costumavam contar os cadáveres e os corpos que flutuavam depois das batalhas navais apenas para mostrar aos outros a sua vitória ou a sua derrota. Caso se percebessem como esses fiscais natos, com sua forma de contar os mundos – dos quais, mais relevantes eram o terceiro e o quarto –, silenciavam uma culpa secreta. Tais realidófilos ou pessoas comuns, que, desde os primórdios, eram, sem dúvida, uma

legião, apareciam aos homens como existências sem sentido. Muito distantes da criação e mortos há um tempo considerável, continuavam com suas coisas, tão sãos, com nada ao que se agarrar atrás de si e não servindo para outra coisa se não para a guerra. Era também inútil tentar discutir com eles, pois se afirmavam como parte das catástrofes diárias. Decidiu-se, portanto, negar a entrada desses hóspedes sombrios e 'não deixar que as suas embarcações impedissem a saída ao mar', nunca mais. E somente então pôde-se perceber o murmúrio de uma realidade.

O maníaco da realidade, ou o realidófilo, ou, simplesmente, o realista, é um contador, um fiscal, um guerreiro, um ressentido com a vida, alguém que se relaciona com o mundo, com os outros e consigo a partir do ponto de vista da contabilidade, do juízo, da vitória ou da derrota e da culpa. É alguém que se afasta da realidade, à medida que perde a saída para o mar. E, talvez, a saída ao mar, o desejo e a possibilidade de sair ao mar, seja um outro nome para esse desejo e essa possibilidade de acontecimento, de presença, de proximidade, de afirmação e de surpresa com o que relacionamos anteriormente o desejo de realidade.

4

Talvez possamos contrastar a figura do realista com a do sujeito atento. Talvez possamos explorar brevemente a *atenção* como uma relação com o mundo, com os outros e com nós mesmos, e que essa não passe pela intenção, nem pela representação, nem pelo juízo, nem pela categorização, nem pela tematização, nem pela contabilidade, nem pelo cálculo, nem pela guerra, nem pela objetivação.

A atenção se relaciona, em primeiro lugar, como o *estar presente*. Em inglês, *attending (a meeting or a conference)* significa estar aí. Por isso, do ponto de vista da atenção, dizemos que o real é o resultado de certa forma de estar presente na nossa relação com o mundo, com os outros, com nós mesmos. E estar presente é o contrário de estar ausente, de estar distraído, de estar desconectado.

A atenção se relaciona, em segundo lugar, com o *cuidado*. Em espanhol, *atender a algo* ou a *alguien* significa tratar bem, cuidar, estar atento ao de que o outro gosta, ao de que necessita, ao que lhe faz se sentir bem. Por isso, do ponto de vista da atenção, o real é o resultado de certa forma de cuidado com o mundo, com os outros e com nós mesmos. E cuidar é o contrário de descuidar, dessa atitude que implica indiferença, mas, sobretudo, in-deferência.

A atenção se relaciona, em terceiro lugar, com a *escuta*. Em francês, *attendre* é escutar. E também podemos dizer, em espanhol, *atiende a lo que digo,* no sentido de escuta o que eu te digo. Por isso, do ponto de vista da atenção, o real é o resultado de certa forma de escutar o mundo, os outros, nós mesmos.

A atenção se relaciona, em quarto lugar, com a *espera*. Em francês, *attendre* é esperar. Por isso, do ponto de vista da atenção, o real é o resultado de certa maneira de esperar, de dar-se tempo e espaço para que o real, talvez, apareça de dar-se tempo e espaço para a chegada do mundo, para a chegada do outro e para a chegada de nós mesmos.

O real não pode acontecer por suposição, mas sim por certa atitude que, aqui, chamei a atenção. E talvez as formas dominantes de fabricar o real em nossos saberes e em nossas práticas constituam os obstáculos para "o estar presente", para o cuidado, para a escuta ou para a espera. Somente se lhes negarmos a entrada e impedirmos que nos fechem o caminho para o mar, poderemos tratar de perceber o murmúrio de uma realidade.

5

O que chamei de desejo de realidade foi extraído de um livro sobre a poesia de Miguel Casado. O livro, intitulado de *Tres notas de poética,* começa com uma citação de André Breton, do Primeiro Manifesto Surrealista, datado de 1924. Diz o seguinte: "A experiência está confinada em uma jaula. Seu interior dá voltas e mais voltas sobre si, tornando cada vez mais difícil fazê-la sair...".

Depois do meu ponto de partida, ou pedido inicial, que dizia que o real está difícil, fundamentalmente por culpa dos realistas ou dos realidófilos, ou dos maníacos da realidade, talvez possamos tratar de conectar o *desejo de realidade* do meu título e do título de Casado com a *experiência enjaulada* do fragmento de Breton. Algumas perguntas poderiam ser feitas então: será que, juntamente com a realidade, a experiência também não foi enjaulada? Será que só conhecemos o real, seja isso o que for, se o mesmo não estiver mediado, enquadrado, enjaulado pelas operações de categorização, de tematização, de ordenação, de hierarquização, de abstração, etc., constituintes das lógicas de nossos saberes e de nossas práticas? Ou será que a realidade, seja isso o que for, não está fora da jaula e, por isso, não podemos senti-la ou percebê-la a partir de uma experiência enjaulada?

Será que não somos nós que estamos enjaulados junto à experiência e damos voltas e mais voltas sobre nós mesmos, sem real algum, sem nenhum outro, sem exterior algum, sem acontecimento algum, sem surpresa alguma, sem nada diferente a nós mesmos (ou a nossas projeções, ou a nossos desejos, ou ao que já sabemos, ao que já pensamos, ao que já queremos...), que nos toque, ou nos passe, ou nos aconteça, ou que nos faça frente? Será que o desejo de desenjaular a experiência, fazê-la sair, de abri-la para fora, seria o próprio desejo de realidade? Um desejo de desenjaularmos nós mesmos? Um desejo de sair do que já sabemos, do que já pensamos, do que já queremos? Um desejo de parar de dar voltas sobre nós mesmos? Um desejo de definitiva alteridade? E, por último, o que significa que esse desejo de realidade, que esse desejo de experiência, que esse desejo de alteridade, estejam formulados pela poesia (e em relação à poesia) e, mais concretamente, em relação a essa constelação poética tocada pelo surrealismo e marcada pela pretensão de mudar a vida?

6

A experiência enjaulada é o mesmo e algo mais do que o famoso desaparecimento da experiência, tal como foi elaborada notavelmente por Walter Benjamin e Theodor W. Adorno, em alguns textos da Filosofia Crítica da primeira metade do século. Se a imagem do declínio, ou a do desaparecimento, ou a da crise da experiência, constitui um gesto nostálgico, ainda que orientado criticamente, a imagem do enjaulamento da experiência constrói um gesto de rebeldia... Como sair daqui? Trata-se de liberar a experiência, de fazer com que saia da jaula, de conseguir uma forma de liberdade, algo que tenha relação com o exterior, com o aberto. A seguir, e para terminar, uma brevíssima nota de como sair da jaula para encontrar o real.

Em uma conversa sobre o filme "O sol do marmelo", Víctor Erice disse o seguinte: "Lembro-me de Rossellini quando diz que devemos ter confiança no real". E Antonio Lopez continua: "paciência, Victor, e paciência". O cineasta e o pintor também sabem da dificuldade do real, também sabem que o real não pode ser uma suposição. Talvez a confiança seja um sinônimo da fé, e a paciência, um modo de se referir à esperança. Poderíamos, então, acrescentar a caridade e o amor, assim, teríamos as três virtudes teologais. Mas não referidas a Deus, e sim ao mundo, ao real. Somente a confiança, a paciência e a amorosidade podem nos colocar em uma relação em que o mundo, os outros e nós mesmos tenhamos a validade, o brilho, a força e a intensidade do real.

A confiança talvez esteja relacionada com o que não se sabe. Se for assim, o real é o que não se sabe, mas devemos acreditar em sua possibilidade, há de haver confiança. Talvez a paciência esteja relacionada com a temporalidade da espera (já que é diferente da temporalidade do projeto, que sempre é impaciente). A temporalidade do projeto, da intencionalidade, é uma temporalidade fechada, que aprisiona o sujeito em si mesmo, que o torna incapaz de estar atento à surpresa. O projeto supõe um tempo fechado: um tempo no qual a alteridade e a alteração são impossíveis, porque podem ser vistas como ameaça. A temporalidade da espera, no entanto, é uma temporalidade aberta: não é antecipação, mas atenção, disponibilidade, escuta, a única forma de temporalidade em que o inesperado pode acontecer. Por último, e em relação à amorosidade, talvez só nos relacionemos de verdade com o real a partir do sim, a partir da afirmação, ou da aceitação do real. Uma aceitação que sempre é, apesar de tudo. O amor nos faz videntes (e não cegos, como dizem aqueles que não sabem o que é o amor). Mesmo que seja difícil, muito difícil, amar o mundo!

Narrativas e experiência[1]

Olga Grau Duhart[*]

> La memoria define las experiencias; acaso todo ocurre después,
> cuando lo comprendemos, no en el rudimentario presente.
>
> (Jorge Luis Borges)

A importância do outro no narrar-se a si mesmo

Situar-nos na relação entre narração, memória e experiência supõe nos localizarmos no tempo e na linguagem. Aquilo que narramos é algo que aconteceu, que se pode perceber como o "sido" na proximidade do mais imediato presente. Contamos o sucedido, fazemos parte de nossa existência como quem ganha sentido nessa concreta e particular experiência de contar (ainda que seja na maneira de contar aos demais as histórias ocorridas a outros ou a outras, mas que nos parecem serem dignas de serem narradas). Conta-se *a* outros e conta-se *com* outros para devir como sujeito de experiências; constituímo-nos por meio desse contar a outros e daquilo que nos é devolvido, mesmo que seja sob a forma do olhar. No narrar aos outros a própria experiência, afirmamo-nos como seres em convivência.

Como afirmam Harold Goolishian e Marlene Anderson, no campo das ciências sociais, particularmente no que diz respeito ao campo da psicologia, explorou-se as conseqüências de definir o *self* como narrador, "como resultado do processo humano de produção de significado por meio da ação e da linguagem"; "e, na linguagem, criar significados implica em narrar histórias". "Em outras palavras, os seres humanos sempre contaram

---

[*] Universidad de Chile.

[1] Tradução de Marcelo Cunha Bueno.

coisas entre si e escutaram o que os demais lhes contavam; e sempre compreendemos o que somos e quem somos a partir da narrativa que nos relatamos mutuamente"[2]. Compreensão que pode ser modificada no tempo conforme as mudanças que podem exigir as próprias narrativas. Para muitos terapeutas, seu desafio terapêutico é que o paciente consiga re-contar as histórias de sua vida, de forma que se compreenda de outro modo, fazendo do terapeuta um "editor útil na transformação da própria história"[3].

Na práxis do narrar, pode acontecer, às vezes, que nos arrependamos de ter dito algo para alguém, de contar alguma experiência pessoal para aqueles que não sentimos confiança, ou para aqueles que podem nos trair. Mas esse pronunciar o que pronunciamos tem um sentido em si mesmo: o de atribuir palavras a uma experiência, pois sem elas pareceria que não se constituiria como tal, ou que fosse preciso palavras para encontrar um lugar na nossa existência.

Valemo-nos das palavras para constituir a experiência, para assimilar situações vividas, digeri-las e também gastá-las. Algumas vezes, se dizemos a uma pessoa, ou a outra, a mesma coisa, insistindo em palavrearmos o vivido, podemos esquecer a quem se contou o assunto, correndo o risco até de voltar a contá-lo. De vez em quando, a insistência de contar o mesmo a muitos e muitas tem o efeito de diminuir a sua intensidade emocional, de forma que, se se trata de um mal ou um acontecimento doloroso, o mesmo consegue se inscrever de outra maneira, com mais alívio. Pode acontecer também que, se ao narrar repetidas vezes, consigamos despejar o sentido daquilo que vivemos e encontrar as palavras mais adequadas, inclusive as melhores, para se dizer. Com isso, o vivido se enriquece e adquire uma densidade que talvez antes não tivesse. Chegamos a situá-lo como experiência significativa na vida que transcorre.

Pensemos também nas situações traumáticas que não encontraram palavras para serem ditas aos demais, permanecendo como bolas de fogo, ou de aço, no meio do coração ou do estômago, tirando o ar e pedindo um suspiro permanente. Ou as situações que acabam ficando sem palavras, em um vazio de sentido, sem podermos compreendê-las. Sem palavras, a situação

---

[2] Harold Goolishian y Marlene Anderson, "Narrativa y Self. Algunos dilemas posmodernos de la psicoterapia", en Dora Fried Schitman, (comp) *Nuevos paradigmas, Cultura y Subjetividad*. Buenos Aires: Paidós, 1995, p. 296.

[3] Harold Goolishian y Marlene Anderson, "Narrativa y Self. Algunos dilemas posmodernos de la psicoterapia", en Dora Fried Schitman, (comp) *Nuevos paradigmas, Cultura y Subjetividad*. Buenos Aires: Paidós, 1995, p. 299.

poderia até mesmo cair no esquecimento, em um esquecimento de uma dor negada para continuarmos vivendo. Nesse ponto, recordo-me de uma amiga poeta, sábia em palavras, que se esqueceu completamente de uma cena de tortura vivida durante a ditadura militar e só pode se lembrar da mesma quando foi chamada a depor, a pronunciar os fatos da tortura para o Informe Valech[4]. O processo de buscar palavras e tirar do silêncio o experimentado, na própria pele, é muito complexo, se levarmos em conta que dizer tais coisas não é algo fácil quando o mesmo participou da parte mais áspera e escura das relações com os outros.

Narrar para ter experiências é outro aspecto possível disso que estamos indagando. Pensemos naqueles que não têm muitas histórias próprias para contar, ou, se as têm, não gostam, e que, para fazerem parte de um lugar social, inventam-nas. Inventam histórias e, assim, constituem-se de experiências. Se levarmos ao limite, chegamos ao protótipo do mitômano, que vai pelo mundo sabendo de sua ilusória realidade, mas que lhe dá consistência, fictícia, de um si mesmo. Pensemos também nas estratégias narrativas daqueles que ganham a vida contando histórias, com fragmentos de si, de vidas alheias, de narrativas literárias, que tecem uma oralidade.

Poderíamos dizer que, em todo ato narrativo, fazemos para o outro o que queremos como experiência própria, aquela que adquire suas próprias tonalidades e tons com relação a quem temos como interlocutor. Ao dizer de formas diferentes o que dizemos, para um ou para outro, formamos um espectro de possibilidades de experiência para uma mesma situação; escolhemos o que dizer e não dizer para os outros dessas situações.

Poderíamos dizer que, talvez, aqueles com quem mais nos estendemos, com quem mais dizemos coisas, seriam o amado e a amada. O que mais fazem os apaixonados é se narrar, um ao outro. Os episódios vividos adquirem outros matizes, outros tons; serão vividos, despertarão outros sentidos, aqueles que o sujeito queira atribuir perante essa nova e amorosa escuta. Muitas vezes, ao calor do relato, poderemos incluir elementos trazidos de outras vivências, ou que se inventam para a sedução. Mas também, às vezes, é justamente com o amado e a amada que silenciamos em algumas situações da vida. Nesse lugar, o silêncio é o saber das palavras, mas daquelas que não se deve querer pronunciar. Como em muitas cidades

---

[4] A Corporação La Morada e o Instituto da Mulher convocaram as mulheres para depor, oferecendo apoio para facilitar a enunciação dessas difíceis palavras ligadas às experiências de tortura e de violência sexual vividas.

e famílias, não se diz aquilo que não se quer que tenha uma existência real, ou que seja conteúdo da consciência. Palavras tabus, nomes proibidos.

A narração é propícia para ser ante os outros, ser para os outros, um existente que narra a si mesmo, ou que narra o acontecido a outros, mas que, de algum modo, ecoou na própria vida. Experiências, então, intersubjetivas, que se constroem na palavra que se entrega ao outro. Poderíamos dizer que é a linguagem que antecede a constituição da experiência, do sujeito da experiência; é ela que chega a ser o que é por meio das palavras que dizemos e escrevemos. Pensemos no diário de uma vida, por exemplo. Nessa linguagem da intimidade que tem sentido como um movimento especular do saber de si, da auto-representação, do auto-retrato. Palavras que até podem conter, mesmo que imaginariamente, a presença de outros, a quem se dedica, ou a quem, supostamente, poderiam ser os leitores dessas palavras.

Para o filósofo Humberto Giannini, o conversar, que poderíamos aproximar para os nossos propósitos ao modo de narrar, é acolher. "Um modo de hospitalidade humana em que criamos as condições 'domiciliares', tanto de um 'tempo livre' (disponível), como de um espaço 'aquietado e às margens da agitação'". A conversa é um "tempo lúdico – contemplativo, em que as subjetividades expõem suas respectivas experiências, acolhendo e sendo acolhidas em um espetáculo que acontece ali mesmo e se desfaz graciosamente". Mas, ao mesmo tempo, de acordo com Giannini, a conversa não só é a acolhida do outro, mas também é a acolhida daquele que se narra por meio das palavras. Disse Giannini: "... na conversa, o narrador não apenas resgata, como na história, o outro que é digno de ser salvo da irreversibilidade do tempo; seu resgate é um ato de restauração (re-identificação) de si. Um ato liberador".[5]

Narrações na cena pedagógica

Uma significação diferente é a que adquire a "narratividade" entendida como o que diz Paulo Freire no uso do nome, e não tanto no sentido que comporta a sua análise. Em Freire, a narração aparece negativamente: "Existe uma espécie de doença da narração. A tônica da educação é preponderantemente essa, narrar, sempre narrar". Nesta perspectiva, o problema é que a

---

[5] GIANNINI, Humberto. *La "reflexión" cotidiana. Hacia una arqueología de la experiencia*. Santiago: Editorial Universitaria, 1987, p. 84. Em seu livro recente, *La metafísica eres tú*, Santiago: Catalonia, 2007, trabalhará a idéia de intersubjetividade dada por meio da comunicação, enfatizando a sua dimensão ética.

narração é unilateral, centrada na figura do professor e referida a uma realidade com um caráter fixo, sem movimento, portanto, sem vida. A característica preponderante desta narração seria:

> Falar da realidade como algo parado, estático, compartimentado e bem comportado, quando não falar ou dissertar sobre algo completamente alheio à experiência existencial dos educandos vem sendo, realmente, a suprema inquietação desta educação. A sua irrefreada ânsia. Nela, o educador aparece como seu indiscutível agente, como o seu real sujeito, cuja tarefa indeclinável é "encher" os educandos dos conteúdos de sua narração. Conteúdos que são retalhos da realidade desconectados da totalidade em que se engendram e em cuja visão ganhariam significação. A palavra, nestas dissertações, se esvazia da dimensão concreta que devia ter ou se transforma em palavra oca, em verbosidade alienada e alienante. Daí que seja mais som que significação e, assim, melhor seria não dizê-la.[6]

A educação dissertadora é, segundo Paulo Freire, como uma "sonoridade" que deveria ser entendida como palavras que não conseguiriam tocar a materialidade da vida e, portanto, não comportam um potencial transformador da realidade. Se examinarmos o texto referido, as narrativas docentes seriam vazias, alheias, in-apropriadas pelos sujeitos a quem estas são dirigidas, mas também porque lhes foi tirada a sua referência vital, a energia vital de sua procedência. A cena pedagógica requereria da potência criadora, da inteligibilidade ativa e animada[7], se é assim que entendemos essa vitalidade. Dessa forma, a palavra se enche de significação. O problema, então, não são as palavras ditas, mas a falta de densidade, de materialidade, de concreção, de significação para os outros, aos que se dizem. A narração que entende o outro como "vasilha", como colecionador de arquivos de memória, que joga a sua atividade na repetição do mesmo. Como o conceito de educação bancária, dito por Paulo Freire, em que o educador não se comunica, mas faz dos comunicados, depósitos. O outro não é mais do que um sujeito privado do princípio ativo de criatividade, base da compreensão das coisas. Ao invés de estarem inseridos nos

---

[6] FREIRE, Paulo. *Pedagogia do oprimido*. Rio de Janeiro: Paz e Terra, 1987, p. 33.

[7] Pareceu-me muito expressivo, mesmo que dito de forma negativa, um conceito que usa Freire: as "inteligências desanimadas". Utilizo-o em sua forma positiva, como inteligências animadas.

processos dinâmicos de compreensão, ficam relegados a cumprir uma função de reiteração passiva.

É atraente a idéia que aparece na obra de Paulo Freire do *Ser Mais*. Podemos entendê-la como *ser mais* na linguagem, como *ser mais* por meio da própria palavra que se pronuncia e também graças à palavra pronunciada, transformamos o mundo, intervimos nele, transformando-nos pela ação da palavra. A palavra (nos) transforma, faz-nos ser, doa-nos mais ser. "Existir, humanamente, é *pronunciar* o mundo, é modificá-lo. O mundo pronunciado, por sua vez, se volta problematizado aos sujeitos *pronunciantes*, a exigir deles novo *pronunciar*".[8]

Desse modo, pronunciar, pronunciar-nos, é deixar de sermos passivos para devirmos sujeitos criativos por meio da palavra, que produz efeitos nos sujeitos (*Ser Mais*) e *para*, ou *nos* demais (que poderiam ficar abertos à possibilidade de '*Ser Mais*' na resposta).

Dizer palavras é um direito de todos. "Precisamente por isto, ninguém pode dizer a palavra verdadeira sozinho, ou dizê-la *para* os outros, num ato de prescrição, com o qual rouba as palavras aos demais".[9]

Nesse sentido, o educador deveria abrir um lugar para a narração própria do estudante, para que este possa atribuir as suas palavras possibilidades de compreensão. Assim, é a narração onipresente, exclusiva, excludente, que se questiona, o que implica pensar também em um jogo de presenças e ausências, que se torna sugestivo. Aquele que deixa o outro falar suspende sua própria fala; desse modo, as falas alternantes conformam o diálogo sobre a base de deixar *Ser Mais* ao outro, ou a outra, se entendermos seu realce a partir de um mesmo pronunciante. Chama a atenção, e até se faz enigmático, o que Paulo Freire coloca em termos dialéticos, de vida e morte, as operações educativas.

Entre permanecer porque desaparece, numa espécie de morrer para viver, e desaparecer pela e na imposição de sua presença, o educador 'bancário' escolhe a segunda hipótese. Não pode entender que permanecer é buscar *ser, com* os outros. É con-viver, simpatizar. Nunca se sobrepor, nem sequer justapor-se aos educandos, des-simpatizar. Não há permanência na hipertrofia.[10]

Nessa paisagem, as categorias do espaço e do tempo aparecem imbricadas, podendo ser consideradas a partir de um ponto de vista fenomenológico.

---

[8] FREIRE, Paulo. *Pedagogia do oprimido*. Rio de Janeiro: Paz e Terra, 1987, p. 44.
[9] *Ibidem*.
[10] *Idem*, p. 37.

Do ponto de vista do espaço, a hipertrofia do educador subtrai um espaço dos educandos, restando-lhes a própria visibilidade e presença individual e coletiva, correndo o risco de silenciar as suas vozes. Do ponto de vista do tempo, a permanência no tempo de um educador na memória daqueles com quem se relacionou como tal requereria uma sorte de desaparecimento (permanecer no tempo, desaparecendo no espaço), de um exercício de desinstalação própria, de um fora de cena, da renúncia a um lugar central, ou à pretensão, inclusive de ser igual ao outro em uma ingênua justaposição.

Tratar-se-ia, então, de entregar o espaço, de cedê-lo para que se manifeste a própria inteligência vital daqueles que estão na condição de estudantes. Seria impossível não se lembrar do mestre ignorante de J. Rancière, que faz com que aqueles que não sabem aprendam a partir do que já sabem[11]. Sempre é possível saber mais a partir do que já se sabe.

Podemos imaginar o educador elaborando uma boa pergunta que dispare uma reflexão, deixando que essa conquiste seu lugar na cena educativa; ou propondo um problema para ser resolvido; ou dando a ler uma imagem ou um texto para serem comentados; ou expondo uma situação para que seja compreendida e analisada. A *posteriori* da experiência realizada pelos e pelas estudantes, o educador poderia mostrar os enfoques disponíveis com relação ao conhecimento instituído sobre o assunto em questão e dar conta do que foi elaborado conceitual ou teoricamente pelo campo epistêmico vinculado ao que foi tratado, ou expressar o próprio discurso a respeito do objeto proposto. Operar a partir de uma narrativa a *posteriori* da experiência de inteligibilidade e compreensão própria. Um narrar que não seja uma simples transferência, transmissão, sob a figura do depósito bancário.

Poderíamos falar de direito de cidadania narrativa a que todos e todas as estudantes deveriam ter acesso, em qualquer nível. Narrativas que não só deveriam se restringir à oralidade e à escritura, mas também que pudessem ser traduzidas em relatos na expressão artística. Lembremo-nos que, segundo Herbert Read, que nos diz que se deve educar para a arte, a experiência é memorável e utilizável na medida em que toma forma artística e, dessa maneira, adquire o valor de uma atividade necessária e conveniente para as crianças no meio educativo. Dito isso, pensamos em diferentes dimensões em que é constituída a nossa subjetividade, nas quais a arte é fundamental.

---

[11] RANCIÈRE, J. *O mestre ignorante. Cinco lições da emancipação intelectual*. Belo Horizonte: Autêntica, 2002.

Significação da narração de experiência nos processos de aprendizagem

Nas atividades de narratividades que exploro com meus estudantes de graduação, na Universidade do Chile, convidei-os a narrar aquilo que chamei de "experiências inibidoras" (que comportam certo grau de menosprezo na percepção de si), e "experiências potencializadoras" (que permitem o fortalecimento da autovalorização) vividas em alguma cena pedagógica. Uma delas, narrada por Angel Sasso, quem pouco se lembra das experiências potencializadoras[12], enfatiza a inibição da expressão estética:

---

[12] "Buscando na memória, surgem-me poucas experiências potencializadoras dentro de meu período escolar, mas me recordo de uma que potencializou, de alguma forma, a minha vontade de aprender. Essa experiência aconteceu no ano de 1999, quando cursava o segundo ano médio em um liceu chamado 'Instituto Nacional'. Este colégio sempre se caracterizou por sua rigidez e disciplina formativa. Sempre nos exigiam responder com boas notas em relação ao "prestígio" do colégio, o que nos leva a deduzir que é o afã pela máxima exigência por excelência que os professores nos impunham (quer dizer, conseguir boas qualificações).

Nesse ano, houve um professor que saiu das regras do caráter rígido habitual dos professores do colégio; seu sobrenome é Rojas, o "professor de física". Ele sempre esteve às margens da estrutura rígida de formação educativa, pois fazia as suas aulas à sua maneira, como bem entendia, de forma relaxada. Lembro-me de que, em uma oportunidade, na qual deveria avaliar os estudantes, pediu que nos reuníssemos em grupos de quatro para realizarmos nosso próprio projeto científico relacionado com a física. No fundo, deu-nos a entender que o projeto a ser realizado entraria em um concurso que ele mesmo realizaria, expondo os respectivos prêmios para o primeiro lugar: a avaliação máxima e um almoço grátis (bebidas e complementos). Diante disso, todos ficaram motivados para a realização de projetos originais.

As bases do concurso eram duas: o projeto deveria permitir compreender algumas das leis físicas cursadas durante o semestre. Quanto à apresentação, poderíamos utilizar qualquer material disponível, outorgando-nos a total liberdade de exposição (maquetes, diversos desenhos, etc.).

Esse trabalho permitiu que o curso em geral se dedicasse a investigar sobre os temas específicos da física, buscando, ao mesmo tempo, diversas formas de apresentação, estimulando, desse modo, a imaginação de cada um de nós.

Lembro-me de que o meu grupo realizou um projeto referente às placas tectônicas e seus eventuais atritos, além das conseqüências dos mesmos em um terreno com vulcões ativos. Para isso, tivemos de investigar e estudar algo de geologia, as três leis de Einstein e a lei da gravidade de Newton. Com ele, criamos uma maquete com um vulcão e as placas tectônicas que, ao se moverem e fazê-las entrar em atrito por meio de uma manivela, produziam uma pressão que permitia uma erupção de lava, mas, nesse caso, era uma erupção de catchup. O trabalho foi um êxito, como a maioria dos trabalhos apresentados.

O que cabe resgatar dessa experiência potencializadora, tanto para o meu curso como para a minha pessoa, é que foram estimuladas diversas áreas de aprendizado: a vontade de investigação e estudo pessoal-grupal para realizar um projeto correto, junto à estimulação

Ao tentar me lembrar de alguma experiência inibidora, imediatamente me recordo de um acontecimento que ronda de forma ocasional os meus pensamentos.

Ela corresponde a minha etapa "pré-escolar", em meados do ano de 1989, quando cursava o maternal "A", em um colégio chamado "El pequeño estudiante".

A professora, de nome Ximena, pediu-nos, como atividade, um desenho livre com lápis pastel. Comecei o meu desenho com a intenção de retratar o mar e o pôr-do-sol no entardecer. O desenho final resultou em algo muito simples: simulando o mar, desenhei uma linha horizontal ondulada, além de alguns barcos sobre a linha e, junto a eles, um sol resplandecente com um rosto amigável, simulando o término do dia.

Posteriormente, colori todo o desenho. Ao finalizá-lo, senti uma satisfação pessoal por ter conseguido representar o entardecer que precisamente havia vivido nas férias passadas junto aos meus familiares.

Logo que todos terminaram seus desenhos, a professora foi revisando-os e avaliando um a um. Colocava estrelas para aqueles que tivessem utilizado corretamente os lápis pastel. No momento de revisar o meu trabalho, observou como utilizei os lápis e, junto a isso, distinguiu algo particular no meu desenho: que o sol e os barcos estavam na mesma altura sobre a linha ondulada (que representava o mar). Indicou-me imediatamente o absurdo que era desenhar barcos ao lado do sol, que isso jamais seria possível, já que não acontecia na "realidade". Portanto, para a próxima atividade, pediu-me que levasse em conta seu comentário a respeito da verdadeira posição do sol junto ao mar (ou seja: sol em cima, mar embaixo). Obviamente, minha professora não entendeu o desenho. Desconcertado pelo que havia dito, tentei justificar o meu desenho, fazendo com que entendesse que aquele "pôr-do-sol" era o fiel reflexo do que havia visto e vivido nas férias passadas. No entanto, ao não encontrar as palavras adequadas que explicassem o desenho, acabei ficando sem a compreensão e aceitação de

---

imaginativa, no ato de criar uma maquete original e, por último, o estímulo por trabalhar grupalmente, fortificando união e coordenação eqüitativa do grupo, como deveres e oportunidades".

minha professora, frustrado pela incompreensão de meu desenho e com um sentimento de equívoco de minha parte, por ter posicionado e desenhado de 'forma incorreta' o sol em relação ao mar. Concretamente, esse fato resultou ser a minha experiência inibidora.

Durante um tempo, meditei uma e outra vez sobre o ocorrido naquele dia e cheguei a uma conclusão reveladora: agora posso reconhecer a minha própria incapacidade de expressar e explicar com uma linguagem certeira a intenção daquele desenho, reconhecendo, também, o meu precário talento ao desenho (levando em conta que aquele ano era a minha iniciação escolar dentro de uma instituição, como é o colégio). Ao mesmo tempo, reconheço tristemente a escassa amplitude visual e compreensiva de minha professora, que, ao não distinguir, nem entender a minha intenção de representar o pôr-do-sol naquele desenho, fez-me pensar que, antes de mais nada, o meu desenho estava realmente errado. Mas, finalmente, percebi que o equivocado não era eu, embora o desenho possa não ter sido suficientemente claro para se entender que era um entardecer, pois sempre o considerei como meu desenho, minha própria interpretação de um evento passado. A professora, ao invés de questionar e se motivar pelo meu desenho, preferiu me avaliar de forma crítica e corretiva, inibindo, momentaneamente, a minha capacidade imaginativa e interpretativa do mundo, impondo a mim e ao grupo o seu poderio e critérios de interpretação.

Essa professora estava longe de desaparecer e, nessa imposição de seus próprios pontos de vista e de suas maneiras de ver, erigia-se como uma figura de poder, de domínio. A hipertrofia de si e a convicção fechada e prepotente a respeito de suas concepções sobre as coisas é algo que pode se repetir com freqüência em uma aula.

Diferentes gerações viveram experiências semelhantes que inibiram a nossa criatividade, posto que muitas instituições educativas, conformadas hipertroficamente, por meio da hipertrofia de seus docentes, infundiram mais o temor do que a paixão pelo saber e por dar lugar à própria expressão. Com mais ou menos agressividade, duvidaram da criatividade dos e das estudantes quando entregavam trabalhos de escrita ou de artes que tinham uma surpreendente qualidade. Ou se censurou os mesmos em seu impulso criativo quando excediam algumas linhas a mais do que foi previamente estabelecido. E, assim, são inumeráveis as ocasiões de enfraquecimento da criatividade, que constitui a condição mais vital dos seres humanos.

Escolhi outra narração, a de Cristián Gamboa, a respeito do ensino de filosofia na universidade e de como a filosofia pode inibir ou potencializar.

> Minhas experiências educativas aconteceram na Universidade do Chile, já que antes eu não havia refletido tão seriamente sobre a educação.
>
> Minha experiência educativa negativa ocorreu nas aulas de [...] Eu acabava de ingressar; estava me formando, aos poucos, uma imagem do que era filosofia e me causou um forte impacto que o professor mostrara que a filosofia era um processo quase autoritário, em que sua palavra era "a filosofia", e tudo o que escapasse ao que ele conhecia como filosofia era errado. Assim, muitas críticas eram aceitas desde que coincidissem com a opinião do professor, mas, se a pergunta saísse das margens do que ele considerava como certo, o estudante era fortemente repreendido, chegando, inclusive, a ser motivo de piada ou de humilhação pessoal. Por muito tempo, esta maneira de ensinar me deixou uma espécie de marca, pois considerei que a disciplina que tentava praticar deveria seguir tais caminhos e que as discussões sempre deveriam acabar naquilo que era tido como "certo". Esse certo era, muitas vezes, o que coincidia com as opiniões e a autoridade dos professores: "são eles que sabem".
>
> Minha experiência educativa positiva fez com que me desprendesse desta modalidade de fazer filosofia. Já no terceiro ano, tive a oportunidade de conhecer um autor contemporâneo: Jacques Derrida em um curso de [...] De repente, vi-me "perdido", pois as aulas me desacomodavam. Concentrávamo-nos em alguns aspectos do pensamento do autor; o resto era uma grande quantidade de bibliografia e a sugestão amável do professor: "leiam". Não sabia o que pensar. Cheguei até a me desanimar, pois a teoria era complexa e eu não a entendia muito bem. Diante desse desespero, comecei a ler as múltiplas referências que me foram propostas, autores que, inclusive, não pertenciam ao que chamaríamos de "filosofia": Saussure, Foucault, Heidegger, Barthes, Eric Hobsbawn (historiador), Gabriel Salazar (historiador), estruturalistas, uma ampla gama de autores que começaram a formar um mapa da filosofia contemporânea

em mim, e que não se limitavam apenas a estabelecer um diálogo com a tradição clássica da filosofia, mas que dialogavam, também, com outros discursos e racionalidades.

Sem perceber, havia aprendido tudo isso sozinho e em um ano, sem que houvesse a necessidade de ter um professor ao meu lado, explicando-me. Agora já podia conversar com o meu professor sobre as minhas inquietações, já não era necessário que as resolvesse. Havia percebido que cultivar a filosofia implica em um grande esforço pessoal, que precisa de liberdade para desenvolver as temáticas que nos interessem. A experiência de indagação pessoal havia começado... e ainda não parou, graças a essa maneira de enfrentar a filosofia.

Penso que esse tipo de exercício de narração de experiências de abertura ou fechamento na cena pedagógica é interessante para ser realizado com os estudantes, ou com docentes em formação. Pode servir para reconhecer retrospectivamente o sentido do que nos aconteceu, um sentido atual outorgado aos fatos, como conseqüência da narração que acontece em um novo contexto. O sujeito recupera a sua história como efeito das próprias narrativas. O presente da narração tem efeitos sobre o passado, que se apresenta de uma nova maneira. "É depois, refletidos pela inscrição que nos narra, que os fatos devêm experiência"[13].

Um dos âmbitos que ficam mais silenciados nos espaços institucionais, onde se desenvolvem os processos de transmissão e produção do saber, e nos tempos programados para a dita transmissão, é o da experiência cotidiana e os processos de subjetivação que fazemos diariamente. As estruturas dicotômicas dão lugar para que determinadas ações humanas tenham vozes, e para que outras não explorem a sua capacidade de serem nomeadas e de entrarem no espaço das interações verbais. Dando um exemplo, entre muitos outros que poderíamos dar, faço alusão a um fato que põe em jogo a observação: se observa e se diz o que se observa, a pedido de um ou uma docente, mas as condições de possibilidade dessa particular observação não se dizem, porque não se pedem e, portanto, não se revelam, porque alguém vê e interpreta o que vê dessa maneira, e não de outra. Se as coisas acontecessem dessa maneira, poderíamos ver a diversidade dos observantes atuais ou possíveis.

---

[13] Carlos Pérez Villalobos. *Borges, agonismo y epigonía*. Santiago: Palinodia, 2007, p.18.

Exclui-se a consideração de ordem contextual, mas também se suprime a anedota, como um sinal de cientificidade e rigor. No entanto, se recordamos alguns aprendizados que nunca foram apagados, é provável que venha a nossa mente a Lei da Gravidade associada a Newton e à maçã, e a Lei da Gravidade referida aos volumes dos corpos ligada à tina de banho de onde emerge Euclides com seu descobrimento; a ordenha da vaca feita pelas mulheres, conforme observou Pasteur como parte do processo de descobrir formas de esterilização. Na maioria das vezes, ficam em silêncio os processos de produção subjetivas e sociais do conhecimento, como também as formas com as quais aprendemos.

Uma inquietação a respeito da educação[1] das crianças. Jean-François Lyotard crítico da doutrina humanista da educação[2]

Pierre Lauret[*]

O tema da infância é recorrente nos textos de Jean-François Lyotard desde *A condição pós-moderna* (1979) e *O diferendo* (1983). Neles, a infância figura como o enigmático objeto de uma dívida, dívida paradoxal da qual não é possível liberar-se senão mantendo-a aberta e irrescindível. Ora, tal figura da infância é, sob muitos aspectos, ordinária. Nada de muito novo, no fundo, em evocar a infância como aquilo a que o adulto, tendo ultrapassado por completo, deve manter-se fiel e atento como a uma voz que, recoberta por todas as frases e todos os discursos aos quais e pelos quais o sujeito se identifica, jamais deveria ser absolutamente esquecida. Voz frágil, inaudível, inarticulada, mas que, naquele que pretendesse proscrevê-la[3], estaria sempre em risco de retornar sob o modo da regressão, da angústia, ou da submissão pânica às formas totalitárias da autoridade. Nada de muito surpreendente, também, no gesto filosófico que faz passar da figura da infância à infância como figura. Com bastante freqüência, a filosofia (Descartes, Rousseau, Nietzsche) valeu-se da infância como metáfora para dizer-se obliquamente e designar, por deslocamento e condensação, o que ela é e não é, aquilo do qual ela se desgarra e ao qual aspira. Todavia, em Lyotard, tal

---

[*] Collège International de Philosophie – França.

[1] Educação é a tradução que adotamos na maior parte das vezes em que a palavra *institution* aparece no texto, uma vez que seu tema consiste no cotejamento de várias concepções de educação. Em francês, *institution* tem tanto o sentido de educação quanto de instrução como ainda o de instituição (no sentido de coisa ou pessoa instituída). O próprio autor encarrega-se de sublinhar essa polissemia e muitas vezes joga com a oscilação de sentidos que a palavra *institution* possibilita. (N.T)

[2] Tradução de Andréa Bieri e Ingrid Müller Xavier.

[3] A expressão utilizada pelo autor é "en celui qui prétendrait la forclore" que também admite a tradução: "Naquele que pretendesse a *forcluir*", aludindo, assim, ao conceito lacaniano de *forclusão*, perfeitamente cabível no contexto da frase e do tema em questão. (N.T)

figura é menos uma metáfora do que o nome de tudo o que ordinariamente se deixa esquecer e recalcar e que é também denominado, segundo os textos, angústia, recalque originário, lei, e até esquecimento.

É necessário, sem dúvida, voltar a situar a infância nessa constelação de figuras, se se deseja pensar em toda a sua profundidade a dívida à qual alude Lyotard. Mas, antes disto, pode-se trazer para perto esse tema da infância por meio do texto que o apresenta da maneira menos figurada, aquele que parece designar mais claramente a infância como época da vida à espera de educação: a exposição seca e incisiva, no prefácio de *O inumano*[4], de uma inquietação a respeito da doutrina humanista da educação. Entenda-se por humanismo a forma moderna da celebração do valor do homem. O humanismo antigo media esse valor pela capacidade humana de levar, sob a condução do *logos*, uma vida de acordo com a natureza. O humanismo moderno, ao contrário, não reconhece o humano senão em sua indeterminação natural, liberdade negativa que deve realizar-se positivamente como poder de negar tudo o que se anuncia como natureza. Dessa atribuição do valor do humano, decorre uma doutrina *standard* da educação, ideal-tipo filosófico, antropológico, moral, político, que predomina e prescreve o pedagógico. Essa doutrina conheceu inúmeras formulações canônicas, em Kant, Hegel, Alain, Hannah Arendt. E parece muito ativa ainda. Mesmo quando, sem dúvida, não constitui mais o pano de fundo filosófico e antropológico da reflexão teórica sobre a educação e a instrução, tal doutrina parece-me ser o pressuposto de numerosos discursos políticos sobre a escola e a educação do cidadão. Ora, constata-se que o humanismo moderno sofreu recentemente importantes contestações no plano metafísico e antropológico, particularmente a partir da questão central da diferença entre o homem e o animal – diferença que constitui a premissa fundamental da doutrina humanista da educação. Ver-se-á que, mesmo quando Lyotard assume essa premissa, ele não deixa de desenvolver uma inquietação a respeito da educação das crianças. Meu propósito será o de acatar essa observação, provar-lhe a força, e considerar as conseqüências que dela se pode tirar quanto à função das instituições e o que delas se pode esperar.

A exposição magistral de Lyotard recorda que a doutrina humanista da educação tem por axiomas que os homens não nascem humanos e que,

---

[4] *L'inhumain, Causeries sur le temps* (*O inumano, considerações sobre o tempo*) Paris, Galilée, 1998, "Introdução: do humano". Nesse prefácio, Lyotard responde a algumas injunções daquilo que ele identifica como "o humanismo". É por isso que se pode considerar que o que ele interroga é a doutrina humanista da educação.

a natureza, ao não fazer humanas as crianças, também não pode conduzi-las à humanidade. A infância é, portanto, o nome de nossa miséria inicial, indeterminada e não programada. O pequeno do homem não é um pequeno homem, mas um "atraso inicial de humanidade": sem palavra, incapaz de manter-se de pé, destituído da razão comum ou "bom senso", logo, inapto para o cálculo de benefícios e hesitante sobre os objetos de seu interesse. Contudo, essa indigência não é senão o reverso de uma promessa. A indeterminação natural é também capacidade de adquirir uma "segunda natureza" e, por meio dela, a abertura de um possível: o da realização da humanidade, a cultura suprindo a falta nativa pelo inculcar da linguagem, o desenvolvimento de potencialidades e da supremacia da razão, o pertencimento à cidade. A ausência de programa natural, ao confiar a humanidade neotênica[5] à educação, torna-se a condição da realização efetiva do espírito como consciência, conhecimento e vontade. O que é humano na inumanidade da infância é que a indigência guarda uma promessa; o que é humano no adulto é realizar essa promessa. E efetuar essa promessa da infância é justamente libertá-la progressivamente de si mesma e de sua selvageria. A transcendência do humano a toda natureza permitiria assim tornar concordes a indeterminação da infância e a realização do humano em formas culturais.

É incontestável que a educação tem por tarefa possível, necessária e legítima conduzir da inicial falta de linguagem à razão e à *pólis*. Pois a infância denomina realmente uma espécie de inumano, e o humano não pode aí habitar. Nenhuma incitação, em Lyotard, a comprazer-se com uma nostalgia edênica, ou a sustentar uma exaltação do "ça"[6] contra a instituição. A infância não é o objeto de uma eterna nostalgia. O que Lyotard contesta é o momento propriamente "especulativo"[7] que consuma sem deixar resto a dialética da infância e da educação, a saber: que a instituição, para salvar a infância de sua indigência e cumprir sua promessa, deve negá-la. E que o nada da infância deve estar inteiramente à disposição para que lhe seja dada uma forma nas e por meio das instituições. A doutrina humanista da

---

[5] Neotênica, segundo o Houaiss: "relativo à neotenia". Neotenia: "pedomorfose produzida pelo retardamento do desenvolvimento somático, demaneira que a maturidade sexual é atingida em um organismo que retém características juvenis". (N.T.).

[6] *Ça*: tradução do es freudiano, geralmente traduzido em português como isso, embora seja corrente também o uso da expressão id. O *isso* é uma das instâncias da teoria da "2ª tópica" de Freud e noção posteriormente desenvolvida por Lacan. (N.T.).

[7] No sentido dado por Adorno, que opõe a "dialética negativa" à "dialética especulativa" de Hegel.

educação supõe e propõe uma norma do humano em que a infância deve ser completamente abolida, mas de uma maneira inteiramente satisfatória, já que a ordem institucional assegura-lhe uma suplência e conduz a indeterminação nativa à sua efetividade plenamente determinada. A autêntica fidelidade à infância seria então sua revogação definitiva. É absolutamente distinta a fidelidade evocada por Lyotard ao sustentar a tese de que o próprio do homem é que ele continua habitado pelo inumano; e que aquilo de que tratam a educação e a cultura é uma dialética sem resolução especulativa onde o humano deve advir do inumano mantendo-se, porém, habitado[8] por este.

Se há, de fato, estupidez em cultivar no adulto a nostalgia da infância, há presunção em pensá-la como uma ruptura irreversível com a época superada da selvageria, dos julgamentos prematuros, e do mutismo. "Como nós fomos crianças antes de sermos homens": presunção de uma humanidade que se afirma na separação estanque de uma infância da qual se crê a salvo. Presunção, mas também inumanidade. Lyotard evoca uns poucos signos do que, em nossa humanidade, resiste a essa inumanidade da doutrina humanista. Que nossa conformidade às instituições jamais é completamente consolidada e satisfatória, que a promessa da infância nelas não se realiza perfeitamente, atesta-o em nós, com persistência, "a potência para criticá-las, a dor de suportá-las e a tentação de delas escapar".[9] Essas formas de resistência não se manifestam apenas como sintomas psicopáticos. Lyotard recorda justamente que elas insistem em retornar em algumas das mais altas formas da cultura e da educação: literatura, artes, filosofia.

É um otimismo inumano que encerra o momento especulativo da dialética da educação. Contra esse inumano presunçoso e satisfeito, Lyotard desvela o inverso da dialética especulativa. O que está em jogo na educação das crianças é, pelo menos tanto quanto a substituição harmoniosa de um cheio por um vazio, o enfrentamento, senão trágico, no mínimo nunca completamente conciliável de dois inumanos: a inumanidade da educação como violência (coerção e terror, castração) e a inumanidade do que a ela resiste, como fracasso para alcançar o *logos* ou como desregramento

---

[8] No original: *hanté*. Palavra que é, simultaneamente adjetivo (assombrado ou obsediado) e particípio passado do verbo *hanter* que significa ao mesmo tempo freqüentar habitualmente ou familiarmente um lugar, habitar, visitar, povoar, assombrar, perseguir, obsediar. A palavra é recorrente no texto, e admite todos esses outros significados além do estabelecido pela tradução. (N.T.).

[9] Servimo-nos aqui da edição portuguesa de *L'inhumain*. Lisboa, Editorial Estampa, 1997. Trad. Ana Cristina Seabra e Elisabete Alexandre. Prefácio, p. 11. (N.T.).

psicopático do humor. Toda educação e toda instituição adquirem o aspecto de negociação e navegação incertas entre estes dois perigos.

A inquietação lúcida de Lyotard fala e não pode ser ignorada, simplesmente por ser realista: que educador, pai, mãe ou professor já não sentiu a distância entre a positividade integral da doutrina do humanismo moderno e a sua própria dificuldade para efetuar o programa daquela? Quem já não sentiu seus gestos de educador ou de professor oscilarem entre a exasperação ou o desespero diante do fracasso ou diante da resistência, e o receio do autoritarismo e da castração? A dialética especulativa supõe que a razão não duvida de sua vocação para dar forma ao indeterminado. Pois, essa dúvida deveria habitar a razão e de fato a habita, menos na doutrina que na prática. Como se viu, Lyotard não contesta a necessidade e a legitimidade da educação: segundo seus termos, "a diferença insensata é destinada a fazer sentido, como oposição em um sistema" (*id.* p.12). O que ele não admite é que essa vocação do humano para aceder ao sentido sempre diferencial seja metamorfoseada pela doutrina em disposição harmoniosa da infância para se inscrever no sistema institucional, mesmo ao preço de alguma coerção ou disciplina: deve-se admitir que o adulto, uma vez liberto de sua resistência insensata, poderá, em seguida, reapropriar-se desse regramento exterior e coercitivo no discurso da autonomia. A função mesma da doutrina é persuadi-lo disso. Mas ela não o faz senão eliminando de maneira irracional (*Schwärmerei* da razão) a hipótese do *inacordable*[10] e, de maneira irrealista a persistência, em todas as formas do humano, de uma resistência àquilo que o institui. Essa resistência pode, de fato, ser inumana: potência de desregramento, psicopatia sob todas as suas formas. Mas o propósito do texto de Lyotard é o de lembrar que ela pode também, contra a inumanidade da doutrina humanista da educação, ser a própria humanidade que se experimenta como tal na escuta de uma voz quase esquecida, na recusa desse esquecimento, na dívida para com a infância – essa indeterminação da qual a alma "nasceu e não cessa de nascer" (p.15).

Poder-se-ia experimentar a pertinência da análise que Lyotard faz da doutrina humanista da educação, ao realizar a partir dela uma leitura de *Sobre a pedagogia*[11], de Kant, texto que indubitavelmente constitui a primeira

---

[10] Conforme a tradução na edição portuguesa supracitada: *inconciliável*. (N.T.).

[11] Cf Kant, *Propos de pédagogie*, trad. de P. Jalabert, in *Œuvres philosophiques*, T. III, Paris, Gallimard, Bibliothèque de la Pléiade, pp. 1145 ss.. Este texto reúne as notas de Kant para os cursos de pedagogia ministrados entre 1776 e 1787, o programa da Universidade de Königsberg incluía um curso de pedagogia que deveria ser assumido alternadamente

exposição *princeps* dessa doutrina. É significativo que tal análise proceda de Kant, a quem se deve a primeira versão completa, metafísica, antropológica e moral daquilo que chamei de humanismo moderno como teoria que situa a dignidade do homem em sua liberdade em face da natureza[12]. Poder-se-ia mostrar que Kant, contemporâneo do que alguns consideraram como a redescoberta ou mesmo a invenção da infância[13], conhecendo Rousseau, Pestalozzi e Basedow, simplifica a obra desses autores a fim de constituir uma doutrina educativa metafísica e moralmente fundada que realiza isto contra o qual Lyotard nos adverte: o aniquilamento do inconciliável, a resolução especulativa da dialética negativa da educação. Tal leitura seria ainda mais pertinente na medida em que, como Lyotard, Kant construiu seu pensamento normativo do humano valendo-se de um pensamento do tempo[14]: o eixo central e a aposta principal da educação são, para Kant, a articulação do desejo e da lei no tempo, condição para deflagrar a regulação do primeiro pela segunda e elemento no qual se desenvolvem as operações pelas quais a razão e a imaginação organizam a satisfação diferida do desejo nas mediações institucionais.[15] Para ser breve: Kant, quando formula

---

pelos professores de filosofia. O texto foi publicado em 1803 por Rink, a quem Kant havia confiado suas notas pedindo-lhe que preparasse uma edição. Esse é o mesmo texto que A. Philonenko traduziu para o francês com o título e *Réflexions sur l'éducation* (Paris, Vrin, 1966).

[12] Assinalamos a título de indicação que a antropologia de Kant e sua teoria da moral invertem a relação entre gênero e espécie da definição escolástica do homem. Por sua realidade inteligível, o homem é menos a espécie racional do gênero animal do que espécie animal-sensível do gênero dos seres racionais.

[13] H. Arendt liga a recente atenção conferida à infância ao "páthos da novidade" o qual "não se tornou um conceito e uma noção política senão no século XVIII" e a "um ideal de educação tingido de rousseaunismo". Ver "La crise de l'éducation", *La crise de la culture*, trad. fr. Paris, Gallimard, 1972, p. 227. A tese da "invenção da infância" nos séculos XVI, XVII ou XVIII é contestada por Jack Goody, em *La famille en Europe*, trad. do inglês por J.-P. Bardos, Paris, Seuil, 2001.

[14] Lyotard dá como subtítulo a *O inumano*: "Causeries sur le temps" ("Considerações sobre o tempo"), ao eleger o tempo como denominador comum das intervenções orais reunidas naquele volume.

[15] Na reflexão pedagógica e antropológica de Kant, distintamente de sua filosofia da moral, a lei não aparece somente como uma instância de repressão e de humilhação do desejo, mas também e preferencialmente como o agente de uma transformação e de uma extensão do desejo quando esse passa do plano do instinto ao plano da razão e da imaginação. Era já a função do interdito sobre a nudez nas *Conjectures sur le commencement de l'histoire humaine* (1786) (*Conjecturas sobre o início da história humana*), comentário filosófico do *Gênese*: a folha de figueira faz passar da sexualidade ao erotismo sustentando o desejo por sua refração sobre o plano da imaginação. Assim Kant, mantendo por completo a oposição central entre desejo e lei, está muito próximo do pensamento humano da instituição como artifício, expandindo, e não reprimindo a tendência. Cf. sobre este ponto: G. Deleuze,

a doutrina humanista da educação, deve assumir duas aporias constitutivas. A primeira é que toda educação é necessariamente imperfeita porque contaminada pela imperfeição de seu ponto de partida, uma vez que a espécie humana, por ser despossuída de instinto, necessita de um mestre, teve que começar a se educar por si mesma, a ser para si mesma um mestre, mas desprovido de maestria.[16] Esse olhar melancólico sobre o progresso, cujo reverso é a imperfeição irredutível que se transmite de geração a geração, confirma a intuição ordinária de que nosso modo de educar é incessantemente corrompido ou estragado pela maneira pela qual nós mesmos fomos educados. Igualmente intuitiva é a segunda aporia que concerne à contradição entre a finalidade da educação – a autonomia, a relação livre com a lei –, e os meios de que ela deve dispor para atingi-la – a disciplina, ou seja, a heteronomia que toda educação do desejo deve assumir, se este último não contém em si mesmo o poder de se limitar. Vê-se, pois, que, no pensamento kantiano, a educação, que deve conduzir o humano ao encontro de sua destinação moral, é afetada constitutivamente, e não acidentalmente, de uma imperfeição e de uma contradição que, se não tornam o projeto impossível – seja como for que eduquemos, imperfeita e contraditoriamente –, o tornam no mínimo difícil e problemático.

O texto pedagógico de Kant não perde completamente de vista essa problemática, ele não busca, exatamente, acobertá-la. Mas não a aprofunda, o que arriscaria pôr em questão o ideal educativo que ele sustenta: pôr em acordo a vacância inicial da infância com a destinação de uma interiorização completa da lei. As aporias da educação tornam esse processo fortuito, elas lhes concedem o caráter de um ideal; mas não modificam o olhar sobre seu *terminus a quo* (a infância como negatividade) e seu *terminus ad quem* (a perfeição da relação com a lei como apropriação. O humanismo moderno aproxima a infância pelo viés de uma comparação com o animal, o que adquire uma dupla significação: contrariamente ao animal, a infância não é determinada pela natureza, ela é, pois, uma vacância, um nada; mas, como o animal, a infância é transida pelo desejo, absorvida na instantaneidade da exigência de satisfação. Ela é a época do homem onde

---

Empirisme et subjectivité, Ch. II, "Le monde de la culture et les règles générales", Paris, PUF, 1953 (*Empirismo e subjetividade*, "O mundo da cultura e as regras gerais") e a introdução a *Instincts et institutions* (Instintos e instituições), textos selecionados e apresentados por G. D., Paris, Hachette, 1955.

[16] Ver *Idée d'une histoire universelle au point de vue cosmopolitique* (*Idéia de uma história universal do ponto de vista cosmopolita*), sexta proposição.

a "disposição à animalidade" é somente efetiva, e repele para um além de si mesma potencial as disposições técnica, pragmática e moral. A infância, época do desejo sem instinto e sem lei, não é apenas nada, mas negatividade. Essa determinação humanista da infância alimenta dois pressupostos da doutrina da educação. Por um lado, a educação se esforça para existir como uma verdadeira relação, pois a infância, por sua proximidade com o nada, carece da consistência que lhe permitiria existir como termo positivo de uma relação. Por outro, se no homem a infância é o momento de exterioridade à lei, a realização da humanidade será, pois, a reabsorção dessa heteronomia em uma apropriação sem distância.

Pode-se falar aqui de um duplo esquecimento da infância, no decurso da educação e em seu termo ideal. No processo de educação, as numerosas prescrições de prudência manifestam a preocupação kantiana com uma consideração empírica da infância, mas que não lhe faz de todo jus, na medida em que ela é vista sempre como limite, fraqueza, impotência. A crítica de toda pedagogia fundada sobre o jogo, que constituirá um dos dogmas da doutrina, parece repousar sobre argumentos de bom senso, mas ela é sintomática da vontade de expulsar do próprio processo educativo toda atividade que seria própria à infância, e nas quais essa existiria de outro modo e não como superação de si mesma, esforço voltado contra as próprias tendências espontâneas. Além disso, separar completamente a aprendizagem e o jogo, a partir da oposição conceitual entre jogo e trabalho, não é somente supor que o desejo propriamente infantil, desde o ponto de vista educativo, tem por única vocação dobrar-se a uma coerção exterior. É ainda ignorar que o jogo é um modo de aprendizagem próprio ao homem e aos primatas superiores. Quando referido ao registro do meramente infantil, portanto do pueril, o jogo é reduzido às determinações negativas do divertimento, do desejo, do arbitrário, a despeito de ser coisa bem diferente: relação, representação, experiência – posto que, ao minimizar a severidade das conseqüências, ele permite arriscar o inédito fora da pressão da coerção. O jogo tem, portanto, a potencialidade de ser uma experiência educativa na qual a criança pode colocar-se como sujeito, e não como simples objeto, matéria a informar, desejo a ser dobrado – como bem o mostra o modelo mais fundamental da aprendizagem, aquele da língua. A língua é, ela mesma, um jogo, Wittgenstein nisso muito insistiu. A criatividade da língua exclui que a sua aprendizagem seja uma mera submissão à exterioridade (obediência às regras e mimetismo). Enfim, falar é uma relação, e conduzir a criança à linguagem requer que seus gestos sejam considerados como uma contribuição intencional que emerge de um querer-dizer.[17] Sobre esse exemplo pode-se perguntar se a doutrina humanista não seria responsável por uma grande perda na reflexão pedagógica no que se refere a Montaigne e a Rousseau; perda que deriva de sua dificuldade de pensar a educação como uma relação, a partir da premissa que, se o homem, desprovido de instinto, deve fazer-se humano por meio da própria razão, a criança, contudo, que disso é incapaz deve ser conduzida à humanidade pelos outros. O *télos* do indivíduo-infante lhe é exterior, e ele não pode alcançá-lo a não ser submetendo-se a um processo exterior onde tudo provém de outrem e nada de si mesmo. A educação adquire, pois, o sentido de um processo de desarraigamento da infância como infra- ou ante- humanidade. Uma vez que a criança não é jamais o sujeito de sua metamorfose, a doutrina humanista sustenta um modelo pedagógico problemático, em que as determinações puramente negativas da infância e da natureza acentuam a dificuldade real, inegável, da passagem da heteronomia à autonomia, ao ponto de imobilizá-la em uma contradição quase que insolúvel: como se apropriar de uma pura exterioridade?

Esse ideal da apropriação da lei envolve o segundo esquecimento da infância. Ainda que Kant perceba bem o problema antropológico da articulação do desejo e da norma, ele quase não pensa as condições de seu ajustamento. Ele apresenta a educação como um arco estendido entre uma posição inicial negativa de exterioridade à regra e uma destinação ideal na qual a lei seria interiorizada. Essa ausência de distância da lei faz da educação um esvaziamento da infância como selvageria; processo que é descrito em uma retórica da ruptura, e não da evolução. De fato, com o contramodelo do animal, a doutrina humanista pensa, a justo título, aliás, a educação não como um crescimento quantitativo, mas como uma alteração qualitativa, uma transformação. A educação é formação, percurso de uma série de formas e esse, na doutrina humanista, não se efetua no ritmo de uma evolução progressiva, mas como uma série de rupturas ou de metamorfoses. O "caráter" (o que o humano faz da matéria informe dada pela natureza) é adquirido, mas essa aquisição não é contínua: ela resulta de uma sucessão descontínua de instaurações, até mesmo de conversões. Assim como ao nível da filogênese pode-se sustentar que a entrada na linguagem deu-se toda de uma só vez[18], não é de pouco em pouco que nos tornamos

---

[17] Ver Jerome Bruner, *Comment les enfants apprennent à parler* (*Child's Talk, learning to use Language*) (*Como as crianças aprendem a falar*), Paris, Retz, 1987.

[18] Ver Cl. Lévi-Strauss, "Introduction à l'œuvre de Marcel Mauss" ("Introdução à obra de Marcel Mauss"): "Quaisquer que tenham sido o momento e as circunstâncias de sua

racionais ou melhores. A passagem da potência (*rationabile*) ao ato (*rationale*) é instantânea, ao mesmo tempo que única, fundadora de uma nova unidade do indivíduo. Isso porque a educação é o percurso de uma série de relações com a regra, e porque cada uma de suas relações é perfeitamente unívoca. Em matéria de educação e de humanidade (logo, de moralidade), é tudo ou nada; ou seja, a educação humanista visa, sem poder garanti-la, a passagem do menos que nada (a infância como grandeza moral negativa) ao tudo (a interiorização perfeita da lei). O nó conceitual das oposições entre matéria e forma e entre humanidade e animalidade conduz de fato à oposição entre criança e homem. Isso é sem dúvida a inumanidade do humanismo.

Contra essa oposição entre "adultez" e infância, que a doutrina humanista põe em cena na dialética especulativa de uma teleologia educativa, a prescrição de não esquecer a infância indubitavelmente corresponde, em Lyotard, a uma dupla preocupação teórica. Por um lado, segundo Lyotard, a condição pós-moderna torna caduca a legitimação da educação por meio da grande narrativa da emancipação proposta pelas Luzes. Não mais poderíamos nos servir da metanarrativa das Luzes, que legitima o saber e a razão para a emancipação da humanidade, e essa caducidade atinge a doutrina humanista da educação, a qual não é senão uma conseqüência ou uma aplicação particular de tal metanarrativa. Sem entrar no exame detalhado dessa asserção sobre a condição pós-moderna, pode-se admitir que ela incita a um exame crítico da doutrina humanista – como rapidamente se acabou de fazer a propósito de Kant. No momento em que, ao menos na França, essa doutrina insiste em reaparecer e intervir de um modo ideológico nos debates acerca da escola, os argumentos de Lyotard têm a virtude de complicar a questão da legitimação e de manter à distância os discursos simplistas e autoritários. Por outro, a evocação da infância se inscreve em uma maneira um pouco melancólica (mas não somente, como se verá mais adiante) de situar filosoficamente a pós-modernidade. A crise das legitimações significa que o progresso dos saberes e das técnicas não pode ser referido a um fim que o justificaria em termos de progresso da humanidade. O aumento do saber-poder científico e industrial não é, segundo Lyotard, senão a manifestação disto que ele denomina o Desenvolvimento (e que é muito semelhante ao que Heidegger chama de "técnica"): um processo

---

aparição na escala da vida animal, a linguagem não pode ter nascido senão toda de uma vez só. As coisas não puderam passar a significar progressivamente", in Marcel Mauss, *Sociologie et anthropologie*, Paris, PUF, 1950, p. XLVII.

geral de luta contra a entropia pela diferenciação (a especialização e a profissionalização de Max Weber), a regulação sempre mais *performant*[19] das relações, a mediação indefinida. Isto é, uma dinâmica interna de complexificação que, ao mesmo tempo em que confere um valor absoluto e inquestionável à performance e ao resultado, prescinde da Idéia e de justificação: pelo que, se as narrativas de legitimação caducaram, o Desenvolvimento é inumano. A situação pós-moderna parece, então, desesperada: a política "revolucionária" já não vige, ela conduz aqueles que persistem reclamando-a a trágicos equívocos, e o Desenvolvimento não tem alternativa: o "sistema" não tem fora. Essa situação dá, ao tema da infância, sua urgência e sua profundidade. Lyotard parece inclinado a substituir uma política da emancipação, cuja perempção ele declara, por uma moral da anamnese. Se não se pode opor ao desenvolvimento uma política geral animada por um ideal de emancipação, a única possibilidade que resta é a resistência, é a fidelidade ao que resiste: não esquecer a dívida para com o inumano da infância, a indeterminação nativa que permanece ativa em sua resistência às determinações ávidas de se justificar por seus "resultados". Segundo Lyotard, bastaria não esquecer a infância para resistir – e talvez não ser injusto. A prescrição "seja justo" é conduzida pela voz tênue, insegura, paradoxal da *infantia*. A tarefa da escritura seria dar testemunho dessa voz que precede a todo discurso articulado.

Admitindo-se a tese de Lyotard sobre a *infantia*[20] – a ausência de palavra seria, junto com a ausência de razão e a ausência de norma uma das três determinações negativas da infância mais difundidas na filosofia: *infantia* é, mais do que aquele que não fala, aquele que não *se* fala (sublinho). Não uma época da vida, provisória, e, portanto, superada para aquele que a olha após ter adquirido a capacidade de falar; mas um inarticulável que não se deixa escrever, ao mesmo tempo em que habita toda palavra, tudo ao que é dado forma[21], as quais são, portanto, animadas e também contrariadas por uma inquietação informe. Esse informe é o que a infância tornou-se no seio do adulto, e ela habita a fala de um modo dialético. Saímos da infância pela fala como história da relação do indivíduo com

---

[19] No original *performant*. Não dispomos, em português, de uma palavra para traduzir *performant*. Em francês, seu significado é, segundo o *Petit Robert*, "capaz de altas *performances* (desempenhos)" e também "competitivo". (N.T.).

[20] Ver "*Infans*", *Lectures d'enfance*, (*Infans, Leituras da infância*). Paris, Galilée, 1991, p. 9.

[21] *Mise em forme*, cujo sentido é dar formar, informar. (N.T.).

a língua.²² A saída da infância é a conquista e depois o reinado da fala – regras, prescrições, normas, saber – como educação do inarticulado. Mas toda palavra, pelo menos aquela que se deseja falante, é assombrada pela perseguição do que ela teve como vocação primeira, menos exprimir do que reprimir. O anjo da linguagem se mantém às portas da infância para interditar o retorno ou os reencontros; mas nós habitamos uma linguagem que é ela própria habitada²³ por aquilo cujo acesso ela interdita.

Lyotard radicaliza essa dialética da infância e da fala numa injunção paradoxal feita à escritura. *O inumano* confia à escritura a tarefa de abrigar a anamnese testemunhando o inconciliável, enfrentamento ou choque entre a infância e a cultura, entre o fundo do qual emerge a fala e as formas nas quais ela se liberta. Familiar aos letrados, a intuição de que toda escritura autêntica é equívoca e interminável, enorme distensão entre a determinação do bem-dizer e o indeterminável do querer-dizer, toma agora a forma de uma aporia: a escritura é, deve ser, inscrição do impossível de ser inscrito. Assombrada, ela é o lugar daquilo que não tem lugar, registro da parte negativa ou aporética de toda dialética.²⁴ Que toda grande escritura seja sugestão, pelo excesso e retração do dizer ao querer-dizer, isso ganha em Lyotard uma dimensão bem particular, que se coaduna com a consignação da arte moderna à "categoria" estética do sublime: a escritura é anamnese paradoxal da infância na medida em que co-apresenta, com aquilo que ela apresenta, a irredutibilidade de um irrepresentável.

O que significa essa dialética, senão que a humanidade se mantém entre o desejo de chegar a uma experiência bem-sucedida onde o *logos* opere a recolecção do sentido latente na empiria vivida²⁵ entre esse desejo, e o respeito ao inacabável ou inarticulável (respeito que é todo o contrário da idolatria: lembrar-se do irrepresentável no próprio seio da representação, é também se recusar a lhe dar uma forma adorável)? E não seria então

---

[22] Giorgio Agamben recorda, na esteira de Benveniste, que os animais não humanos às vezes possuem línguas, mas ignoram a diferença entre língua e fala, portanto não se relacionam com seu repertório de signos sob o modo de uma história individual. Ver G. Agamben, *Enfance et histoire (Infância e história)*, tr. Y. Hersant, Paris, Payot, 1989, p. 66-68.

[23] *Hantée* no original. Cf, a respeito, *supra* nota 8. (N.T.).

[24] Por exemplo, entre uma centena de outros: "Filosofar nada mais é que escrever, e o que é interessante para nós, na escrita, não é conciliar, mas inscrever o que não se deixa inscrever.", in Francis Guibal et Jacob Rogozinski. *Témoigner du différend, Entretien avec Lyotard*. Paris, Osiris, 1989, p. 119.

[25] A *madeleine* e a tripla revelação do *Temps retrouvé* (*Tempo reencontrado*) são como que um paradigma desse desejo de recolecção.

a função da instituição (pela qual se entende tanto o processo de educação das crianças quanto os dispositivos institucionais) permitir que aqueles a quem ela abriga e que dela têm necessidade mantenham-se nesse entre dois, antes do que na nostalgia do éden pré-instituído ou no desejo de um ser-instituído inteiramente satisfeito, completo, pleno? A tarefa da educação, particularmente a da escolar, é abrir a possibilidade da experiência, dando, sobretudo, os meios formais para isso. A impossibilidade de aceder à experiência pode ser dita inumana, pois ela deixa o indivíduo entregue a um vivido sem orientação, logo sem aspiração. Cabe à educação, portanto, traçar suas orientações, com tudo o que isso implica de método e organização. Mas essa ordem não deveria satisfazer tão prontamente o desejo de ordem, talvez tão perigoso para uma educação quanto a resistência à ordem. Lyotard sugere que a infância permanece sempre presente no homem, mas sob o modo de um enigma que nem mesmo consegue se dizer. Uma boa educação deriva ao mesmo tempo do desejo de resolvê-lo e da recusa à avidez de encerrá-lo numa tradução definitiva. Pode-se aqui tentar a comparação com uma cura analítica, a qual não tem por objetivo relacionar a vida psíquica do analisando com um sentido definitivo (a palavra do enigma), mas antes modificar a relação do sujeito com a própria demanda, de nela introduzir jogo e liberdade, sem anular, no entanto, o fato de que há demanda. Pode-se então pensar que toda educação deve ter o escrúpulo de procurar as maneiras de uma fidelidade paradoxal àquilo que lhe resiste. Desse ponto de vista, uma educação deveria ponderar as regras e os meios que ela inculca e dá, pelo uso de uma certa ironia para com estes e pelo senso da contingência deles.

A conclusão a tirar da tese de Lyotard sobre a *infantia* é que a educação tem muito menos necessidade de uma fundação metafísica (o que é a aposta da doutrina humanista) do que de uma teoria ironista, para retomar uma distinção de Rorty[26]. Nada há de impossível em que o objeto da transmissão seja acompanhado do sentido de sua relatividade, de seu caráter provisório, parcial e discutível. A educação tem, indubitavelmente, necessidade de um mínimo de convicção. Mas a ironia não é ausência de convicção; ela é outra maneira de assumir e de defender suas convicções.

Contra a doutrina humanista da educação, Lyotard convida a pensar que a fidelidade à infância comporta também uma fidelidade à educação,

---

[26] Ver Richard Rorty, *Contingence, ironie et solidarité* (*Contingência, ironia e solidariedade*) trad. do inglês por P.-E. Dauzat, Paris, Armand Colin, 1993, Segunda parte, "Ironismo e teoria".

mas uma fidelidade irônica. Sugere que a indigência da infância supera-se, não pelo ideal humanista de apropriação, mas na gestão dialética das clivagens que dividem todo sujeito, as que abrem tal possibilidade e a mais elevada tarefa das instituições educacionais. A vocação do discurso é dizer tudo. A sua mais fiel vocação é, porém, ser habitado pelo indizível. A vocação da forma é dar forma a tudo; mas ela encontra seu pilar ao sinalizar e anunciar o que não se deixa ser informado. A vocação da educação é instituir tudo; mas ela coloca em jogo sua humanidade na acolhida que reserva ao que lhe resiste.

As margens da infância em um percurso filosófico-literário

Bernardina Leal*

Trajetos e devires, a arte os torna presentes uns nos outros [...]¹

Por cima de onde?

Era uma viagem inventada no feliz, a viagem realizada por Guimarães Rosa no seu conto "As margens da alegria".² Era assim que o narrador do conto identificava a trajetória realizada por um menino, personagem principal da estória, que se dirigia ao lugar onde a grande cidade seria construída. Que cidade? Não se sabe. Quem a construiria? Não se diz. O que faria lá o menino? Não importa. Tampouco importa o que fariam naquela cidade os tios do menino. Não interessam as informações que o autor, propositadamente, não quis dar ao leitor. *No Feliz* é onde ocorre a viagem. E essa frase, em sua estrutura sintática mínima, concentra, na intensidade do que afirma, um feixe de possibilidades de sentido capazes de deixar intrigado o leitor, um leitor atento aos afetos que emergem da escrita roseana. Trata-se da terceira linha do texto escrito na forma de um conto e já não é possível interromper a leitura nem deixar de mergulhar na profundidade das palavras. O que Rosa revela nesse conto, um dos focos primordiais de nossa investigação, é o despejar de uma energia que nasce da escrita, núcleo de uma vontade de potência que transforma a imagem do movimento em pura intensidade. A viagem deixa de ser um deslocamento geográfico de um lugar fixo para outro ponto definível e passa a ser um movimento indefinível em um fluxo de afetos. A escrita de Rosa mistura, assim, as fronteiras entre palavra e sensação, entre categorias e não-lugares, entre sentidos e devires. É uma escrita que devém criança, que faz emergir blocos de infância e que

---

* Universidade Estadual da Bahia.
¹ DELEUZE, Gilles. *Crítica e clínica*. São Paulo: Ed. 34, 1997, p. 79.
² ROSA, João Guimarães. *Primeiras Estórias*. 6. ed. Rio de Janeiro: José Olympio, 1972, p. 3.

nos leva a experimentar as primeiras viagens, as *Primeiras Estórias*. Trata-se da antecipação daquilo que, sendo esperado um dia ser, já é. O instante fecundo da infância das coisas. A primazia da experiência.

O menino inicia sua viagem e sai, *ainda com o escuro e o ar fino de cheiros desconhecidos*.³ Novamente Rosa desloca os sentidos alicerçados nas palavras e as lança em movimentos ininterruptos na mesma viagem que percorre o menino. Movimentam-se todos: o menino, o escuro, o ar, os cheiros. Tudo ganha vigor e força, qualidade e intensidade. O escuro não mais adjetiva a noite. Ele agora é companheiro do menino. O ar ganha modo, materializa-se em uma estrutura fina ao adentrar-se nos cheiros desconhecidos. Ar, cheiro e escuro entrecruzam-se e dão nova formatação ao que seria um trivial marcador temporal. Afinal, não se sabe das horas. Não é esse o tempo com o qual Rosa trabalha. O autor não se interessa pelo tempo cronológico que mede as coisas por sua marcação numérica. Temos aqui uma dimensão intensiva do tempo. Um tempo recuperado em seu significado grego mais primitivo de "força de vida" ou "fonte de vitalidade". É a persistência de uma força vital que faz com o que o menino seja uma criança a viver a infância das coisas que descobre.

> O menino fremia no acorçôo, alegre de se rir para si, confortavelzinho, com um jeito de folha a cair. A vida podia às vezes raiar numa verdade extraordinária. Mesmo o afivelarem-lhe o cinto de segurança virava forte afago, de proteção, e logo novo senso de esperança: ao não-sabido, ao mais. Assim um crescer e desconter-se – certo como o ato de respirar – o de fugir para o espaço em branco. O Menino.⁴

Guimarães Rosa, em seu devir-criança, inventa um menino que desliza entre as coisas, que se irrompe no meio delas. É assim que o escritor estabelece conexões entre sons, cores, sensações, gestos e palavras. Rosa inclui e combina intensidades, elimina tudo o que excede o momento e, por fim, condensa a força expressiva daquela singular experiência na forma mais simples: O Menino.⁵

---

³ ROSA, 1972, p. 3.

⁴ Idem.

⁵ A forma lingüística reduzida utilizada por Rosa nos remete aos comentários de Deleuze sobre uma afirmação de Virginia Woolf: "Ela diz que é preciso 'saturar cada átomo' e, para isso, eliminar tudo o que é semelhança e analogia, mas também 'tudo colocar', eliminar tudo o que excede o momento, mas colocar tudo o que ele inclui – e o momento não é o instantâneo, é a hecceidade, na qual nos insinuamos, e que se insinua em outras hecceidades por transparência." In: DELEUZE, Gilles, GUATTARI; Felix. *Mil Platôs*. v.4. São Paulo: Ed. 34, 1997, p. 73-4.

Linhas de fuga, a escrita de Rosa torna-se um sem-lugar para os sentidos usuais dos termos, uma errância de sentido. Não mais confinado às estruturas do texto, o sentido se faz móvel, andarilho. Ele esquiva-se, desde então, do espaço da fixação da escrita convencional e encontra um devir como um desvio que altera os trajetos já mapeados na língua. O menino passa a ser, assim, quase uma folha a cair. Isso é mais do que o instante da folha que cai. É o fluxo do cair, a verdade da vida que se mostra no contraste com a morte. A vida que se mostra em raios, em feixes de luz, já que não se deixa ver inteira. A verdade extraordinária da vida pode, às vezes, raiar, alerta-nos Guimarães Rosa. Raiar, isto é, riscar, traçar raios de luz que se distinguem como verdadeiros. Raiar também significa tocar as raias ou os limites de algo. Encontrar as fronteiras, *as margens* – idéia primaz do autor. Como um raio, cuja luz que emana de um foco luminoso percorre diferentes trajetórias, a escrita rosiana descarrega uma energia que potencializa os sentidos e prolifera os significados. É assim que a negatividade se faz profícua: é o não-saber que gera um novo senso de esperança. Esperança de movimento, de busca, de deslocamento. Embora sem o uso explícito do verbo que indicaria uma ação, a expressão *ao não-sabido, ao mais*[6], concentra uma força expressiva capaz de suplantar a presença de qualquer outro termo gramatical. Uma língua desviante, um modo de inscrever-se no mundo, a escrita de Rosa – uma *literatura menor.*[7]

As condições revolucionárias da literatura rosiana em meio ao que se considera a grande literatura ou literatura estabelecida é o que a faz menor. Rosa, escritor erudito, poliglota e profundo conhecedor da língua portuguesa, inventa uma língua própria. Escreve quase como um estrangeiro no interior do próprio idioma. Ele tem a sobriedade de quem subverte a ordem da escrita do seu interior, a segurança de quem pode fazer a língua implodir. Sua literatura, uma literatura menor, diremos, como Deleuze –

---

[6] ROSA, 1972, p. 3.

[7] Deleuze, ao responder à pergunta por ele mesmo lançada: O que é uma literatura menor? afirma: "Uma literatura menor não é a de uma língua menor, mas antes a que uma minoria faz em uma língua maior. Sua primeira característica é que a língua aí é modificada por um forte coeficiente de desterritorialização. [...] A segunda característica das literaturas menores é que nelas tudo é político – não há o caso individual das grandes literaturas. [...] A terceira característica é que tudo adquire um valor coletivo." E resume: "As três características da literatura menor são de desterritorialização da língua, a ramificação do individual no imediato-político, o agenciamento coletivo de enunciação. Vale dizer que 'menor' não qualifica mais certas literaturas, mas as condições revolucionárias de toda literatura no seio daquela que chamamos de grande (ou estabelecida)." In: DELEUZE, Gilles, 1977, p. 25 a 28.

não por estar fora ou ser considerada marginal, mas por estar dentro e, de dentro, atuar diferentemente. A literatura de Rosa se faz única em seu estilo, na maneira inventada de utilizar a própria língua. *Alegre de se rir para si* está o menino[8] – aqui Rosa reforça, por meio do uso enfático da forma pronominal, a intensidade da alegria do menino. O menino não apenas ria, ele fazia irromper, além dos gestos e sons próprios do riso, um riso íntimo, *para si*. Não uma forma exterior de expressar alegria, mas um contentamento, uma satisfação interna. É que, por conhecer tão bem a língua, por ser capaz de confrontá-la a tantas outras línguas, Rosa cria condições de esticá-la ao máximo, de forçar os seus limites. Ele exige das palavras o máximo de expressão, e da sintaxe, o máximo de elasticidade. É como se conteúdo e forma, desordenadamente, não mais se distinguissem e, por fim, alcançassem a potência máxima de uma carga expressiva. Nas palavras de Deleuze:

> [...] uma literatura menor ou revolucionária começa por enunciar e só vê e só concebe depois... [...] A expressão deve despedaçar a forma, marcar as rupturas e as ramificações novas. Estando despedaçada uma forma, reconstruir o conteúdo que estará necessariamente em ruptura com a ordem das coisas. Antecipar, adiantar a matéria.[9]

É assim que *ao mais* descreve uma linha de fuga. Um percurso necessário para se alcançar um espaço ainda não ocupado, *o espaço em branco*. *O menino*. Este é o problema – o risco que o não-sabido enseja. *O mais* do qual se sabe a expressão, não a forma. O vazio do branco. O risco que a experiência exige e a faz problemática. É preciso, então, transformar o dado negativo em uma vontade positiva de potência. O sentido passa a situar-se, desse modo, no eixo dos afetos que intensificam o desejo. O que era problema torna-se desafio. O que estava contido, abafado pelo sujeito, torna-se uma matéria desejante, solta, que se lança no fluxo do movimento da vida. Sem temer o tempo, vai o Menino. Em direção *ao mais*, *ao não-sabido*. Lançam-se o Menino e a escrita menina de Guimarães Rosa.

Também menino, Rosa põe-se a brincar com a sintaxe do texto. O autor embaralha as funções dos termos, desinstala os sentidos arraigados nas definições. O uso do artigo definido ilustra bem essa forma de escrita.

---

[8] ROSA, 1972, p. 3.
[9] DELEUZE, Gilles; GUATTARI, Felix. *Kafka: por uma literatura menor*. Trad. Júlio Castañon Guimarães. Rio de Janeiro: Imago, 1977, p. 43.

Trata-se de um artigo definido que não define: afinal, não se sabe qual é a grande cidade, qual é a Companhia à qual pertence o avião em que viajavam. Tampouco a Mãe e o Pai, ou mesmo a Tia e o Tio parecem definir-se pelo artigo. Na verdade, o que os identifica é a relação de parentesco destacada pela inicial maiúscula dos substantivos Mãe, Pai, Tia, Tio. Os nomes próprios dessas pessoas não aparecem no texto. Elas exercem um papel adulto na relação com a infância do menino – é só. Esse é o traço marcante da presença adulta na narração. O espaço em branco, indefinível, o não-lugar em direção ao qual se lança o menino, também aparece antecedido por uma paradoxal determinação. Em destaque, o artigo definido, maiúsculo e suntuoso da expressão que encerra uma frase, um período, todo um parágrafo: *O menino*.[10]

O uso do artigo definido é recorrente nos textos roseanos. Trata-se de um elemento lingüístico que exprime uma tensão entre determinação e indeterminação. *O* menino da estória é *um* menino. Rosa, a nosso ver, utiliza esse recurso lingüístico para ampliar os limites do dizível e ultrapassar as normas lingüísticas. Deste modo ele ilustra Deleuze:

> Poderíamos chamar, em geral, de intensivos ou tensores os elementos lingüísticos, por mais variados que sejam, que exprimem "tensões interiores de uma língua".[11]

Em meio a essas relações paradoxais, até mesmo o afivelamento do cinto, por outra pessoa, não deixa subjugado o menino. Antes, essa relação com a "adultez" torna-se uma possibilidade de realização do que deseja. O menino não se submete. Ao contrário, ele ganha força e a investe em um diferente empreendimento: o novo. Ele sente-se protegido, seguro para experimentar a condição esperançosa do novo: "Mesmo o afivelarem-lhe o cinto de segurança virava forte afago, de proteção, e logo novo senso de esperança: ao não-sabido, ao mais".[12]

Mais uma vez, Rosa altera o sentido usual do que se afirma nas palavras e deixa de atrelar, ao repentino, os usuais atributos de força, violência e opressão. É doce o que vem repentinamente. É harmônico o que não é antecipado. Aquilo que escapa ao planejamento, ao acordo prévio, pode também ser delicado e doce. O fluxo do desejo não necessariamente se

---

[10] ROSA, 1972, p. 3.
[11] DELEUZE; GUATTARI, 1977, p. 35.
[12] ROSA, 1972, p. 3.

opõe à vida. Trata-se de uma linha de fuga criadora que traz consigo toda a poesia, toda a leveza da infância da palavra, de sua sonoridade e dança. Antes da significação, antes do emprego e da função, antes da correção gramatical, antes do discurso. Assim é que, no fluxo do viver, o menino experimentava infantil e intensamente o instante:

> E as coisas vinham docemente de repente, seguindo harmonia prévia, benfazeja, em movimentos concordantes: as satisfações antes da consciência das necessidades.[13]

Em outras palavras, nas palavras de Deleuze, essa linha de fuga criadora é que produz sons ainda desconhecidos, que se deslocam para um futuro próximo. A linearidade do tempo é rompida pela intensidade da expressão que inverte a ordem de aparição do enunciado: "Pois a expressão precede o conteúdo e o conduz (com a condição, é verdade, de não ser significante)".[14]

O lugar da infância do menino é um lugar não fixado, movediço. Rosa reforça essa idéia ao deslocar para o mundo a mobilidade. O mundo, visto pela criança, da janelinha do avião, movimenta-se. E é esse o lugar de onde o menino vê o mundo: "Seu lugar era o da janelinha para o móvel mundo".[15] De lá, do alto, o menino traça percursos em seus pensamentos. Percursos também são desenhados no mapa que lhe entregam. Percursos e trajetos envolvem a escrita de Rosa neste conto que parece adivinhar a escrita de Deleuze:

"Não há crianças que não sejam capazes de saber isso: possuem todo um mapa geográfico e político de contornos difusos, móveis..."[16]. Mas a escrita de Rosa insiste em deixar pistas para uma trajetória infantilmente brincalhona dos sentidos. Não parece ser casual a idéia que se desprende do fragmento no qual o narrador descreve o que se passava no interior do avião e tudo o que o menino ganhava: "[...] até um mapa, nele mostravam os pontos em que ora se estava, por cima de onde".[17]

Ora, de um avião em pleno vôo, vê-se, de cima, alguns pontos que podem ser representados em um mapa. Mas Rosa enfatiza bem a localização

---

[13] ROSA, 1972, p. 3.
[14] DELEUZE; GUATTARI, 1977, p. 62.
[15] ROSA, 1972, p. 3.
[16] DELEUZE; GUATTARI, 1977, p. 19.
[17] ROSA, 1972, p. 3.

por cima de onde. Trata-se, em nosso entendimento, de uma fina ironia. Parece um questionamento travestido de afirmação. Por cima de onde? Parece soar, em tom interrogativo, a frase. Afinal, o que se vê no mapa? Seja o que for, não desperta o interesse do menino, que prefere deliciar-se espiando as cores, as formas e os movimentos do que podia alcançar visualmente pela janela – o que via, não sua representação no mapa. E o que via o encantava:

> [...] as nuvens de amontoada amabilidade, o azul de só ar, aquela claridade à larga, o chão plano em visão cartográfica, repartido de roças e campos, o verde que se ia a amarelos e vermelhos e a pardo e a verde; e, além, baixa, a montanha. Se homens, meninos, cavalos e bois – assim insetos? Voavam supremamente.[18]

O menino parece aqui se instalar num espaço do saber que não se enquadra no âmbito das representações, que foge da dimensão adulta de um conhecimento construído para explicar, posteriormente, algo já sabido. Ora, o saber do menino antecede aquele conhecimento informativo do mapa e, portanto, ainda não é representável. Na intensidade primaz daquele instante, nada que possa ser informado atrairá mais o menino do que o próprio saber que ele engendra. Guimarães Rosa, ao inventar o menino, inventa também, sob pressão do não representável, expressões novas, tentativas lingüísticas de dizer um saber ainda não convertido em conhecimento. Por isso a supressão do verbo na frase *Se homens, meninos, cavalos e bois – assim insetos?* [19]parece-nos uma opção genial. Em caso de dúvida do que seriam aquelas imagens vistas do alto, pelo menino, a opção por omitir o verbo *ser* torna-se muito expressiva. Também o uso incomum da partícula condicionante *se* logo no início da frase interrogativa, sem o acompanhamento de um verbo que daria a ela um suporte semântico – uma ousadia de Rosa, faz com que a obscuridade do dito seja cúmplice fiel da obscuridade do sentido não representável. Não sendo possível a representação, torna-se também impossível uma categorização. Assim sendo, homens, meninos, cavalos e bois poderiam ser tomados por insetos. Assim também, na supremacia do que era sabido, mas ainda não representável, tudo voava, num fluxo de imagens disformes, múltiplas e difusas.

---

[18] ROSA, 1972, p. 3.
[19] Idem.

A montanha, baixa, rompia a estabilidade do olhar que a situava sempre alta. As nuvens, indistintas, tinham a qualidade de *amontoada amabilidade*, ou seja, a despeito da claridade, estavam ajuntadas confusamente, sem ordem, amealhadas, daí o atributo *amontoada*. A constituição impalpável da cor azul expressa na organização inusitada das palavras *azul de só ar* dimensiona a profundidade e, ao mesmo tempo, a estraneidade daquela experiência infantil. *O azul*, completo de ar, apenas ar, ainda assim consubstanciava-se na firmeza de uma cor. Como? O menino não pergunta, apesar do espanto e da admiração. A assombrosa aceitação do menino mais parece uma rendição à beleza da descoberta das coisas. Rosa traduz a intensidade do momento ao inserir, no nexo das palavras, a ambiência aérea, a intuição dos efeitos dinâmicos das forças físicas exercidas sobre os corpos pelo ar em movimento. E, mais, o escritor parece brincar semanticamente, ao arejar, com as próprias palavras, uma forma convencionada de descrever acontecimentos e situações. É como se ele buscasse lacunas aeríferas, tal como algumas plantas aquáticas, a fim de flutuar. Portanto, *voavam supremamente*.[20]

E ainda há as variações de cor do verde que se ia de outras tantas cores até chegar a ele mesmo, *a verde: o verde que se ia a amarelos e vermelhos e a pardo e a verde*.[21] Mais uma vez, infantilmente, Rosa expressa, de modo primaz, um saber relativo à composição das cores, à própria idéia de cor. Os elementos ópticos, presentes, de forma literária no fragmento, levam-nos a perceber a intensidade do fluxo luminoso (claridade) e a composição espectral da luz, o que provoca, no observador menino, uma sensação visual de alcance dos matizes de cor, por força da luminosidade e saturação. Por fim, conquanto cor predominante, o verde volta a verde.

O percurso literário de Rosa, aqui concentrado em apenas quatro linhas, na intensidade da apresentação das cores, formas e localizações daquilo que o menino via, assume uma terminologia ainda não serial, ainda não organizada, indistintamente infantil. É esse uso dinâmico da língua que aproxima Rosa de Deleuze na força dramática da expressividade literária e filosófica que ambos inauguram. Um cria figuras literárias, o outro cria personagens conceituais. O movimento da dramatização parece ilustrado por Rosa, na figura do menino. Deleuze o apresenta, de forma argumentativa, aos membros da Sociedade Francesa de Filosofia, da seguinte forma:

---

[20] ROSA, 1972, p. 3.
[21] Idem.

> Os dinamismos espaço-temporais têm várias propriedades: 1º) eles criam espaços e tempos particulares; 2º) eles formam uma regra de especificação para os conceitos que, sem eles, permaneceriam incapazes de se dividirem logicamente; 3º) eles determinam o duplo aspecto da diferenciação, qualitativo e quantitativo (qualidades e extensos, espécies e partes); 4º) eles comportam ou designam um sujeito, mas um sujeito "larvar", "embrionado"; 5º) eles constituem um teatro especial; 6º) eles exprimem Idéias. Sob todos esses aspectos, eles figuram o movimento da dramatização.[22]

Deleuze expõe, em termos filosóficos, a um grupo de filósofos, num ambiente acadêmico, tradicional e formal de ensino, o que Guimarães Rosa apresenta, em termos literários, para leitores indistintamente filósofos, não-filósofos, literatos e não-literatos: a carga expressiva das formas múltiplas de *coordenadas espaço-temporais*. A experiência do menino no interior do avião em relação com o que percebe do ambiente externo organiza-se, na linguagem rosiana, como dinamismos espaço-temporais, na linguagem deleuziana – *agitações de espaço, buracos de tempo, puras sínteses de velocidades, de direções e de ritmos.*[23] É o próprio Deleuze quem afirma que esses dinamismos prescindem de um campo no qual possam ocorrer. A primazia do saber infantil, expressa na experiência descrita por Rosa por meio de seu personagem menino, claramente constitui um campo de ocorrência, em nosso entendimento.

Esse campo, peculiarmente intensivo, *implica uma distribuição em profundidade de diferenças de intensidade.*[24] É dessa caracterização que decorre a necessidade de uma escrita diferente da forma corrente, usual, de dizer as coisas. Para dar conta da intensidade e profundidade do caráter primevo da experiência infantil, Rosa precisa inventar construções lingüísticas, reorganizar a disposição das palavras, atribuir outros significados aos signos já decifrados, deslocar formas e sentidos. É o que podemos ilustrar na seguinte passagem: *O menino, agora, vivia; sua alegria despedindo todos os raios. Sentava-se, inteiro, dentro do macio rumor do avião.*[25]

---

[22] DELEUZE, Gilles. *A ilha deserta e outros textos*. São Paulo: Iluminuras, 2006, p. 129.
[23] Ibid., p. 132.
[24] Idem.
[25] ROSA, 1972, p. 3.

O deslocamento do sentido das palavras na escrita rosiana aqui se materializa no não-lugar do ato de sentar-se. Afinal, o menino senta-se *no rumor*. O sentido do verbo complementa-se na materialidade intensiva de um não-lugar. Estabelece-se, nesse enunciado, uma dimensão temporal intercruzada na qual coincidem a fala do narrador e o instante de vida do menino. Esse tempo variável, intenso e desmedido, enfatiza o aspecto contingencial da vida. É a intensidade do momento que define a duração do tempo. É assim que a narrativa desliza no fluxo do que acontece entre os tempos e que entretém o leitor. Nessa mistura de tempos e lugares, mais uma vez Rosa parece brincar com a escrita e utiliza-se até mesmo do narrador para mostrar a inutilidade de se tentar marcar o tempo presente da narrativa. Afinal, sabemos, pelo narrador, que o Menino e os tios estavam a "passar dias no lugar onde se construía a grande cidade".[26] Contudo, esse recurso textual não assegura ou mesmo define uma extensão temporal. Trata-se de uma temporalidade fora do eixo cronológico e de uma localização fora do eixo geográfico, já que o menino *sentava-se, inteiro, dentro do macio rumor do avião.*[27]

---

[26] ROSA, 1972, p. 3.
[27] Idem.

A Educação, o espaço e o tempo – Hoje é amanhã?

Lúcia Helena Pulino[*]

> Pena, que pena, que coisa bonita, diga
> Qual a palavra que nunca foi dita, diga...
> (*Paula e Bebeto*, Milton Nascimento e Caetano Veloso)

Tornar complexo e perguntar

Educar as novas gerações é uma preocupação e uma responsabilidade dos adultos, que fomos preparados pessoal e profissionalmente pela sociedade para tal. Diferentemente de culturas que transmitem seu conhecimento e valores por meio da oralidade e da participação das crianças em atividades de trabalho e comunitárias junto com adultos, a nossa sociedade letrada realiza a introdução das crianças no mundo social não só por comunicação oral, mas por práticas institucionalizadas na família e na escola, especialmente.

Ser uma criança em nosso mundo ocidental significa estar sendo socializada pelos pais, professores, educadores profissionais, todos eles orientados, explicita ou implicitamente, por princípios, leis e programas criados e mantidos pelo governo de um país e pelos cânones que regem as relações políticas, sociais e éticas entre países. Dessa forma, quando uma mãe amamenta seu bebê ou prepara o alimento para ele, ela está produzindo o leite graças a suas condições fisiológicas específicas, mas essa produção depende de seu estado emocional e das crenças que ela tem em relação à importância de amamentar; além disso, a produção segue o ritmo da fome de seu bebê e das possibilidades que ela tem de estar com ele naquele momento; e a maneira de ela amamentá-lo segue padrões aprendidos por ela conscientemente ou inconscientemente. A *papinha* que ela prepara para seu bebê é feita

---

[*] Universidade de Brasília (UnB).

com ingredientes indicados pelo pediatra, ou ainda pela sua condição financeira, ou por suas preferências pessoais.

Esse tipo de rede complexa que constitui cada ação da pessoa que educa uma outra pessoa pode se tornar ainda mais complexa se levarmos em conta o momento histórico, a cultura, a sociedade em que elas vivem, e toda a configuração de relações que compõem essa díade mãe-criança. Podemos nos imaginar com uma grande lupa na mão, tentando encontrar os fios que ligam uma a outra atitude, um a outro som, um a outro gesto; e, por debaixo desses, outros fios, pontos, pequenas redes se interligando. Nas atitudes da mãe, aquelas de sua própria mãe, dos cursos que fez, da orientação de médicos, de psicólogos, das situações de conflito que viveu, da relação com o pai da criança, de seus desejos ocultos, de suas dores não reveladas, de seus medos pulsando por entre palavras de carinho e confiança. Nas ações do bebê, encontramos um corpo se contorcendo, crispando-se, por dor ou frio, momentos de descontração muscular, um sono intercalado de choro, por fome ou desconforto, o olhar que vagueia por entre as pessoas e os objetos, um odor que denuncia as fezes ou a urina, movimentos e sons misteriosos que vão sendo traduzidos pelo outro.

Mas para que serve essa compreensão toda que, nós, educadores, psicólogos, filósofos, tentamos construir? Temos a esperança ou a pretensão de esgotar os elos, os fios da rede? Acaso vamos conhecer melhor nosso bebê, sua mãe, ou a nós mesmos, fazendo esse trabalho de detetive, de arqueólogo? Esse movimento de escavação não traz, afinal, no fundo, a ilusão de que é possível o conhecimento? E que, conhecendo melhor, poderemos agir melhor, sermos pessoas mais íntegras, respeitar mais o outro e a nós mesmos?

Vamos reservar essas perguntas e começar a pensar em outros aspectos que deixamos para trás nessa nossa busca. Falamos em mãe, em bebê, referimo-nos a nós mesmos como educadores, psicólogos. Não falamos em pai, nosso bebê foi chamado de "ele". E, mesmo sendo eu, a autora deste texto, uma mulher, falo de você, leitor (que pode ser uma leitora) e de mim, de nós, como sendo educadores, e não educadoras, psicólogos e não psicólogas. Mas, aqui, pode-se objetar: isso é um problema relacionado à Língua Portuguesa. E eu volto à tona: mas, por que a Língua tem este "problema"? O que é a língua? Como ela se constitui? Constitui-se com base em práticas e convenções baseadas em experiências e idéias de pessoas que vivem contextualizadas numa cultura, num lugar social, a partir de suas relações com os outros e com o mundo natural e social, de seu trabalho, que constrói e modifica o mundo e a si mesmo? Por que, então, usamos as palavras no masculino? Por que quem lê o livro é leitor, independentemente de seu gênero, quem escreve é escritor? Por que falamos no feminino, na mulher, apenas quando falamos de mãe, de professora de criança pequena? Por um simples costume cristalizado? Por que ele foi criado e cristalizado?

Deixemos essas questões também reservadas e passemos a outras. O que queremos dizer quando usamos a palavra criança? Já mencionamos que criança significa um ser a ser educado, a ser socializado, por alguém mais experiente. Alguém que, no início da vida, depende da mãe ou de quem cuida dela. Um ser a ser cuidado, e cuja sobrevivência depende do outro. Alguém que pede, que clama por cuidados – alimentação, aquecimento, higiene, carinho. E, antes disso, um ser feito pelos pais, alguém que não existia, nem sequer fisicamente. E que, além de ser criado biologicamente por duas pessoas, tem sua existência garantida por elas. Um ser que vai se construindo, em seus movimentos, gestos, palavras, ações, pensamentos, na relação com as pessoas com quem convive, tendo como alicerce toda a rede de relações que mencionamos acima. É isso que entendemos por criança, comumente. Mas quem é a criança? É esse sujeito da voz passiva, que é concebido, é gestado, é nascido, é alimentado, é vestido, é cuidado? É essa pequena pessoa que aprende com, que é ensinada a? Que chora, que pede, que não sabe, que não tem, que não consegue, que ainda não é?

E será que essa é a única maneira de se pensar a criança? Ela precisa, realmente, esperar crescer para ser? Para pensar? Para querer? Para falar? Para agir? Tudo o que ela é não passa de um protótipo? E quando ela passa a ser?

Vamos reservar esse terceiro grupo de questões para mais tarde.

Fazer escolhas

Falamos sobre as complexas relações que se escondem na relação mãe-criança e a que podemos ter acesso, fazendo um exercício de identificar as redes de relações e as influências que subjazem a essa relação. Perguntamo-nos, então, se, fazendo esse exercício de assumir e perscrutar a complexidade da relação, podemos nos colocar em condição de admitir que conhecemos melhor o que se passa entre essas duas pessoas.

Falamos do costume cristalizado de usarmos o gênero masculino em nossos textos, independentemente de com isso querermos significar que estamos falando de pessoas pertencentes a esse gênero. Perguntamo-nos a respeito de por que isso ocorre e, diante da possível resposta de que isso é algo convencionado na Língua Portuguesa, voltamos a perguntar: Por que a Língua convencionou isso?

Falamos sobre a concepção de criança que temos, como sujeito da voz passiva, como alguém que ainda não é, e nos perguntamos se essa é a única concepção de criança possível de se ter.

Da mesma forma que problematizamos o que se pensa sobre a relação mãe-criança, a questão do gênero e a concepção de criança, poderíamos fazê-lo em relação a outras concepções e práticas que assumimos em nosso cotidiano como se fossem óbvias e universais e que, nesse exercício, notamos que são construídas com base em fatores históricos, culturais e sociais e que, portanto, variam dependendo da época e dos contextos em que se forjam.

Dessa maneira, começamos, já, a pensar sobre a questão dos motivos e objetivos que nos levariam a fazer esse trabalho tão minucioso de buscar as relações e inter-relações envolvidas nas ações que analisamos. Assim, à pergunta primeira sobre se agindo dessa forma julgamos que estamos esgotando nosso objeto de conhecimento, podemos começar a responder, dizendo que o que nos move a buscar é a vontade de conhecer, mas sabemos que não vamos esgotar a rede de relações implícitas e explícitas nesse objeto, que não concebemos como um objeto separado de quem o conhece, mas como construído no processo de conhecimento. Dessa forma, a relação mãe-criança não é uma entidade que está lá, esperando para que a desvendemos em suas múltiplas ligações com inúmeros fatores ambientais, culturais e sociais. Ela é, sim, uma relação que resulta não só dos fios que se tecem na experiência entre as duas pessoas envolvidas e todos os elementos presentes nela, explicita ou implicitamente, mas que se constrói no processo mesmo em que eu a compreendo.

Pergunto, busco, faço ligações e interligações, e esse processo, ele mesmo, elege uma perspectiva de olhar a relação mãe-criança, significa-a em meu quadro de referências históricas, culturais, sociais, ligado a minha vida pessoal e profissional.

Posso dizer, então, que essa é a minha maneira de compreender a relação mãe-criança, e que eu escolho, consciente e inconscientemente, o ponto de vista que quero adotar. Então, não tenho a ilusão de esgotar a compreensão dessa relação, mas, sim, de mostrá-la, para os outros e para mim mesma, a partir da lente que uso, a partir das palavras que utilizo, a partir do que digo e do que não digo sobre ela. Essa minha maneira, apesar de minha, pretende ser dita, ser publicada, dialogar com outras maneiras diferentes de olhar essa relação.

Retomando o segundo conjunto de questões: em que medida a problematização do gênero usado nos discursos científicos nos ajuda a compreender melhor esse nosso estar no mundo, e a maneira como narramos o que vivemos, o que pensamos. É convenção usarmos o gênero masculino quando nos referimos a um sujeito indeterminado. O que fazer, então, diante de um costume cristalizado, de idéias estabelecidas, de posturas impostas por autoridades e assumidas por nós? Seriam sem sentido essas observações de que é preciso que problematizemos essa maneira de escrever/falar, que parece ignorar, ou subestimar, a mulher como agente de fala, como sujeito de ações e pensamentos?

Uma vez constatada essa questão, o que fazer com ela? Minha proposta é que usemos os dois gêneros nesses casos. E mais, que comecemos pelo feminino. Assim, eu diria: *As/os educadoras/es são as pessoas responsáveis pela educação de crianças*. Isso, no mínimo, chama a atenção de quem lê um texto e coloca a leitora, ou o leitor, num lugar em que ele raramente se coloca: além de ler o texto, ela/e se vê compelido a se posicionar a respeito dessa maneira diferente de escrever. Como conseqüência disso, podemos supor que essa pessoa vá começar a pensar sobre a questão. E esse trabalho de formiga incomoda, especialmente, porque algumas pessoas podem aderir a essa forma de escrever, e a questão pode chegar a autoridades da área, que se ocupariam de modificar oficialmente isso.

E as questões sobre a criança? O que nos leva a conceber a criança como alguém que ainda não é? Como sujeito da voz passiva? Como dependente e incompleta?

Já sugerimos que poderia haver outra forma de se conceber a criança. Acrescentamos que essa outra forma implicaria uma mudança na maneira de se ver o adulto e a relação que este estabelece com a criança. Concebendo a criança como um ainda-não, o adulto pode ser visto como o ponto de chegada, o ser-que-já-é, em contraposição a ela, que seria um ser incompleto. Ele seria ativo, independente, e ela, passiva, independente. E, na medida em que ela fosse crescendo e se aproximando da idade adulta, estaria se completando, amadurecendo.

Aqui, queremos subverter esse processo de compreensão do que é a criança e o adulto. Queremos falar do tornar-se. A criança se torna, e o adulto se torna. Ambos estão em constante processo de constituição. O ser humano se torna. O tornar-se é um processo relacional, que envolve pessoas em diversos momentos da vida. E, sendo relacional, a maneira de a criança se tornar depende de sua relação com o adulto e vice-versa. Criança e adulto são mutuamente dependentes. Podemos olhar a relação mãe-criança desse novo ponto de vista e ver o bebê como aquele de quem a mãe depende para tomar suas decisões, para aprender a compreendê-lo, para ressignificar sua vida e assumir novos compromissos. O nascimento de um bebê altera a vida das pessoas da família e, de algum modo, a longo prazo, pode mudar a humanidade.

Em texto de 2001,[1] apresento uma concepção de criança que tem duas faces: uma face, aquela da criança predeterminada, mesmo antes de seu nascimento, por fatores histórico-culturais e por uma "promessa social", que desenha sua identidade, que é complementada pela "placenta social" que seus pais tecem durante nove meses para recebê-la. Essa seria a criança que já se esboça antes do nascimento e é marcada por desejos e perspectivas dos outros em relação a ela. E a outra face seria a criança que nasce, efetivamente, que ativamente "decide" o momento de seu nascimento, que nasce e não é nascida, que "salta para dentro do mundo", como diz o poema de João Cabral de Melo Neto, "Morte e Vida Severina".[2] Essa é a criança original, o novo ser, que surpreende e desafia todas as previsões que possam ter sido feitas a partir das condições prévias que a geraram. Quando nasce uma criança, então, nasce o mesmo, o que era esperado, e o novo, o que se mostra pela primeira vez. A partir dessa dialética entre o mesmo e o novo, a concepção de criança compreende o processo de tornar-se, na relação com os outros.

Compreendemos, agora, o sentido de se tomar a criança como passiva, como um ser que ainda-não é. Essa visão considera apenas uma das faces a que nos referimos, desconsiderando a criança como novidade, como ativa, como criativa.

A educação tem considerado a criança como o mesmo, como um ser que ainda não é, e, por isso, o educador tem assumido em relação a ela uma postura tradicional de professor, daquele que transmite a ela informações, maneiras de agir e de falar que são as esperadas pela sociedade.

Como poderíamos promover a outra maneira de considerar a criança?

Analiso, em outro texto[3] que há situações que promovem a oportunidade de crianças e adultos redefinirem seus papéis mutuamente. Essas situações, ou contextos relacionais, são abertos à concepção da criança

---

[1] PULINO, L. H. C. Z., "Acolher a criança, educar a criança – uma reflexão". In: *Aberto*, 18 (73), Brasília: INEP/MEC, jul. 2001, p. 29-40.

[2] MELO NETO, J. C., "Morte e Vida Severina". In: *Obra Completa*. R.J.: Aguilar, 1999, p. 171.

[3] PULINO, L.H.C.Z., "A prática de Filosofia na Escola como oportunidade de redefinição mútua de crianças e adultos" *RESAFE*, 2003. http://www.unb.br/fe/tef/filoesco/resafe/numero001/artigos.html

como novidade, e à sua relação com o adulto educador, como uma relação de mão dupla, em que ambos têm voz. A pessoa adulta pode, como educadora, abrir brechas para acolher a criança, com sua maneira específica de ver o mundo, e, com ela, lidar com a tensão entre o mundo adulto pronto e o mundo infantil aberto. Uma das maneiras que privilegio[4]como promotora de aberturas para a ressignificação mútua de crianças e adultos é a situação da brincadeira e dos jogos, pois essas, além de propiciar o desenvolvimento da imaginação e favorecer a introdução das crianças no mundo social, colocam o adulto em uma condição diferente daquela que o caracteriza: o jogo, especialmente o de faz-de-conta, e a brincadeira são atividades que não têm um fim previsto, predeterminado e que fazem o adulto lidar com o desconhecido, com o inusitado, e viver o prazer do brincar.

O que propomos, então, é que não se tome a criança como um ainda-não-adulto, mas ambos como seres que se tornam e, especialmente, o adulto como alguém que tem, como a criança, uma abertura para o novo, que pode surpreender, que pode subverter o previsto.

O novo, o espaço e o tempo

Quero sustentar uma concepção da criança não apenas como ser predeterminado, como um ainda-não-adulto, mas como novidade, como originalidade, e a concepção de adulto não só como aquele que já é, já sabe. Ressalto novamente: é preciso que façamos uma escolha, que elejamos a nossa maneira de conceber o ser humano, criança ou adulto, e a educação. Tal como fizemos no caso da relação mãe-criança e da questão do gênero, escolhemos a nossa perspectiva e as nossas lentes para olhar a criança.

Pensamos que essas escolhas são possíveis em determinados espaços de acolhimento, em lugares que permitam a abertura para novos olhares e novas falas. Temos desenhado um desses espaços, que é flexível e não obedece a uma delimitação prévia. Melhor ainda, temos vivido um desses espaços – o Espaço Aion.

O Espaço Aion é um espaço de reflexão filosófica, que se constitui como um grupo de pessoas que se encontram para pensar sobre temas que escolham, a partir de um texto motivador: O que é a liberdade?; O que é o amor? É possível se conhecer o outro?; O que é ser justo?; Quem sou eu? –

---

[4] PULINO, L. H. C. Z., "A brincadeira, o jogo, a criação: crianças e adultos filosofam". In: KOHAN, Walter Omar (Org.) *Ensino de Filosofia: perspectivas*. Belo Horizonte: Autêntica, 2002, p. 213-231.

são questões tipicamente problematizadas, gerando questões que possibilitam que o tema seja tornado complexo, seja explorado por todas as pessoas, que gere novas perguntas. É um espaço de jogo, que permite o exercício de brincar de perguntar e perguntar, tentando compreender o outro, o mundo e a nós mesmos. É um espaço cujo único compromisso é continuar buscando, é não fechar as possibilidades de imaginarmos e compartilharmos novas formas de mulheres, homens e crianças viverem sua vida. É uma experiência de abertura, de busca, de desnaturalização e crítica do óbvio, do dado, do imposto.

Um espaço que é espaço-tempo. Um espaço que se torna, que é aion, o tempo definido por Heráclito: "Aion é uma criança brincando[5], jogando: reinado de criança." (Fragmento 52. Cf. COSTA, 2002, p. 109) [...] "é o tempo do sendo, do brincando, do jogando [...] aion não é *khrónos* nem *kairós*, pois não conhece duração, instante ou limite; *aion* é a totalidade do tempo sem bordas e livre de determinações [...]" (COSTA, 2002, p. 109 e 255).

Aion se propõe a ser um espaço/tempo nômade, que acolhe pessoas para, juntas, filosofarem. É um projeto de extensão universitária, implementado por professores e alunos de Psicologia, Filosofia e Pedagogia da Universidade de Brasília. Nasceu com base em um projeto de formação de professores de filosofia com crianças – o Filoesco[6] – e trocou o espaço institucional da escola pelo espaço comunitário. No novo espaço, Aion não mais acolhe adultos, ou jovens, ou crianças, mas, agora, abre-se para grupos multietários.

A proposta de trabalharmos com grupos multietários, que podem incluir idosos, crianças, adultos, jovens, num mesmo grupo, apóia-se na visão colocada acima de que todas as pessoas têm o que dizer, tanto a criança como o adulto, o jovem ou o idoso, vivem experiências que podem ser compartilhadas e têm visões de mundo que, ainda que distintas umas das outras, podem fazer parte da mesma conversa, enriquecendo a reflexão.

Aion dá a oportunidade de o adulto conviver e conversar com a criança fora do ambiente institucional, em que um/a é professor/a, e o/a outro/a, aluna/o. Pode, até, propiciar que pais/mães e filhas/os se encontrem em outro espaço que não a família e que conversem sobre assuntos de que comumente não se ocupam.

---

[5] Costa salienta que, aqui, Heráclito usa o verbo *criançando*; criança criançando.

[6] Este projeto – Filosofia na Escola - continua ativo na Universidade de Brasília. Cf. www.unb.br/fe/tef/filoesco

Recentemente, tivemos um encontro nos jardins da Universidade de Brasília, num sábado, com um casal e seus dois filhos, um de 12 e outro de 10 anos, uma senhora e sua filha de 10 anos e um garoto de 10 anos, amigo do primeiro de 10 anos. São pessoas conhecidas, que se interessaram pela experiência de filosofar envolvendo crianças e adultos.

Inicialmente, apresentamo-nos e introduzi a eles a idéia e a dinâmica do Espaço Aion. Em seguida, separei-os em dois grupos mistos, com adultos e crianças, e lhes apresentei duas tirinhas da personagem Mafalda, do cartunista argentino Quino. A primeira tirinha é composta de cinco cenas: na primeira, Mafalda, antes de dormir, pergunta a seu pai : "Pai, Todas as pessoas do mundo são iguais?" Na segunda, aparece o despertador marcando 22h40 e o pai, já deitado, respondendo: "Sim, Mafalda, todos somos iguais. Mas por que você não dorme em vez de ficar se preocupando com isso?" No terceiro quadro, aparece a fala de Mafalda: "Não estou preocupada. Só estou perguntando." E o pai diz: "Bom, até amanhã." O quarto quadro é todo escuro, só aparecendo o relógio, que marca 1h25 da madrugada. No quinto, também todo escuro, aparece em branco o relógio está marcando 2h50 e os olhinhos abertos de Mafalda, que diz: "Ei! Iguais a quem?"

A segunda é uma tira de um quadro só, em que a imagem de Mafalda é toda pontilhada.

A cada um dos grupos, então, foi solicitado que fizessem perguntas inspiradas nas tiras e na relação entre elas. Depois, voltamos ao grande grupo e foram socializadas as perguntas que tinham sido feitas.

Nos dois grupos apareceram perguntas como: ela está pontilhada porque está em desenvolvimento? Por que está incompleta? Por que ela está se desfazendo? (menino de 10 anos com os pais). Ou ela está pontilhada porque tem dúvidas? Ou porque tem perguntas? Como podemos reconhecer a Mafalda se ela está incompleta? Porque já a conhecemos, e sabemos como seria completa... O que é sermos todos iguais? Somos iguais perante a lei, perante Deus? Somos todos iguais? ou Somos todos diferentes? Somos diferentes e somos iguais, não é? Podemos ser diferentes e iguais? (menina de 10 anos). Como julgamos que somos diferentes ou iguais a outra pessoa? "Veja: tenho uma amiga que gosta de tudo que eu gosto, lê os livros que leio. Aí, somos iguais, mas somos diferentes em outras coisas" (menino de 12 anos). E agora que Mafalda fez as perguntas a seu pai, será que a resposta dele a completou? Não. Ela ficou pensando, acordada, e fez outra pergunta... Sempre que alguém responde a nossas perguntas isso nos completa? Nem sempre, porque, às vezes, a pessoa não entende o que foi perguntado. Pode ser que respostas gerem novas perguntas? Pode.

As crianças e os adultos refletiram sobre essas perguntas, argumentaram, deram exemplos, concordaram e discordaram entre si. De vez em quando, um dos meninos se levantava, saia correndo, pulando e voltava com uma pergunta nova. Daí, dois dos meninos brincavam de pega-pega, e voltavam. Os adultos conversavam, permaneciam sentados.

Mas o que mais me chamou a atenção foi a participação do menino que estava sem seus pais. Quando todos discutiam sobre o significado de a Mafalda estar pontilhada, tentando relacionar as duas tirinhas, ele gritou: "Já sei! É um jogo! De liga-pontos! Jogo de liga-pontos!" "Mas o jogo de liga-pontos tem números! – disse um dos membros do grupo." "Mas pode não ter, disse o garoto de 10 anos, filho do casal." E começou a ligar os pontos da figura que tinha em mãos. Podemos decidir como queremos ligar os pontos? Daí, as crianças quiseram ligar os pontos, cada uma à sua maneira. E, quando foi perguntado se quando o pai respondeu à filha ela se sentiu mais completa, o garoto que tinha lançado a idéia do jogo disse: "Já sei! Os pontos são perguntas, e as linhas são respostas! Se a gente ligar os pontos, a gente completa o desenho da Mafalda." E todos fizeram seu jogo de liga-pontos.

Ao final, fizemos uma avaliação da experiência: as crianças disseram que gostaram de brincar, principalmente porque puderam ligar os pontos. A mulher do casal disse que convive muito com seus filhos, mas que há muito tempo não se dedicava a conversar com eles sobre tantos assuntos.

Foi uma experiência agradável e rica, do ponto de vista das questões que levantamos neste texto. Podemos notar como a atitude das crianças foi diferente da dos adultos: estes ficaram sentados a maior parte do tempo, embora não tivessem cerceado as escapadelas das crianças. Essas se movimentaram o tempo todo, correram, riram, gritaram, o menino de 12 anos fez um desenho enquanto pensava sobre as questões, e todas ligaram os pontos da figura pontilhada. O importante é notarmos que o garoto que fez a proposta de que a figura pontilhada era um jogo, no próprio contexto das regras desse jogo relacionou pontos a perguntas e linhas a respostas, conseguindo exprimir ludicamente toda a reflexão que perpassou a oficina, e gerando outras questões, relativas à necessidade de as regras serem dadas explicitamente no jogo ou não.

Certamente, as crianças se inspiraram nas perguntas elaboradas pelos adultos. A contribuição do menino, que nos remeteu a um jogo conhecido de todos nós, e a forma como as outras crianças se movimentaram e se expressaram com desenhos e brincadeiras corporais, fazem-nos lembrar a nós, adultos, que há muitas outras maneiras de se olhar o mundo e de se viver uma experiência do que a nossa própria.

Sem ter uma resposta esperada, ou um lugar predeterminado em que chegarmos, essa vivência aiônica nos levou a muitos lugares, nos tirou-nos dos limites do esperado e se constituiu numa experiência irrepetível que, apesar de ter sido vivida por todas/os nós, teve e tem um sentido específico para cada um de nós.

É esse tipo de experiência, nesse espaço/tempo aberto, que possibilita que possamos escolher novas formas de nos relacionar com os outros e com nós mesmos, novas formas de falarmos e de olharmos as crianças, de "criançarmos" com elas.

E, quem sabe, poderemos ouvir e fazer perguntas como "Hoje é amanhã?"[7]

---

[7] Pergunta feita por garoto de 3 anos à sua mãe.

Filosofia e infância:
entre o improviso e a criação[1]

Paula Ramos de Oliveira[*]

As obras de arte estão repletas de imagens da infância. Muitas vezes, porém, tais imagens carregam certa visão romantizada do universo infantil. Quando discute a diferença entre o pensamento crítico e o pensamento tradicional, Horkheimer afirma:

> Dizer este ser humano é agora uma criança e depois será um adulto implica para essa lógica afirmar que existe um único núcleo imutável: "este ser humano"; ambas as qualidades de *ser criança* e *ser adulto* são grampeadas nele, uma após outra. Segundo o positivismo, não permanece nada idêntico; ao contrário, primeiro existe uma criança, depois um adulto, ambos constituem dois complexos de fatos diferentes. Esta lógica não está em condições de compreender que o homem se transforma e apesar disso permanece idêntico a si mesmo. (HORKHEIMER, 1980, p. 142)

Assim, diríamos que, quando um adulto retrata uma criança em uma obra, certamente carrega nela um "si mesmo", mas um "si mesmo" que se situa no passado. Ele já se transformou e agora suas experiências são diferentes. Desse modo, dificilmente será possível negar que o olhar do adulto pouco consegue apreender da experiência infantil que, embora tenha sido por ele vivida, não pertence mais a ele porque se transmutou em outra espécie de experiência. A criança é então, para o adulto, um outro, mas ainda é um outro que vive uma experiência que já lhe é alheia e exterior. O adulto fala da criança de um lugar que tem muito mais de externo do que

---

[*] Universidade Estadual Paulista (UNESP) – Araraquara.

[1] Agradeço imensamente a Walter Omar Kohan pelos comentários e contribuições que deu a este texto.

de interno. Só haverá um verdadeiro encontro se for capaz de interessar-se por esse universo outro que é a infância. Esse é o caso do menino Valentin, do filme com o mesmo nome, escrito e dirigido por Alejandro Agresti.

Valentin: um encontro com a infância

Gostaríamos de aqui analisar o modo como nesse filme aparece uma imagem de infância, tanto no que diz respeito à vida infantil que se revela no personagem Valentin quanto no que diz respeito ao modo como os adultos se relacionam com esse universo, pois, em nosso entender, trata-se de uma obra que consegue abrir-se à alteridade da infância.

Logo no início, Valentin se apresenta assim[2]:

> Olá! Eu me chamo Valentin. Tenho oito anos. Além de ir à escola, construo, em cima, em minha casa, coisas de astronáutica. Faço foguetes, estou trabalhando num traje espacial. Coisas desse tipo, entendem? Por outro lado, minha família é humilde e não tem dinheiro suficiente para me mandar à NASA. A única coisa que me preocupa é um detalhe físico. Minha visão é cem por cento. Não é isso que me queixo. O problema é o ângulo. Mas dizem que não é tão necessário para os astronautas olhar direito. Eu pratico todos os dias. Aguentar a respiração no espaço é muito importante. Já devo estar agüentando... Maldição! 30 segundos? Só isso?

Valentin refere-se ao fato de que enche a banheira para testar sua respiração embaixo da água. Ele é inventivo. Ao longo do filme, alguém poderia dizer que é uma criança adulta. Mas não. Vê-se uma criança amadurecida pelo que vive, porém esse amadurecimento não ofusca o seu ser criança.

Valentin vive com sua avó, que perdeu o marido há um ano. Ela conversa muito com o neto, mas quase sempre sobre a saudade de seu amor que já morreu. Ele sabe que ela está velha e que deve ouvi-la. Fala também dos filhos: Chiche, Silvia e Vicente, pai de Valentin. Diz sua avó que o pai trabalha em um laboratório alemão e ganha "fortunas", enquanto eles passam necessidades. Sua mãe o abandonou e, apesar de sua avó falar muito mal dela, Valentin sente muita saudade e pensa que um dia ela irá tocar a campainha depois que contar até mil. Já contou, porém, até 4.700, 4.800 e nada.

---

[2] Embora o filme seja argentino, utilizaremo-nos da tradução para o português.

Valentin adora sua professora e distrai-se em aula pensando que ela poderia ser a namorada de seu pai: "Porque aquele... me apresenta cada coisa! Sempre com a chance de ser minha mãe, entendem?"

Em uma de suas caminhadas espaciais (pela calçada), conhece seu amigo Rufo, um pianista que mora em frente. Quando Rufo pergunta se pesa muito o que ele carrega em cima de seu dois sapatos, diz: "Não, é questão de hábito. É a falta de gravidade, sabe?" Um amigo dele também pratica, mas ele agüenta mais. Pergunta a Rufo se ele toca piano. Rufo diz que sim e quer saber se ele gosta. Valentin responde então: "Gosto de coisas estranhas que parecem iguais o tempo todo." Logo que Rufo entende a caminhada espacial de Valentin, começa a praticá-la junto com ele. Já que, no mundo de Valentin, a calçada era o espaço, então nada mais adequado do que andar como se deve.

Há ainda uma cena em que Valentin está brigando com o seu amigo por uma bicicleta, mas, enquanto isso, a narração dele é a seguinte: "Meu melhor amigo é Roberto Medina. Sabemos o que é amizade, amor. Emprestamos tudo um ao outro."

Em outro momento, Valentin, percebendo que sua avó não está bem de saúde, vai ao médico, que se espanta ao ver que seu paciente é apenas um menino sem qualquer adulto que o acompanhe. Valentin fala da preocupação com sua avó, e o médico diz da necessidade de examiná-la. Segue-se então o seguinte diálogo:

- Diga, você tem pai? Tem mãe?
- Suponhamos que não.
- Bem, ouça. Eu acho que sua avó tem de ser examinada. Mas, claro, ela tem de vir aqui. Ao consultório.
- É impossível. Acho que é lógico que ela tenha que vir aqui, mas é impossível.
- Mas ela anda?
- Sim, ela anda. Mas até aqui? Nem empurrando! Ouça, pensei em algo. Eu tenho um plano. Ela vai todo dia ao Mercado Independência às dez, dez e quinze. Suponhamos que o senhor esteja lá e se encontre com ela e lhe diga: "Não, eu tenho de vê-la. Olhe em meus olhos".
- Bem, ouça, não posso fazer isso, querido.
- Eu lhe trouxe uma foto de comunhão de uma prima. Ela está aí, sentada à direita.
- É muito bonita a foto, mas não. Ouça, sua avó tem de vir aqui, ao consultório, para se consultar comigo.

- Por favor, ela não vai querer vir.
- Como vou fazer uma coisa dessas?
- Por favor.
- Não. De jeito nenhum, pirralho.

Há um corte cênico e, em seguida, está lá o médico no mercado falando com a avó de Valentin. Claro está que o médico abriu-se ao encontro com Valentin. Deu-lhe voz. Posteriormente, quando o pai de Valentin fica sabendo do ocorrido, repreende o filho acusando-o de o ter desmoralizado, pois como adulto ele é que deveria ter tomado providências. Ocorre que, ao contrário de Valentin, o pai está preocupado apenas com o próprio mundo e não foi capaz de perceber o que seu filho-criança percebeu.

São inúmeras as cenas interessantes, mas não se trata aqui de descrevê-las todas. Importa destacar, talvez, que Valentin é o que se chama de "*high-brow*", ou seja, é profundo, ativo, deseja saber. Essa é uma das imagens mais recorrentes que temos: a da criança como questionadora do mundo. Parece, entretanto, que só conseguimos marcar esse questionamento infantil adultizando a criança. Alejandro Agresti, porém, parece conseguir escapar dessa cilada.

Valentin diz coisas interessantes e curiosas. É amadurecido, mas escorre infantilidade dele, por exemplo, quando quer uma mãe loira e linda como a de seu amigo Roberto Medina ou quando nutre a esperança de sua professora vir a ser a namorada de seu pai e, portanto, sua mãe, ou ainda quando briga pela bicicleta com o amigo e também em suas brincadeiras de astronauta, entre tantas outras imagens.

Merece destaque também o modo como o adulto se relaciona com a infância nessa obra. Se tomarmos as palavras de Horkheimer apresentadas no início deste texto, podemos notar que o pai de Valentin é uma figura que marca exatamente o ser adulto e o ser criança como blocos estanques, por exemplo quando esbraveja com seu filho por ter tomado uma atitude que caberia a ele-adulto, e não a uma criança. Por outro lado, ao longo do filme, trata-o com a exigência de um adulto – por exemplo, quando o culpa pelo término de seu namoro após um encontro por ele promovido entre Valentin e sua namorada. Note-se, porém, que o pai é "*low-brow*": é raso, passivo, pensa que já sabe. Representa então uma figura "negativa" no filme, movendo o espectador a uma postura crítica em relação ao que ele representa. Já com Rufo acontece algo bem diferente: consegue abrir-se a um forte vínculo com Valentin logo no primeiro encontro, quando, com a maior naturalidade possível, anda na calçada como se estivesse no espaço.

Esse adulto colocou-se junto àquela criança e assim promoveu um verdadeiro encontro com ela. A figura do médico é igualmente interessante, pois, apesar de espantar-se ao ver que atenderia um garoto que entrava sozinho em uma consulta e mais ainda de ouvir o plano mirabolante dele em relação à sua avó, cede ao apelo infantil que, por fim, se revelou um gesto sensível e maduro.

A criança Mafalda: entre o adulto e o infantil

Falar de Mafalda para nela procurar uma imagem de infância é um risco muito grande, pois não há quem não a ame. Além disso, sua importância histórica e literária/artística é inegável e, assim, soa como certo reducionismo "esquartejá-la" para fim analítico e ainda mais pontual. Como procurar na Mafalda uma imagem de infância se nela "reflectem-se as tendências de uma juventude irriquieta, que aqui assumem o aspecto paradoxal de uma dissidência infantil [...]" (Eco, 1990, p. 14)? Que relevância pode ter essa análise se assinamos embaixo do que disse Cortázar: "Aquilo que eu penso da MAFALDA não tem qualquer importância. Realmente importante é aquilo que a MAFALDA pensa de mim[3]."? O fato é que correremos esse risco. Suspenderemos essas considerações iniciais e, com toda a liberdade possível, usaremos algumas tiras de Mafalda não para classificá-la, adorá-la ou crucificá-la, mas tão-somente para pensarmos um pouco mais sobre o universo infantil.

Sigamos diretamente até a página que antecede todas as tiras dessa personagem que estão agregadas em uma edição portuguesa (Quino, 1989).[4] Mafalda está desenhada inteiramente com pontilhados que se estendem um pouco para fora do limite de seu corpo e faz uma única pergunta: "Não vos sucede sentirem-se por vezes um pouco indefinidos?"

Na tira inaugural[5], a mãe dela está costurando, e Mafalda, observando-a, fala para si mesma: "– Coitada da mamã! Está preocupada porque amanhã começo a ir para o jardim-escola e tem medo que eu não goste". Depois, com a mão no queixo, reflete: "– Na realidade não me custa nada sossegá-la, dizendo que quero ir para o jardim-escola e para a universidade e essas coisas todas". Então pára na frente da mãe e diz: "– Sabes, mamã?

---

[3] Júlio Cortázar, resposta a um inquérito, 1973 (QUINO, 1989, p. XVIII).

[4] QUINO (Joaquim Salvador Lavado).

[5] A descrição que fazemos aqui se refere às tiras das páginas 1 e 2 da obra citada. Não referenciaremos, portanto, as páginas a cada citação.

Quero ir para o jardim-escola e depois estudar muito para no dia de amanhã não ser uma mulher frustrada e medíocre com tu!". A mãe fica, claro, derrotada. Mafalda dá as costas a ela e sai toda contente dizendo: "– É muito bonito reconfortar uma mãe!". A segunda tira é um diálogo com Filipe que nasce a partir de uma pergunta que faz a ele e continua como se segue:

> - Como te correu a escola, Filipe? Já te ensinaram a escrever?
> - Como é que tu queres que logo no primeiro dia da 1ª classe me ensinem a escrever?!...
> - Mas estiveste lá uma manhã **INTEIRA!**[6]
> - Claro, mas é preciso encher páginas e páginas com riscos, letras, sílabas e sei lá mais o quê!...
> - **LEVAM MESES A ENSINAR UMA PESSOA A ESCREVER!**
> - **MESES? MALDITOS BUROCRATAS!**

Nas próximas tiras, o tema ainda é o jardim da infância e, embora seja um pouco extensa a descrição, gostaríamos de fazê-la. Mafalda inicia uma conversa com sua mãe, que está com um espanador na mão. Ela está preocupada em saber se o jardim da infância é um curso porque, se o for, sendo tão pequenininha, não quer que aconteça com ela o que acontece com todos que terminam um curso: ter que ir embora do país. Em seguida Mafalda aparece questionando o pai: "– Por que é que todos aqueles que terminam um curso vão embora para o estrangeiro?"[7] O pai dobra o jornal e, de forma reticente, diz primeiro: "- Vejamos..." Em seguida responde que talvez seja porque não há campo suficiente no país. Mafalda então lança nova pergunta: "- Mas diz-me uma coisa...Com todo o campo que as vacas cá tem, por que diabo é que **TAMBÉM ELAS** se vão embora para o estrangeiro?" Na próxima tira ela está sozinha e revoltada com o fato de ter que ir para o estrangeiro quem termina um curso. E grita: "- Se continuarmos assim, este país vai acabar por ir para...para o..." Sua mãe aparece com cara repressora, e Mafalda termina a frase do seguinte modo: "- para o estrangeiro!"

Na seqüência, há duas conversas sobre o mesmo tema do estrangeiro – uma com Manelinho (Manolo) e outra com Filipe. Depois retoma a conversa com Manelinho, mas agora Mafalda quer saber por que ele não vai ao jardim escola. "– Porque sou mais útil na mercearia do meu pai".

---

[6] Todos os grifos são do autor.

[7] Pergunta adaptada para o português do Brasil.

Não entendendo por que uma coisa excluiria a outra, Mafalda insiste e tem-se o diálogo a seguir:

- E **TAMBÉM** não pensas em ir para a escola?
- Isso sim, porque aprendo aritmética e é um progresso para a mercearia de meu pai.
- **PROGRESSO?**...Progresso são as viagens espaciais. **NÃO** a mercearia do teu pai!
- Ah, mas o cosmos também me interessa! Tenho em vista umas sucursais.

Na próxima tira, Mafalda observa seu pai indo até a estante de livros. Ele consulta um dicionário, volta a colocá-lo na estante e vai embora. Mafalda o observa atentamente e, após a saída do pai, comenta: "- Por esse andar nunca mais acabas de ler um livro tão grande!"

Finalmente Mafalda está na escola e há duas tiras nesse ambiente. Na sala de aula, sua professora diz a uma mulher: "- Fazer pintar livremente ajuda a conhecer cada uma porque a pintura descobre a personalidade..." Assim que termina a frase, ambas ouvem Mafalda dizendo, inteira coberta de tinta: "- Eu diria que a cobre!". A segunda tira continua a cena da sala de aula. Mafalda está envolvidíssima em sua pintura. Eis que a cena é interrompida e entra um quadrinho de seu pai escovando os dentes e sua reação de estranhamento com a pasta dental. O último quadrinho retorna à sala de aula com Mafalda quase se afogando em um monte de espuma. Só com a cabeça de fora diz à professora: "-Creio que deixei o tubo de aquarela e trouxe o dentifrício". A professora está com uma das mãos na boca, o que revela seu susto diante do inusitado.

Façamos então algumas considerações. A seqüência de tiras que descrevemos trata de um tipo particular de experiência: a criança, Mafalda, deve ir ao jardim-escola. Ela vai à escola porque assim decidiu? Não, vai à escola porque o mundo adulto disse que é assim que tem que ser. Defronta-se, desse modo, com a heteronomia. Nesse sentido, revela-se como muitíssimo interessante o movimento de idas e vindas que Quino faz Mafalda viver. Alguém disse a ela que deve entrar na escola, uma experiência nova e que dizem importante. Mafalda precisa, desse modo, aproximar-se dessa idéia que não é sua. E como o faz? Questiona, conversa. Fala com um, com outro e consigo mesma.

Interessante quando Quino retrata Mafalda não só vendo a expectativa da mãe em relação ao seu ingresso na escola, como também percebendo a vida que ela leva – em suas palavras a vê como "frustrada e medíocre". Aqui talvez resumíssemos a situação dizendo que Mafalda foi autêntica, pois estamos acostumados a atribuir essa qualidade à criança. Mas o que está por trás dessa autenticidade? Certamente, no caso, uma percepção do mundo adulto pela criança. Não raro minimizamos ou descartamos essa percepção infantil, pois acabamos por focar naquilo que já instituímos como verdade sobre a criança, e sua autenticidade é uma imagem forte que integra esse conjunto. Não é fácil abandonarmos o caminho tentador de romantizá-la e, portanto, de estereotipá-la.

Não tendo ainda ido à escola, Mafalda conversa com Filipe, pois esse seu amigo já lá esteve e é nessa experiência que está interessada. Não se conforma de ele ter passado uma manhã inteira na escola sem ter aprendido a escrever. Filipe responde que leva meses até conseguir escrever. Mafalda, longe da escola ainda, deixa transparecer a noção infantil de tempo, mas Filipe de certo modo já está em outro universo, onde os adultos apresentam às crianças diversas coisas, inclusive outra temporalidade.

Mafalda vive nos muros da família e cercanias. Mesmo assim percebe algo que extrapola esse espaço, uma vez que se interroga sobre a ida para o exterior por aqueles que terminam um curso. E como seu pai responde? Dizendo que talvez seja porque não há campo suficiente. Nota-se antes sua hesitação no quadrinho em que ele diz: "- Vejamos..." O pai hesita porque foi surpreendido pela interrogação infantil e sua hesitação sinaliza provavelmente que precisa se recompor para respondê-la. Precisa sair de seu mundo e entrar no mundo de um outro. Sua frase reticente, sua pausa, revela que sabe dessa necessidade. Mas não o faz. Responde exatamente sem sair de seu lugar de adulto e de pai, pois no fundo deve pensar que Mafalda há de aceitar o que diz simplesmente por ser filha e criança. O pai poderia ter tentado entender o caminho percorrido por Mafalda até chegar a essa pergunta e, assim, teria havido um encontro entre esses dois mundos. Não o fez, porém. Mafalda perdeu, mas também ele, uma oportunidade de viver uma experiência de encontro com o outro.

A figura de Manelinho é também curiosa, pois, quando Mafalda pergunta por que ele não vai à escola, esse seu amigo responde que será mais útil na mercearia do pai. O desenrolar do diálogo mostra que ele até pode interessar-se pela escola, mas somente porque assim poderá fazer progredir a mercearia de seu pai com os estudos de aritmética. A pergunta inicial de Mafalda nesse diálogo sugere que atribui algum grau de autonomia para a outra criança que não ela, uma vez que a supõe no Manelinho quando pergunta por que ele não quer ir, como se fosse um, digamos, sujeito desejante. Parece, entretanto, que esse seu amigo já se defrontou com algum grau de heteronomia ainda maior, pois abraçou o modelo comerciante dos pais, possivelmente com a ajuda destes. Neste caso o processo heteronômico é mais profundo: Manelinho serve aos sonhos futuros do pai e nem percebe. Enquanto isso, Mafalda está a questioná-lo não só sobre a escola, mas também sobre o seu conceito de progresso. Não se trata aqui de analisar o que ela entende ou não acerca do progresso, mas note-se que ela o interroga porque não aceita em primeiro lugar que esse projeto dele exclua a escola e em segundo lugar coloca em questão o próprio projeto dele como um todo, pois progresso é uma viagem espacial, e não uma mercearia. Ela, portanto, preserva sua capacidade de pensar – diferentemente de Manelinho nessa cena.

Mafalda aparece na sala de aula após um longo processo de inquietações. Lá está ela pintando e, ao mesmo tempo, atenta à conversa de sua professora com outra mulher adulta sobre o sentido da atividade que faz. Nessa cena tal esclarecimento não é dirigido à criança – mesmo assim vemos Mafalda, mais uma vez, atenta ao mundo adulto, ato de imediata intervenção que ironiza o contexto.

A segunda cena escolar, quando ela pega uma pasta dental em vez de um tubo de tinta, surpreende, ao mesmo tempo, o pai e a professora. Curioso verificar que na sala de aula os alunos não aparecem espantados, mas o adulto sim.

Por fim, chama-nos a atenção a primeira pergunta de Mafalda que citamos: "Não vos sucede sentirem-se por vezes um pouco indefinidos?" Tal como Valentin, Mafalda é *"high-brow"*. Mas é improvável que uma criança diga algo do gênero. Não é que as crianças não digam coisas curiosas e interessantes – antes pelo contrário –, mas talvez não digam grande parte das frases que os adultos nas obras de arte afirmam que elas diriam.

Para além dessa rápida caracterização infantil de Valentin e Mafalda, e também guardadas as devidas diferenças entre um filme e uma história em quadrinhos, o que vemos então são dois modos de se relacionar com a infância.

O filme Valentin lança-nos de imediato no universo infantil pelo modo como Alejandro Agresti retrata essa criança e também pelas relações que os adultos travam com esse universo, pois eles emergem nele. E Mafalda? Que tipo de relação com a infância ela nos sugere? Que imagem de infância ela nos traz? Mafalda é adultizada? Quino certamente nos apresenta uma criança com um olhar que tem uma conformação adulta, mas não apenas isso: acima de tudo ela é *"high-brow"* e crítica; enquanto os adultos que a cercam são "*low-brow*" – seus pais, por exemplo. Assim, a leitura de Mafalda parece abrir-nos curiosamente a dois universos: remete-nos ao infantil ao mesmo tempo em que nos lança no julgamento adulto, permitindo-nos adentrar a crítica surpreendente que nos devolve um olhar menos condensado e apressado – um olhar que, afinal, é o do artista e o da criança – e por que não dizer? – o do filósofo.

E ainda: se por um lado muitas vezes não damos voz às crianças, por outro há certos momentos da história em que os adultos também são calados. Nesses casos – mas infelizmente nem sempre – a obra de arte pode falar por nós. Talvez aí resida a conformação adulta de Mafalda: ela precisava ser porta-voz daqueles que já não eram mais crianças.

O professor e suas amarras diante do canto das sereias

No duodécimo canto da Odisséia (HOMERO, 1976), como se sabe, Ulisses, querendo ouvir o canto das sereias, mas sem correr qualquer risco, pede que seus comandados o amarrem no mastro do navio, os quais nada ouvirão por estarem cheios de ceras no ouvido. Essa é a estratégia que Ulisses astutamente adota.

O professor de criança, por vezes, parece-se um pouco com Ulisses e com seus comandados: ou não ouve as crianças ou, se resolve ouvi-las, amarra-se antes ao mastro. Assim, de um modo ou de outro, sua didática permanece surdas ao universo infantil.

Dizemos que as crianças são autênticas, mas não ouvimos as percepções infantis. Dizemos que são inquiridoras, mas não chegamos a perceber o que essa interrogação traz de afirmativo. "Por natureza" a criança é deste modo ou daquele outro, dizemos. Seguimos procurando as crianças, mas, ao romantizarmos aqui e ali sobre elas, já não conseguimos encontrá-las. Eis um caminho mais longo que o percorrido por Ulisses até voltar para os braços de Penélope.

Saramago (1998), com a beleza que lhe é peculiar, narra a história de um homem que deseja um barco para ir em busca de uma ilha. Ele é determinado. Segue até uma porta – a das petições – e pede para falar com o rei, ameaçando não sair de lá enquanto não for atendido. O rei – sempre na porta dos obséquios – se recusa a atendê-lo, mas fica espantado com a ousadia do tal homem, o qual não abandona a porta. De quando em quando, a mulher da limpeza o espreita pela porta, ao longo dos três dias em que lá permanece. Pesando os prós e os contras da situação, o rei resolve atendê-lo. O espanto multiplica-se quando sabe o que deseja, mas, por fim, resolve conceder uma caravela ao homem. A mulher da limpeza não resiste. Passa pela porta das decisões e, desse momento em diante, coloca-se ao lado do homem em busca da ilha. A mulher engana-se, pois pensa que ele somente tem olhos para a ilha desconhecida:

> [...] o sonho é um prestidigitador hábil, muda as proporções das coisas e suas distâncias, separa as pessoas, e elas estão juntas, reúne-as, e quase não se vêem uma à outra, a mulher dorme a poucos metros e ele não soube como alcançá-la, quando é tão fácil ir de bombordo a estibordo. (SARAMAGO, 1998, p. 50)

Enquanto isso, ele sonha e, em sonho, a busca...a ilha? Busca-a desesperadamente até a última página do conto. A distância de uma frase para outra marca a passagem do sonho à realidade. Mal se distingue um e outro estado.

Esse conto lembra-nos essa relação do professor-adulto com o aluno-criança. É fácil – ou pelo menos nada impossível – passar de bombordo a estibordo, mas, para tanto, seria necessário soltar a amarra do mastro, limpar a cera dos ouvidos.

Onde reside a dificuldade de assim o fazermos? Talvez em nossas didáticas, às quais, via de regra, nos amarramos pelo nosso desejo de controlar o espaço da sala de aula. Deixamos nos seduzir pelo canto das sereias, mas não queremos correr riscos. Optamos por uma espécie de embriaguês onírica que não nos deixa perceber se estamos, afinal, a bombordo ou a estibordo. Queremos antecipar tudo para, desse modo, eliminarmos a possibilidade do inusitado. Se ele insiste em aparecer, dizemos: "Vejamos..." E logo a seguir dizemos, tal como o pai de Mafalda, algo como "não há campo suficiente no país".

Nesse sentido, parece-nos que as aulas de filosofia para crianças acabam por promover um encontro entre o adulto e a criança, uma vez que esse filosofar no espaço escolar – pois aqui esse é o espaço que nos interessa – exige que esses dois universos se entrecruzem. Quase tudo é improviso e é a partir dele que se abre um espaço para a criação de um encontro que não pode ser antecipado por nenhuma didática. Não há o que prever, pois esse não é um encontro marcado, fruto de uma visão idealizada de aluno-criança, de professor-adulto e de aula. Trata-se antes de um encontro que se faz em processo. Um encontro capaz de criar um espaço que preserva a singularidade e a individualidade do outro. Um espaço que reserva a autoria para todos – adultos e crianças.

Cabe agora apresentar o final do conto de Saramago (1998, p. 62):

> Acordou abraçado à mulher da limpeza, e ela a ele, confundidos os corpos, confundidos os beliches, que não se sabe se este é o de bombordo ou o de estibordo. Depois, mal o sol acabou de nascer, o homem e a mulher foram pintar na proa do barco, de um lado e do outro, em letras brancas, o nome que ainda faltava dar à caravela. Pela hora do meio-dia, com a maré, A Ilha Desconhecida fez-se enfim ao mar, à procura de si mesma.

A criança está lá, na porta das petições. O professor está lá, na porta dos obséquios – sempre resistindo a dar o barco que a criança pede para seguir o seu caminho. Ouvi-la, entretanto, não basta. Trata-se ainda de fazer com que nossas didáticas entrem em ação, mas junto à criança e à procura, tal como a mulher da limpeza, que ousou passar pela porta das decisões, colocando-se ao lado do homem à procura da ilha.

Não se sabe se a infância está a bombordo ou a estibordo, uma vez que ela é, para nós adultos, uma ilha desconhecida – uma ilha que já habitamos, mas em um tempo que agora é memória e história, sem a carga intensa da experiência infantil. Claro que outras intensidades são possíveis para nós, adultos. Claro que somos capazes de fazer outras experiências, inclusive infantis. Porém, não haverá encontro pleno entre adultos e crianças se continuarmos a fazer da infância um território marcado, insistindo em colonizá-lo.

A filosofia – que navega com algumas bússolas, mas sem caminhos já traçados – pode nos colocar a caminho dessa infância desconhecida, em uma procura que, afinal, é sempre uma procura de nós mesmos.

Referências

ECO, Umberto. Mafalda ou a recusa. In: QUINO. *Mafalda inédita*. Lisboa: Publicações Dom Quixote, 1990. p. 13-14.

HOMERO. *Odisséia*. 2. ed. São Paulo: Cultrix, 1976.

HORKHEIMER, Max. Teoria tradicional e teoria crítica. In: BENJAMIN, Walter *et al*. *Textos Escolhidos*. Tradução de José Lino Grünnewald *et al*. São Paulo: Abril Cultural, 1980. p. 117-154. (Coleção Os pensadores).

QUINO. *Toda a Mafalda*. 5. ed. Lisboa: Publicações Dom Quixote, 1989.

SARAMAGO, José. *O conto da ilha desconhecida*. São Paulo: Companhia das Letras, 1998.

A Escrita como *performance*.
Uma contribuição para examinar a "cena originária" relativa à *a-parição* do *texto filosófico* no limite de sua própria *territorialização*

Ricardo Sassone[*]

> [...] la palabra poética sólo se cumple o se sustancia
> en el borde extremo del silencio último que ella integra
> y en el que ella se disuelve.
> (José Ángel Valente: *Sobre la lengua de los pájaros)*[1]

Pre-liminares

Acreditamos que o *philodrama*[2] – conquanto "entrada em cena do conceito" – abre um espaço de reflexão filosófica acerca da configuração da "máquina poética" como parte de um dispositivo de captura *estéico-po(i)ético*. Iremos explorar, nesta apresentação, algumas possibilidades em que se configuram "textualidades" que poderão ser tratadas de tal modo que contribuam, no *plano de imanência* próprio do "conceito", para definir o processo criativo, heurístico e heterológico que, desde o *plano de composição* de um objeto ficcionalmente caracterizado – e através da linguagem poética –, se projete sobre o anterior, gerando aberturas no próprio pensamento desde um vetor *vivencial-presencial*, centrado na *experiência* em torno da ação e no campo de forças que dela deriva, como mundo possível. Nesse contexto, discutiremos a noção *heterologocentrista* de "textualidade" e o estatuto que ostenta a categoria *logocentrista* de "texto filosófico, desde a

---

[*] Universidad de Buenos Aires.

[1] VALENTE, José A., *Variaciones sobre el pájaro y la red*, Barcelona: Tusquets, 1991. p. 240.

[2] Acerca do significado e da compreensão de "philodrama", indicamos a fundamentação que desenvolvemos em SASSONE, Ricardo, "Hacia la configuración del *philodrama*", en: Kohan, W. (comp.), *Teoría y práctica en filosofía con niños y jóvenes*. Experimentar el pensar, pensar la experiencia, Buenos Aires: Ed. Novedades Educativas, 2006.

perspectiva de uma "filosofia intercultural" e de sua correlação com as "ciências sociais performativas".

Liminares. Filosofía: um lugar no *caosmos*

Tal como expressamos em outro momento,[3] partiremos em nosso registro da abertura que surge da proposição deleuziana,[4] motivada pela pergunta "filosófica" por excelência, sobre *o que é filosofia*. Como sabemos, dela se caracteriza e projeta-se o pensamento segundo três grandes formas: *ciência, filosofia e arte*. Essas são definidas quanto ao modo em que cada uma enfrenta e intercepta o "caos", condição de possibilidade de todo processo criativo. O estado caótico fica portanto definido não tanto a partir da noção de "*desordem*", mas em correspondência com uma "velocidade infinita" do pensamento, na qual "se dissipa toda forma que nele [caos] se esboça".[5] Trata-se em todo caso de traçar um determinado plano em relação ao caos.

A partir da *filosofia* traça-se o "*plano de imanência*", tentando conservar tais velocidades ao mesmo tempo em que se outorga uma "consistência ao virtual" operando por "conceitos". Ou seja: expressa um acontecimento – extraído *ad hoc* de um estado de coisas – que "dá ao virtual uma consistência num plano de imanência e numa forma ordenada", pela ação de certos "personagens conceituais" inscritos no discurso filosófico.

A partir da *ciência*, aborda-se o "caos" quase no sentido inverso: renuncia-se a tais *velocidades infinitas* – limite no caos – para se situar num "*plano de referência*" no qual seja possível "atualizar o virtual" operando por "funções" (e seus *functores* componentes), penetrando, por meio de proposições a "matéria atualizada por desaceleração", mediando a ação de certos "observadores parciais". Estas funções determinam "*estado de coisas*", "*coisas*" e "*corpos*" que atualizam o virtual no mencionado plano de referência e num "sistema de coordenadas".

Finalmente, na "arte" propõe-se a criação de "um *finito* que desenvolva o *infinito*", traçando um "*plano de composição*" que envolve duas modalidades:

---

[3] Referimo-nos ao desenvolvido em SASSONE, Ricardo, "Sobre el pathos de la escena teatral en el contexto de la escena 'neotecnológica'", en: F. javier (comp.), *Miradas críticas del teatro de Buenos Aires*: desde el noventa a la actualidad, Buenos Aires: Ed. de la Fac. de Filosofía y Letras, UBA, 2007, p. 155 – 162.

[4] DELEUZE, Gilles & GUATTARI, Félix, *O que é a filosofia?*, São Paulo: Editora 34. Trad. Bento Prado Jr. e Alberto Alonso Muñoz,. Cf. Especialmente: II.3, Percepto, Afecto e Conceito, p. 211 ss.

[5] DELEUZE, Gilles,…, *O que é a filosofía? op. cit.* p. 153.

"técnica" e "estética". Um *composto de sensações* que se projeta sobre o *plano de composição estética*, dando lugar à materialização da obra. Falamos de tal "obra" em termos de "monumento", ou seja: um "bloco de sensações presentes que só devem a si mesmas sua própria conservação", outorgando ao acontecimento – realidade do virtual – "o composto que o celebra";[6] encarnação da virtualidade em seu trânsito em direção à atualização. Essas sensações são aquelas que, como dissemos, remetem a duas dimensões: a do *percepto* e a do *afecto*. Dessa perspectiva, a finalidade da arte, com o meio dos *materiais*, consistiria em "arrancar o *percepto* das *percepções* do *objeto* e dos estados de um sujeito percipiente, arrancar o *afecto* das *afecções* (ou seja: extrair o percepto das 'percepções vividas'), como passagem de um estado a um outro." É ao extrair esse *bloco de sensações* que configuramos um mero "ser de sensação" a ser perspectivado. Para que isso ocorra, falta um método, entendido em seu sentido etimológico como: caminho, "concatenação de aspectos procedimentais sempre diferentes, que varia com cada autor e que faz parte da obra" (é a isso que associamos a noção de *estilo*, recuperando o sentido e o movimento desenvolvido por Wölfflin)[7]. A arte apresenta-se como "linguagem de sensações [...] (desfazendo) a tríplice organização das percepções, afecções e opiniões, que substitui por um monumento composto de perceptos, de afectos e de blocos de sensações que fazem as vezes de linguagem".[8] Uma linguagem que veicula: paisagens e rostos; visões e devires.

Da *filosofia* e a *ação criadora*

A filosofia, conquanto *pensamento em ação*, está comprometida com um ato criativo, um *ato-invenção*, a partir do qual se gera o conceito: "uma *heterogênese*", na medida em que resulta de uma "ordenação de seus componentes por zonas de vizinhança". E sendo incorporal "encarna" nos corpos, mas "não se confunde com o estado de coisas no qual se efetua".[9] Tampouco remete a coordenadas espaço-temporais; tem apenas ordenadas intensivas carentes de energia, quer dizer: "A maneira como esta [a intensidade] se desenrola e se anula, num estado de coisas extensivo". O conceito

---

[6] DELEUZE, Gilles,..., *O que é a filosofia?* op. cit. p. 218.
[7] WÖLFFLIN, Heinrich, *Conceptos fundamentales de la historia del arte*, Madrid: Austral, 2007.Cf.: La doble raíz del estilo, p. 25 ss.
[8] DELEUZE, Gilles,..., *O que é a filosofia?* op. cit. p. 228.
[9] DELEUZE, Gilles,..., *O que é a filosofia?* op. cit. p. 33.

expressa então o acontecimento e não a essência ou a coisa; e é nesse sentido uma *hecceidade* (entidade). Dada a importância que essa condição reveste em nossas considerações, iremos analisá-la com maior detalhe, no contexto do desenvolvimento realizado por Julián Serna, em seu trabalho *Ontologías alternativas*,[10] a fim de estabelecer as relações com a corporalidade.

A recorrência da *hecceidade*

Como sabemos, desde a concepção *hilemórfica* proposta por Aristóteles em sua *Metafísica*[11] – funcional para suas necessidades taxonômicas –, exemplares de uma espécie (isto é, os que compartilham uma mesma forma) individualizam-se como seres materiais; enquanto a universalidade é proporcionada pela forma e é através da matéria que as substâncias ocupam um lugar no mundo físico e são determinadas temporalmente pelo ciclo *geração-corrupção* (princípio e fim). Essas considerações geram uma polêmica que se prolonga no desenvolvimento das idéias filosóficas ao longo do tempo. Assim, perpassam a "*querela dos universais*", polarizada entre "realistas extremos" (negação da existência dos particulares) e "moderados (explicação do trânsito dos universais aos particulares através do *princípio de individuação*). A polêmica, entre outras coisas, centrava-se na dificuldade derivada de tal *princípio de individuação*, já que não poderia recair na forma, dada sua natureza universal, nem na matéria, dado seu caráter "informe".

Uma resposta a essa dificuldade é a que nos proporciona Duns Scoto, ao conceber (bem poderíamos dizer: ao inventar) o termo *hecceidade* a partir de *haec* (um "*isto*") que, segundo a tradução de Peirce,[12] poderia ler-se como "*esseidade*", ou seja, o estar *hic et nunc,* aqui e agora. O termo

---

[10] SERNA, Julián, *Ontologías alternativas*: Aperturas de mundo desde el giro lingüístico, Anthropos, 2007. V.: Cap. 6: *La haecceitas* de Duns Scoto a Deleuze y Guattari. Cf.: p. 101 ss.

[11] ARISTÓTELES, *Metafísica*, VII, 9 (Madrid: Gredos,1998. p. 358).

[12] Isto foi funcional para o desenvolvimento das categorias ontológicas de Peirce, que concebe a *hecceidade* como "o limite de uma série infinita de determinações qualitativas." Para Peirce, esta *hecceidade* é que confere individualidade e existência. Cf.: PEIRCE, Ch. S., *The Essential Peirce, Selected Philosophical Writings*, Volume 1 (1867–1893), Nathan Houser and Christian J. W. Kloesel (eds.), Indianapolis: Indiana University Press, 1992.

* [Nota do tradutor] Na ausência de acesso a uma tradução portuguesa do texto de Peirce citado, e diante da dificuldade de encontrar um equivalente para o neologismo peirceano *thisness*, traduzido em espanhol por *estidad*, adotei "esseidade", que deve ser lido tendo em conta os esclarecimentos adicionais do autor: "estidad" é o equivalente em espanhol de **thisness**, um neologismo para dar conta d' "*isto*". [*Referência do texto de Peirce*: "He (Duns Scoto) argued for an original principle of individuation in (cf. *Ordinatio* 2, d. 3, pars 1, qq. 1-6),

hecceidade dá conta da diversidade impossível de ser resolvida no mencionado hilemorfismo através da simples articulação entre os conceitos de *matéria* e *forma*, a saber:

- Com relação à matéria, a *hecceidade* é determinada, distanciando-se da entropia da matéria informe e caótica.

- Com relação à forma, a *hecceidade* é particular, destacando a singularidade do acontecer fora de todo universalismo inerente à forma essencial.

Cabe a Deleuze e a Guatarri, por meio da utilização do termo *hecceidade*, dar uma resposta ao problema, afirmando a reivindicação da singularidade do acontecer mais além da constituição de "sujeitos" e "substâncias",[13] de tal forma que a crítica centra-se no fato de que a estrutura própria de uma *classificação* aprisiona a instância da singularidade – ao subsumi-la no estatuto do universal. E é precisamente essa *hecceidade*, irredutível às propriedades da coisa e aos predicados do sujeito, que recobra o caráter de multiplicidade. Isto é, mais além das limitações que as estratégias de enunciação textuais nos apresentem, uma vez que a estruturação sintática é logicamente devedora de uma gramática baseada no dualismo "nome-verbo". Enquanto o predicado remete relacionalmente a um sujeito, a *hecceidade*, por sua vez, *agencia*-se, podendo transpor tal relação, existindo tão somente "*hecceidade*, afectos, individuações sem sujeito, que constituem *agenciamentos coletivos*"[14]. Desde um enfoque que considere uma possível *teoria da ação*, o agente estaria fundido com o objeto ao qual tende, borrando toda hipótese de leitura "causa-efeito" unidimensional. E é através deste conceito – uma nova forma de entender a "individuação" – que aparece uma forma alternativa de conceber o "corpo" que já "não se define pela forma que o determina", nem como uma substância ou um sujeito determinados, nem pelos órgãos que possui, nem pelas funções que exerce. "No plano [no

---

the "haecceity" as the ultimate unity of a unique individual (*haecceitas*, an entity's '**thisness**'), as opposed to the common nature (*natura communis*), feature existing in any number of individuals"]. A característica essencial deste elemento, e que Peirce distingue da *Primeridade*, é sua espaço-temporalidade: "Consiste no acontecer aqui e agora" [*hic et nunc*] e expressa a "*esseidade*".

[13] DELEUZE, Gilles & GUATTARI, Félix, *Mil Platôs, Capitalismo e Esquizofrenia*. São Paulo: Editora 34, 1997. v. 4, Trad. Suely Rolnik. Na p. 47 (na seção *Lembranças de uma hecceidade*), lemos: "Há um modo de individuação muito diferente daquele de uma pessoa, um sujeito, uma coisa ou uma substância. Nós lhe reservamos o nome de *hecceidade*."

[14] DELEUZE, Gilles & GUATTARI, Félix, *Mil Platôs, Capitalismo e Esquizofrenia*. São Paulo: Editora 34, 1997. v. 4, p. 55.

duplo sentido da palavra] de consistência, um *corpo se define somente por uma longitude e uma latitude*" [sublinhados no original].[15] Tal situação nos interessa já que a mencionada "nova forma de compreender o corpo" será extremamente relevante ao considerarmos o mesmo inscrito numa *estratégia performática de ação-expressão-comunicação*.

Aproximação ao território da "performance"

É por intermédio do conceito de *performance* que, desde nossa concepção, podem relacionar-se: *cena, corpo e ação*. Dado que a ação é, entre outras determinações, territorial, e o corpo deve ser intrinsecamente *território cênico*[16] primordial, nossa pergunta acerca dessas "novas formas de compreender o corpo" devem relação de *território-performance* a *território-corpo*, de campo de forças-continente a campo de forças-conteúdo. É então que conceito, agenciamento de uma *hecceidade*, se en-carna, toma corpo. E recebe as determinações *cronotópicas*[17] próprias de todo corpo "posto em situação cênica", neste caso, extrínseca.

Ao falarmos de *performance*, aludimos, seguindo Diana Taylor[18], a certos "atos vitais de transferência", transmitindo saber social, memória e sentido de identidade através de "ações reiteradas" que revestem comportamentos corporais predeterminados e organizados sob a categoria de "evento". Foi isso que Richard Schechner[19] chamou de "*twice behaved-behavior*" (comportamento duas vezes apresentado).

---

[15] DELEUZE, Gilles & GUATTARI, Félix, *Mil Platôs, Capitalismo e Esquizofrenia*. São Paulo: Editora 34, 1997. v. 4, p 47.

[16] Para um enfoque destas questões orientado a campo grupal, psicodrama, saúde, educação e criatividade, ver MATOSO, Elina, *El cuerpo, territorio escénico*, Barcelona: Paidós, 1992. Cf.: Poética – Cuerpo – Máscara, Cap. 8.

[17] Este é o conceito que Bakhtin define como "[a] conexão essencial das relações temporais e espaciais assimiladas artisticamente na literatura", de modo que, assim, os elementos de tempo se revelam no espaço, e o espaço é entendido e medido através do tempo. BAJTÍN, Mijail. "Las formas del tiempo y del cronotopo en la novela. Ensayos sobre Poética Histórica", em: *Teoría y estética de la novela*. Madrid: Taurus. 1989.

[18] TAYLOR, Diana [NYU], Conferencia: *Hacia una definición de Performance*, Segundo Encuentro Anual del Instituto Hemisférico de Performance y Política, Instituto Hemisférico de Performance y Política, "Memoria, Atrocidad y Resistencia", Monterrey, México Junio de 2001 http://www.crim.unam.mx/cultura/ponencias/PONPERFORMANCE/Taylor.html.

[19] SCHECHNER, Richard. *Between Theater and Anthropology*. Philadelphia: Pennsylvania UP, 1985.

A Escrita como *performance*. Uma contribuição para examinar a "cena originária" relativa à *a-parição* do texto filosófico no limite de sua própria *territorialização* – Ricardo Sassone

Podemos considerar dois níveis de análise em torno do conceito "*performance*":

1. Como *objeto de análise* (diferenciado) dos Estudos de Perfomance, dizer que determinado "acontecimento" configura-se como *perfomance* equivale a reconhecer nele certo *estatuto ontológico*. Estamos falando, então, de um "algo" que inclui diversos fenômenos, práticas sociais e/ou acontecimentos que dão conta de diversas atividades realizadas, tais como: festas populares; mobilizações e/ou protestos sociais e políticos; celebrações; teatro; dança e outras formas de expressão cultural. Como vemos, deslocamo-nos em atividades que podem inscrever-se em distintos contextos: alguns, mais próximos do *mundo da vida cotidiana*, remetem a práticas mito-mágicas; outros, a níveis distintos de "sacralização" – nos quais de algum modo se conjura ou "racionaliza" o anterior –, deslocando-nos do espaço "ritual" ao da "celebração" ou ao da "festa popular". Finalmente, em algum momento aparece a instauração do "critério de denegação" – critério através do qual se passa a "negar" o mudo para poder referir-se ao "falar" acerca do mesmo – para dar lugar ao salto qualitativo que significa instalarmo-nos no âmbito da "convenção": um espaço *lúdico*, deslocado em direção à ordem do "*extracotidiano*". Tal é o âmbito em que se realizam diversas expressões artístico-comunicativas, a saber: teatro, dança, etc. e no qual aparecem distintos níveis de "recepção-participação", dados num espaço *vivencial-presencial* – um espaço de "con-vivência", de *conspiração*, no sentido etimológico, que dá conta da possibilidade de "respirar junto", o *estar* junto ao "outro". Esse é o espaço propriamente "extra-cotidiano", o espaço do "como-se", o do "excesso de energia" na consecução e no desenvolvimento da ação.[20] Esse é o sentido com que Henri Gouhier[21] nos apresenta o "olhar" dos leitores-espectadores-receptor, como uma espécie de "co-nascimento", termo tomado de Paul Claudel, que nos faz partícipes do "jogo da linguagem" desde o qual a figura do "*connaître*", conhecer, desloca-se e se *re-con-figura* num verdadeiro "*con-naître*", co-nascer.

2. Conquanto aproximação ao objeto de análise, *performance* também constitui uma estratégia teórico-metodológica que nos permite analisar

---

[20] Para uma descrição mais detalhada deste âmbito da ação, ver SASSONE, Ricardo, "Hacia la configuración del philodrama", op. cit. p. 145. Seguimos a caracterização de "excedente" energético no espaço da cena, proposta por Eugenio Barba. Ver BARBA, Eugenio, *La Canoa de Papel*, Tratado de Antropología Teatral. Buenos Aires: Catálogos, 1999.

[21] GOUHIER, Henri: *La Obra Teatral*. Editorial Universitaria de Buenos Aires, Argentina, 1965. Cf.: La doble finalidad de la obra teatral, cap. 1.

certos eventos como *performance*. A esse respeito, a já mencionada Diana Taylor[22] nos diz: "As condutas de sujeição civil, resistência, cidadania, gênero, etnicidade e identidade sexual, por exemplo, são ensaiadas e reproduzidas diariamente na esfera pública". Tal seria a dimensão epistemológica da *performance*. Como prática *in-corporada* e/ou in-tegrada aos distintos discursos culturais, "*performance*" apresenta-nos, em chave gnosiológica, uma determinada "forma de conhecimento". O fato de que algo "seja" *performance* ou que funcione "como" *performance* nos fala do fato de que, para chegar à compreensão da *performance* como um *fenômeno* – simultaneamente real e construído –, somos remetidos a uma "série de práticas que reúnem o que historicamente foi separado e mantido como unidade discreta, como discursos ontológicos e epistemológicos supostamente independentes".

3. Finalmente, segundo nosso juízo, podemos entender "*performance*" em *sentido amplo* e em *sentido estrito*. No primeiro sentido, e desde o enquadramento que poderíamos conceber como uma *teoria geral da ação humana*, coincidindo com a caracterização dada por Schechner, que assinala que a *performance*

> abarca em geral qualquer tipo de atividade humana, desde o rito, o jogo, passando pelo esporte, espetáculos populares, artes cênicas, assim como atuações da vida cotidiana como o são os eventos sociais, a atuação de papéis de classe, gênero, os meios de massa e a internet.[23]

Ainda assim, poderíamos afirmar que toda *ação/reação* que implique um movimento de um pólo "lugar-*agente*" a um pólo "lugar-*paciente*" participa de uma marca *performática*. No segundo sentido, interessa-nos considerar como *performance estrita* aquela que inscreve o "mundo da ação" no espaço de *com-penetração* entre o que denominamos "*mundo*" ("conjunto de fatos como *estado de coisas*") cotidiano e *extracotidiano*, zona esta de intermediação entre um "*si mesmo*" – "*apresentativo*" – e um "como-se" – "*re-presentativo*".

Roçando as ciências sociais performativas

Segundo o que expressamos acima, encontramo-nos diante de um campo emergente, transdisciplinar, intercultural, transfronteiriço e, de certo

---

[22] TAYLOR, Diana, *op. cit.*

[23] SCHECHNER, Richard. *Performance Studies: An Introduction*, Londres y Nueva York: Routledge, 2002.

modo, todavia marginal no mundo acadêmico. A *filosofia* – em especial a que identificamos taxativamente como *filosofia prática*, em seus distintos âmbitos de "aplicação" – não se posicionou ainda neste campo, nem se colocou ativamente diante das demandas das chamadas "ciências sociais performativas". Disto nos aproximamos também no marco de referência de uma epistemologia centrada nas estratégias de investigação qualitativa e/ou no campo da "*investigação ação*" (*Action Research*) e suas implicações na *intervenção pedagógica* no ensino da filosofia.[24]

As teorias e os estudos de *performance* estão implicadas nos mais diversos âmbitos de estudos e investigação, a saber: Antropologia, Lingüística, Sociologia, Teatrologia, Etnodramática, etc.

Acreditamos que no plano do conceito – por exemplo, desde uma filosofia da corporalidade; ou desde a experiência em torno do campo de aplicação prática do conceito; ou a partir da perspectiva do philodrama – existe um fértil campo de investigação-ação a ser percorrido, em conexão com os mencionados *estudos de performance*. Se existe, então, a possibilidade de pôr em foco a linguagem como *performance*, o comportamento social como *performance*, a cultura como *performance*, o teatro e a sociedade como *performance*, a identidade ou gênero como *performance*, a arte como *performance*, a política como *performance*, cabe perguntar: não é já hora de gerar o espaço que sustente uma "filosofia da *performance*" e uma *performance* da filosofia? O "philodrama", com base no caminho de *investigação-ação prático-teórico* pelo qual transitamos, pode contribuir para este esforço.

Sobre "texto" e "textualidades". Da expansão textual

Levando em conta o que expressamos, cabe considerar toda *ação comunicativa* como *performance*, pelo menos no sentido amplo já assinalado. Quando essa ação se traduz, em formato textual, numa *ação-escritura*, podemos observar também um duplo movimento: uma desterritorialização carnal – *corpo do autor* que se transfere à palavra reterritorializada no "texto" –, mais uma desterritorialização do *texto-ação-leitura* à reterritorialização – encarnação ou re-encarnação – no corpo do *receptor/leitor-ação-interpretação*; tendo em

---

[24] Para uma aproximação a esta problemática, cf. FISHER Kath & PHELPS Renata, *Recipe or performing art? Challenging conventions for writing action research theses*, Action Research, Vol. 4, No. 2, 2006, 143-164. As autoras fazem parte do *Centre for Children and Young People* [http://www.ccyp.scu.edu.au/]; School of Education [http://www.scu.edu.au/schools/edu/] Southern Cross University, Lismore NSW, Australia.

conta o fato de que palavra e mente formam estritamente parte do *corpo / agenciamento- hecceidade*.

Com base na contribuição conceitual que traz Derrida em sua crítica ao *fonocentrismo*, para *tornar assimilável a idéia de uma arquiescritura que antecede todas as inscrições identificáveis*,[25] a própria categoria "texto" reconfigurou-se na categoria de "*textualidade*" ou de "textualização" ao referir-se à produção das artes visuais:

> Agora, como não pode existir coisa alguma, e particularmente nenhuma arte, que não esteja textualizada – no sentido que dou à palavra texto, que vai mais além do puramente discursivo –, o texto existe enquanto a deconstrução dedica-se aos campos chamados artísticos, visuais ou espaciais.

Conseqüentemente, a palavra "texto" vai mais além do puramente discursivo considerando "*a expansão do conceito texto [...] estrategicamente decisiva*". Por outro lado, referindo-se à *deconstrução* no âmbito do discurso, Derrida assinala

> [...] a idéia de que a deconstrução deveria limitar-se à análise do texto discursivo [...] é, na realidade, ou um grande malentendido ou uma estratégia política desenhada para limitar a deconstrução aos assuntos da linguagem. A deconstrução começa com a deconstrução do logocentrismo e, portanto, querer restringi-la aos fenômenos lingüísticos é a mais suspeita das operações.

Assim, a idéia de "*texto*" não somente não se limita ao meramente discursivo, mas abarca todos os campos da experiência. A sonoridade das palavras inscrita no *espaço acústico* partilha dessa dimensão com as diferentes artes. A esse respeito, Derrida nos diz:

> [...] o que finalmente [meus textos] têm em comum com as obras espaciais, arquitetônicas ou teatrais é sua acústica

---

[25] DERRIDA, Jacques, *Las artes del espacio*. Entrevista de Peter Brunette e David Wills realizada em 28 de abril de 1990, em Laguna Beach, California, publicada en *Deconstruction and Visual Arts*, Massachussets: Cambrige University Press, 1994, cap. 1, p. 9-32. Ed. digital em castelhano disponível em <www.jacquesderrida.com.ar/textos/artes_del_espacio.htm>. Sobre a crítica ao fonocentrismo, ver HABERMAS, Jürgen, *O discurso filosófico da modernidade*, São Paulo: Martins Fontes, 2002, Capítulo 7, "suplantação da filosofia temporalizada: crítica de Derrida ao fonocentrismo".

e suas vozes. Escrevi muitos textos com vozes díspares, e a espacialidade é neles visível. Há distintas pessoas falando, e isto implica forçosamente uma dispersão de vozes, de tons, que automaticamente produzem espacialidade. Mesmo quando não está indicado no texto, por novos parágrafos, ou por mudanças gramaticais da pessoa, este tipo de efeito é evidente em muitos dos meus textos: subitamente muda a pessoa, modifica-se a voz, e tudo adquire espacialidade.[26]

A *performance*: um possível mediador entre filosofia e corpo

Cabe pensar, então, que a proposta *"escritura como performance"* tem a possibilidade de enquadrar-se – conquanto *poiesis* – sob as considerações expostas, sob a categoria de "textualidade". E que ela pode ser *produzida* e *reproduzida* no registro de uma ontogênesis, a partir do "dispositivo de captura estética" associado a determinada "máquina poética" que definimos como "philodrama". A partir deste, entendemos que contamos com uma estratégia *heterológica*[27] para verificar essa instância desdobrada em distintas etapas do trabalho,[28] até o "entrar em cena do conceito", instauração do "plano osculador"[29]; geração de uma cartografia eidético-corporal; produção de somatogramas; produção de textualidade; edição corporal de textualidades; instauração da logocena; geração de perfodramas e performances; realização de logoanálises; tematização de problemas desde o marco categorial filosófico.

Com o conceito de *"perfodramas"* tentamos nos aproximar da forma com que Susana e Hernán Kesselman definem e utilizam o conceito de "corpodrama", para dar conta do desenvolvimento de uma estratégia de "multiplicação dramática" (objetivo que, em todo caso, compartilhamos), no

---

[26] Até aqui, as citações textuais de Derrida referem-se à conferência acima assinalada.

[27] Acerca do marco em que enquadramos os *"processos heterológicos"*, ver GROUPE H. *Hétérologies. Pour une dé-neutralisation de la critique littéraire et artistique*. Perpignan: Presses Universitaires de Perpignan, 2006. Cf.: *Processus Hétérologiques*, 3eme partie, p. 113-121.

[28] SASSONE, Ricardo, *Hacia la configuración...*, *op. cit.* Cf. a esquematização das etapas do processo de trabalho e momentos produtivos da MÁQUINA POÉTICA em "funcionamento", p. 142.

[29] Utilizamos, analogicamente, este conceito proveniente da *geometria diferencial de curvas*, disciplina em que se propõem definições e métodos para analisar curvas simples, em especial no espaço euclidiano. *O plano osculador* é o plano que contém em cada ponto da curva seu vetor tangente e seu vetor normal. Para uma partícula deslocando-se no espaço, o *plano osculador* coincide com o *plano que em cada instante contém a aceleração e a velocidade!*

contexto psicodramático; nesse caso, focalizando *cenas conflitivas* destacadas – na base de "ressonâncias cênicas" – pelos integrantes do grupo de trabalho.[30]

Cabe perguntar, agora, se a filosofia projeta-se estritamente desde os chamados "textos filosóficos" escritos por "filósofos" ou se é possível, alternativamente, considerar "textualidades filosóficas" que nos permitam ampliar o horizonte do conceito, explorar criativamente os limites do plano de imanência, criar ou inventar outros conceitos, etc. Quer dizer, se é possível trabalhar sobre a *a-parição* do texto filosófico no limite de sua própria territorialização e explorar subseqüentes *desterritorializações-reterritorializações* do mesmo. Entendemos, por outro lado, que tal "*a-parição*" deve ter-se produzido sempre no contexto de uma *cena originária*, na qual se devem ter tomado certas decisões fundantes acerca de conceitos e pressuposições sobre esses [*conceitos* necessariamente vinculados com *afectos* e *perceptos*], que, submetidos a diversos movimentos – tais como configuração-reconfiguração; formulação-reconfiguração; posição-transposição; escritura-*re-escritura*; contextualização-*re-contextualização*; formulação-*re-formulação*; estruturação-*re-estruturação*; etc. – foram *pro-jetadas* desde a mencionada "cena" e chegaram, por meio de um *movimento-atualização-interpretação* do texto [no *tempo-espaço-forma*], inclusive a se inscrever e *re-inscrever-se* na *cena atual*. Esta é uma idéia vinculada a um "*texto-projeto*" que percorre "*ordenadamente ao azar*" ou "*aleatoriamente em ordem*" as linhas de seu plano de imanência. Isso se dá numa vã tentativa de esgotar as dimensões de um plano constitutivamente não-dimensional e que, em sua origem, era talvez, na realidade, um mero "projeto de textualidade virtual".

Isso nos conduz a uma última questão que se relaciona com o estatuto da própria origem da filosofia: se é possível ampliar o domínio dessa trabalhando sobre sua definição em compreensão e/ou extensão. Deleuze e Guattari expressam que, se bem "...a filosofia começa com a criação de conceitos, o plano de imanência deve ser considerado pré-filosófico. Ele está pressuposto [...] [da mesma maneira que] os conceitos remetem eles mesmos a uma compreensão não-conceitual".[31] Cabe perguntar, então, qual é essa "compreensão não conceitual" e qual é a plataforma fática dela. Novamente nos enfrentamos com uma espacialização, com um território. Completando nossa inquietude, remetemo-nos também à pergunta formulada um pouco mais adiante: ...*a filosofia pode ou deve ser considerada grega?*

---

[30] KESSELMAN, Susana & Hernán, *Corpodrama, cuerpo y escena*, Buenos Aires: Ed. Lumen, 2008.
[31] DELEUZE, Gilles,..., *O que é a filosofia?*, op. cit. p. 57.

E, desde nosso ponto de vista, gostaríamos de formulá-la nestes termos: a filosofia pode ou deve ser considerada estritamente grega? Para responder à pergunta original, apela-se a duas condições: o contexto ou as condições sócio-históricas de sua configuração, a aparição de uma "nova sociedade de 'amigos'" (recuperando a marca de *philía* – marca de "amor" – incrustada no nome *philosophía*); a instauração, por parte dos primeiros filósofos (gregos) [cena originária?] de um *plano de imanência* "como um crivo estendido sobre o caos". E, precisamente, "se chama de Logos um tal plano-crivo" que verifica, nessas condições, esse (*originário*) "corte do caos". A este movimento "se opõem todos os Sábios" (*sophós*), personagens custódios do sagrado (marca de *agápe?*), sacerdotes, etc., que concebem a instauração de uma ordem inscrita num plano de transcendência. Desse modo, "o filósofo opera um vasto desvio da sabedoria, ele a põe a serviço da imanência pura".

Poderia parecer que esses dois planos são incomensuráveis desde uma espécie de paradigma de racionalidade e interpretação do mundo culturalmente determinado, que, na tradição do pensamento ocidental, acaba por ser e estar "monoculturalmente" determinado.

Em torno de uma filosofia intercultural

Acreditamos que podemos visualizar uma resposta possível a essas perguntas desde uma perspectiva de "filosofia intercultural", seguindo a linha de fundamentação de Josef Estermann,[32] entendendo essa como uma reflexão em torno das condições e dos limites do diálogo (ou mais acertadamente: polígolo) entre as culturas. Este diálogo deve basear-se na não-aceitação de uma hipótese de total "incomensurabilidade entre culturas", assim como na "não indiferenciação ética" delas.[33] Interessa-nos aqui tematizar qual é a relação que se estabelece quando certa "forma" de pensamento entra em contraste com "sistemas de pensamento". De certo modo, trata-se de visualizar o espaço ou território desse encontro e as intensidades que resultam de tal encontro. No nosso caso, observamos que se estabelece um deslinde "monocultural" ou unidirecional e assimétrico entre o que é "filosofia" e o que se caracteriza como "pára-filosofia", ou seja, "'etno-

---

[32] ESTERMANN, Josef, *Filosofía andina. Estudio intercultural de la sabiduría autóctona andina*, Cusco: Ed. Abya-Yala, 1998. Cf. p. 31 ss.

[33] *Ibidem*. 10.

filosofia'; 'pensamento'; 'cosmovisão'; 'pensamento mítico' ou simplesmente 'pseudo-filosofia'".[34] É como se se estabelecesse uma norma de "filoficidade" acomodada a um *standard* etnocêntrico; neste caso, o que remete ao "arquétipo grego-ocidental". Isso é contrário ao interesse *universalista* dos próprios filósofos. É factível ensaiar uma distinção do que seja filosofia em *sentido amplo* e em *sentido estrito*. O primeiro daria conta do "esforço humano para entender o mundo através de algumas [poucas] grandes perguntas" a ser formuladas em todo tempo e lugar em que exista alguém para pensar nelas. O segundo plasma-se em torno de certos conceitos determinantes, por exemplo, o de "racionalidade", instaurado nela mencionada "cena originária do pensar". Conceitos que, no contexto de uma crescente "fragmentação do mundo, da vida e da experiência humana", se projetaram desde essa cena até converterem-se em *meta-relato* desses.[35] Meta-relato de raízes *mítico-totalizantes*. Centraremo-nos agora no problema das fontes que se dispõe para elaborar uma filosofia afastada do mencionado eixo etnocêntrico. Tal seria o caso ao redor do pensamento dos chamados "povos originários". Nesses casos, cabe distinguir dois momentos: o *segundo* é o que corresponde ao âmbito do reflexivo, o *primeiro* corresponde ao âmbito da experiência e da práxis vivida. Ou seja, primeiramente, a filosofia do povo originário conformar-se-ia pelo "conjunto de concepções, modelos, idéias e categorias vividos"[36] pelo *ator social pensante*; uma experiência concreta e coletiva desse ser humano em seu universo, em seu contexto *sociocultural*. As concepções "filosóficas" seriam de ordem "prático-lógico" e implícitas. Em segundo lugar, em "sentido derivado", a "filosofia específica" sob essas determinações seria "a reflexão metódica e sistemática dessa experiência coletiva"; ou seja, o ato de "experimentar o pensar" e o de "pensar a experiência".[37] Por um lado, temos uma "sabedoria popular" configurada em determinado universo simbólico, "*pre-conceitualmente* sempre já presente no que fazer e na cosmovisão dessa pessoa".[38] O "*que fazer*" *filosófico* do qual falamos ficaria explicitado, para as culturas "grafas" e "ágrafas" em ao menos quatro níveis:

---

[34] Ibid., p. 14.

[35] Ibid., p. 19.

[36] Ibid., p. 63.

[37] Precisamente, esse é o tema que tratamos nas Primeiras Jornadas Internacionales "*infancias de la filosofía: pensar la experiencia; experimentar el pensar*". (Buenos Aires, 2006).

[38] Caso o *povo originário* seja andino, estaríamos na presença de uma "sabedoria popular" andina, e o *ator social* em questão seria o "runa" andino. Ibidem.

A Escrita como *performance*. Uma contribuição para examinar a "cena originária" relativa à *a-parição* do texto filosófico no limite de sua própria *territorialização* – Ricardo Sassone

1. a "realidade" como objeto último da experiência humana, seja qual for sua natureza;
2. a expressão dessa "experiência primordial, pré-filosófica, pré-conceitual", expressa no "universo simbólico" de referência, ou seja, o conjunto de tradições, costumes, práticas sociais, mitos, ritos, crenças, etc.
3. a expressão filosófica no sentido básico que surge da reflexão sistemática e metódica dessa *experiência vivencial*;

Existindo, apenas para as culturas *"grafas"*, um nível adicional:

4. a interpretação filosófica de textos de conteúdo específico ou hermenêutica textual. Como vemos, esta se torna uma "reflexão de segunda ordem" e uma "interpretação de terceira ordem".

Mas, tal como temos observado, desde o surgimento da concepção estruturalista, o conceito de *textualidade* ampliou-se: o texto idiomático, organizado lingüisticamente, é somente uma das muitas formas de "textualidades" existentes ou *"texturas"* possíveis. Semiologicamente falando, em sentido derrideano, procuramos aplicar a "teoria lingüística do significado" – *semeîon* – à totalidade dos "fenômenos extralingüísticos" relacionados com o capital simbólico. E, mais ainda, chegamos, liminarmente, até a própria "dimensão do inconsciente" que faz da "realidade", através de Lacan, "universo semântico".[39]

Com base no que afirmamos, podemos dizer que, caso sustentássemos a presunção de que a filosofia remete fundamentalmente a "textos" como fonte de seu desenvolvimento, deduziríamos que uma cultura "sem escrita" não poderia ter produzido filosofia. Ela entender-se-ia hermenêutica a partir dos ditos textos filosóficos produzidos no tempo; esse caminho diacrônico assimilar-se-ia à "história da filosofia". Mas, como destacamos, essa é uma "reflexão de segunda ordem", a reflexão [*interpretação textual*] da reflexão [*interpretação conceitual*] da experiência humana vivida [*interpretação vivencial*]. A interpretação conceitual da experiência vivida tem como fonte primordial a *experiência ágrafa* expressa segundo "formas

---

[39] Lacan, em sua "teoria do significante", recolhe as contribuições mais importantes da lingüística estrutural, mas alterando sua ordem de funcionamento. A esse respeito. Lacan assinala: *"O inconsciente é a condição da lingüística"*. E o faz porque soube encontrar no contexto da lingüística estrutural (Saussure, Benveniste e Jakobson) a contribuição favorável que permite indicar, a partir do pensamento freudiano, sua "tese inaugural do inconsciente estruturado como uma linguagem". Conseqüentemente, Lacan nos propõe uma teoria da subjetividade que depende da ordem significante: o lugar de onde se jogam a verdade e o saber. Ver LACAN, Jacques, Radiophonie, *Scilicet* 2-3, Paris: Seuil, 1970.

semiológicas" *não-lingüísticas*, enquanto a *interpretação vivencial* tem como fonte a *vida mesma* inscrita na totalidade das *determinações e mediações* que fazem de um ser existente, um ser humano. A cultura é, propriamente, a totalidade de tais mediações. Desde essa perspectiva, o universo de *textualidades filosóficas* é tão grande como criativamente se o possa conceber e conceitualizar. Trata-se, então, de efetuar uma *máquina po(i)ético-filosófica* "conspirando", "ressoando", com o pensar e com o experimentar.

Política e pensamento na educação

A educação e o sujeito político em Alain Badiou[1]

Alejandro Cerletti[*]

Como ponto de partida, defendemos a tese de que cada ato educativo atualiza um problema filosófico-político fundamental que consiste em como resolver a tensão entre reproduzir "o que há" e dar lugar ao novo e diferente. A história da educação poderia ser lida à luz do maior ou menor peso que se tem dado a uma ou outra dessas alternativas. Essa questão, por certo, vai além do terreno específico da pedagogia e da didática. Com efeito, não se trata simplesmente do que se passa em uma instituição escolar com alguns saberes, práticas ou normas, considerados socialmente valiosos ou impostos de forma arbitrária, e como eles são passados entre professores e alunos. Tampouco se trata, somente, do conjunto de experiências formativas escolares que, junto com outras, vão contribuindo para a constituição do que alguém é. A educação institucionalizada reafirma, além disso – e sobretudo – uma concepção do Estado e o lugar que corresponde ou pode corresponder a cada um dos membros em uma comunidade. A integração progressiva desses membros desde a sua infância é realizada de acordo com um conjunto de prescrições e normas, que são as dominantes, e que tentam garantir que *o que há* se mantenha (ou se modifique de uma maneira permitida ou tolerada). A possibilidade de reprodução das sociedades se verifica na sustentação de um vínculo cultural (conquanto difusão das tradições, dos costumes, das práticas sociais, etc.) mas também, e fundamentalmente, político conquanto se reafirmam os laços sociais constituídos.

Toda reprodução se afirma, em última instância, em uma ficção constituinte que estabelece um território e fixa uma "norma": cada membro de uma comunidade é "tido em conta" na medida em que é identificado ou

---

[*] Universidad Nacional de Buenos Aires y Universidad Nacional de General Sarmiento – Argentina.

[1] Tradução de Giovânia Costa.

"contado" (usando uma terminologia de Badiou) segundo o critério de normalidade dominante.

Legitima-se, dessa forma, uma identificação, uma distribuição social de lugares e uma relação dos indivíduos entre si e com o Estado. Essa estrutura de funcionamento visa dar conta de tudo e de todos (daí, seu caráter ficcional), e, por conseguinte, aspira perpetuar o estado de coisas ou administrar bem o sentido de qualquer mudança.

O ideal moderno da educação tem organizado sua existência material em torno de dois objetivos centrais que suportam a tensão mencionada. Sinteticamente, por um lado se promove a formação de um sujeito livre (através da aquisição de conhecimentos e do desenvolvimento de um pensar crítico), e, por outro, se deseja que ele seja governável (através da conformação de um cidadão razoável). Pretende-se a implantação de personalidades autônomas e, ao mesmo tempo, busca-se a transmissão da cultura dominante. Tradicionalmente, isso não é visto como uma oposição, pois se considera que a socialização e a subjetivação são, em última instância, identificáveis, ou melhor, que há uma continuidade inexorável entre elas. Nesse sentido, a escola foi concebida como uma instituição que transformava os valores gerais de uma sociedade em normas e princípios universais, os quais estabeleciam as condições para o surgimento de personalidades livres. A educação assegurava então, simultaneamente, a integração da sociedade e a promoção do indivíduo. A transmissão do saber liberava, no mesmo movimento em que formava bons cidadãos[2].

Uma forma conseqüente de considerar a subjetivação política na educação institucionalizada tem sido afirmar que ela se produz gradativamente pelo ensino da cidadania. Ou seja, o Estado prepararia "subjetivamente" seus futuros membros por meio de um conjunto de ensinamentos proporcionados pela escola. A formação cidadã é, nessa perspectiva, uma área, um assunto, um conteúdo, um espaço curricular, etc. – em última análise, uma vontade política escolarizada –, reconhecíveis nos currículos das instituições educativas das sociedades democráticas. Mas os termos "democracia", "cidadania" ou "direitos humanos", longe de representar, hoje em dia, as chaves do pensamento político, parecem, em alguns casos, levar mais à sua obstrução. As democracias invadem países, bombardeiam povos, cometem crimes hediondos em nome do Bem ou dos direitos humanos; ou

---

[2] Véase: Dubet, François y Martuccelli, Danilo. *En la escuela. Sociología de la experiencia escolar*. Buenos Aires: Losada, 1998, p. 12.

submetem a humilhações cotidianas a quem, por exemplo, precisa cruzar uma fronteira para se reunir com sua família ou procurar um trabalho. Ou, sob o argumento difuso da "legítima defesa" contra "o mal", colocam cada vez mais pressão sob a população (as pessoas), objeto de uma minuciosa vigilância diária dos seus atos, sejam esses públicos sejam esses privados; ou, em geral, mentem como forma habitual de fazer política ou diretamente violam o direito em nome do direito; esses não são somente atos circunstanciais de uma forma de governo que "sempre pode ser aperfeiçoada". É a estrutura de funcionamento que o capitalismo contemporâneo se tem dado para poder implantar sua potencialidade até o último rincão do planeta. A "democracia" é reduzida a um simples procedimento de eleição de funcionários que vão gerenciar a expansão do capital assegurando a "liberdade" do mercado planetário, e, conseqüentemente, a "política" não será nada mais do que a discussão das nuances desse gerenciamento e as campanhas publicitárias de venda dos candidatos que vão exercer essas funções.

Em sentido restrito, a escola é cega a todo pensamento verdadeiramente político. O Estado deve organizar a própria reprodução e para isso, hoje em dia, ele deve equiparar "política" com "administração" ou "gestão", e "democracia" com "mecanismos de eleição", e encerrar qualquer questionamento sobre essa operação. Os direitos humanos são o decálogo contemporâneo que deve ser assumido e repetido, convivendo, em cada momento, com suas flagrantes violações. Como, por princípio, a democracia "sempre pode ser aperfeiçoada" e os direitos humanos são uma idéia regulativa, pode-se aceitar sem culpa que a igualdade e a justiça são bens desejáveis localizados no futuro e que algum dia poderão chegar a se efetivar.[3]

Cada situação educativa[4] dispõe um saber da cidadania e, em geral, da política, que tenta garantir a continuidade do laço social constituído. Nesse saber, a igualdade e a justiça, entre outras questões, nunca são consideradas como ponto de partida da ação política, mas de eventual chegada ao futuro. O que *deve* ser compreendido pelos estudantes é que a chave da

---

[3] Cf: Rancière, Jacques. *El odio a la democracia*. Buenos Aires: Amorrortu, 2006; Badiou, Alain. *De un desastre oscuro*. Buenos Aires: Amorrortu, 2006.

[4] Adotando o conceito de "*situação*" de Alain Badiou (cf. *O ser e o evento*. Rio de Janeiro: Jorge Zahar Editor / UFRJ, 1996, p. 30 ss), utilizamos a expressão "situação educativa" para nos referirmos a algo mais que uma determinada instância da ação pedagógica ou didática. A utilizamos, em sentido amplo, como a regularidade do educativo. Isso significa que as situações educativas não identificam simplesmente oque se passa em um determinado momento de uma aula ou em uma escola, mas sim que constituem a estruturação pensável de qualquer fenômeno educativo.

justiça e da igualdade é sua formalidade, e isso é o que permite funcionar, de fato, a democracia "real". No sentido usual da expressão, isso supõe um determinado tipo de subjetivação, promovida pela instituição escolar em condições de normalidade.

Mas a instituição educativa, conquanto organismo do Estado, não somente coloca o sentido e as condições da integração da vida social e pública, mas, de maneira coerente, fixa as pautas do seu próprio funcionamento. Define de que maneira leva em conta aquilo que conforma uma situação educativa. Nesse "levar em conta" – que não é outra coisa que identificar o "contar um a um" os componentes de uma situação –, a instituição faz funcionar uma norma (de contagem) que discrimina tudo aquilo que pode reconhecer ou, com mais precisão, representar. Os saberes da situação incluem as normas que permitem seu funcionamento e essa normalidade estabelece, além dos conhecimentos que estão autorizados a circular pelas aulas, o tipo de relação que podem ter os integrantes de cada situação educativa.

Há na escola relações que são dominantes porque repetem a institucionalização do Estado dominante. Essa forma política se difunde através dos canais institucionais. Obviamente, estes não são neutros ideologicamente e, como já falamos, representam a forma institucional que se tem dado ao capitalismo contemporâneo para que esse possa se desenvolver sem grandes conflitos. O "sujeito" que o Estado pretende formar, conseqüentemente, é o cidadão razoável, o sujeito democrático portador de direitos que integraria, harmonicamente, a nova ordem mundial e o mercado planetário.

A pergunta crucial é como seria possível que, dadas essas condições, algo diferente da repetição do mesmo tenha lugar e que sujeito pode se relacionar com essas mudanças. De acordo com a teoria do sujeito que Badiou desdobra ao longo de *O ser e o evento*, para que se possa falar em sentido restrito de um "sujeito", deve-se operar algum tipo de ruptura a respeito do que há. Ou seja, toda construção subjetiva está entrelaçada com aquilo que produz uma ruptura ou interrupção dentro de um estado de normalidade. O teor e as conseqüências das rupturas podem definir diferentes figuras subjetivas. Neste trabalho, não nos deteremos na caracterização dessas múltiplas possibilidades, que no campo da educação são habitualmente identificadas como "sujeito pedagógico", "sujeito educativo", "sujeito de aprendizagem", etc.[5]

---

[5] Cf. Cerletti, Alejandro. *Repetición, novedad y sujeto en la educación. Un enfoque filosófico y político*. Buenos Aires: Del Estante, 2008.

Contudo, é possível que na educação institucionalizada tenha lugar um sujeito político? Se, como temos postulado, a existência de um sujeito, em sentido restrito, deve estar associada a uma mudança, a existência de sujeitos políticos na educação deve estar associada a possibilidades de rupturas e construções políticas *na* educação. Para avaliar essa possibilidade, devemos precisar o conceito de política posto em jogo.

Grande parte do esforço teórico de Badiou tem sido o de estabelecer uma separação entre política e Estado. Nesse sentido, tem se ocupado em mostrar que a identificação da política com o Estado vem dissolvendo progressivamente toda sua potencialidade transformadora. Por certo, para Badiou, e de acordo com a tradição em que ele se inscreve, uma política que seja digna desse nome deverá ser uma política de emancipação. Como dito anteriormente, o que encontramos hoje é que sob o nome de "política" se identifica uma série de procedimentos administrativos ou gerenciamento do que acontece. A política, isto é, a política de Estado, não faz mais do que regular a continuidade do estado de coisas, determinando de antemão os lugares – e modos de acesso a eles – que devem ocupar seus integrantes na continuidade dos laços sociais e fixando o alcance de eventuais modificações. Qualquer mudança será uma mudança estabelecida desde o existente e, portanto, nunca serão modificadas, estatalmente, as condições gerais do que existe. A tese de Badiou é que a política deve existir autonomamente, e não como uma atividade subordinada ao Estado.[6] Isso supõe a necessidade de rever, drasticamente, a idéia de "representação", verdadeira medula das políticas estatais democráticas.

Tanto nas teorias liberais como no marxismo, o Estado constitui o âmbito da representação, seja das "correntes de opinião" seja das classes sociais, respectivamente. Porém, o Estado para Badiou não é somente uma representação dos cidadãos ou o poder de uma classe, mas é a representação mesma. Por esse motivo, o Estado democrático aceita a oposição na medida em que a oposição aceita sua idéia estatal de representação. No marco da ontologia de Badiou, o Estado re-presenta aquilo que as situações histórico-sociais "apresentam". Essa maneira de "contar" o que há tem a função de estruturar em seu seio tudo que emerge, ocorre ou "se passa" numa situação histórico-social – ou seja, ordena o quadro social – administrando, distribuindo e controlando os lugares em que os seres humanos desenvolvem sua vida de relação –, impedindo, ao mesmo tempo,

---

[6] Ver: Badiou, Alain. "La política a distancia del Estado". *Acontecimiento*, XIII, 26 (2003), p. 9-27.

qualquer *fora de lugar*. Portanto, qualquer política que se pretenda de emancipação deverá atuar fundamentalmente à distância do Estado. Situar uma política à distância do Estado não significa operar contra o Estado ou sem o Estado, mas sim que o Estado deixa de ser o lugar privilegiado da ação política. As situações concretas permitirão estabelecer qual é a dimensão dessa distância com o Estado.

Na medida em que submete toda criação à representação, o Estado se constitui num poder não somente repressivo, mas num poder fundamentalmente organizador. O Estado organiza a idéia da política e, quando se opera dentro da estrutura estatal, inclusive quando se faz oposição a um governo, por exemplo, se está subordinado à idéia estatal da política e, por conseguinte, à idéia de representação. Por conseguinte, para Badiou, se se pretende pensar uma política que supere a lógica da representação que esgotou a política tradicional, deve-se fazê-lo superando a subordinação à lógica estatal. A tarefa essencial da política, então, desse ponto de vista, é separar a política do Estado, é fazer da política uma "apresentação" e não uma re-presentação.

Para isso Badiou coloca três condições como necessárias. Em primeiro lugar, é necessária uma ruptura, um *evento* que fixe, para o pensamento, o poder do Estado; ou seja, que estabeleça uma distância com o Estado. Entretanto, nessa questão Badiou faz uma observação importante. Se for certo que o Estado constitui um poder, em geral não se conhece a magnitude desse poder. Por isso, afirma que o poder do Estado é obscuro e indeterminado. Poderia-se admitir que hoje o poder do Estado está marcado basicamente pela economia. Na política de um Estado, a economia definiria o que é possível e o que não é. Porém, o poder da economia é obscuro ou difuso na medida em que não é factível conhecer seus limites. Estabelece possibilidades, mas ao mesmo tempo permanece oculto. Situar-se à distância do Estado significa, em alguma medida, ter que fixar o poder do Estado e por isso não aceitar esse poder indeterminado, esse poder obscuro em nome do qual se diz o que é possível e o que não é possível pensar e fazer. Contudo, para fixar o poder do Estado, precisamos que algo ocorra, precisamos de uma ruptura na continuidade do que há, necessitamos de um evento. Para isso o primeiro passo de uma política que não tenha a representação como sua condição de possibilidade consiste em fixar uma medida do poder do Estado, e isso não pode ser feito no interior desse mesmo Estado. É necessário algum tipo de ruptura. Para Badiou, essa é a primeira condição que faz com que toda política, em seu sentido restrito, seja política de ruptura.

A segunda condição consiste em que deve ter alguém que seja fiel[7] ao evento; isto é, que seja fiel à ruptura, que decida desenvolver suas conseqüências, que pense a ruptura e a desdobre como ação política. Ou seja, precisamos de uma nova figura subjetiva (os militantes políticos desse evento) que sustente e implante, ao máximo, as derivações do que tem ocorrido.

A terceira condição é que haja princípios. Que, a partir da ruptura, se formulem princípios de uma nova política que se estabeleçam como os princípios da apresentação coletiva contra os princípios da re-apresentação.[8]

Podemos, então, afirmar que um evento político estabelece uma medida da potência do Estado. Configura, por isso o estado da situação. Quando há um evento realmente político, o Estado se mostra, e o que mostra é seu excesso de potência, fazendo visível fundamentalmente sua dimensão repressiva. "É essencial para o funcionamento normal do Estado que sua potência permaneça sem medida, errante, sem atribuição".[9] Certamente, cada conflito torna o Estado visível, mas um evento estabelece a magnitude da distância com o Estado. Do mesmo modo, a nova constituição subjetiva, ligada ao evento, estabelece-se à distância do Estado; ou seja, quebrando a repetição estatal.

> Em suma, o problema é a criação de um pensamento político. Porém, o que é um pensamento? Um pensamento é uma decisão ligada a uma ruptura. Considerarei alguns exemplos externos. O que é um pensamento artístico? É uma decisão referente às formas sensíveis, articuladas a uma ruptura que é uma ruptura com a percepção dominante. O que é um pensamento científico? É um pensamento que toma uma decisão sobre esquemas matemáticos do real e está articulado sobre uma ruptura com relação ao conhecimento espontâneo. Perguntemo-nos o que é um pensamento político? Um pensamento político é uma decisão sobre a

---

[7] O conceito de "fidelidade" de Badiou se relaciona com a coerência posterior às decisões que supõem um evento.

[8] Badiou considera que depois da revolução Francesa o princípio político fundamental foi o da liberdade contra a representação aristocrática e contra o princípio de soberania. Depois, na revolução Russa e no contexto dos partidos comunistas o princípio foi a fraternidade; a fraternidade entre camaradas, a fraternidade política da ação coletiva. Considera, além disso, que hoje o princípio fundamental é a igualdade. Tiveram lugar a época das políticas de liberdade, a época das políticas de fraternidade e agora deve ter lugar a época das políticas de igualdade.(BADIOU, "La política a distancia del Estado", *op.cit.*).

[9] BADIOU, "La política a distancia del Estado", *op.cit.*

igualdade coletiva articulada sobre uma ruptura com o Estado. Estamos, então, na situação de ter de tomar decisões articuladas sobre rupturas. Esta é a política à distância do Estado, essa é a criação de um novo sujeito [...].

Se as instituições educativas podem ser consideradas eventuais espaços de evento, ou microeventos políticos, haverá de se estabelecer que tipo de ruptura política pode-se pensar nelas. A educação institucionalizada levanta uma integração política dos que passam por ela que está circunscrita ao jogo de relações dominantes em uma determinada situação histórico-social.[10] Através da formação escolarizada da cidadania, o Estado mostra uma ficção de inclusão dos indivíduos na *polis, ao* mesmo tempo em que os exclui *realmente* da política. Se algo realmente perturbador emergir do seio da situação educativa, isso colocará o Estado no limite de suas possibilidades de integração, já que interpela o "não sabido" dos seus saberes. Ou seja, coloca o Estado frente a algo que seus saberes não estão em condições de resolver. O Estado evitará por todos os meios ao seu alcance que isso que apareceu prospere, já que é desestruturante. Portanto, far-se-á visível (repressivamente) através de suas ações. Nesse agir deixará exposta a medida da distância do evento político em relação ao Estado.

Os eventos políticos na educação são muito raros, como são raros os eventos políticos em geral (do mesmo modo que são raros os eventos científicos ou artísticos). A excepcionalidade do evento político mostra o quanto é raro o sujeito político e por isso como é difícil interromper uma repetição. Os automatismos estatais dispõem os saberes para sua transmissão de uma tal forma que dissuadam o pensamento. Os saberes "políticos" que o Estado homogeneíza e difunde – isto é, nas nossas sociedades capitalistas parlamentares, a formação de cidadãos razoáveis e conhecedores dos direitos humanos –constituem "o que há" de cada situação educativa.

Como é rara a existência de um sujeito segundo o temos definido, é complexo dar "exemplos" de sujeitos políticos na educação. O "sujeito de direito" (ou "cidadão") não é um sujeito político na educação; ele é o sujeito que pretende construir o Estado atual, e por isso é funcional à forma parlamentarista do capitalismo atual. A pergunta sobre se houve, há ou haverá um sujeito político na educação, e qual é esse sujeito, supõe já um

---

[10] Ver em M. Foucault (*Segurança, território, população*. São Paulo: Martins Fontes, 2008), como variam de acordo com suas circunstâncias históricas, os saberes políticos, sobre a integração social e o papel do Estado nessa tarefa. Em função disso, variam os "saberes" que os (futuros) cidadãos devem ter para uma integração social harmoniosa.

tipo de intervenção política na história da educação. O evento político supõe uma singularidade conquanto ruptura na seqüência do que há, e a decisão de levar adiante as conseqüências dessa ruptura. Explicar qual é o percurso histórico-social necessário para construir um sujeito político na educação não seria um ato possível desde uma perspectiva como a que propomos, já que suporia de alguma maneira possuir o saber que guiaria essa construção. Pelo contrário, temos associado o evento com o questionamento que o pensamento efetua sobre os saberes da situação. E essa decisão de pensar o que interrompe o que há, partindo do que não pode ser resolvido com base na normalidade das instituições educativas constitui, ela mesma, uma intervenção subjetivante, visto que produz a novidade de decidir e atuar em conseqüência.

O sujeito político na educação é essencialmente um sujeito por construir, e o processo de sua construção é um processo de uma subjetivação política. Em um sentido radical, o sujeito/evento político é o limite da subjetividade educativa institucionalizada porque o evento na instituição escolar não é possível sem que ela se transforme substancialmente. Ou seja, a partir dele, o Estado deve recolocar, de maneira completa, sua "política" educativa. Os participantes dessas situações educativas são literalmente outros, porque refazem suas relações a ponto de estabelecer uma nova referência com o institucional. De acordo com os conceitos ontológicos de Badiou, arruína-se a conta normal pela interrupção do que essa conta obstruía. O evento político na educação é uma multiplicidade supranumerária a respeito da conta original do Estado.

Apenas como referência, apesar de não podermos desenvolvê-la aqui, podemos apontar algumas intervenções políticas a partir da caracterização de alguns acontecimentos conhecidos, por exemplo, a revolta estudantil de maio de 1968, na França, o conflito da universidade Argentina de Córdoba, em 1918, a experiência do antimagistério de Jacotot na França no começo do século XIX, reconstruída por Jacques Rancière em *O Mestre Ignorante*.[11] No primeiro caso, o evento político "Maio de 68" significou uma profunda recomposição do sentido da Universidade, da educação em geral em relação com a sociedade e, sobretudo, do que significava ser e sentir-se protagonista de uma mudança que desborda a situação educativa. O novo sujeito coletivo levou ao extremo as conseqüências de sua irrupção a ponto de transcender a própria identidade estudantil e evidenciar os limites

---

[11] J. Rancière. *O mestre ignorante. Cinco lições da emancipação intelectual.* Belo Horizonte: Autêntica, 2002.

do Estado para processar o que estava acontecendo, obrigando-o a mostrar a medida do seu poder repressivo. Por sua vez, o movimento reformista de 1918 marcou um momento crucial na história da educação universitária da Argentina, já que mostrou, dentro do contexto de uma institucionalização clerical e conservadora, como uma intervenção ativa na educação pode constituir-se em uma apresentação política insustentável para a instituição vigente (o estado da situação) e definir, em linhas gerais, a estrutura que rege a educação universitária argentina praticamente até hoje. A chave de *O mestre ignorante* é que ocorre algo, na ordem do educativo, que não pode ser interpretado desde o estabelecido. Mostra de que maneira dentro de uma prática docente podem ter lugar circunstâncias inesperadas que em seguida permitem recompor completamente o que se dizia e o que se fazia antes. Do mesmo modo, mostra, de maneira eminente, outra face fundamental dos problemas políticos da educação: as dificuldades que aparecem quando aquilo que produz uma ruptura no estado de normalidade tenta ser institucionalizado.

Como não há outra forma de que "o novo" se faça, a não ser com partes ou restos do "velho", nunca se saberá se o novo é realmente novo senão posteriormente, quando forem desdobradas, em toda sua dimensão, as suas conseqüências. Ou seja, ninguém nunca pode dizer que é protagonista de uma mudança real, mas sim apostar que é, e atuar de maneira conseqüente com essa decisão. Retrospectivamente, poder-se-á dizer se a situação inaugurou um caminho novo ou se constituiu uma nova subjetividade. Em termos nietzschianos, Badiou vai dizer que um sujeito não é, mas que *advém*, sob certas condições. Nietzsche destaca, através da máxima de Píndaro ("chega a ser o que és"), que se há que devir sujeito é porque não se o é ainda. Esse "o que és", como sujeito, é fundamentalmente a decisão de devir sujeito.[12]

De maneira geral, podemos dizer que as instituições educativas constroem subjetividade (basicamente criam consciência da necessidade social de obediência para permitir a integração), mas a aparição de sujeitos lhe é alheia (porque se trata de algo que irrompe). A educação institucionalizada "educa" sob os efeitos da administração do Estado. Ensina-se a ordem social e um significado da política (se atua ou decide somente por delegação). Ser sujeito implica a decisão de sê-lo, e nessa possibilidade subjetiva de transformação está em jogo a perspectiva da existência de mundos alternativos.

---

[11] BADIOU, Alain. *El siglo*. Buenos Aires: Manantial, 2005, p. 131-132.

As massas ou as castas: uma Universidade amável e hospitaleira para a República Bolivariana da Venezuela[1]

Gregorio Valera-Villegas[*]

Trata-se aqui de apresentar alguns produtos de um estudo-reflexão sobre o "velho" dilema da massificação ou elitização, que se apresentou em muitos dos sistemas escolares de educação na América Latina ao longo da história contemporânea. Na República Bolivariana da Venezuela, o mesmo dilema se manifestou muitas vezes por meio de obstáculos teórico-práxicos, ideológicos e políticos de importância inegável, que subjazem aberta ou sub-repticiamente em pontos nevrálgicos do sistema de educação superior, a saber: as vagas, a seleção, a permanência, o prosseguimento e o egresso. Finalmente, cabe assinalar que o estudo-reflexão realizado aborda tal dilema não desde uma lógica clássica que pretenda demonstrar uma das duas proposições, a massificação ou a elitização, por meio da afirmação de uma delas como saída superadora. Pelo contrário, tal dilema se assume, desde uma postura crítica, como uma dúvida raciocinada, e uma disjuntiva, cuja superação não é necessariamente a aceitação de alguma das duas, mas, pelo contrário, trata-se de propor um ponto médio, ou ponto de ponderação, por meio do qual se ofereça uma saída, entre muitas, seguramente, que permita fazer contrapeso ou alcançar um ponto de equilíbrio[2] que ajude o próprio sistema a superar o velho dilema e a avançar para níveis mais altos de justiça social dentro do marco do processo de transformações sócio-políticas que se realizam em nosso país.

---

[*] Universidad Simón Rodríguez, Caracas – Venezuela.

[1] Tradução de Marcelo Senna Guimarães e Thiago Fontes da Silva.

[2] Esse ponto é uma combinação de ponderação na seleção (entre variáveis como vocação, inteligência, classe social, pertinência social, etc.) e a eqüidade (igualdade de oportunidades e condições) enquanto à permanência, prosseguimento e egresso.

Voltar a pensar a educação universitária

A Universidade latino-americana e a venezuelana dentro dela enfrenta, como um de seus mais importantes desafios, o crescimento explosivo da matrícula. Esse desafio não pode ser assumido desde perspectivas dicotômicas como: massificação ou elitização e qualidade ou quantidade, mas desde um olhar que envolva a concepção mesma da Universidade, sua estrutura e organização, a sociedade e suas contradições profundas, seu sistema de valores, o ético e o político, a estimativa da flexibilidade e adaptação do sistema universitário atual e suas possibilidades reais de responder a um processo de mudança social acelerada, assim como também a novas formas de organização democrática participativa e seus vínculos e compromissos com a sociedade.

As universidades não podem ser enxergadas apenas com olhos de desigualdade, criados com base em esquemas de medição que sejam escalas, *rankings*, senão com olhos de diferença, já que são diferentes. Portanto, não devem tomar como norte a igualação, mas a sua transformação desde uma tradição particular, uma memória, uma história, uma identidade que são as suas. A preservação da identidade de cada uma de nossas universidades é fundamental porque é a partir dali de onde se deve partir em todo processo de reforma e transformação.

O espírito da Reforma Universitária de Córdoba, Argentina, em 1918, representa um cimento da tradição das universidades latino-americanas, que são suas herdeiras, em maior ou menor medida, já que muitos dos aspectos da vida dessas instituições se legitimaram, adquirindo documento de identidade, a partir daquela herança. Porém, o que mais ressalta de tal reforma é seu espírito crítico, iconoclasta, de rebeldia, para enfrentar e resistir aos inimigos da Universidade, os de dentro e os de fora, como diria o cantor venezuelano Ali Primera. Entre eles, os obedientes de sempre, os burocratas acovardados que medram em seu interior, repetindo de seus superiores hierárquicos a liturgia de sempre: a boa marcha da instituição, que as cátedras funcionam perfeitamente, que os alunos têm a cota merecida, que não há problemas maiores mas somente os pequenos de sempre, que tudo poderá arrumar-se com um pouco mais de verba; porque o ideal é o orçamento justo[3] como única utopia concreta.

O espírito de Córdoba deixou como legado às universidades latino-americanas: a autonomia universitária, a participação dos docentes e estudantes no

---

[3] Isso não nega a deterioração salarial acelerada e a conseqüente fuga de talentos, por debilidades notórias das políticas acadêmicas, por falta de horizontes e estímulos e reconhecimentos.

co-governo da universidade, a liberdade de cátedra, os concursos de oposição para os cargos de docentes, a atualização pedagógica, a extensão universitária, o docente de dedicação exclusiva, a gratuidade e a ampliação de ingresso aos estudantes. Sobre todas essas indiscutíveis contribuições à universidade latino-americana da modernidade se escreveu bastante; aqui, nos referimo-nos apenas às duas últimas e especialmente à última, a ampliação do ingresso de estudantes, em relação direta com a universidade venezuelana de nossos dias, a da República Bolivariana de Venezuela.

Na universidade venezuelana de hoje, situada em um contexto sociopolítico e cultural de reinvenção, criador e convocador, no qual se requer uma universidade de forte sentido crítico, criador e participativo, capaz de repensar as categorias com as quais entender e encaminhar o processo de desenvolvimento venezuelano, encontramo-nos com instituições que em sua maioria optaram por enclausurar-se, por fechar-se hermeticamente a toda mudança e, o que é mais grave, por formar fileiras ao serviço dos mais obscuros interesses das classes dominantes nacionais e internacionais.[4]

A alta direção dessas universidades, autônomas e experimentais, apoiando-se em uma suposta defesa da autonomia e de uma castrada democracia universitária, nega obstinadamente o processo de democracia participativa e protagonista, consagrada na Constituição Nacional de 1999. Em resposta, defende resolutamente o voto discriminado do claustro universitário[5], o que garante a permanência no poder dos mesmos grupos de sempre. Dessa maneira, qualquer exigência de prestação de contas, renovação de suas normas ou relação com as políticas do governo e do Estado é considerada, de imediato, como violação da autonomia. Qualquer debate público e aberto para a renovação das estruturas universitárias é qualificado como politização e intromissão do governo nos assuntos da universidade e é considerado ameaçador e contrário à sacrossanta autonomia; trata-se, em realidade, de uma estratégia política para eludir os grandes debates sobre os rumos, objetivos e alternativas a criar.

Pois bem, hoje a universidade venezuelana está distante daquela de finais da década de cinqüenta, de sessenta, setenta e parte dos oitenta:

---

[4] Referimo-nos especialmente às universidades autônomas, públicas, especialmente, e a sua alta direção. Reconhecemos também o trabalho de resistência desenvolvida por setores críticos desde suas bases.

[5] O qual estabelece que somente possam votar os docentes situados nas categorias de assistentes a titulares, com cargo fixo; e mantém uma relação com o voto estudantil de 1/40. Cabe aqui assinalar que uma das propostas do referendo de 2 de dezembro de 2007 estabelecia a eliminação dessa situação e a instituição de um sistema eleitoral paritário e universal que incluía uma proporção do voto dos funcionários universitários. As autoridades em uníssono chamaram a votar pelo não.

aquela era uma universidade contestadora, crítica e comprometida com os interesses populares, que a comunidade e a opinião pública, por manipulação ideológica, não souberam apreciar, ainda que seja quase unânime o juízo de que aquela foi sua época estelar. Nessa universidade, o tema da matrícula, das vagas universitárias, caracterizou-se pela abertura a amplos setores populares, o ingresso era, em boa medida, aberto, os mecanismos de seleção praticamente não existiam.

Hoje, o tema das vagas se converteu em um dos centros nevrálgicos da vida universitária. Desde finais da década de oitenta e toda a década de noventa, o ingresso dos estudantes na universidade foi progressivamente convertendo-se em um de seus problemas centrais. Problema para a maioria, os estudantes sem vaga, suas famílias provenientes quase em sua totalidade dos setores populares e empobrecidos da nação venezuelana. Negócio tanto para aqueles que começaram a comerciar com as vagas, entre eles, setores privados externos à universidade por meio dos conhecidos cursos de preparação para vencer as provas internas das universidades, e setores internos que fizeram das provas internas de seleção via de renda própria.[6] A justificativa era o conhecido déficit orçamentário e a responsabilidade exclusiva do respectivo governo.

O velho problema do ingresso na Universidade

Assim, o ingresso à Universidade se converteu, sem mais nem menos, em uma meta difícil de alcançar, privilégio de poucos, grinalda de supostos ungidos, considerados, no calor dos costumes, uns pequenos gênios, porque sabiam multiplicar bem.

Em 1980, foi aplicada a primeira prova de aptidão acadêmica, voluntária e inofensiva. A partir de 1984, foi convertida em obrigatória, um tributo com teste cognitivo obrigatório para acesso ao sistema de educação superior. Os que vinham a pé começaram a ser detidos e a se-lhes impedido o acesso à Universidade e à carreira com a qual sonharam desde crianças. Para os que vinham de carro se lhes fazia muito mais fácil, reforçou-se o "velho" assunto da escola capitalista, a *paidéia* espartana dos mais aptos, somente pela condição de ter estudado em colégios luxuosos, ter boa alimentação e ter visto completos os programas das disciplinas.

---

[6] Houve universidades e faculdades que inscreviam um número de 15.000 estudantes em relação a 800 vagas reais. Essas provas baseadas exclusivamente em habilidades cognitivas tinham resultados inapeláveis, os estudantes que não eram favorecidos simplesmente tinham como opção esperar o ano seguinte para voltar a tentá-lo.

A demanda pelas vagas universitárias cresceu exponencialmente. Em 1995 alcançou a cifra de 198.109 estudantes[7], e só alcançou a desejada vaga 40% dos candidatos, isto é, 80.275 aspirantes; enquanto que os 60% restantes passaram a constituir uma espécie de novos *lumpens*, os bacharéis sem vaga, meninos e meninas, sem ter onde estudar, sem emprego e a deriva, à espera de uma vaga no ano seguinte.[8]

Desde então, palavras como índice acadêmico, média das notas, prova nacional de aptidão acadêmica da OPSU (Oficina de Planejamento do Setor Universitário) se fizeram cotidianas em muitos lares venezuelanos. Os reprovados se contavam aos montões, eram chamados incapazes, inábeis, não suficientemente preparados, os únicos responsáveis por não obter a tão ansiada vaga. Às Universidades se começou a dar um nível de prestígio segundo a dificuldade de acesso a elas. As carreiras mais buscadas, situadas nessas universidades, converteram o acesso em uma prévia corrida de obstáculos, média de notas de bacharelado, índice acadêmico, provas de aptidão (de alta medição de conhecimentos) cada vez mais difíceis, especialmente para os estudantes provenientes dos setores populares da população, a maioria dos solicitantes, e dos liceus públicos com grandes deficiências em sua infra-estrutura, condições acadêmicas e educativas em geral, e com a perda de muitos dias de aulas produto das greves docentes em busca de melhorias salariais.

As universidades e os institutos de educação superior privados se multiplicaram em toda parte, e o negócio da educação universitária se converteu em uma oportunidade muito desejada. Certamente, a população que podia atender era a proveniente dos setores médios, os secundaristas dos setores populares não tinham opção de ingressar devido aos custos da matrícula. Essas instituições, de fato, não realizavam provas de aptidão: quem pagava, entrava. Era a ordem.

Uma instituição universitária privada, a Universidade Católica Andrés Bello, com um subsídio nada depreciável por parte do Estado, entrou também no jogo das provas de aptidão internas; de onze mil pré-inscritos no ano de 2007, conseguiram ingressar somente três mil estudantes, "que foram admitidos por ter efetuado um excelente exame de admissão ao que se somou a média das notas do estudo secundário".

---

[7] Segundo números da Oficina de Planejamento do Setor Universitário (OPSU) do Ministério do Poder Popular para a Educação Superior.

[8] Segundo números do CNU-OPSU, a cada ano cerca de 400.000 estudantes desejam entrar na educação superior venezuelana.

O dilema da massificação ou etilização, a ponderação como saída

Como resolver o problema do ingresso à Universidade? Pela via jurídica, pelo decreto presidencial de eliminação das provas de aptidão acadêmica, tanto a nacional como as internas das universidades? Por qual via, por quais meios? Que se há de fazer?

A(s) resposta(s) não é (são) fácil (fáceis) porque, se cada universidade tivesse, em um exercício de imaginação livre, uma infra-estrutura acadêmica de dimensões amplíssimas e contasse com um número indefinido de docentes pesquisadores, de alto nível, bastaria para admitir todos que o solicitassem. Na prática isto é muito difícil, não somente na Venezuela, mas em toda a América Latina, ao menos por agora.

O governo do presidente Hugo Chávez tomou a decisão de eliminar a prova nacional de aptidão acadêmica e a de proibir as provas internas que se vinham realizando em muitas das universidades públicas. A decisão foi acompanhada da proposta de criação de outro sistema de admissão universitária.

Contudo, podem se ensaiar algumas propostas com a intenção de contribuir para criar mecanismos de ingresso mais justos e equilibrados, mais eqüitativos, como, por exemplo: a) implementar a necessária complementação entre instituições universitárias pertencentes a um mesmo sistema de educação superior, sistema que, de passagem, nunca na Venezuela funcionou como tal. Ele significaria o uso compartilhado de espaços pertencentes a distintas universidades e intercâmbio de docentes pesquisadores; é claro que uma alternativa como essa necessitaria um marco legal de sustentação e, principalmente, vontade política para implementá-la; b) fortalecer e ampliar a capacidade das plantas físicas existentes; c) um mecanismo de seleção dos estudantes com base na média de notas dos liceus aos quais se pertence, os melhores estudantes de cada liceu, os que estejam por cima de um certo nível limite, teriam a vaga universitária garantida; esta média de notas permitiria que o estudante competisse com seus companheiros de estudos em condições parecidas.

As possíveis soluções ou alternativas são múltiplas para evitar que siga existindo o estado de coisas relacionado com o ingresso, e inclusive compreender que o problema não pode ser limitado a uma perspectiva, como a sustentada pela professora Cecilia García Arocha, atual reitora da Universidade Central da Venezuela (eleita em 2008), quem afirma, em relação à decisão de eliminar as provas: "O direito de estudar está acima da autonomia universitária, como resposta simples ao problema que se está apresentando por causa da proposta de eliminar as provas de aptidão acadêmica com o fim de massificar o acesso às universidades de estudantes secundaristas; ainda que estes não estejam preparados academicamente". E ainda: "As universidades não se opõem nem impedem que todo secundarista venezuelano aspire a graduar-se como profissional somente porque esse direito está consagrado na Constituição, mas porque o país necessita de uma população bem formada para ajudar no desenvolvimento da sociedade".

Pois bem, em que consiste, grosso modo, a proposta de criação de outro sistema nacional de acesso? Vejamos, de acordo com o estabelecido na Constituição da República Bolivariana de Venezuela em seu artigo 104, o mérito é o único critério que deve prevalecer para o ingresso na educação superior, portanto, o lugar ocupado "por um estudante em sua promoção, relativo a seu Liceu ou Colégio, permite construir um índice igualitário: ao estudante com maior média de notas em cada liceu se atribuem 100 pontos". Os mesmos 100 pontos que se atribuem ao melhor de um colégio de classe alta se outorgam a um de classe baixa. "Ao estudante como menor média se atribuem 10. E a todos os estudantes com médias intermediárias se atribui um número maior que 10 e menor que 100, de acordo com as regras da chamada escala percentual". A pontuação de um estudante será maior enquanto mais alto é seu lugar na promoção.

> Os estudantes com maior índice terão prioridade na hora de escolher o programa de sua preferência. Esta prioridade estará distribuída por igual em todos os liceus e colégios do país. E como a composição social de cada liceu tende a ser homogênea, então a prioridade estará distribuída por igual em todas as classes sociais. A prioridade dependerá do mérito de cada estudante, e não das condições em que vive. Com o método aqui proposto os estudantes meritórios, sem distinção de classes, terão precedência na hora de escolher um programa universitário. Todas as classes sociais entrarão em todas as universidades.[9]

Esse novo sistema promete diagnosticar a vocação e as competências de cada estudante, mediante o teste vocacional, o qual, se afirma, "não será seletivo. Queremos situar o estudante na carreira para a que tem vocação e dar-lhe as competências para que não tenha dificuldades em ter êxito nela"[10].

---

[9] Mata, Gustavo J. "El Ingreso a la Universidad", em Aporrea.org. Disponível em: 1º/7/07 – http://www.aporrea.org/educacion/a37592.html

[10] Palavras de Antonio Castejón, diretor da Oficina de Planejamento do Setor Universitário, ao *Diario Primera Hora*, 7/8/2007.

Adicionalmente, antes da prova, estuda-se aplicar um instrumento que meça o grau de conhecimento do estudante para recomendar-lhe ou não a realização de um curso introdutório. Pois bem, cabe aqui perguntar: é possível satisfazer as preferências em matéria de carreiras universitárias de todos os estudantes? É possível garantir a todos uma vaga universitária? Essa vaga universitária pode ir acompanhada da dupla igualdade de oportunidades – igualdade de condições?

As respostas possíveis podem se orientar pela superação do dilema da educação superior venezuelana e latino-americana, a saber: a massificação ou a elitização. A solução não se pode dar mediante a saída da lógica clássica, afirmando um dos extremos do dilema e, em conseqüência, negando o outro. Pelo contrário, uma possível alternativa de solução estaria na aposta pela afirmação da eqüidade e da universidade boa. Eqüidade é igual à igualdade de oportunidades e igualdade de condições. A universidade boa como conceito pretende superar o de qualidade educativa, porquanto não se circunscreve às condições, como condições de qualidade, nem a um assunto de homologar puramente condições por cima, padrões de qualidade, nem por baixo, pauperização de condições para todos.

Pode-se dizer que as soluções a ensaiar deveriam optar pela via da *phrónesis*[11], sabedoria prática, o estabelecimento de um ponto médio entre os dois extremos. A proposta do novo sistema de ingresso universitário representaria a necessária ponderação na busca da justiça social.

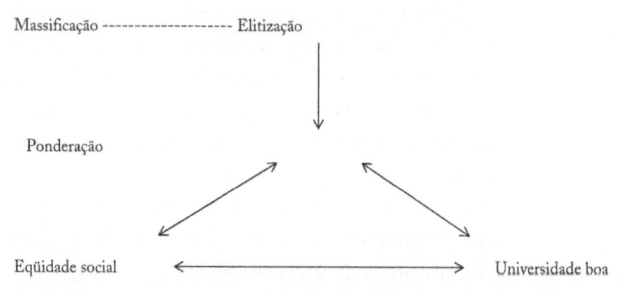

No gráfico assinalamos a universidade boa para nos referir a uma instituição que tem que ser vista além dos cânones da qualidade providos pela engenharia industrial e pela racionalidade instrumental. E isto é assim, se pensamos o processo de formação de um ser humano como acontecimento fundamentalmente ético[12], e não ancorado em uma relação meios – fins.

---

[11] Seguindo Aristóteles na *Ética a Nicômaco*, como opção do pensar como e por que devemos atuar para mudar as coisas para melhor.

[12] Veja-se Bárcena, Fernando e Mèlich, Joan-Carles. *La educación como acontecimiento ético*. Natalidad, narración y hospitalidad. Barcelona: Paidós, 2000.

O problema do ingresso à Universidade não somente implica um sistema de seleção e de ingresso justo, equilibrado e ponderado, mas fundamentalmente ético. Assim, uma universidade boa é hospitaleira, fundada no acontecimento da natalidade, no sentido de Hannah Arendt, nas boas-vindas ao recém-chegado; essa universidade faz de que vem, do novo, sua razão de ser, e por ele cria, mantém e defende oportunidades e condições de boas-vindas. Essa universidade faz do assunto da formação em seus espaços uma coisa desejável, apetecível. Uma universidade boa é, parafraseando Aristóteles, aquela que faz ser desejada por todos, por que vemos nela algo que nos beneficia, que "nos faz bem", que nos aperfeiçoa, melhora-nos, satisfaz nossas necessidades, faz-nos mais felizes. Cabe dizer que ela é boa porque me ajuda a me aperfeiçoar, a ser melhor como humano.

Um ponto de fechamento, uma pedagogia das condições (de ser no mundo)

Cabe perguntar: ir à Universidade para quê? Ir à Universidade somente em busca de um título? Qual é o sentido da educação universitária? Somente por aquilo de que, se todos podem, eu também? O que esperar de uma universidade boa?

Estar no mundo implica uma simples e plana acomodação, acoplamento à biosfera e à sociedade. O ser no mundo "supõe a intuição de que a existência humana radica em uma transformação interior". Uma transformação interior desde a "cidade de palavras", em que o ser humano navega para assinalar-se o mundo e para se o narrar. Só pode narrar-se o mundo quem é capaz de falar de si, contar a experiência, a vivência-de-si; somente se se foi à inauguração de seu próprio eu, desde o outro, e desde o mundo.

Pois bem, esse processo do estar ao ser no mundo como processo de trans-formação requer um acompanhamento, e nesse acompanhamento é onde uma pedagogia tem muito a dizer se supõe que a companhia vai junto com um conhecer, entre outras coisas, uma língua comum, língua materna, em consonância com uma língua própria, a língua do eu que soa e ressoa com a língua do tu, do nós, inclusive a deles. Assim, o sujeito, nesse ir do estar ao ser, erige sua autonomia com e desde a heteronomia.

Nesse sentido, podemos imaginar que tal processo se desdobra em dispositivos pedagógicos demarcados em na instituição escolar, mesmo que não apenas neles. Trata-se, entretanto de uma escola com especificidades ideológicas determinadas que respondam de algum modo a um ideal de educação do sujeito que se deseja trans-formar, e que responde às interrogações que se formulam para toda escola: quem educa, para que educa, o que educa e com quem educa.

Um conceito como o de universidade boa, que antes enunciamos, responde ao de uma universidade amável[13], uma universidade digna de ser amada porque, entre outras características, é um lugar-espaço-tempo afável porque lhe apraz fazer o que lhe corresponde, porque se faz responsável pelos que estão, pelos que chegam e pelos que virão ao imaginá-los e ao preparar-se para quando cheguem. E também porque é agradável estar nela e ser dela.

Uma universidade assim caracterizada desdobra o processo do estar ao ser no interior de sua própria vida institucional e no exterior, na sociedade, à qual e pela qual responde. Em torno dessa relação indivíduo-sociedade-universidade, num momento histórico conjuntural e crítico da universidade venezuelana como o atual, em que se debate entre esses extremos do dilema, massificação e elitização, e no qual uma ideologia do racionalismo instrumental do capitalismo pós-industrial pretende afogá-la através de certos esquemas e práticas, situa-se a idéia de universidade boa, como uma aposta por uma universidade outra, conectada a um modelo de sociedade distinta por construir ou em processo inicial de construção.[14]

É claro, ou deveria sê-lo, que uma universidade amável na atual conjuntura histórica que vive a Venezuela é contrária à tese da universidade burguesa: a de educar somente na perspectiva da utilidade social; e, além disso, reduzi-la à condição de uma agência credenciadora de títulos profissionais. Portanto, na universidade amável, diríamos seguindo Kant, não se vai memorizar pensamentos, vai-se aprender a pensar, a criar, a inventar, a sonhar, a lutar. Essa universidade tem como referentes históricos duas idéias chaves, vindas de Humboldt[15], a idéia de solidão e a idéia de liberdade. Daí que se vá à Universidade, não exclusivamente para a obtenção de um título profissional e inclusive não neces-

---

[13] Amável, do latim *amabilis*, digno de ser amado; é digno de ser amado aquele, ou nesse caso aquela instituição universitária, que manifesta inclinação e entrega por alguém ou por algo. De igual modo é digno de ser amada aquela pessoa ou instituição cujos membros, em sua maioria, esmeram-se em seu trabalho ou labor sem que signifique nenhum sacrifício. Uma universidade amável da hospitalidade, do recebimento ou da acolhida dá de graça o que deve pela justiça social.

[14] Um modelo de universidade que se nega a desaparecer e um modelo de universidade que não termina por nascer, parafraseando Gramsci.

[15] Veja-se Menze, Clemens. *Intención, realidad y destino de la reforma educativa de Wilhelm Humboldt*. Disponível em: http://www.euskomedia.org/PDFAnlt/riev/41335350.pdf, Wilhelm Humboldt foi um dos principais teóricos da reforma educativa alemã e o fundador da Universidade de Berlim em 1810. O idealismo alemão desempenhou um papel decisivo na concepção da universidade moderna.

sariamente para isso, mas fundamentalmente e, na linha de passar do estar ao ser, para uma experiência de formação orientada para o conhecimento e a reflexão sobre o pensamento científico, filosófico e artístico e para a aquisição de um sentido ético-político. Trata-se, pois, de superar uma concepção da instituição de educação superior e do conhecimento exclusivamente utilitário, que nas palavras firmes e acertadas de Schelling se definiria assim: "Sei muito bem que muitos dos que consideram a ciência da perspectiva da utilidade e a universidade como simples instituição para transmitir saber fazem dela um armazém que somente oferece aquilo que já foi investigado".[16] A idéia de liberdade se orienta para a formação no estudante de princípios como a responsabilidade, a solidariedade; e também se refere à liberdade de escolha e decisão, o equilíbrio e a maturidade. Assim por exemplo, estamos pensando não em planos de estudo, tipo cadeia de montagem, mas em currículos abertos onde o estudante tenha liberdade de escolha de cursos, docentes, projetos de aprendizagem e de investigação alternativos, atividades estéticas, entre outras; oferecidas com critérios de consideração e respeito por seu próprio processo de formação. Em outras palavras, uma universidade não da fabricação de sujeitos em série com partes isoladas ou colchas de retalhos curriculares.

A idéia de solidão opõe-se também à educação como fabricação, que responde exclusivamente às "necessidades da sociedade" e que exige da Universidade a produção em série dos braços que necessita; assim, esquece as necessidades, interesses, motivações, experiências e expectativas do sujeito individual. A solidão supõe um sujeito que faz dela, durante sua vida universitária, um modo de vida e uma prática quotidiana. O estudante universitário não se isola como um autista social e político, mas faz uma espécie de retiro com seus estudos, ou seja, localiza-se fora da pressão alienante da sociedade. A solidão preserva o estudante em seu retiro voluntário, na sua autoformação, no seu recolhimento, distante das pressões que intentam reproduzir nele um estereotipo estandardizado. A solidão é um retiro criativo, reflexivo, crítico e autocrítico para que o estudante possa tornar-se o que se é, e não o que queiram fazer dele.

Finalmente, uma universidade boa, conquanto universidade amável, é aquela capaz de hospitalidade[17], no sentido de Levinas, de recepção e

---

[16] SCHELLING, Friedrich. W. J. *Lecciones sobre el método del estudio académico*. Madrid: Losada, 2008.

[17] Hospitalidade (Do latim *hospitalĭtas, -ātis*), como virtude que se pratica com o recém-chegado, nesse caso o estudante, que como peregrino anda por terras de algum modo estranhas, ou como um in-fans, como um sem língua, sem as línguas ou linguagens que deseja ou pode decidir aprender e que tantas vezes se deixa abandonando a sua sorte.

acolhida do outro, de quem chega ou de quem virá ou que está por vir e de algum modo no por-vir. Essa hospitalidade pressupõe o reconhecimento da decisão exclusiva do estudante de aprender[18], como disse Meirieu: "Somente o sujeito pode decidir aprender"; o que supõe reconhecê-lo como um ser autônomo capaz de decidir o que aprender e o que não aprender, capaz de "chegar a ser o que se é", e isso implica o rompimento com uma educação da fabricação; implica também irromper com os caminhos feitos, pré-fixados, que os demais lhe fizeram.

Uma universidade amável é também aquela capaz de "fazer lugar para quem chega"[19] para com ele construir uma plataforma para resistir de algum modo na luta endemoninhada por uma vaga universitária, onde sobrevive o mais forte, o que é considerado o melhor dotado, esquecendo com isso que se está em presença de diferenças sociais ou de classe. A universidade pública, democrática, crítica e responsável – condições necessárias para a edificação da amável – deve fazer com que o estudante ocupe seu lugar. Porem, não se trata de oferecer uma oportunidade de estudo sem a garantia das condições respectivas, sem a criação, em palavras de Meirieu, de "espaços de segurança". Essa universidade, que pretendemos imaginar como boa ou amável, é capaz de "fazer lugar para quem chega", de responder por ele, de lutar para garantir um lugar digno a quem chega e a quem virá, condições adequadas para que possa livremente decidir o que aprender. Uma universidade boa, amável, é hospitaleira, capaz de dar oportunidades e também de oferecer condições, "espaços de segurança" nos quais um estudante possa atrever-se a aprender aquilo para o qual encontrou um sentido no encontro pedagógico de alteridade plena.[20]

---

[18] Nas palavras de Meirieu seria: "Somente o sujeito pode decidir aprender". Preceito esse chave que serve de base para uma pedagogia de condições oposta a uma pedagogia de causas. Veja-se MEIRIEU, Philippe. *Frankenstein educador*. Barcelona: Laertes, 2003.

[19] MEIRIEU, Philippe. *Frankenstein educador*. Barcelona: Laertes, 2003, p. 81.

[20] Veja-se VALERA-VILLEGAS, Gregorio. *Pedagogía de la alteridad. Una dialógica del encuentro con el otro*. Caracas: Ediciones del CEP-FHE de la UCV, 2002.

Variações sobre o comum[1]

Patrice Vermeren[*]

O senso comum, a razão impessoal e a filosofia separada das multitudes

O que é o senso comum? Théodore Jouffroy responde a essa pergunta em um artigo intitulado "Sobre a filosofia e o senso comum", publicado em 1828 na *Revue européenne*: a religião do povo. A saber, uma certa quantidade de princípios ou noções evidentes por si mesmos onde todos os homens encontram os motivos de seus juízos e de suas condutas. Esses princípios são as respostas às perguntas: O que é o verdadeiro? O que é o bem? O que é o belo? Qual é a natureza das coisas? O que é o ser? Qual é a origem e a certeza dos conhecimentos humanos? Qual é o destino do homem neste mundo? Todo o destino se cumpre nesta vida? Respostas a perguntas que são as mesmas que a filosofia formula. E, se os filósofos, elevando-se acima do senso comum, contradizem-nas por seus sistemas, é porque o senso comum diz mais que os sistemas, e porque as soluções anteriores são superiores às suas por sua vastidão. Então qual é o sentido de filosofar? A resposta a isso é que a filosofia tem a vocação de fundar suas crenças sobre a razão, e deve superar a incompletude das próprias soluções, para chegar, pelo olhar, reflexão e análise livre, à formulação e à resolução de questões voluntariamente formuladas e postas em movimento ali onde eram espontânea, eterna e obscuramente formuladas e resolvidas pelo simples olhar, o sentimento e a síntese involuntária. "O fato de que o senso comum e a filosofia não tenham podido coincidir não se deve a que existam duas verdades, uma para a filosofia e outra para o vulgar, senão que há duas maneiras de abordá-la, uma que abarca toda a verdade, o

---

[*] Université de Paris 8 – França e Centro Franco-Argentino, Universidad de Buenos Aires.
[1] Tradução de Ingrid Muller Xavier.

suficiente para reconhecê-la quando ela é apresentada, o suficiente para sentir quando ela é mutilada, mas não o suficiente para se dar conta disso e manifestá-lo; enquanto que a outra, que se dá conta e o manifesta, não pode captá-la por completo". Porém esse não é um destino para a filosofia, que terminará por aceitar que sua função é compreender melhor alguns aspectos dessa revelação comum.

Na história da filosofia, o conceito de senso comum é indissociável da escola escocesa, cujos principais representantes são Thomas Reid e Dugald Steward, que foram traduzidos e apresentados, na França, por Jouffroy. O retorno do espiritualismo na França – que Jouffroy chama de renascimento desse país à alta filosofia, e Pierre Leroux, a reação filosófica – passa, com efeito, por uma crítica do cartesianismo e do excesso de autoridade que esse atribui ao poder examinador da consciência nacional, e pela necessidade reafirmada de confiar no senso comum, verdadeira defesa contra o ceticismo. As lições ministradas na Sorbonne por Royer-Collard e as de Victor Cousin a partir de 1815 estão atravessadas pelas críticas de Reid contra a doutrina racional da representação, que subordina a existência do mundo exterior a critérios racionais e conduz à dúvida universal. Contra esse *ideísmo* é necessário, segundo Reid, restabelecer outras formas de certeza, pré-racionais em seu princípio. Victor Cousin pretende superar esse sistema que, curiosamente, considera próximo ao de Kant e oposto aos de Locke e Condillac em seu *Curso de filosofia sobre o fundamento das idéias absolutas do verdadeiro, o belo e o bom* (1818). A escola de Locke e de Condillac considera o pensamento ou o eu humano como reflexo do mundo material, incapaz de criar por si mesmo, enquanto que a de Reid e Kant imputa ao eu a extração de idéias de seu próprio fundo, constituindo o mundo exterior pela sua atividade intelectual. Cousin refuta aqueles que pensam que o eu é escravo do mundo material e aqueles que afirmam que é o criador desse mundo. Para além da sensação e da vontade está a razão impessoal, que não é nem a imagem do mundo sensível, nem a obra da vontade. "A razão é impessoal em sua natureza. Não a fazemos nós, e ela é tão pouco individual que seu caráter é, precisamente, o contrário da individualidade, a saber, a universalidade e a necessidade, posto que a ela devemos o conhecimento de verdades necessárias e universais, princípios aos quais todos obedecemos, e aos quais não podemos não obedecer". Com essa razão impessoal, Cousin pretende superar os sistemas filosóficos opostos, o materialismo que subordina a consciência ao real e o idealismo que subordina o real à consciência, para compreender todos eles em seu Ecletismo, que reúne os pontos de vista do sujeito e do objeto (o eu e o não eu) no terceiro nível da razão impessoal, inspiração livre do *Geist* de Hegel, e também, como bem assinalou Pierre Macherey, da noção do *Nous* platônico, associada à representação de um mundo intelectual e racional nos quais todos os elementos da realidade e do pensamento encontrariam, ao mesmo tempo, seu fundamento e sua unidade (Revista *Corpus*, n° 18-19, 1991). A razão não pode ser impessoal, porque se assim fosse não teria nenhum valor nem autoridade fora do sujeito e do individual; tampouco pode permanecer em estado de substância não manifestada, posto que seria como um eu que não se reconheceria a si mesmo e, portanto, é necessário que a substância inteligente se manifeste como aparição da razão na consciência, como revelação compartilhada por toda a humanidade.

A idéia seminal de Cousin é que a consciência é uma no gênero humano, e que em todo fato de consciência há um conjunto de crenças comuns: todo homem crê em sua existência, no mundo e em Deus. As massas vivem na mesma fé, só variam suas formas.

> Mas as massas não têm o segredo de suas crenças. A verdade não é a ciência: a verdade é para todos, e a ciência para poucos: toda verdade está no gênero humano, mas o gênero humano não é filosofia. No fundo, a filosofia é a aristocracia da espécie humana. Sua glória e sua força, como a de toda verdadeira aristocracia, é a de não se separar do povo, simpatizar e identificar-se com ele, trabalhar para ele apoiando-se nele [...]

É o que diz Victor Cousin no prefácio à primeira edição de seus *Fragmentos filosóficos* (1° de abril de 1826). Devemos distinguir entre a reflexão e a espontaneidade, mas não há menos em uma do que na outra. A humanidade em massa é espontânea e não reflexiva, mas se a espontaneidade é o gênio da natureza humana, a reflexão é o gênio de alguns homens. "Por isso conclui que estamos todos penetrados pelo mesmo espírito, pertencemos à mesma família, somos filhos do mesmo pai, e nossa fraternidade só admite as diferenças necessárias à individualidade".

A doutrina da razão impessoal se traduz na institucionalização; e o governo da filosofia exercido por Cousin, durante a primeira metade do século dezenove, através de um processo de exclusão que limita a população dos sujeitos que se supõe receberem o saber demonstrado pela Razão à *aristocracia legítima* formada nos liceus e colégios, reserva aos melhores – aqueles que estão destinados a dirigir a cidade – o benefício do livre pensamento. Victor Cousin inspira a política da instrução do povo de Guizot e do Estado constitucional moderno na França, que proclama: uma transmissão de saberes limitada aos elementos e aos resultados da ciência, uma moralização das classes pobres baseada nos princípios éticos da religião cristã, uma formação de professores nas escolas normais primárias públicas, onde a cultura e o *espírito de pobreza* são homogêneos aos de seus alunos, e os separa da aristocracia legítima dos liceus. O filósofo eclético não poderia recomendar suficientemente ao Ministro de Instrução Pública a limitação do programa de estudos para a maioria ao caráter prático dos conhecimentos estudados e a aplicação imediata das teorias ensinadas, insistiria em ensinar religião e em excluir a filosofia da formação de seus professores. Essas propostas se baseiam na argumentação cousiniana que visa diferenciar duas vias de acesso à verdade única e idêntica no fundo, pela diferença social das capacidades. O cristianismo é, conseqüentemente, a filosofia do povo: "A filosofia está nas massas na forma ingênua, profunda e admirável da religião e do culto". Entre a filosofia e a religião só há uma medida de mais ou de menos que afeta somente a forma: "Um pastor, o último dos pastores, saberia tanto quanto Leibniz sobre si mesmo, sobre o mundo e Deus, e sobre sua relação, mas não tem o segredo e a explicação última de seu saber, não se dá conta dele, não o possui sob a forma superior do pensamento que se chama filosofia", sustentava Cousin na Sorbonne em 1929.

Cousin retornará a essa distinção vinte anos depois, respondendo ao chamado do Marechal Cavaignac, para "pacificar os espíritos iluminando-os". Enquanto isso, a Revolução de 1848 viu penetrar na oficina do artesão e sob o teto do pobre todos os venenos do materialismo e do ateísmo e, na Câmara de Deputados, uma demagogia que, segundo ele, pretende provir, sem justificação alguma, da filosofia. Em um pequeno tratado sobre *A filosofia popular*, difundido pela Academia de Ciências Morais e Políticas, postula que se pode e se deve ensinar ao povo a filosofia. Mas lembra a distinção que deve ser feita, segundo Kant, entre as duas ordens filosóficas, uma artificial e erudita, reservada a uma minoria, e outra natural e humana, comum a todos. Entre a filosofia especulativa, a que podem dedicar-se somente aqueles que dispõem de tempo e capacidade, e a metafísica natural dos trabalhadores, que parte das sugestões espontâneas de sua consciência, há uma medida compartilhada: o senso comum, limitado, do camponês e do operário, não difere em nada, qualitativamente, do pensamento dos maiores filósofos. A verdadeira filosofia é só a expressão, mediante procedimentos particulares, dos resultados dados imediatamente pelo senso comum. Conseqüentemente, o mau filósofo é aquele que se mantém entre as verdades demonstradas pela razão e as que – idênticas por essência – impõem a cada um de nós a crença: não soube triunfar sobre a dúvida, deteve-se no meio do caminho. A máxima segundo a qual seria necessária uma religião para o povo traduz-se aqui em uma versão laicizada: cada um deve fazer a experiência íntima do senso comum para aceder à moralidade e encontrar seu lugar na sociedade.

Haveria várias vias para sair desse uso da noção de senso comum. Uma estaria demonstrada por aqueles que, desde 1848, questionam radicalmente os filósofos assalariados da Universidade, desde Eugène Sue (*O pastor de Kravan, entrevistas socialistas e democráticas*), George Sand e sua evocação do povo lógico (*Carta ao povo*), ou desde Joseph Ferrari (*Os filósofos assalariados*), até Pierre-Joseph Proudhon e sua reivindicação da capacidade filosófica do povo no trabalho contra os vendedores de absoluto das cátedras (*Da Justiça na Revolução e na Igreja*). Outra via seria a de Amédée Jacques, autor eclético, em 1839, de uma comunicação ortodoxa sobre "O senso comum como método e como princípio filosófico" na Academia de Ciências Morais e Políticas; crítico de Reid e comentador fiel da segunda e quinta lições do curso de 1828 de Victor Cousin, de *Mélanges philosophiques* e do Curso de direito natural de Jouffroy, suspenso e exonerado da Universidade depois de 1848 por ter acreditado que a República – ao estar fundada na liberdade e sendo a primeira das liberdades, a de pensar – requeria a substituição do catecismo por uma filosofia popular próxima do senso comum ("Ensaio de filosofia popular", em *A liberdade de pensar*, 1849, recomendamos consultar os trabalhos do argentino Arturo Andrés Roig sobre este tema); obrigado finalmente ao exílio pelo golpe de Estado de Luis Napoleão Bonaparte, que fez transportar seu sonho democrático da filosofia às terras novas da América do Sul, convertido em reitor refundador do Colégio Nacional de Buenos Aires. Uma terceira via talvez fosse a que vai de Jacques Derrida ("Popularidades: do direito à filosofia do direito", *Du droit à la philosophie*, 1990) a Jacques Rancière ou a Stéphane Douailler (*Le philosophe et le grand nombre*, HORLIEU, 2006), que diriam como o axioma da igualdade das inteligências imporia o fato de que já não seja possível separar a filosofia das multitudes.

Cultura comum, ou o pôr em comum do não comum?

Em sua obra *Pour une philosophie politique de l'éducation* (BAYARD, 2002), Marie-Claude Blais, Dominique Ottavi e Marcel Gauchet formulam a pergunta: O que é uma cultura comum? E apontam os equívocos da noção, englobando dois termos de significados heterogêneos: cultura e comunidade. O segundo termo abarca, ao mesmo tempo, a existência real de grupos de pertencimentos múltiplos, e o objetivo identitário e integrador de toda intenção comunitária. O primeiro termo, cultura, dá lugar à distinção de três sentidos, ou dois, como faz Denis Kambouchner. Um sentido antropológico, em que a cultura marcaria a diferença do homem com a animalidade e procederia de um efeito da formação. Mas a *Bildung* pode fazer-se *Kultur* e transformar-se não na progressão a um fim comum para toda a humanidade, mas no gênio de um povo particular, que deve ter consciência dele para afirmar sua diferença. Em seguida se pode falar de um sentido etnológico, e então a cultura é um conjunto de formas simbólicas para produzir a unidade de um mundo comum: se se quer uma cultura suscetível de ser transmitida, em especial pela escola, e que se dá na especificidade de um grupo determinado. A instituição escolar acrescenta um terceiro sentido da palavra cultura: o que permite a cada um converter-se em homem, e merece ser transmitido nas aulas, na escola ou na Universidade. Mencionemos que a cultura pode ser clássica, o que autorizaria, através dessa cultura, o acesso ao universal, à educação do juízo. Mas essa cultura clássica está precisamente em crise, uma crise que afetaria tanto a transmissão como os métodos e conteúdos da cultura comum. A partir dali se ordenam todos os lugares comuns que caracterizam a crise e são transmitidos através de gerações de professores de filosofia:

- o esquecimento do passado, ao que se opõe a necessidade da memória e dos juízos diretos, com Hannah Arendt e a *Crise da cultura.*
- a ruptura do vínculo cultura/humanidade, com a referencia implícita e obrigatória a Adorno e à pós-modernidade.
- o multiculturalismo (como elogio da diversidade), incrementado pela enganosa alternativa *cultura erudita/cultura de massa.*

Fim da cultura comum? Fragmentação e empobrecimento das culturas na dissolução da comunidade? Sabemos que, quando se fala de fim, fim da história, fim das nacionalidades com o fenômeno da globalização, ou fim da filosofia, sempre se restitui implicitamente a idéia de uma origem, real ou mítica, na qual se projeta a legitimação de um presente ou de um porvir.

Crise da cultura comum? Sabemos também que, tanto na medicina hipocrática como na de Galeno, a ação do médico diante da enfermidade (dyskrasía) consiste em ajudar a natureza a provocar a crise, a evacuação de humores malignos, e que, ao final da crise, há morte ou retorno à vida, isto é, à *krâsis*, justa proporção dos humores e norma de saúde antecedente. Ali também haveria um implícito do diagnóstico de nossos doutores sobre a enfermidade da cultura: a idéia de que a cultura comum estaria sempre precedentemente constituída.

Talvez essa não seja a melhor maneira de formular a pergunta da subjetivação (política ou pedagógica). Segundo Jacques Rancière, "há subjetivação em geral, quando um sujeito ou uma forma de predicação instituem uma comunidade inédita entre termos, desenhando assim uma esfera de experiências inéditas que não pode ser incluída nas divisões existentes sem fazer estalar as regras de inclusão e os modos de visibilidade que as ordenam". (Entrevista na *Rue Descartes* número 42, 2003). Uma subjetivação faz "o comum" ao desfazê-lo, ou, se se quer, põe em comum o que anteriormente não era comum. E, segundo esse paradigma, o comum da escola poderia ser também a inclusão do que não se compartilha na comunidade, o pôr em comum do que não está em comum.

Podemos pensar a comunidade a partir de uma propriedade ou de uma disposição original ao comum? Na escola, como em política, isso significa ter já resolvido o problema de saber em que condições devemos criar uma comunidade e por que já estamos nela. E o problema que se invoca é o da forma da comunidade escolar e universitária que podemos estabelecer, inventar ou reinventar. Nesse sentido, não haveria fatalidade da crise da cultura comum. Alguns poderiam ver ali a oportunidade do triunfo de uma nova cultura universalista, mas sabemos que também se pode diagnosticar a partir dali um recolhimento às diferenças identitárias, e a negação da universalidade e da escola pública.

A partir desse momento, talvez pudéssemos orientar-nos – para a escola e a filosofia – segundo duas idéias. A primeira teria sido aberta por Laurence Cornu em sua contribuição intitulada: "Espaços do mundo, lugares de cidadania, laços de hospitalidade" no colóquio organizado por Hubert Vincent (*Lieux et usages du monde,* [*Lugares e usos do mundo*] L'Harmattan, 2003), ou por Etienne Tassin em seu livro *Un monde commun. Pour une cosmopolitique des conflits* [*Um mundo comum. Por uma cosmopolítica dos conflitos*] (Le Seuil, 2004). Trata-se da idéia de uma conflituosidade não guerreira, aplicada aqui às culturas, instauradora de um mundo comum, fora de qualquer heterogeneidade radical, ou tentativa de superar as diferenças com uma polícia da cultura e do caráter social ao amparo da escola (E. Tassin). O dito precedentemente significaria a prédica de uma certa maneira de ser na escola e no mundo, com aqueles que estão na mesma escola, e não são do mesmo mundo (L. Cornu). A segunda idéia, complementar a essa, captaria a cultura da escola dentro de um modelo de pluralidade de línguas, da filosofia e seu ensino, para propor exemplos de encenações discursivas, em que a filosofia se pratica com a ajuda de formas de exposição que não lhe são próprias – ordem geométrica, poema ou diálogo –, não para impor uma cultura comum da aprendizagem de um espírito crítico, mas para criar e recriar continuamente as condições de possibilidade que permitem a cada um atuar de acordo com seu pensamento, o que é próprio de qualquer homem. Pluralidade de línguas da filosofia e retorno à questão, central e muito maltratada, da igualdade como postulado e prova, submetida continuamente, tanto na comunidade política como na escola, à sua re-verificação (Jacques Rancière). Isso também equivaleria dizer, sobre a cultura comum na escola e na cidade, que haveria que manter-se afastado da *política normal*, contrariamente à tese sustentada por Marcel Gauchet (citada e criticada por Miguel Abensour: "Carta de um revoltado a Marcel Gauchet convertido à política normal", em *Réfractions*, número 12, primavera de 2004), segundo a qual "a filosofia da democracia e o imaginário da radicalidade subversiva em última instância não se dão bem".

Algumas considerações sobre o ensino da Filosofia da Educação[1]

Violeta Guyot[*]
Nora Fiezzi[**]

Nossa proposta

A tarefa do pedagogo em nossa sociedade atual, no horizonte da crise global do nascente século XXI na Argentina e no contexto latino-americano, faz necessária uma Filosofia da Educação que proporcione os instrumentos críticos e as rigorosas fundamentações requeridas para enfrentar o desafio da formação.

As declarações que, em diversos foros e organismos internacionais, permitem rastrear os fundamentos filosóficos que sustentam as novas propostas e os marcos de ação, falam-nos explicitamente de uma tomada de consciência da necessidade de uma Filosofia da Educação que permita compreender a magnitude da tarefa a ser realizada.

Valendo-nos das recomendações de "Educação para Todos" elaboradas a com base em Jomtiem em 1990[2], no informe à UNESCO da Comissão internacional sobre a Educação para o séc. XXI, presidida por Jacques Delors, até no balanço de uma década de ações encaminhadas para as mudanças das condições educativas realizadas na Cúpula Pan-Africana de Dakar em 2000[3], encontramos as evidências de uma demanda filosófica para reencontrar a via de uma educação do gênero humano baseada nos valores da justiça social, a liberdade, a vida democrática e uma cultura para a paz.

A emergência do paradigma da complexidade nos oferece uma plataforma que nos permite abarcar as múltiplas dimensões do conhecimento

---

[*] Universidad Nacional de San Luis.
[**] Universidad Nacional de San Luis.
[1] Tradução de Wanderson Flor do Nascimento.
[2] Conferencia Mundial sobre la Educación para Todos, Satisfacción de las necesidades básicas. JOMTIEM, Tailandia, 4 al 9 de marzo de 1990.
[3] Foro Mundial sobre la Educación. DAKAR, Senegal, 26 al 28 de abril de 2000.

pertinente para estabelecer um diálogo permanente entre a complexa realidade educativa, as construções racionais, as intervenções e as correntes necessárias que requerem um projeto de transformação educativa, sustentado a partir de seus fundamentos filosóficos.

Edgar Morin[4], atendendo às mudanças fundamentais que o planeta atravessa, sustenta que é inelutável apostar em um jogo estratégico que nos permita, nesse ponto de bifurcação, encontrar a via de uma humanização que nos compromete a um mesmo destino, reconhecendo o universal, o particular e o singular das culturas e das subjetividades, no nível planetário. Para isso, coloca a necessidade de abordar o ensino de sete saberes, que constituem sete princípios filosóficos incontornáveis para toda educação para o futuro: as cegueiras do conhecimento, os princípios de um conhecimento pertinente, o ensino da condição humana, da identidade terrena, como enfrentar as incertezas, ensinar a compreensão e a ética do gênero humano. Tudo isso, nas condições severamente comprometidas nas quais se encontra atualmente a humanidade e que colocam em risco a possibilidade da vida: o biológico, o antropológico cultural, o social, o ético, o político, o econômico, o jurídico à luz de uma reflexão especificamente filosófica.

A Filosofia da Educação, nessa perspectiva, constituiria um campo específico de interrogações sobre os modos da racionalidade educativa, conquanto crítica, totalizadora e radical. O desdobramento dessa reflexão leva ao compromisso com um diálogo valorizante e singular com a rica tradição da Filosofia da Educação, situando sujeitos e discursos filosóficos herdados em suas específicas condições histórico-culturais de emergência e produção e interrogando esse legado desde a situacionalidade argentina e latino-americana. Por outro lado, assim poderia cumprir uma "tripla função"[5] elucidativa, na perspectiva genealógica e hermenêutica, crítico-epistemológica e axiológico-utópica, promovendo outras formas de subjetividade e a reformulação criadora das práticas em educação.

Considerações preliminares

Abordar essa complexa trama de problemáticas exigiu posicionar-se em torno de questões fundamentais como ponto de partida para uma analítica das

---

[4] MORIN, E. *Los siete saberes necesarios para la educación del futuro*. Buenos Aires: UNESCO; Nueva Visión, 2001.

[5] FABRE, M. "Conclusión: ¿ Qué es la filosofia de la educación? In: *Educación y Filosofia. Enfoques Contemporáneos*. Buenos Aires: Eudeba. Marzo de 2003.

condições de possibilidade de um espaço chamado Filosofia da Educação, na atualidade: o que entendemos por filosofia? O que são as práticas de conhecimento? e Por que introduzimos a hermenêutica do sujeito?

Em relação a essas questões, quisemos narrar a experiência de conhecimento reapresentada pelo ensino da Filosofia da Educação a partir da complexidade nos estudos de educação na Universidade Nacional de San Luís.

É necessário manifestar nosso modo de entender o ensino da filosofia em estudos não filosóficos e o que poderíamos apontar como o trabalho da filosofia nas fronteiras. Referimo-nos à formulação das problemáticas entre o campo filosófico e o campo de outros saberes ou conhecimentos disciplinares atendendo a esse espaço intermediário que se vincula de maneira direta com o âmbito das práticas de conhecimento. Esse aspecto é investigado baseando-se no Modelo Complexo das práticas de conhecimento (educativas, investigativas e profissionais) no Projeto de Pesquisa "Tendências epistemológicas e teorias da subjetividade: seu impacto nas ciências humanas".[6]

Com base em nossa experiência, em primeiro lugar, cabe uma aproximação aos problemas filosóficos da educação dentro de uma perspectiva direta, subjetiva e emocional, para captar a um corpo discente que, em sua maioria, vê no conhecimento filosófico uma exigência formal para a aprovação em uma matéria do currículo. A referência à vida cotidiana, a situacionalidade histórica na qual ela se desenvolve, as relações entre o saber e o poder nos permitem uma compreensão das contradições entre os grandes enunciados dos organismos internacionais (UNESCO, OEI, OIT, PNUD), sobre a educação, a saúde, o meio ambiente, a pobreza, as constatações de práticas planetárias que reforçam os abismos, a desigualdade, as injustiças, a pobreza, a marginalização, a fome. Além das declarações e boas intenções dos informes, tais como "Educação para todos", elaboradas baseando-se em Jomtiem (1990), o informe à UNESCO da Comissão Internacional sobre a Educação para o séc. XXI, presidida por Jacques Delors, até o balanço de uma década de ações encaminhadas para as mudanças das condições educativas realizadas na Cúpula Pan-Africana de Dakar (2000), as múltiplas ameaças que pairam sobre a humanidade no novo século nos colocam questões sobre a condição do ser humano como enigma de um universo incerto no qual o escoamento das conquistas nos confronta com a impossibilidade de reverter o advento das múltiplas catástrofes anunciadas

---

[6] Cf. GUYOT, V. "La investigación educativa". In: *Las practicas del conocimiento un abordaje epistemológico*. San Luis: LAE Editorial; Ediciones del Proyecto, 2007.

a partir do discurso científico. Tudo isso nos move a filosofar sobre o porquê das razões desses fatos.

Como não pensar no que nos acontece quando comovidas, espantadas, angustiadas, sentimo-nos perdidas em um mundo, pois, já não há um lugar seguro para viver? Quando assistimos ao cumprimento das guerras prometidas; quando inclinadas sobre o abismo do impossível, constatamos o horror do apagamento de um futuro possível para a humanidade e não só para alguns poucos; quando descobrimos como efeito dessas tremendas perguntas que o que está em jogo é a condição humana mesma, isto é, nossa própria e singular condição?

Nossa concepção da filosofia como processo cognoscitivo dos problemas fundamentais acerca do mundo é uma forma de enfrentar o enigma da própria vida, cujo protagonista é um sujeito singular ou coletivo, que habita um universo que não lhe oferece como garantia a felicidade, todavia não mais apenas a dor, a desordem, a insegurança, o fracasso; mas ao mesmo tempo o desafio de construir as condições de uma existência digna e a possibilidade de sua realização entre a dignidade da razão e a liberdade como destino de uma justiça universal.

> Não apenas os doutos filosofam, severos e sistemáticos buscadores da verdade, que nossa tradição ocidental reconhece. Todas as pessoas enraizadas na vida historicamente dada, em sua relação com outras pessoas, a partir de representações condicionadas pelo redobra-desdobra de sua própria temporalidade atuam, produzem e realizam as práticas transformadoras de si mesmas e do mundo na vida cotidiana. Tempo privilegiado da existência onde irrompem o drama, a pergunta, o pensar. A filosofia é um saber "douto" porque se apóia em um saber filosófico ligado à vida, à existência, à busca do conhecimento, ao desvelamento de si mesmo. Irrompe inesperada e avassaladoramente ou se apresenta em tranqüilas cismas sem precipitações e até em bachelardianos devaneios cósmicos que ligam o devaneador e o mundo e instalam o sujeito como soberano do universo.[7]

O legado filosófico mesmo, como tradição douta do pensamento, penetra em cada momento da história nas formas da cultura ocidental, das

---

[7] GUYOT, V. "Cine y pedagogía: El Nombre De La Rosa." *Educación y pedagogía*. Medellín: Universidad de Antioquia, v. 10, n. 22, 1998, p. 86.

subjetividades as sujeita a condições, a verdades, autoriza poderes, expande-se em desdobramentos e produz as comoções que nos lançam ao novo, ao ainda não pensado. Questiona os absolutos e reivindica o sagrado, o profano e até o trivial, transborda das bibliotecas, multiplica-se nas palavras, instala-se nos meios de comunicação, nos aparatos que nos fazem ver e falar; interpela a todos e nos ata às certezas apregoadas em nosso tempo. Isto é, a vivemos, respiramos, padecemos e finalmente expiramos, sem enterrarmos, às vezes, de sua existência nem de sua presença nas práticas que realizamos cotidianamente, mesmo nas práticas do conhecimento.

Nesse sentido, o devir da filosofia se irradia do prático ao teórico, do pensar ao fazer; e, neste movimento, vai desenhando os traços ontológicos de uma identidade humana sujeita aos vai-e-vens da temporalidade histórica. Desse modo, a filosofa se arraiga nas práticas e volta sobre elas em uma tentativa reflexivo-cognoscitiva para transformá-las.

Assim, poderíamos afirmar que a filosofia se institui através de todos os tempos como uma prática do conhecimento.

Primeiras considerações sobre o ensino da filosofia

O que são práticas do conhecimento? Elas se referem a um conceito complexo que tenta dar conta de um modo particular de articulação entre a teoria e a prática e que se refere "ao uso" dos conhecimentos específicos em espaços de intervenção, ação, criação e transformação de algum aspecto da realidade para produzir um efeito esperado. Desse modo, as práticas de conhecimento, como unidades de análise ou problemática a ser pensada, constituem-se em fronteiras filosóficas ou epistemológicas que tenta dar razão à dinâmica do pensar e do fazer. A mesma relação teoria-prática representa um núcleo privilegiado das práticas do conhecimento fundada em uma tradição do pensamento ocidental que vai desde as origens da filosofia até nossos dias.

Foucault e Deleuze se consideram herdeiros de uma perspectiva filosófica sobre essa questão e que, contudo, a formulam para pensar o inédito

> incorporando as idéias de luta e de poder para explicar como é possível passar das idéias à ação e da ação às idéias. Estas não são as que operam a transformação as que operam a transformação no concreto da ação, mesmo que estejam solidariamente entremeadas em uma explicação do que as coisas são. Somente a prática e os que estão fazendo em um ponto específico da realidade podem operá-la [...] todos

> somos grupelhos em uma rede na qual a teoria e a prática são pontos de relevo, posto que já não há mais nada além da ação: ação de teoria-ação de prática, em relação à conexão das redes de poder. A teoria é assim uma caixa de ferramentas que é preciso que funcione, que se use para fazer algo, de outro modo não serve para nada ou é que ainda não se dão as condições para ser usadas. [8]

Essas idéias nos levaram a pensar as práticas do conhecimento como um conceito em que se devia considerar algo a mais do que as teorias; tratava-se de um saber fazer e de um fazer no campo específico do conhecimento segundo a formação recebida nas instituições habilitadas para tal fim, as Universidades, os Institutos Superiores de Educação, o Instituto do Professorado, as Academias.

> Além disto, estas práticas apenas poderiam ser realizadas por aqueles que, autorizados por instancias governamentais de um país, possuíssem títulos ou reconhecidas condições que os habilitassem para seu exercício, praticas reguladas que se articulavam em regimes institucionais e governamentais organizados como dispositivos que permitissem ver, enunciar, implicar-se em relações de poder e vincular-se, de uma determinada maneira, com o conhecimento.[9]

Assim delimitadas, as práticas do conhecimento que detectamos como fundamentais nos diversos estudos das instituições de educação superior, se referiam a um uso dos conhecimentos específicos para *ensinar, pesquisar ou formar profissionais*. Desse modo, as práticas do conhecimento no espaço mais amplo da concreta vida social se constituíram em unidades de análise como práticas educativas, investigativas e profissionais que requereram novos instrumentos para abordá-las em sua complexidade. Ela deriva não apenas da multiplicidade de conhecimentos postos em jogo para delinear a trama desse filosofar nas fronteiras entre saberes tão diversos: filosóficos, humanísticos, mas fundamentalmente pela introdução da problemática do sujeito. Os posicionamentos subjetivos e a relação entre sujeitos, questões éticas e políticas, crenças e valores, quando enlaçados com as condições de

---

[8] Cf. GUYOT, V. "La investigación educativa". In: *Las practicas del conocimiento un abordaje epistemológico*. San Luis: LAE Editorial; Ediciones del Proyecto, 2007, p. 32.

[9] Idem.

possibilidade para usar o conhecimento e colocar à disposição a retificação permanente no desenvolvimento de projetos transformadores.

Os estudos sobre a complexidade nos proporcionaram uma nova perspectiva dos problemas vinculados ao conhecimento para reorganizar epistemologicamente o campo de investigações sobre as práticas do conhecimento: Illya Prigogine, Edgar Morin, Ervin Laszlo, Immanuel Wallerstein, entre outros, se constituíram em referências para se confrontar polemicamente com outras perspectivas de análise das práticas[10] a partir do paradigma da complexidade.

Segundas considerações: experiências do conhecimento como modificação de si

Quais são os eixos em torno dos quais gira essa proposta de Filosofia da Educação? A possibilidade da indagação das práticas de conhecimento nesse campo de saberes e as experiências de transformação de si como sujeito de conhecimento e de ação; isto é, as condições de uma subjetividade na complexa trama entre o determinismo e a liberdade.

Também poderíamos colocar a pergunta de outro modo: o que é possível aprender no espaço curricular da Filosofia da Educação que nos permita transformarmos a nós mesmos em outros diferentes daqueles sujeitos constituídos pelos dispositivos de poder-saber que operam na sociedade e suas instituições?

Trata-se de conhecer o mundo para nos sabermos sujeitos de uma possível ação transformadora na ordem do social e cultura e especificamente na ordem da educação.

Ao colocarmos a problemática do sujeito, as práticas do conhecimento encontram o terreno propício para enraizar o acontecimento que implica o saber em ação. Dessa maneira, a identidade subjetiva se vincula à situação história e ao gênero humano, conquanto indivíduo, sociedade e espécie atuando no mundo da cultura e no planeta Terra. "É necessário aprender a estar aí no planeta... aprender a viver, a compartilhar, a comunicar-se, a comungar; é aquilo que só aprendemos em e pelas culturas singulares".

Poder conhecer e conhecer-se encontra na narração do mundo e de si mesmo a possibilidade de fazer presente essa identidade. Narrar é narrar-se e manifestar o atravessamento da temporalidade concreta da situação

---

[10] Cf. GUYOT, V., *op. cit.*, p. 33.

histórica. Essa constituiu uma problemática abordada a partir de diferentes perspectivas e particularmente na chamada filosofia latino-americana. Arturo Roig, Mario Casalla, Rodolfo Agoglia nos brindaram com profundas análises relativas à predeterminação de nossa condição histórica. Essa problemática filosófico-educativa retorna insistentemente sobre algumas categorias que fazem o olhar complexo da condição de sujeito das práticas do conhecimento.

Além da análise do microespaço das práticas educativas em seus contextos institucionais, nos sistemas estruturais dos regimes de práticas e no sistema social mais amplo, a questão do sujeito como centro das operações práticas de transformação coloca em jogo o que anteriormente assinalamos como a dinâmica entre o determinismo e a liberdade. É impossível ser constituído como sujeito fora do determinado nos dispositivos de poder-saber estabelecido nas instituições sociais, sejam educacionais, de saúde, jurídicas, sejam econômicas, culturais, que constituem formas historicamente detectáveis de subjetividades. Ao mesmo tempo, tais dispositivos oferecem a possibilidade de mudança através dos interstícios das intrincadas tramas que fazem dos modos estabelecidos de ver, de enunciar, do poder do objetivar, constatáveis nas práticas concretas dos diferentes espaços nos quais elas se realizam.

Trata-se da liberdade e de determinados regimes de verdade sobre o mundo e sobre si mesmo. Conquistar a possibilidade da mudança é exercer o poder teórico-prático de uma transformação de si mesmo que Michel Foucault analisou na hermenêutica do sujeito e que poderíamos interpretar livremente nos termos de uma conversão. O sujeito, para aceder a uma verdade outra, diferente da imposta pelos dispositivos de poder-saber, deve transformar-se em algo diferente, sendo o preço da conversão do sujeito. Mas essa verdade não pode existir sem essa conversão ou transformação do sujeito, com o qual se aponta seu caráter ativo na produção de um saber a partir de um não saber. A esse movimento Foucault denomina *ascese*. Por último, o acesso à verdade produz um efeito de retorno sobre o sujeito posto que ele o ilumina, da ordem de um saber-se outro.

Esse processo poderia ser denominado como um acontecimento espiritual na vida do sujeito que, contudo, tem suas raízes fincadas nas condições da materialidade e na discursividade de cada época histórica.

A via prática da transformação está ancorada entre o conhecimento e o cuidado de si, mas ao mesmo tempo garantido pela mediação do outro, indispensável para que essa prática de si alcance efetivamente a transformação, a mudança. Explicitamente aparece nesta figura mediadora a imagem do outro educador e o papel da filosofia como educadora do gênero humano. Seja por meio do exemplo dos grandes homens, seja por meio da tradição como modelo de comportamento, seja por meio da transmissão de saberes e princípios do reconhecimento da própria ignorância, sempre é necessária a mediação de outro. Verdadeiro jogo em uma relação entre o si e o outro; entre o mesmo e seu duplo, entre o discípulo e o mestre, entre um poder produtor de saberes e subjetividades e o exercício da lucidez para pensar outra coisa. Segundo Foucault, em última instância,

> o outro não é nem um educador nem um mestre da memória [...] esse outro que está entre o sujeito e o si mesmo é a filosofia, a filosofia enquanto guia de todos os homens no que se refere as coisas que convêm à sua natureza [...] a filosofia é o conjunto dos princípios e as práticas com o que se conta e que se podem colocar à disposição dos demais para ocuparem-se adequadamente do cuidado de si ou do cuidado dos outros. A filosofia se integra à vida cotidiana e nos problemas dos indivíduos.[11]

Existem, no decorrer da História da Filosofia, numerosas figuras desse outro mediador. Mas estamos convencidas de que a figura do mestre (qualquer que seja o lugar e a função que lhe outorgue sua prática social) constituirá um acontecimento na ordem educativa. Com a condição de que tenha podido estabelecer essa relação consigo através de uma reflexão sobre duas práticas de ensino como práticas do conhecimento e da subjetividade que representam a figura desafiante de uma mudança efetiva na realidade educativa, sociocultural e política do futuro como âmbito aberto à liberdade e à justiça social.

Considerações finais

Nossos alunos de estudos de educação da Universidade Nacional de San Luís, na finalização do estabelecido para o curso de Filosofia da Educação estão em condições de narrar sua experiência de conhecimentos representada pela análise das práticas educativas como práticas do conhecimento e da subjetividade. Desse modo, implicam-se conquanto sujeitos que transitaram na possibilidade do conhecimento e do cuidado de si pela mediação do saber filosófico atento à constituição de um saber teórico-prático e às relações com um poder–fazer no qual se tornaram outros sujeitos.

---

[11] FOUCAULT, M. *Hermenéutica del sujeto*. Madrid: Ediciones de La Piqueta, 1987, p. 61.

Esse saber conquanto *mathesis* (saber do mundo) e conquanto *ascecis* (saber do sujeito) foi uma ferramenta fundamental para produzir alguns efeitos significativos: uma mudança de posicionamento subjetivo em relação à educação na ordem teórico-prática além dos saberes sustentados anteriormente; uma mudança axiológica e uma ampliação da consciência a respeito da valoração da situação do mundo e seus conflitos na presente situação histórica e sua relação com as possibilidades das reformas educativas; uma transformação de seu próprio estatuto ontológico (isto é, seu modo de ser sujeitos) como sujeitos de conhecimento e de reflexão na ordem de uma lógica da ação sustentada nos princípios do pensamento complexo (recursivo, dialógico, hologramático).

Estar atentos e estrategicamente posicionados a respeito das transformações que se desencadeiam a partir das intervenções programáticas obriga à revisão permanente dos objetivos e às metas para ir apontando a uma autêntica transformação baseada na informação, no conhecimento e na reflexão. Desse modo, é possível superar os obstáculos relativos ao conhecimento e à ação de intuir o acontecimento como advento do novo *que bate à nossa porta*.

O diálogo como experiência filosófica fundamental na Educação Básica

Dante Augusto Galeffi[*]

> [...] nós precisamos aprender uma vez mais com os gregos a entrar em diálogo.
>
> Hans-Georg Gadamer

A Filosofia como diálogo

O diálogo é o caminho próprio da Filosofia como filosofar. A Filosofia nasce dialógica, quer dizer, filosofante. Sócrates investigava a si mesmo através do diálogo, por meio do discorrer conjuntamente acerca do desconhecimento da Sabedoria ou do reconhecimento da ignorância em relação à Sabedoria. Constituído de perguntas e respostas, o diálogo sempre visa alcançar a coisa mesma que se põe diante dos interlocutores a partir de um questionamento. O questionamento é o caminho do diálogo. Questionar é pôr-se diante de uma escolha e de uma decisão inadiável: abrir-se para o agir comum-pertencente e co-responsável ou manter-se iludido diante do jogo de forças do mundo e das relações humanas.

O questionamento dialógico é um caminho de aprendizado da escolha e da decisão na perspectiva do projeto ontológico humano, no que diz respeito ao sentido do ser em seu sendo. O questionamento toca o questionador em sua relação com os outros. Questionar é um ato investigativo que pressupõe o alcance de problemas efetivos comuns, que dizem respeito à autocompreensão e à conseqüente ação do questionador em sua vida prática e em suas relações de pertença e condição existencial. No questionamento dialógico o que é por primeiro questionado é o próprio questionador.

---

[*] Universidade Federtal da Bahia.

O diálogo, assim, pode ser concebido como caminho vivencial do aprendizado do pensar apropriador pelo auto-exame dos próprios pensamentos ou modos habituais de ser, perceber, crer, opinar – na relação constitutiva do vivido, do vivente e do viver. Nessa medida, o diálogo encontra-se sempre aberto ao acontecimento no humano do aprender a ser conjuntamente responsável e cuidadoso na relação viva com a *morada extraordinária*. O diálogo em sua forma interrogante pressupõe o *êthos* humano como *morada do extraordinário*: o encontro humano com sua finitude vivente e autoconhecente, na medida de sua pertença ao sem-fundamento de todo fundamento. Isso tomando Heráclito como conselheiro. Com o diálogo não se chega a dominar os princípios objetivos da vida em sua complexidade incomensurável, e sim se pode alcançar a compreensão articuladora de uma vida com sentido, em que cada dialogante se faz morada ressonante do vivente-viver-vivido: aprende a arte de aprender na medida em que aprende a aprender conjuntamente. Quer dizer, apodera-se do seu querer-ser como poder-ser conjuntural, na medida em que aprende a se autoconduzir e a discernir com autonomia o que é apropriado ao agir consciente e responsável.

O questionamento dialógico se constitui como investigação de algo inadiável no sentido transpessoal, na medida em que os dialogantes entrem no diálogo e aprendam pelo diálogo a dialogar como autocompreensão e autocondução responsável pela vida de relação justa e prática. Os problemas e questionamentos do diálogo são oportunidades para o exercício e a experiência do pensar apropriador como condição ontológica da espécie humana. O importante no diálogo é o diálogo mesmo – nem o antes nem o depois. Quer dizer, o diálogo é apropriado para o aprendizado do pensamento apropriador. Isso significa uma especial atenção ao processo de individuação de todo participante do diálogo que se disponha a investigar, por primeiro, a si mesmo ou os próprios pensamentos e formas de autopercepção e autocompreensão. O diálogo para ser diálogo e não uma representação formal de diálogo atende ao primado da radicalidade interrogante. A interrogação dialógica é necessariamente um questionamento fundamental: *Quem é o ente que percebe e compreende o ser que ele é como devir e tradição, diferença e identidade?*

Compreendido nessa clave, o diálogo se torna filosófico como atitude interrogante que propicia a experiência do pensar apropriador. Ele não será filosófico pelo simples fato de ater-se à majestosa História da Filosofia, a título de historiografia informacionista e conteudista sem sentido apropriador. Ele será propriamente filosófico no ato do reconhecimento dos participantes do diálogo de que eles mesmos se encontram implicados no questionamento dialógico, e de que essa implicação os torna responsáveis pela totalidade-mundo compartilhada dialogicamente. Isso é como um contrato realizado na base do afeto comum que dispõe de um mundo de valores previamente acordados e compreendidos por todos, como pertença e cuidado incondicionais. Essa pressuposição requisita que a pertença seja efetivamente inclusiva e que a dimensão do cuidado comum não chegue como uma prescrição moral vazia, e sim como uma compreensão implicada evidente no seu âmbito de comum-pertencimento e de comum-responsabilidade.

O diálogo não é o lugar conciliador dos conflitos interpessoais, e sim o lugar em que os conflitos são tomados como problemas vitais emergentes comuns, problemas que requisitam plena atenção e investigação na condução inteligente e diligente da vida em seu sentido prático e em seu mistério insondável. O diálogo não é um caminho de pensamento que consiste em deduzir princípios gerais através de generalizações formais conclusivas, e sim um modo de aproximação ressoante do sentido: uma incorporação da inteligibilidade. O diálogo é, em primeiro lugar, uma escuta atentiva e vigilante. Nesse sentido, o diálogo busca sempre o ressoar da diferença no encontro correspondente – encontro amoroso. O diálogo dialoga com o que dialoga: é fluxo do dito e do dizer na procura da escuta liberadora. O diálogo é um falar correspondente porque é um escutar ressoante. Pela escuta, a fala dialógica se torna *um querer saber prático*, um compreender que possibilita um agir diligente e curador do *êthos* adequado ao modo de ser humano.

O caráter propriamente filosófico do diálogo reside na atitude investigativa que não se contenta com as posições dadas e com as idéias fixas resultantes das experiências vividas ou das formas coletivas imperantes historicamente. O diálogo é filosófico na medida de sua abertura para a compreensão direta do sentido implicado, o que significa uma exposição ao devir do sentido e um risco diante do abismo de sua projeção existencial no sem-fundamento. O lógico do diálogo é justamente o ato de compreender o sentido em sua dinâmica gerativa relacional: um discernimento conjuntural que como uma flecha perpassa o arco do tempo no espaço figurado. O sentido é sempre uma intencionalidade situada no tensionamento ressoante da linguagem. Ele é sentido apenas para quem o toma como a envergadura do arco que lança a flecha na abertura da vida mesma em seu fluir incessantemente transformador e consolidador de ações e retroações coordenadas por um sentido de comunidade e de pertença tão consistente como o diamante e tão móvel como os elétrons dos átomos ou as sinapses do cérebro.

Trata-se da experiência do pensar apropriador como acontecimento de um mundo em que há *ser* e *pensar* em conjunção e unidade dialógica e em disjunção e dualidade opositiva simultaneamente. Essa experiência é o acontecimento apropriador do sentido do pensar como sentir sentindo, fazer fazendo e agir agindo consciente e responsável – sentir, fazer, agir comum-pertencente.

No caminho do diálogo, a Filosofia se articula discursivamente como *um novo modo de formação do homem*, uma nova *Paidéia*. O diálogo filosófico, assim, é em si mesmo caminho de formação e de investigação do ser humano em sua abertura ontológica. Afinal, o que é o homem? Qual o seu *telo:* o seu sentido como início, meio e fim? O diálogo filosófico pergunta pelo ser que o dialogante é como desenvolvimento de um questionamento implicado em uma procura de si: um aprender a pensar. O diálogo é o meio da procura de si na relação com outros. Quem procura é sempre o ser capaz de perguntar. Quem pergunta tem o desejo de saber. E só se pode saber pela experiência. O diálogo filosófico, então, é meio para a experiência do pensar apropriador. Ele não é uma formalização estereotipada, porque é um acontecimento vivencial do aprender a pensar. Aprende-se, pois, a pensar pensando. E como as pessoas não nascem pensando dialogicamente, e sim reativamente, o aprendizado dialógico permite vivenciar o ato filosófico como construção do conhecimento compreensivo do ponto de vista de quem aprende – quem se põe a caminho da investigação interrogante pelo confronto de posições e convicções enraizadas.

O diálogo filosófico é um meio aberto para o exercício vivencial do pensamento apropriador em sua própria condução relacional. O que questionamos quando investigamos algo do ponto de vista filosófico? Pode-se fazer um questionamento filosófico radical e genuíno sem se recorrer ao formalismo linear da História da Filosofia? Pode-se filosofar sem uma pertença à tradição histórica da Filosofia? Assim, o que é mesmo um diálogo filosófico, um questionamento investigativo propriamente filosófico? O que é o propriamente filosófico?

Seguindo a tradição socrático-platônica, filosofar é entrar em diálogo consigo mesmo através do perguntar e responder compartilhado entre amigos. A amizade dialógica constitui a possibilidade de, no diálogo e por meio dele, alcançar-se a clarividência do investigado além do pessoal e do contingente. Acontece, entretanto, que o diálogo não é nunca um caminho certo e formalizado dedutivamente a priori, e sim o devir impermanente em seu fluir, porém persistente em seu permanecer interrogante, em sua atitude de suspeita vigilante e perspicaz. Para dialogar, assim, é preciso dispor-se a examinar os próprios estados de consciência: os perceptos, os afetos, os juízos de valor, os modos de agir e os conceitos já formados. Tudo o que se põe como certo é suspenso no movimento dialógico.

A suspensão dos dados, então, é o modo próprio e apropriador do pensar dialógico. O que importa no diálogo não é a resposta a uma pergunta, e sim a investigação das formas de pensamento, para daí se poder extrair uma compreensão articuladora própria e apropriada, portanto, uma compreensão sempre renovada no acontecimento do próprio diálogo. O diálogo é uma precipitação da compreensão articuladora em permanente devir. O alcance dos planos conceituais no diálogo é sempre provisório.

Nada é definitivo no diálogo, do mesmo modo que nada é definitivo no viver e no morrer. Tudo o que é pensar é devir. O pensar sem devir é a êxtase do existir: um estado temporalmente incomensurável – sobre-humano. O diálogo é um devir do sentido pensado na implicação dos corpos e de suas petições sensíveis e inteligíveis. Dialogar é tomar consciência de si através do encontro-confronto com o outro. No encontro-confronto com o outro, o diálogo se faz a oportunidade da acolhida do inesperado. Pelo inesperado, o diálogo se mostra como ressonância do devir permanente e é retido na pausa, no repouso. É como a música: acontece e silencia. No silenciar dialógico, o recolhimento se faz memória do encontro e se projeta como aspiração para a permanência do devir ressoante. O diálogo se faz caminho filosófico do pensamento apropriador: torna-se procura da sabedoria na espera do inesperado.

O que é mesmo, entretanto, o pensamento apropriador? Dele se pode dizer que apropria como conjunção dialogante. Essa apropriação, entretanto, é muito mais uma aproximação e ressonância do sentido vivente, uma acolhida e cuidado presente, do que um domínio pessoal de um bem ou de uma força. Apropriar-se não significa tomar de assalto um determinado território, qualquer que seja, e sim tomar para si a responsabilidade de agir consciente da consciência e da inconsciência. Apropriar-se é tomar para si a pertença ao ser-mundo. É tornar-se pertencente do ser-mundo: agir no discernimento. O pensamento apropriador, então, nasce do acontecer da totalidade ser-humano-mundo em sua existência vivente. Apropriar-se como pensamento, então, é o acontecimento da maturação da consciência de si-outro na ação compartilhada. Por isso o diálogo dialoga: põe-se no caminho da autocompreensão e se dispõe ao autoconhecimento implicado – articula-se na emergência comum e se faz lugar do encontro do que pode ser compreendido por todos, sem que, contudo, nenhum centro ou nenhum mestre se torne presente e hierarquize o acontecimento vivenciado. No diálogo cada um se faz mestre de si mesmo, sem que se deixe de reverenciar os que no passado transpuseram os véus do encobrimento e como as estrelas do firmamento permanecem iluminando possibilidades bem-aventuradas.

A Filosofia compreendida como diálogo interrogante é a possibilidade de se experienciar o pensar apropriador além da medida imperante nos círculos filosóficos acadêmicos, porque o que se põe em destaque é o próprio ser humano em sua procura por uma vida ética, estética, epistêmica, política e ecológica, independentemente do grau de especialização que se possa vir a desenvolver com a Filosofia como atividade de criação espiritual histórica e tradicional. O que se põe em destaque é o desenvolvimento humano sustentável. Uma Filosofia, portanto, dedicada à formação humana como atividade do *aprender a aprender*. Uma Filosofia a serviço do desenvolvimento humano autoconsciente. Portanto, uma atividade propriamente filosofante, em que os que participam se implicam o aprendizado do pensar apropriador, próprio e apropriado. Como queria Sócrates com a sua maiêutica, uma Filosofia como caminho da autocompreensão para os seres humanos singulares em desenvolvimento. Um aprendizado propriamente ético, no sentido da experiência humana de participação consciente na condução da própria vida em sua totalidade.

O diálogo como meio do ensino e aprendizado da Filosofia na educação básica

As considerações anteriores acerca do diálogo são uma forma de chamar a atenção para a irredutibilidade da experiência dialógica a qualquer técnica ou metodologia manuseável como aplicação mimética, apesar de não se poder abandonar, de modo algum, o grande acervo da tradição humana do diálogo filosófico. E aqui entra minha contribuição à metodologia do diálogo filosófico como meio para a formação do educador-filósofo e para a realização da atividade filosófica na educação básica. Considero, assim, que a educação básica teria condições de estruturar as suas atividades curriculares a partir do eixo dialógico, sendo possível, desse modo, conceber-se com rigor e muita pesquisa o *aprendizado de Filosofia em todas as idades*. Por isso considero o diálogo filosófico apropriado para o filosofar nas diversas séries e graus da Educação Básica (Educação Infantil, Ensino Fundamental e Ensino Médio). A questão, entretanto, é saber de que modo o educador de Filosofia vai realizar a atividade dialógica como prática filosófica sem cair na vacuidade do falatório e no conforto das opiniões seguras e ilusoriamente imutáveis. Isso demanda uma compreensão de Filosofia como investigação radical da condição humana em seus diversos níveis de realidade e em suas diferentes configurações simbólicas. Antes de tudo, é preciso o acontecimento de uma sólida formação valendo-se dos textos clássicos da poesia, literatura e Filosofia não apenas ocidentais, assim como uma clara e decidida disposição para a tarefa pedagógica de conduzir os iniciantes no caminho do diálogo, de modo que cada um aprenda a pensar propriamente. Como se faz tal caminho sem a presença de educadores-filósofos?

Há ainda uma dicotomia estranha entre Filosofia e educação do ponto de vista da prática filosófica aberta a possibilidades de autoconhecimento e autocondução da vida prática. A licenciatura em Filosofia necessitaria de uma mudança radical em sua dinâmica curricular, pela ênfase na prática pedagógica dialógica, em que corpo e mente, sabedoria prática e sabedoria teórica são tomadas como campo unificado. Nessa perspectiva, o aprendizado filosófico básico diz respeito à prática do pensamento próprio como corpo-mente em exercício de possibilidades pelo jogo atentivo da imaginação. Daí a importância da *vivência dialógica*. Aprender a pensar, então, seria a tarefa primacial da presença da atividade filosófica na educação básica. Penso em uma prática de pensamento que investiga o próprio pensamento. E, por pensamento, compreendo algo próximo ao que David Bohm expressou em seu trabalho sobre o aprendizado do diálogo, a saber:

> [...] o pensamento é um conjunto muito sutil de reflexos potencialmente ilimitados que pode ir incrementando sua base de dados e transformando-se. Até mesmos os processos lógicos, a partir do momento em que pressupõem a memória, constituem um conjunto de reflexos. É isto o que chamo de "pensamento, algo que inclui as emoções, o estado corporal, as reações físicas, etc. O pensamento, pois, forma parte de um processo material – de um sistema – que tem lugar no cérebro, compreendendo o sistema nervoso e a totalidade do nosso corpo. O pensamento pode ser transmitido mediante processos materiais, como as ondas de rádio, de televisão ou a escrita. Os sons que emitimos quando falamos também transmitem pensamentos. Dentro de nosso corpo o pensamento é transmitido pelo sistema nervoso utilizando um código cuja natureza, todavia, não conhecemos muito bem. O que estou dizendo, em suma, é que o pensamento é um processo material que dispõe de reflexos

que funcionam de maneira automática. Se sabemos ou percebemos que algo é certo, tal coisa nos afetará realmente. O conhecimento ou a percepção da verdade pode afetar profundamente os processos materiais, o qual engloba os reflexos, porém este nível não se vê afetado pelo mero conhecimento intelectual ou inferencial. (BOHM, 2001, p. 126-127)[1]

Essa passagem destaca a importância de uma atividade de aprendizado dos próprios pensamentos como processos materiais, o que desloca o foco da atenção a conteúdos históricos para o exame direto dos próprios pensamentos. O caso é que essa compreensão da atividade filosófica, ou do pensamento sobre o pensamento a partir do auto-exame e da atenção ao que se passa quando percebemos algo assim ou assado, quando percebemos algo como algo, parece não fazer parte da formação do licenciado em Filosofia. Esse é o nó górdio da questão da volta da Filosofia como disciplina obrigatória ao longo das três séries do ensino médio. A formação existente não experimenta o diálogo como meio fundamental do aprendizado filosófico, o que significa a afirmação de uma "tradição universitária" que concebe a Filosofia como campo especializado do conhecimento humano, ao modo dos estudiosos eruditos que se dedicam toda a vida ao aprofundamento de obras de filósofos consagrados sem a mínima relação direta com o filosofar propriamente dito.

Afinal, o filosofar dispõe o ser humano ao diálogo na medida em que investiga os próprios pensamentos – perceptos, afetos, conceitos, juízos, idéias, imagens, relações, configurações, etc. Essa investigação não é, entretanto, uma forma subjetiva e individual de pensamento, e sim a conjunção coletiva de um pensamento comum, de uma comunidade de pensamento – pensado como corpo, afetos e mente, em suas dimensões voluntárias e involuntárias, conscientes e inconscientes. Investigar os próprios pensamentos através do diálogo é dar-se conta do ser que somos e podemos ser pelo discernimento do que é vivido corporalmente, socialmente e mentalmente – pensando também o corpo como *totalidade conjugada do acontecimento proprioceptivo*.

O pensamento tem também uma natureza participativa que lhe é inerente como pensamento: ele pode alcançar a clarividência da impossibilidade de se poder abarcar qualquer termo final ou inicial como a totalidade ou a

---

[1] Termo inspirado nas formas terminológicas usadas por Edgar Morin em suas obras de epistemologia da complexidade. Como referência, seja-se MORIN (1999, 2005a, 2005b, 2005c).

realidade última de tudo, porque é evidente que o pensamento é uma correspondência com o acontecimento do que faz sentido, mas não é o meio de captura de algo como *a coisa em si*, exceto por um ato intuitivo que está sempre além de todo formalismo ou comprovação objetiva ostensiva – está até além do pensamento. Portanto, é um empobrecimento conceber o aprendizado do pensamento filosófico como modelação do comportamento a ser formado pelo acúmulo de conteúdos formalizados, antes de se dar atenção ao modo vivo do pensar humano e procurar aí encontrar a linha de condução de todo aprendizado significativo e radicalmente aberto às variações do compreender apropriador.

O diálogo filosófico como meio adequado para o exercício da *eco-auto-alter-formação*[2] retoma o mais antigo da Filosofia ocidental: a investigação da forma de racionalidade que define a identidade e a diferença humana universal, como ser cujo meio de ser é a linguagem. Nessa linha de pensamento, o trabalho de Hans-Georg Gadamer (1998, 2007) é fonte de amplo aprendizado de uma Filosofia prática, que não deixa de lado o rigor dos conceitos como formas de autocompreensão e autocondução participativa, compreendendo a práxis humana como diálogo infinito com a tradição e as emergências da vida e seu projetar-se no devir da espécie humana. Sim, o alcance de uma *excelência moral* que nos torne livres, por ação e decisão, das formas engavetadas e opressoras do pensamento alienado, que sempre buscam compulsivamente uma saída elétrica externa qualquer, não se configurando como exercício rigoroso de aprendizado do pensar pela observação dos próprios pensamentos. O diálogo, portanto, como movimento privilegiado de autoconhecimento participativo ou auto-alter-conhecimento apropriador – comum-pertencente.

Assim, é preciso decisão diante da emergência do retorno da Filosofia como disciplina obrigatória em todo o ensino médio, e da emergência de se poder introduzir o aprendizado filosófico desde a educação infantil até o término do ensino médio. A questão, então, é: *como* inserir a Filosofia nas atividades curriculares e *como* formar o *educador-filósofo* para a tarefa dialógica radical de sua prática docente nos diversos graus e níveis da educação básica em sua totalidade? Qual conceito de Filosofia se tem em mente quando se pensa em Filosofia para crianças? Seria possível ensinar Filosofia para crianças?

---

[2] Trata-se de uma expressão apropriada de Stéphane Lupasco (1989) que me parece boa para indicar o sentido maior do aprendizado filosófico como aprender a pensar propriamente e de maneira participativa.

Se a compreensão de Filosofia permanecer limitada aos ciclos acadêmicos autorizados, qual será a serventia formativa de conteúdos fragmentados de fatos e feitos da História da Filosofia? Seriam porventura para serem cobrados em exames de vestibular? E o caráter formativo do pensamento crítico, quem daria conta de tal desempenho? A simples leitura de clássicos escolhidos pela elite pensante dos filósofos profissionais daria conta de introduzir a Filosofia na vida cotidiana das crianças, dos jovens e dos adultos em formação? O que será preciso fazer para que a Filosofia não se torne apenas mais uma disciplina curricular sem a possibilidade de ser um campo de reunião de todos os saberes e conhecimentos, pela experiência dialógica e investigativa do pensar colaborativo? Uma grande pergunta, já que a tarefa é maior ainda.

Qual é, porventura, o modo filosófico mais apropriado para o aprendizado do pensar interrogante e dialógico na educação básica? Haverá uma fórmula geral ditada pelos senhores que se dizem donos da atividade filosófica especializada? São por acaso eles que podem vir a contribuir para o acontecimento de uma prática filosófica emancipadora da falsa consciência objetiva, subjetiva e dogmática? O que é ser filósofo senão pôr-se a caminho do conhecimento/compreensão de si mesmo como corpo, emoções, convivência e mente participativa? Por que se haveria de começar o aprendizado filosófico com os conteúdos já formalizados pela tradição acadêmica? Por que não deixar ser a escuta atentiva e o cuidado com os acontecimentos da relação dialógica o eixo comum de toda prática filosófica da educação básica? Como seria uma prática fenomenológica radical, na condição dialógica rigorosa, na formação do educador-filósofo?

O que, então, esperar de professores de Filosofia que não aprenderam a filosofar-dialogar?

As decisões nacionais a ser tomadas no tocante ao ensino de Filosofia no ciclo médio da educação básica deveriam levar em consideração o caráter formador da Filosofia, e não seu modo disciplinar historicamente constituído. Isso requereria outra formação do professor licenciado em Filosofia. Para se ensinar Filosofia, é preciso ser filósofo no mais radical sentido do termo. É preciso que o educador-filósofo seja ele mesmo um pesquisador de si mesmo e da totalidade conjuntural historicamente gestada e consolidada em suas circunstâncias existenciais. É preciso procurar saber o que é aprender a pensar e com qual finalidade se aprende a pensar. Aprende-se, por ventura, a pensar para se tornar um erudito e um técnico em questões de textos filosóficos? Ou se aprende a pensar para se poder viver *consciente da consciência e da inconsciência*?[3] Qual pode ser o sentido, então, da educação filosófica senão aquele de favorecer o aprendizado do discernimento que torna o ser humano responsável e participante da vida conjuntural? É isto, então, uma aspiração descabida e ingênua em relação à realidade aí dominante do racionalismo monolateral e monodimensional, monológico e redutor do sentido universal ao formalismo do ídolo da objetividade externa?

É preciso, então, começar por se pensar a formação do professor de Filosofia a partir de um processo mais rigoroso de aprendizado do pensar. E aí entram também todas as habilidades necessárias ao tornar-se cidadão consciente e responsável pelo mundo em sua totalidade, como o ouvir, o falar, o calar, o fazer, o escrever, o conviver, o partilhar, o agir. Habilidades que dizem respeito à produção do pensamento humano em suas dinâmicas autopoéticas, para usar uma expressão ressignificada por Humberto Maturana (1999) em sua *Biologia do conhecimento*.

O diálogo pensado como meio para o aprendizado conseqüente do pensamento participativo é aqui tomado como forma primordial da investigação filosófica, o que demanda o aprendizado da arte do diálogo por meio do próprio diálogo. E o dado é que, em geral, nos cursos de formação de professor de Filosofia, não há a prática do diálogo como exercício filosófico rigoroso, o que significa a ausência do aprendizado do pensar próprio e apropriado. O que esperar de professores que não realizaram, ainda, minimamente um *retorno radical a si mesmos*, segundo a inspiração fecunda e criadora de Edmund Husserl (2001), e não se tornaram ainda sabedores do desconhecimento humano em relação ao seu fundamento infundado. O que, então, deve ser ensinado em Filosofia a partir de um desenvolvimento filosófico precário e desprovido da consistência pensante de quem se põe a investigar o próprio ser que pergunta? Como é possível que a Filosofia seja apresentada em sua possibilidade de *aprender a pensar* sem a presença dos que se tornaram filósofos pela premência do existir com sentido e devotado ao comum-pertencimento e comum-responsabilidade de todos por tudo e por si mesmos?

Isso é algo que não se encontra ao alcance dos supostos proprietários do saber filosófico, os verdadeiros latifundiários das formas-pensamento, porque é comum ao acervo espiritual-material da humanidade e se encontra à disposição de todos diretamente, sem o necessário trâmite burocrático das relações de poder constituídas por privilégios e estratificações sociais e econômicas. Para se filosofar, não é preciso pedir assentimento à autoridade externa constituída. O filosofar é o caminho da autoridade interna, o que necessariamente só ocorre como diálogo aberto ao aprender a ser radical e pertencente à conjuntura discreta do real, lembrando Heidegger (2001) em seu pensamento do comum-pertencimento de homem e ser.

Assim, não há como conter ou controlar a dispersão do pensamento humano que consiste no modo material da existência que acontece em cada ser humano vivo e vivente. Entretanto, há como desenvolver processos em que o pensamento é aprendido através de experiências refletidas e ponderadas, por meio do diálogo que reúna em si as condições efetivas (e afetivas) de um questionamento que implica cada participante em um movimento radical de autoconhecimento, autocompreensão e autocondução da vida prática. Estou me referindo ao que se pode bem chamar de *Filosofia prática*, portanto, ao estudo ético, estético e político das relações humanas e da construção de seus valores espirituais ativos.

Uma questão se apresenta inquietante: como, então, propiciar experiências dialógicas aos professores de Filosofia em formação para que aprendam a filosofar com propriedade e autonomia, e possam realizar em suas práticas docentes um filosofar vivo, rigoroso e maleável em suas dobras e redobras? Isso tendo em vista que os participantes de um processo formador aprendam a pensar valendo-se de referências e argumentos que estão ao alcance de todos, cabendo sempre desenvolver processos para que pessoas em formação aprendam a pensar com propriedade e autonomia responsável.

A inspiração continua sendo Sócrates. É preciso que se tenha a coragem de retornar ao ponto de origem de todo filosofar: o autoconhecimento. Nesse aspecto o próprio Platão (1989) é muito incisivo em sua compreensão vida do método dialógico ou maiêutico do seu mestre Sócrates. É preciso que se tenha essa compreensão em mira para que o caráter aberto de um diálogo filosófico possa acontecer de maneira conseqüente. E essa compreensão platônica é ainda a garantia de que o diálogo só conduz ao lugar em que foi conduzido pelos seus dialogantes. Nessa medida, não se alcança com o diálogo senão a experiência apropriadora do pensar propriamente, o que abre ao ser humano possibilidades de um discernimento concreto em seu agir autocompreensivo e autoconhecente. Tal aprendizado é intransferível, apesar de ser necessariamente colaborativo e partilhado. O fato é que, sem a experiência própria do pensar apropriador, não se pode alcançar uma formação autoconsciente, própria de um filosofar radical e necessário. O que impede, então, que a comunidade filosófica constituída possa considerar o diálogo um meio para o exercício filosófico apropriado em uma educação básica merecedora desse nome?

Referências

BOHM, David. *Sobre el diálogo*. Edición de Lee Nichol. 2. ed. Barcelona: Editorial Kairós, 2001.

GADAMER, Hans-Georg. *Hermenêutica em retrospectiva*. Vol. III – Hermenêutica e a Filosofia prática. Tradução de Marco Antônio Casanova. Petrópolis: Vozes, 2007.

GADAMER, Hans-Georg. *Verdade e Método*. Traços fundamentais de uma hermenêutica filosófica. Tradução de Flávio Paulo Meurer. 2 ed. Petrópolis: Vozes, 1998.

HEIDEGGER, Martin. *Ensaios e Conferências*. Tradução de Emmanuel Carneiro Leão, Gilvan Fogel, Marcia Sá Cavalcante Schuback. Petrópolis: Vozes, 2001.

HUSSERL, Edmund. *Meditações cartesianas. Introdução à Fenomenologia*. Tradução de Frank de Oliveira. São Paulo: Madras Editora, 2001.

MATURANA, Humberto. *Emoções e Linguagem na Educação e na Política*. Tradução de José Fernando Campos Fortes. Belo Horizonte: Editora UFMG, 1999.

MORIN, Edgar. *O Método 1. A natureza da natureza*. Tradução de Ilana Heineberg. 2. ed. Porto Alegre: Sulina, 2005a.

MORIN, Edgar. *O Método 3*. O conhecimento do conhecimento. Tradução de Juremir Machado da Silva. Porto Alegre. Sulina, 1999.

MORIN, Edgar. *O Método 5*. A humanidade da humanidade. A identidade humana. Tradução de Juremir Machado da Silva. 3. ed. Porto Alegre: Sulinas, 2005b.

MORIN, Edgar. *O Método 6*. Ética. Tradução de Juremir Machado da Silva. 2. ed. Porto Alegre: Sulinas, 2005c.

PLATÃO. *Cartas*. Tradução de Conceição Gomes da Silva. Lisboa: Editorial Estampa, 1989.

Idéias que rimam

Maximiliano Valerio López[*]

Tenho escrito este trabalho comovido por uma belíssima frase de Octavio Paz, que ecoa em mim com a força de uma evidência.

> Sentimos que as idéias rimam. Entrevemos que pensamentos e frases são também ritmos, chamadas, ecos. Pensar é dar a nota justa, vibrar enquanto nos toca a onda luminosa. (PAZ, 1956/1995, p. 75)

Escrevo sobre essa frase, penso nela, como uma forma de saboreá-la, tento interpretá-la, não apenas como se interpretam as palavras, mas também da forma em que se interpretam as melodias. É precisamente isso o que está em jogo. Apresento então esta breve meditação em quatro movimentos pensantes, em quatro considerações moventes.

Primeiro movimento: idéias que rimam

Que as idéias rimem é um fato tão fascinante quanto escandaloso. Pois de início parece contrariar uma concepção do pensamento que se tornou canônica na cultura ocidental, ou seja, que as idéias não rimam, porque a rima pertence a uma dimensão musical da linguagem, e a racionalidade não se organiza de acordo com princípios musicais. A racionalidade depende das formas claras e distintas sustentadas no princípio de contradição, aquele que determina que uma coisa não pode ser e não ser ao mesmo tempo e no mesmo sentido. O que está em jogo na afirmação do poeta e ensaísta mexicano é a própria natureza do pensamento. Afirmar que as idéias rimam implica introduzir um princípio rítmico no pensamento que questiona a idéia dominante que fazemos dele. Segundo Paz:

---

[*] Universidade Federal Fluminense (UFF).

> O ritmo não só é o elemento mais antigo e permanente da linguagem, como ainda não é difícil que seja anterior à própria fala. Em certo sentido pode-se dizer que a linguagem nasce do ritmo ou, pelo menos, que todo ritmo implica ou prefigura uma linguagem. Assim todas as expressões verbais são ritmo, sem exclusão das formas mais abstratas ou didáticas da prosa [...]. Pela violência da razão, as palavras se desprendem do ritmo; essa violência racional sustenta a prosa, impedindo-a de cair na corrente da fala onde não regem as leis do discurso e sim as de atrações e repulsões [...]. *Deixar o pensamento em liberdade, divagar, é regressar ao ritmo*; as razões se transformam em correspondências, os silogismos em analogias e a marcha intelectual em fluir de imagens. Mas o prosista busca a coerência e a claridade conceitual. Por isso resiste a corrente rítmica que, fatalmente, tende a manifestar-se em imagens e não em conceitos. (PAZ, 1956/2006, p. 11-12; grifo nosso)

Nas palavras de Paz, vemos surgir uma tensão entre o conceito e o ritmo. O fundo da linguagem é ritmo, mas a prosa luta contra essa corrente rítmica para atingir uma dimensão conceitual. O ritmo está presente em toda forma verbal, mas só se manifesta plenamente na poesia. A prosa se eleva sobre a dimensão rítmica mediante um esforço da consciência, mas, enquanto ela relaxa, as palavras voltam, como movidas por uma força de gravidade, à sua dimensão musical. Isso se faz evidente em experiências como o sonho, o delírio, a hipnose, ou em exercícios como a escrita automática ou certas formas de improvisação teatral. No fundo das gramáticas, a fala respira como o resto dos seres vivos, movida pelos fluxos e refluxos do Universo. Por baixo do princípio racional, que ordena e distribui as palavras, a fala é governada pelo ritmo. Só através de uma violência exercida pela análise gramatical pode a língua descompor-se em palavras. A tensão entre prosa e poesia se expressa numa luta contínua (*agon*) entre a racionalidade, entendida como sujeição ao princípio de contradição, e o ritmo.

O idioma é uma totalidade indivisível, nos diz Paz, e sua menor unidade não é a palavra, mas a frase significativa. Ninguém fala com palavras soltas, mas com frases. Observamos como as pessoas que não sabem ler nem escrever – aqueles que desconhecem a gramática – fazem as pausas nos momentos precisos, ou seja, quando uma frase termina ou muda de intensidade. Sua percepção da língua é musical, e não gramatical. É o ritmo, e não a métrica, o que sustenta o sentido da frase. Falando melhor, sentido e ritmo se confundem.

A linguagem está habitada por uma tensão trágica entre a dimensão da forma, das idéias claras e distintas, e uma dimensão musical rítmica, que se furta ao princípio de contradição. A corrente rítmica tende fatalmente a manifestar-se em imagens, e não em conceitos, como assinala Paz. O conceito destaca, recorta, escolhe, reúne e organiza; da mesma forma, a imagem poética submete à unidade a pluralidade do real, embora ela seja indiferente à contradição; a imagem poética chega ao limite de afirmar a identidade desses contrários. Ela não diz apenas "seus olhos são como soles atrozes"; ela diz "seus olhos são soles atrozes". A imagem poética não só diz "isso é como aquilo"; ela diz "isso é aquilo". O que resulta escandaloso para o princípio de contradição, pedra angular sobre a qual o Ocidente tem edificado sua cultura. Para conjurar tal perigo, a poesia teve de ser desterrada da realidade e condenada a morar entre fantasmas. Condenada a não dizer o que *é*, mas o que *poderia ser*. Seu domínio foi limitado ao "impossível verossímil". Em definitivo, a poesia foi declarada impotente em relação à realidade.

Segundo movimento: mito e filosofia

Segundo narram os manuais, a filosofia nasceu do mito. Tal emergência foi possível graças ao poder esclarecedor do princípio de contradição, peça fundamental do pensamento grego. Esse princípio permitiu despojar o mundo de sua ambigüidade mítica, tornando-o claro e distinto, marcando, assim, o nascimento da filosofia. Esboçado por Parménides e teorizado posteriormente por Platão e Aristóteles, o princípio de contradição ordena a ambigüidade do mundo mítico onde cada rasgo se mistura com seu contrario. Assim, e por obra desse princípio, os contrários se tornam antagônicos; e em virtude dessa rivalidade, tão cara ao pensamento grego, o mundo ondulante das potências míticas dá lugar a um mundo dicotômico, estável e definido. Por obra de semelhante princípio, a imagem mítica do mundo se torna conceito, fazendo possível a constituição de um discurso rigoroso do verdadeiro.

Mas, para entender a intuição de Octavio Paz que procuro interpretar, parece-me de vital importância não considerar a emergência da filosofia como resultado de uma evolução. Não se trata de uma gênese temporal, pelo menos não num sentido lato. Seria melhor dizer que não se trata de uma gênese cronológica. A filosofia nasce do mito, mas não no sentido evolutivo, o que se tornou comum na representação moderna (e colonial) do tempo. A filosofia nasce do mito, como uma figura emerge de um fundo. A figura não supera o fundo, antes, precisa dele para continuar sendo figura. A figura se destaca do fundo e, no entanto, não pode prescindir dele. Não se trata de uma evolução, mas de uma emanação.

Essa relação é assimétrica dado que o fundo não necessita da figura, pois é infinito, basta-se a si próprio, enquanto a figura não pode prescindir do fundo para continuar sendo o que é. O fundo é a condição de possibilidade da figura. É nesse sentido que o mito tem anterioridade ontológica e não apenas temporal em relação à filosofia. Não há evolução do mito para a filosofia porque, para que isso fosse possível, ambos deveriam tomar parte de um tempo contínuo. No entanto, mito e filosofia diferem por natureza, e não por grau. Cada um possui uma temporalidade própria, qualitativamente diferente.

O mito nos remete a um tempo arquetípico, diz Octavio Paz, tempo originário, puro, rítmico, enquanto que a filosofia nos remete a um tempo abstrato, homogêneo, sucessivo, cronológico. Ambos os tempos diferem qualitativamente, e não quantitativamente. Entre um e outro não há acréscimos ou perdas quantitativas, mas um salto, uma descontinuidade. O tempo que mede os relógios e os calendários não é propriamente o tempo, mas uma forma de representá-lo, um recorte, uma medida do tempo. Como diz Aristóteles no livro IV da *Física*, o tempo é "número do movimento segundo o antes e o depois". Esse tempo-medida do qual fala o filósofo é o que poderíamos também chamar de tempo empírico, aquele que rege nossas atividades cotidianas, permitindo organizar o mundo social segundo medidas homogêneas e universais de tempo. A medição do tempo é possível pela distinção racional, pela abstração, redução essa que se sustenta na disjunção exclusiva, própria do princípio de contradição. Mas não se deve confundir o tempo com sua representação. Toda abstração é uma redução que tenta esclarecer a ambigüidade originária do tempo, mas não é o tempo em si. "A temporalidade é anterior à apresentação e o que a faz possível" (PAZ, 1956/1995, p. 79).

Gilles Deleuze tem estudado em diferentes partes da sua obra o tempo, tendo como pano de fundo a obra de Bergson. Para escapar da idéia da superação cronológica de um tempo em relação ao outro, ele rejeita as categorias tradicionais do "real" e do "possível", substituindo-as pelas de "atual" e "virtual", ambas reais. A passagem do virtual ao atual, que Deleuze denomina "atualização" ou "efetuação", não é uma passagem cronológica, mas um salto entre duas dimensões do tempo que diferem por natureza, embora os dois sejam reais. No mesmo sentido, Paz usa a palavra "encarnação" para referir-se a esse salto qualitativo entre duas temporalidades diferentes; assim, através da poesia, o tempo arquetípico encarna uma e outra vez, ou, em termos deleuzianos, atualiza-se. De aí que Paz possa definir a poesia como a "consagração do instante" (PAZ, 1956/2006, p. 51-74).

O tempo mítico é tempo em si, tempo em estado puro, eterno morrer e recomeçar do tempo. Os calendários míticos, diz-nos Octavio Paz, não têm por objeto medir, mas ritmar o tempo.

> Se batemos um tambor a intervalos regulares o ritmo aparece como tempo dividido em porções homogêneas. A representação gráfica de semelhante abstração é a linha entrecortada regularmente: ————. A intensidade rítmica dependerá da celeridade com que os golpes caírem na pele do tambor. A intervalos mais reduzidos corresponderá redobrada violência. As variações dependem também da combinação entre golpes e intervalos. Por exemplo: - I—I-I—I-I—I-I-, etc. Ainda reduzido a este esquema, o ritmo é algo mais que medida, algo mais que tempo dividido em porções. A sucessão de tempos e pausas revela uma certa intencionalidade, algo assim como uma direção. O ritmo manifesta uma expectativa, suscita um anelar. Se é interrompido sentimos um choque. Algo se rompeu. Se continua, esperamos algo que não acertamos a nomear. O ritmo engendra em nós uma disposição de ânimo que só poderá se acalmar quando sobrevenha "algo". Nos coloca numa atitude de espera. Sentimos que o ritmo é um ir para algo, ainda que não saibamos o que possa ser esse algo. Todo ritmo é sentido de algo. Assim, pois, o ritmo não é exclusivamente uma medida vazia de conteúdo, mas tempo original. (PAZ, 1956/1995, p. 79)

É interessante destacar que, se o ritmo manifesta uma expectativa, suscita um anelar, trata-se de um pretender sem objeto, dado que os objetos pertencem à dimensão do que é claro e distinto. O mundo objetivo é um produto da razão e supõe já ter dado um contorno às coisas; quer dizer, os objetos pertencem à dimensão das formas distintas, enquanto o ritmo nos introduz numa dimensão sem distinções. Por isso, o anelar suscitado pelo ritmo não tem objeto, não procura nada em particular, mas tende para algo que não consegue definir.

Do mesmo modo, se não é desejo de algo, tampouco é desejo de alguém; não há sujeito desejante, pois a dimensão pura do tempo, à que o ritmo nos leva, é anterior à consciência, e, portanto, essa expectativa da qual nos fala Paz não é senão uma expectação pura.

Finalmente, a expectativa suscitada pelo ritmo não expressa uma falta que deveria ser satisfeita no futuro, porque o tempo em si, que o ritmo evoca, não conhece passado, presente e futuro; é um tempo sem distinções, um tempo uno, uma totalidade de tempo indivisa. O tempo puro não passa. Do mesmo modo que para Kant ou para Bergson, para Paz esse tempo arquetípico não faz parte do mundo sensível, mas é uma condição de possibilidade desse mundo. O tempo puro é uma condição que não passa, embora torne possível a passagem do tempo empírico. O desejo que o ritmo suscita é independente do futuro, da consciência e dos objetos; poderia ser pensado, talvez, ao modo de Schopenhauer, como vontade pura.

Terceiro movimento: peso e suspensão

Até onde é usual remontar a história na procura das etimologias, vemos derivar a palavra pensamento do verbo latino *pendere*[1]. Esse verbo evoca duas ações diferentes: pesar e pender, abrindo a possibilidade de se considerar o assunto em duas direções: a primeira ligada ao peso; a segunda, à suspensão ou à leveza.

Na primeira direção, pensar significa pesar, quer dizer, determinar o que uma coisa pesa. Daí se deriva a possibilidade de sopesar, no sentido de comparar o peso de diferentes coisas. Por fim, tendo determinado um peso, depois outro, e tendo-os comparado, é possível escolher entre ambos. Quanto pesa? Qual pesa mais? Qual eu devo escolher? Assim, determinar, distinguir e escolher se entrelaçam em um exercício sinérgico. Pensar será

---

[1] Castello e Mársico, em seu livro *Oculto nas Palavras: Dicionário Etimológico para ensinar e aprender* (Belo Horizonte: Autêntica, 2007) assinalam: "O termo pensar provém do latim *pensare*, que constitui uma forma tardia derivada de *pendere*, com o sentido de 'pesar'. O sentido concreto conviveu sempre com o abstrato, de modo que significou tanto o ato de determinar o peso, como o de 'avaliar', 'estimar' mentalmente, tal como em português utilizamos um composto desse mesmo verbo na expressão 'sopesar alternativas'. 'Pensar' concentra pois um sentido originário que alude a um juízo avaliativo sobre o objeto do pensamento". No *Dictionnaire Étymologique du Français* (Paris: Le Robert, 2002), de Picoche Picqueline assinala-se um caminho semelhante a partir da palavra francesa *pendre* (pendurar, suspender ou estar suspenso). *Pendre* deriva, da mesma forma que pensar, do latim *pendere, pensus*, cujo sentido original é o de deixar pender "*laisser pendre*" (os pratos de uma balança) de onde provem o sentido clássico de pesar, avaliar (ponderar). A imagem da balança sintetiza os dois caminhos que tenho sugerido. Na idéia de sopesar, evidencia-se a dupla articulação no pensamento do peso e a suspensão. Cabe mencionar que essa relação entre o peso e a suspensão na etimologia da palavra pensamento é destacada por Marilena Chauí, em seu já clássico *Convite à filosofia* (São Paulo: Ática, 1997, p. 153).

então sinônimo de distinguir, de determinar, segundo diferenças que permitirão e reclamarão uma escolha.

Na codificação ou estabilização dessas distinções, aparecem os critérios e, assim, o pensamento será chamado de crítico. A estabilidade desses critérios permitirá determinar, delimitar, destacar objetos. Tudo começa por determinar, distinguir e escolher, estabelecendo critérios, ou seja, encontrar o crivo, a medida que estabeleça o que passa e o que fica, o que conta e o que não conta, o que vale a pena e o que não vale. Pensar criticamente significa estabelecer critérios de ordem fundados na medida, na determinação.

Se enveredarmos pela segunda ação a que o verbo latino *pendere* nos leva, encontraremos que pensar significa pender. Estar pendente, suspenso: em sobrevôo. Flutuando sobre uma situação qualquer, sem se pronunciar, sem pousar nela, sem escolher entre isto ou aquilo. Significa permanecer suspenso, na indistinção. Numa virtualidade. Nesse sentido, pensar não é determinado; pelo contrário, é manter-se na indeterminação.

Por outra parte, estar pendente exprime um estado de espreita. Como num filme de suspense, onde a suspensão expressa um estado de espírito que visa algo que não pode determinar. Uma atenção, que é também uma tensão e uma extensão, um projetar-se para algo que não acertamos em definir.

Suspender, pender, é manter todas as possibilidades abertas, simultaneamente. Nem isso nem aquilo, mas o indeterminado, o infinito, o virtual. Esse "simultaneamente" remete para um tempo que não é medida, que não é cronologia, mas tempo que não passa, tempo que dura. Remete também para um espaço que não é um território, mas um fundo, fundo de imanência, fundo indiferenciado. Tempo tudo, espaço tudo. A suspensão nos coloca numa relação aberta com o indeterminado.

Quarto movimento: um sábio não tem idéia

O pensamento ocidental se estruturou em torno da metáfora do peso e da determinação. O princípio de contradição constituiu-se, assim, como o âmago da racionalidade.

A partir do século XV, a expansão colonial européia abre caminho para a criação de um sistema-mundo, onde todas as culturas existentes serão interpretadas em relação a uma única cultura afirmada como modelo. Assim, faz-se pensável uma história universal e uma ordem mundial que configura o tempo e o espaço hierarquicamente. A representação do tempo, contínuo e sucessivo, ganha então uma nova qualidade, transformando-se em tempo-progresso. Mediante uma operação própria do universo colonial, o tempo europeu passa a ser concebido como presente em relação ao tempo dos colonizados, que será percebido como atraso. O presente das colônias então coincide com o passado da Europa. O mesmo acontece com o espaço: com a invasão da América, o oceano Atlântico ganha uma nova importância e brinda a Europa com uma centralidade que não tinha no mundo antigo, permitindo pensar o resto do mundo como periferia.

A partir dessa nova construção geopolítica mundial, o pensamento ocidental adquire novas determinações e é apresentado como modelo, concebendo outras possibilidades do pensar como periféricas e primitivas. Dessa forma, o pensamento que não se estrutura em torno do princípio de contradição, dominante no Ocidente, é tido como um pensamento pueril. O ápice dessa concepção colonial do pensamento é quiçá a historia da filosofia de Hegel: ela começa pelos chineses, mas logo os abandona, pois não encontra neles mais do que filosofemas. Para Hegel, a China teria se perdido num estágio primitivo do pensamento, sem conseguir atingir o conceito. Só a Europa, colocada no século XIX como herdeira natural do pensamento grego, teria atingido a maturidade do pensamento; o resto do mundo não teria mais do que mito, sabedoria ou religião, formas primitivas do pensamento que corresponderiam a uma pré-história da filosofia, a uma pré-filosofia.

Mas, como afirma François Jullien (2000, p. 85-99), a China conheceu o princípio de contradição através da escola dos Mozistas. O fato de ele não ter se tornado dominante não autoriza supor uma falta de potência ou uma imaturidade dos pensadores chineses, do mesmo modo que seria aventurado deduzir a inferioridade do pensamento de Heráclito pelo fato de ele não ter sido dominante na cultura ocidental. Seria mais prudente considerar ambos os caminhos sem supor hierarquias fáceis e procurar entender as razões pelas quais os sábios chineses desconfiaram do princípio de contradição.

Em *Um sábio não tem idéia,* nos diz François Jullien:

> "Não ter idéia" significa que ele evita pôr uma idéia à frente da outra – em detrimento da outra: não há idéia que ele ponha em primeiro lugar, posta em princípio, servindo de fundamento, ou simplesmente de início, a partir do qual seu pensamento poderia se deduzir ou, pelo menos, se desenvolver. (JULLIEN, 2000, p. 13)

O sábio teme esse poder ordenador do primeiro. Para que o mundo possa continuar a se oferecer, é preciso renunciar à arbitrariedade de uma primeira idéia que sirva de fundamento ao pensamento. Pois, valendo-se dessa idéia, o pensamento jamais deixaria de ficar preso a um ponto de vista. Que o sábio não tem idéia significa dizer que ele não tem nenhuma idéia privilegiada. Ele não quer colocar nenhuma idéia no início para que o real conserve toda a sua virtualidade. O sábio quer manter-se disponível e para isso precisa não destacar nenhuma idéia. Nisso radica a sua sabedoria.

Toda idéia é uma determinação e, portanto, um recorte, uma parcialidade. A filosofia nasceria, então, dessa parcialidade, dessa violência que, ao mesmo tempo que afirma uma possibilidade, nega outro ponto de vista. É precisamente isso que obrigaria a filosofia a ir sempre à frente para corrigir ou compensar sua inicial arbitrariedade. A filosofia é obrigada a avançar, a pensar sempre de outra maneira, refutando as idéias anteriores, segundo um princípio beligerante que lhe é constitutivo; um jogo agonístico que faz dos filósofos amantes, pretendentes e rivais. Assim ela se constitui como história de si.

A sabedoria, não propondo nada, não poderia ser refutada, não há nela matéria para debate. Não há nela nada a ser contestado e, portanto, nada a esperar dela, nenhuma esperança a ser depositada no futuro. A sabedoria é assim, nos diz Jullien, a parte "anistórica" do pensamento: ela é de todas as idades, vem do fundo das idades, do fundo de imanência. Daí sua incurável banalidade. A sabedoria é irremediavelmente rasa, nela não há nada eminente, nada interessante, nada a ser destacado; nenhum segredo a ser descoberto, nenhum significado oculto, nenhum enigma a ser decifrado. Mantém tudo no mesmo plano; por isso é tão difícil falar dela.

Como a filosofia tem sempre de avançar, precisa ser inventiva. Ela é constitutivamente insatisfeita. Filha da falta e do desejo, a filosofia deve responder a um mundo concebido como enigma e a um pensamento concebido como decifração. Infinita pesquisa do que está por trás do que aparece. Infinita deriva do significante. Por isso a filosofia ama o perigo e a aventura e também a conquista da verdade. E não consegue pensar o movimento senão a partir da falta e do desejo. "Ora, o sábio não explora nem decifra, seu propósito não é vincado em nenhum desejo" (JULLIEN, 2000, p. 19). A sabedoria é pura superfície, ela não tem profundeza, daí que o Oriente não valorize a dúvida nem o questionamento. Nela não há enigma. Tudo é evidente, e essa evidência vem a nós no mesmo plano. E talvez também por isso nos resulta, em certo modo incompreensível: nada mais difícil que manter o pensamento aberto, na intempérie, sem o resguardo de uma idéia verdadeira, da qual o pensamento poderia partir e na qual poderia agasalhar-se; nada mais difícil do que manter o pensamento em suspenso, indeterminado.

A sabedoria não se ancora no conceito, muito menos na verdade, ela não quer determinar, não pretende dizer onde está a verdade, nem como encontrá-la. Se os sábios chineses rejeitaram a lógica identitária que se funde na contradição foi, segundo Jullien, para se resguardarem da parcialidade que acompanha toda determinação. Antes que fixar uma posição, eles preferiram recriar a cada instante uma disposição. O sábio não quer a verdade, ele que manter o pensamento disponível. Por isso a sabedoria não dá lugar ao progresso, mas à variação. Ela é flutuante.

> Os chineses têm outro dizer: a sabedoria não se explica (ela não dá a entender) ela é para se meditar ou, melhor ainda, dando todo o tempo necessário a esse desenrolar, como se fosse o de uma impregnação, para se "saborear". (JULLIEN, 2000, p. 20)

O ritmo não só é o elemento mais antigo e permanente da linguagem, como diz Octavio Paz; ele é também o elemento genético do pensamento. Pois o pensamento nasce do ritmo, ou então, é o próprio ritmo. A disposição de ânimo que o ritmo suscita, esse tender, esse estender-se em direção a algo que não acertamos nomear, essa abertura ao indeterminado e à condição primeira do pensamento.

Nós mesmos somos esse ritmo. Antes de nossa história pessoal e nossas sendas particulares, somos uma disposição, uma expectação, um sentido. O ritmo é sentido de algo, como diz Paz, ainda que não possamos dizer o que é esse algo.

Todo conceito é finalmente inútil e sua inutilidade radica em que o conceito de atenção não é a atenção, assim como o conceito de experiência não é a experiência. A dificuldade não é menor. Mas, quando uma palavra, pelo poder que o ritmo lhe confere, fere-nos de morte, suspende-nos o hálito e nos faz devir um ritmo, que é simultaneamente sentido e sentimento, então... então... sentimos que as idéias rimam. Entrevemos que pensamentos e frases são também ritmos, chamadas, ecos. Sentimos que pensar é dar uma nota justa e compreendemos, subitamente, que o diálogo não é um acordo, mas um acorde.

Referências

ARISTÓTELES. *Física*. Trad. Cast. Alejandro Vigo. Buenos Aires: Biblos, 2001.

CASTELLO, L.; MÁRSICO, C. *Oculto nas Palavras: dicionário etimológico para ensinar e aprender*. Belo Horizonte: Autêntica, 2007.

CHAUÍ, Marilena. *Convite à Filosofia*. São Paulo: Ática, 1997.

DELEUZE, Gilles. *Diferencia e repetição*. Rio de Janeiro: Graal, 1968/1988.

DELEUZE, Gilles. *Lógica do sentido*. São Paulo: Perspectiva, 1969/2000.

DELEUZE, Gilles. *O bergsonismo*. São Paulo: Ed. 34, 1966/1999.

JULLIEN, François. *O sábio não tem idéia*. São Paulo: Martins Fontes, 1998/2000.

PAZ, Octavio. *El arco y la lira*. México: Fondo de Cultura Económica, 1956/1995.

PAZ, Octavio. *Signos em rotação*. São Paulo: Perspectiva, 1956/2006.

PICQUELINE, Picoche. *Dictionnaire Étymologique du Français*. Paris: Le Robert, 2002.

O filosofar entre o racional, o irracional e outros devires do pensar

Sérgio Augusto Sardi[*]

I

É mais que um costume; é uma propensão: estar diante de algo e não poder reduzi-lo a um conceito, lei ou classificação preexistente é, no mínimo, perturbador. Uma ameaça à ordem do derredor. Mulheres à esquerda, homens à direita, dizia Parmênides. E novamente escolher, recolher, unir, enumerar, repetir: pois, no princípio era o *lógos*. Foi assim desde que o cálculo, o argumento se fez razão, poder e civilização. Afinal, não é isso que torna possível aceitar a vida com todas as suas íntimas contradições?

Não. Há algo mais. Além das coisas e seres e eventos, será preciso estabelecer a identidade daqueles que participam do jogo. Então: defina-se no jogo dos mapas marcados. O jogo dos padrões, da segurança, da estabilidade do pensamento que imobiliza e prende o espantoso mistério das coisas. Defina seu personagem. Delimite o seu estilo. Escolha o seu avatar. Vista a roupa da moda e mantenha o sorriso pré-formatado. Agregue à sua personalidade o valor simbólico ou pecuniário das marcas que a mídia insiste em dizer que faltam em sua vida. Caso contrário, muito provavelmente alguém fará isso por você.

Afinal, é sempre bom saber com quem lidamos, ou o que invariavelmente fixa a nossa marca ou a marca daqueles que temos diante de nós. Brasileiro, casado, residência fixa, número de CPF, carteira de identidade. Cidadão. Médico, advogado ou professor. Não, não apenas se atua em uma dessas profissões. Pois, dizemos: o professor, o advogado, o doutor. E disso decorre uma série de demandas e concessões. Registre isso em sua assinatura. Assim, a sua classe incorpora-se ao seu nome, e não haverá mais dúvidas sobre quem você efetivamente é. Não se esqueça também de registrar isso em gestos e expressões adequados, talvez até mesmo no modo

---

[*] Pontifícia Universidade Católica do Rio Grande do Sul (PUC-RS).

de sentar ou caminhar. Incorpore, então, o seu nome, a sua classe: masculino ou feminino, esquerda ou direita, marxista ou liberal, católico ou luterano... Mas, se você não se ajusta nas categorias majoritárias em sua própria época e lugar, então será sempre possível escolher uma terceira, ou talvez uma quarta ou quinta categoria. Gêneros minoritários, classes secundárias: o "resto" que assim se torna assimilável. E evite incompatibilidades. Ou institua uma nova categoria. Afinal, você pode ser o primeiro de uma série. Pois não fazer parte de uma série é como perder de antemão o lugar entre os demais, e isso beira à loucura, à idiotia.

O ser único é amedrontador. Aquilo que foge às classificações deve ser excomungado. É o mal que ronda a superfície do planeta. Deixemos, pois, a razão calcular, prever causas e efeitos, excluir contradições ou enquadrá-las sob o rótulo de paradoxos. E reafirmemos a fé de que a razão por fim possa apaziguá-los, reduzi-los, dominá-los.

Deixe que as definições dissolvam os inomináveis fluxos do devir do mundo. Deixe-se à deriva da ordem transcendental do Ser. Deixe-se.

Afinal, ensinaram que aprender a pensar principia por saber que isto ou aquilo é um tipo que se enquadra em uma categoria mais abrangente; ensinaram a conhecer a causa e o efeito, a explicitar a regra que permite prever e prescrever, a reconhecer onde e como este ou aquele ente se encaixa na ordem do ser. Pois assim o pensamento se acalma e se ordena com suas respostas. Ensinaram que conhecer é dizer das coisas aquilo que elas são, expressando a fórmula que reduz a si a multiplicidade, ajustando os seres em prateleiras e esquemas taxionômicos, fazendo da diferença sempre e, ao fim das contas, o mesmo. Por isso, é sempre preciso perguntar "o que é" isto ou aquilo. Ensinaram que das relações entre uma e outra idéia se segue invariavelmente algum tipo de silogismo e, por isso, uma conclusão adequada. Que a ordem de execução ou de ordenamento seqüencial das ações conduz ao êxito inevitável. Que as hipóteses devem ser construídas e logicamente testadas. Que as comparações fazem distinguir as coisas do mundo em blocos cognoscíveis. E que a análise permite compreender o esquema mecânico pelo qual a função específica de cada parte determinada o todo.

Mas não ensinaram a pensar sobre como pensavam o pensar aqueles que diziam ensinar a pensar. Talvez porque fosse difícil olhar por detrás do próprio pensar. É algo de dar voltas sobre voltas, e de causar vertigem. Talvez fosse o medo da vertigem, o medo de se perder. Pois este é o mundo em que o império do *eu* rege todas as relações. O autodomínio é a meta. A reta razão, o caminho. Mesmo que para isso a multiplicidade deva ser reconduzida ao mesmo. Que a diferença deva ser ajustada e uniformizada. Que o fluxo deva ser interrompido. E o irredutível mais uma vez ocultado em um dizer que recolhe em si a totalidade. Ensinaram que a sacralidade da substancial identidade do eu é a base da vida. Da vida privada. Da propriedade privada. E, supomos, de uma imortalidade privada. Ah, talvez antecipemos apenas os nossos túmulos nesse modo de viver.

II

Para quem revisita a biografia de um filósofo há algo que à primeira vista surpreende: a adesão de sua vida a um exercício do pensar singular, a coerência entre a percepção dos eventos, a ação no mundo e as idéias que iam se constituindo no decorrer do tempo. A autenticidade de um pensar que assim nos admira deve ter sido o encontro de algo tão intenso que, apesar de inesperado, inusitado, ou mesmo não compreendido em sua diferença, não podia mais deixá-lo sem que o mundo perdesse o seu encanto e sentido. Surpreende a coragem desse gesto, o enfrentamento que, no tempo finito de suas existências, exigiu que atravessassem a racionalidade vigente para abrir caminhos em direção a percepções de mundos possíveis.

Gilles Gaston Granger, em *L'irrationnel*, observa que a ciência, no desenvolvimento interno de seus métodos e sistemas conceituais, acaba gerando conhecimentos que não mais se enquadram nos seus pressupostos lógicos e conduzem a uma passagem àquilo que anteriormente era tido como irracional. Kurt Gödel, por sua vez, demonstrou a existência de uma fundamental limitação na potência do método axiomático. E também as teorias ou prototeorias cosmológicas e físicas contemporâneas propõem modelos e conceitos não testáveis ou altamente especulativos sobre a origem ou a ordem do universo, como a teoria dos multiversos ou o conceito de matéria escura, entre outros. Anaximandro vai às últimas conseqüências ao pensar a *arché* como *apeíron*, o ilimitado, infinito, indeterminado. Plotino, Platão, Fichte, Merleau-Ponty e tantos outros filósofos, quando expressaram o princípio, a *arché*, o fundamento, a gênese, foi apenas para situá-lo em um campo no qual o dito poderia apenas insinuá-lo. Henri Bergson, conduzindo o leitor por meio de conceitos, metáforas e imagens mediadoras, remete-o para além de qualquer possibilidade de conceituação ou imagem, à extrema e inalcançável simplicidade, ponto de constante retorno do pensar. A História da Filosofia é uma história de sucessivas tensões com o silêncio e de criação de linguagens. Nos sistemas conceituais assim produzidos, algo sucessivamente era rompido e se ampliavam ou modificavam os esquemas e estruturas que serviam de suporte. O que estava sempre em jogo era o devir da linguagem e da própria razão. Um caminho no qual o pensar se dirigia para além ou aquém do já pensado. E um percurso que nos faz suspeitar de que não sabemos ainda o que significa pensar ou aprender a pensar. Pois talvez isso implique até mesmo encontrar ou reencontrar algo tido por irracional à base da própria razão, o que deverá surgir no decurso de seu devir e no atravessamento de suas possibilidades.

III

Um inventário dos devires do pensar corre sempre o risco de se tornar redutor. Não, porém, se forem tomados como indícios, exemplos de casos em que a deriva do pensar abre brechas nos esquemas constituídos. Trata-se de insinuar processos em que as chamadas habilidades ou competências não mais atuam, mas participam da construção do sentido das relações entre o viver e o pensar. Uma pesquisa no cotidiano também poderia nos auxiliar, na medida em que estejamos à espreita do inusitado. Pois, com cada homem que vive, vive com ele um modo único de sentir e perceber o mundo; e, com cada homem que morre, morre com ele também um universo singular.

A título de contribuição e de provocação ao pensar, as linhas gerais de alguns devires do pensar não usualmente tematizados nos manuais de ensino e relacionados com o filosofar serão evocados. A leitura dos filósofos deverá permitir também a observação de devires singulares, desde que nos aproximemos da dinâmica que articula o desenvolvimento de seus pensamentos, isto é, os seus métodos imanentes e as mutações desses mesmos métodos e de seus procedimentos, mais que o método explícito ou as idéias expressas em suas obras. Pois as obras dos filósofos não deixam de ser o resultado de um longo processo de elaboração, maturação e experimentações do viver e do pensar, e talvez a letra nos permita avançar para a leitura do movimento que está à base de sua própria constituição.

Propõe-se aqui, portanto, o estudo de alguns devires do pensar que, em cada caso, a cada experiência do pensar e do filosofar, deverão surgir com variações significativas:

1. Constituir distintos arranjos e formatações de mapas mentais, mantendo a sua mobilidade. Traçar redes, rizomas e correlações móveis entre elementos de um sistema, ele mesmo, móvel. Instituir, em cada caso, as bases que permitam ao pensar ir além de esquemas predeterminados, embora constituindo novas possibilidades de arranjos mentais;

2. Retroagir sobre a significação das perguntas. Perguntar sobre o próprio perguntar, o que deverá incidir sobre as condições da formulação das perguntas e na delimitação dos conceitos e esquemas interrogativos em jogo. Retornar ao sentido do perguntado desde uma posição ainda mais originária;
3. Efetivar ziguezagues entre o dito e o seu silêncio de fundo. Em cada filosofia o ziguezague entre silêncio e linguagem é peculiar. E esse é o lugar no qual a linguagem se põe em movimento. É a própria linguagem em devir. Ele se efetiva nas sucessivas idas e vindas do dizer àquilo que ao pensar se torna originário. A cada percurso há algo que se altera. A cada vez, modifica-se o silêncio de fundo e é outro o dizer que o insinua. O filosofar não está no silêncio, nem sequer na linguagem, mas no movimento de ida e vinda, no jogo entre o saber e o não-saber, no espaço que se abre entre a linguagem que indicia o silêncio e o silêncio que transmuta em linguagem. Um caminho de volta que possibilita avançar, quando então as palavras se tornam grávidas de possibilidades. Pois o silêncio que impregna o dito não o deixa calar. É o exercício de uma relação com a linguagem que retorna à condição de estrangeiridade ou infância do pensar e a um estado de suspensão do juízo. O caminho em direção ao silêncio da linguagem se faz também pela linguagem, embora indicie outra relação com a mesma. Seja por atravessar o dito em busca das conseqüências e das condições de possibilidade de sua significação e coerência interna, seja por retornar sucessivamente à experimentação do viver que incessantemente faz-se fonte de possibilidades originais;
3. Criar neologismos, metaforizações, estilos de expressão e variações sintáticas que busquem uma vibração de conjunto (em função de sucessivas referências mútuas entre textos e contextos diversos ou pelas sucessivas referências a um problema que vai se instituindo com eixo de sustentação de um desenvolvimento que, embora sujeito a rupturas, tem em seu devir a condição de possibilidade e sentido das próprias rupturas);
4. Exercitar a interação dialógica, o que implica a sensibilidade da escuta, da empatia, da cooperação investigativa;
5. Derivar do que Henri Bergson denominou "intuição negativa" – ou seja, o que permite que o filósofo, desde os primórdios de seu processo de investigação, saiba o que negar, embora não saiba ainda

exatamente o que afirmar – para a construção de interrogações e conceitos que, ainda que constituam uma base a ser ultrapassada, são decisivas para a efetivação dessa mesma ultrapassagem[1];

6. Efetivar digressões, que são processos simultaneamente lineares e não-lineares de elaboração, o que possibilita detalhar problemas e derivar subproblemas, bem como construir outras relações aos conceitos e outras perspectivações aos problemas em jogo, permitindo uma visão mais complexa do próprio trabalho de elaboração;

7. Traçar constelações de conceitos que façam emergir novos conceitos pela vibração de conjunto, isto é, pela intersecção de cada conceito nos demais e pela construção da singularidade de suas significações em função de tais cruzamentos;

8. Criar técnicas de si, alternativas de trabalho interior, processos de escuta de si. E isso perfaz um movimento único com o exercício da escuta do outro;

9. Fazer, das idéias, lentes que permitam "ver" o mundo. Cria-se assim uma percepção singular que é correlata de uma linguagem também singular;

10. Percorrer todas as possibilidades da língua natural para atingir as suas brechas e abrir caminho em direção à constituição de linguagens autônomas e dotadas de sentido[2];

11. Traduzir, na língua natural, a própria linguagem que vai assim se constituindo, em uma pedagogia do conceito que consiste, em última instância, também em um momento do processo de criação de linguagem, bem como do aprender a aprender;

12. Ligar conceitos a problemas filosóficos. E poder assumir problemas expressos por outrem como se fossem seus próprios problemas, embora com isso estejam já impregnados de um novo sentido. Aprender não apenas a significação de certos problemas filosóficos, mas torná-los significativos, dotados de um valor;

13. Efetivar desvios dos textos e da leitura de contextos em direção ao viver e, ao retornar aos textos e contextos, ter algo a dizer a eles, motivo pelo qual os diversos textos e contextos também poderão dizer algo e dar a pensar;

---

[1] BERGSON, Henri. *La pensée et le mouvant*. Paris: Quadrigue/PUF, 1993. Chap. V.

[2] Cf. COSSUTA, F. *Elementos para a leitura dos textos filosóficos*. São Paulo: Martins Fontes, 2001. Cap. II.

14. Aprender não só a aprender, mas a desaprender e, principalmente, a construir o sentido do aprender, pois não se trata apenas de construir conhecimentos, mas de propor ou convidar a uma nova relação com o conhecer;
15. Aprender a reinventar o prazer e, mais ainda: o prazer de reinventar o prazer;
16. Observar, em cada caso, os efeitos do discurso, seja em si, seja em outrem, mesmo anônimo, pois o dito não se resolve apenas em função de suas dimensões semânticas e sintáticas;
17. Constituir, desconstituir e reconstituir finalidades ao conhecer, tendo em vista que o conhecimento do conhecimento implica uma hermenêutica do conhecimento que se resolve valendo-se de sua dimensão ética;
18. Dar a si a possibilidade de experimentar novas temporalidades, ou seja, percepções possíveis e virtuais do sentido do decorrer do tempo, como, por exemplo, ao envolver-se com o aqui e agora, estando o mais proximamente íntegro nessa intersecção entre o sentir e o pensar;
19. Servir-se de métodos, mas perfazendo, a cada passo, novos procedimentos e alternativas metodológicas, dado que o pensar se situa antes de todos os métodos;
20. Dispor-se à experimentação do viver em suas múltiplas e virtuais possibilidades.

Referências

BERGSON, Henry. *La pensée et le mouvant*. Paris: Quadrigue/PUF, 1993.

COSSUTA, Frédéric. *Elementos para a leitura dos textos filosóficos*. São Paulo: Martins Fontes, 2001.

GRANGER, Gilles Gaston. *L'irrationnel*. Paris: Odile Jacob, 1998.

GÖDEL, Kurt. *On formaly undecidable propositions of principia mathematica and related systems*. New York: Dover, 1992.

NAGEL, Ernest; NEWMAN, James R. *El Teorema de Gödel*. Madrid: Tecnos, 1994.

SARDI, Sérgio A. O silêncio e o sentido. *Filosofia Unisinos*, São Leopoldo, RS, v. 1, n.1, p. 55-69, jan./abr. 2005.

Em torno da biopolítica

Sylvio Gadelha[*]

Imaginemos que, ao acompanhar um debate universitário, assistir a um programa televisivo, ou ao ler uma determinada matéria de jornal, um indivíduo qualquer, por exemplo, um professor da rede pública de ensino, depare-se pela primeira vez com o termo *biopolítica*. Vamos supor ainda que a pessoa que trouxe esse termo à baila, no debate, na TV, ou no jornal, fê-lo muito rapidamente, de forma vaga, pouco preocupada em defini-lo e contextualizá-lo. Não dispondo de informações mais precisas para captar o sentido atribuído a esse termo, nosso professor encarrega-se ele mesmo de tentar interpretá-lo, tomando por referência para essa tarefa, tanto quanto possível, a situação em que ele foi dito ou escrito, e lançando mão de sua inteligência e de seus conhecimentos.

Assim, poderia muito bem acontecer de nosso professor, num primeiro momento, decompor o termo em duas partes, *bios* e *política*, atribuindo a cada uma delas um sentido em particular, de modo que a primeira seria por ele associada à "vida", ao passo que a segunda, à "arte ou ciência de governar". Desse modo, o termo *biopolítica* referir-se-ia a algo como uma "política voltada para a vida"; ou melhor, a uma política que tomaria por objeto de seu exercício de governo (organização, direção e gestão) a vida dos indivíduos e as coletividades.

Mas, então, sucede de nosso professor se deparar com um segundo dilema, a saber: em que sentido ele deveria tomar o termo "vida" (*bios*)? Qual seria, afinal, o seu significado? Pois, com efeito, o entendimento do que vem a ser *biopolítica* dependeria do significado atribuído a esse peculiar objeto de governo: a vida. Em face desse dilema, duas idéias lhe ocorrem. De um lado, pensa ele, "vida" pode muito bem se referir, ainda que de forma ampla e diversificada, às nossas condições gerais de existência, seja na já não tão tranqüila "vida" do campo, seja no atribulado cotidiano das

---

[*] Universidade Federal do Ceará (UFC).

grandes metrópoles contemporâneas. O termo remeteria, assim, às nossas maneiras de agir, pensar e sentir, às nossas tradições e valores, aos laços sociais que entretemos uns com os outros, às maneiras como nos comunicamos, como produzimos os bens de que necessitamos, garantimos nossa subsistência, nosso entretenimento, entre outras coisas. Contudo, prossegue nosso professor, não experimentamos e não usufruímos de todas essas coisas, sem mais nem menos, apenas como indivíduos ou pessoas, pois tudo isso depende consideravelmente do modo como nossa vida é qualificada *nas* e *pelas* sociedades em que vivemos, assim como pelo tipo de vínculo ou de pertencimento que essa qualificação vem a determinar. Por exemplo, quando se afirma de alguém que ele é um cidadão, e que é tratado como tal, está-se atribuindo à sua vida um determinado *estatuto* social e político. Isso significa, para alguns, afirmar que esse indivíduo é sujeito de direitos fundamentais, inalienáveis, o que, pelo menos em princípio, lhe deveria assegurar uma série de coisas, tais como saúde, educação, trabalho (quando não, renda), lazer, liberdade de ir e vir, liberdade de expressão, o acesso a informações, bens e serviços, participação ativa nos destinos da comunidade política a que pertence. Por outro lado, como contrapartida dessa condição, isso quer dizer ainda que esse indivíduo deva se comprometer com certos deveres para com aquela, tais como votar, pagar impostos, obedecer às leis, etc. Em suma, isso significa que sua vida é investida de certa qualificação, de certo estatuto sociopolítico e, que, nessa medida, ela constitui parte da *polis*, isto é, expressa uma vida qualificada como propriamente política: a um só tempo, "vida incluída" e "vida de um incluído".

Ora, assevera nosso professor, por mais que os governos de vários Estados-nação se digam democráticos e, portanto, que se afirmem como instituídos e legitimados por cidadãos, ou melhor, que reivindiquem que seu exercício se faça em nome desses, com esses e para esses, é inegável que a maior parte das vidas que eles supostamente representam e governam carece, no mais das vezes, do estatuto ou da qualificação acima mencionados. Com efeito, para além da dura realidade que caracteriza os países pobres, e mesmo os chamados "emergentes", como o Brasil, a Índia e a China, temos tido a oportunidade de verificar que a ignorância, a fome, a violência, a miséria, o desemprego e o desrespeito aos direitos de cidadania dão testemunho de sua incômoda presença também nos chamados países ricos ou nas grandes potências. É assim que nosso professor, momentaneamente tomado por certo ceticismo, recorda-se das destruições causadas pelo tsunami nas Filipinas e pela fúria das enchentes em New Orleans (EUA), da fome e das doenças que grassam na África Subsaariana, em seu próprio país, o Brasil, mas também dos violentos protestos dos jovens discriminados das comunidades periféricas de Paris e de outras cidades francesas.

De todo modo, bem ou mal, ele acredita já ter algo em mãos para definir o que vem a ser *biopolítica*: essa seria a arte ou a ciência do governo que tomaria por objeto de seu exercício (organização, direção e gestão) a vida, qualificada, dos cidadãos. Tendo em vista, porém, como atesta a realidade, que uma infinidade de vidas ainda não se revista dessa qualidade, ou goze desse atributo – a cidadania plena –, a biopolítica operaria, ainda, segundo nosso professor, de modo a tentar garantir que isso venha a acontecer, assegurando a esses milhões de vidas excluídas que sejam incluídas, de direito e de fato, nas esferas de sua atuação, isto é, incluindo-as no domínio propriamente político de ação do poder soberano.

Seguindo nessa direção, todavia, nosso personagem imaginário a certa altura poderia ser induzido a considerar que talvez o termo *biopolítica* não expresse mais que uma redundância, pois toda política e todas as maneiras de seu exercício, todas as formas de governo, direta ou indiretamente, já de saída não se refeririam à vida de cada um e à vida de todos, nelas provocando efeitos? Em suma, em que pese o fato desse caminho interpretativo apontar para o entendimento da biopolítica como a direção, organização e gestão da vida, em sua acepção política, sociocultural, econômica etc., isso pareceria conduzir ao esvaziamento de uma possível distinção entre *política* e *biopolítica*.

Por outro lado, anima-se nosso professor, talvez o termo "vida" tenha sido enunciado originalmente em um sentido um pouco diferente; utilizado, por exemplo, para designar problemas associados às condições de existência dos organismos – minerais, vegetais e animais – que compõem nossos ecossistemas, no céu, no mar e na terra. O estado de toda essa biodiversidade seria importante, para nós, seres humanos, na medida em que, uma vez afetado em seu equilíbrio, modificaria consideravelmente nossas próprias condições de existência e nossa saúde. Tal é o caso, por exemplo, do aquecimento do clima (efeito estufa), em conseqüência da desmedida emissão de CO_2 em nossa atmosfera, pela produção industrial-tecnológica, ocasionando a destruição da camada de ozônio.

Tomado sob esse prisma, à primeira vista, o termo "vida" e as questões vitais a que ele remete parecem sofrer um discreto deslocamento semântico, passando a ser vistos, ainda que ambiguamente, como oscilando entre um sentido "naturalista" – cujos significados assumiriam uma conotação notadamente biológica ou biologizante –, e um sentido soioeconômico –

em que sobressairiam suas evidentes implicações sociais, políticas e econômicas na vida em sociedade. Tal é o que sugere, por exemplo, o conteúdo de uma carta enviada por um professor e biotecnólogo (este sim, real) a um grande jornal brasileiro, na qual os empresários do setor agrícola são criticados por sua insensibilidade aos problemas da população, mais especificamente, ao baixo poder aquisitivo dessa

> Pode não ser apropriado, mas as décadas que se aproximam parecem exigir a cunhagem do termo "biocidadão", para refletir aquele que, ao mesmo tempo em que defende seus direitos na sociedade em que vive, tem o dever de buscar um ambiente sustentável, nos moldes já propalados por governos, entidades ambientalistas e imprensa. Mas parece que essa conscientização ainda não atingiu o setor agrícola, diretamente envolvido com recursos naturais. As notícias do aumento dos combustíveis, forçado por uma estratégia dos usineiros, apenas corroboram a predominância da individualidade sobre o coletivo. E olhe que o Brasil faz papel bonito no exterior quando o assunto é biocombustível.[1]

De imediato, acorre à mente de nosso primeiro professor um punhado de imagens, tais como a instituição de leis que regulamentam a exploração do meio ambiente; a aprovação e execução de projetos e campanhas governamentais em prol da preservação de riquezas naturais, de espécies ameaçadas de extinção; a utilização racional dos recursos hídricos, da flora e da fauna, com vistas a um desenvolvimento sustentável de municípios, Estados e regiões do País. Mescladas a essas imagens, nosso professor entrevê em sua mente as ações de alguns movimentos sociais e de uma série de organizações não-governamentais (ONGS) engajadas em causas similares, como a questão dos transgênicos, questionando ao mesmo tempo políticas governamentais, corporações biotecnológicas e setores ligados ao agronegócio, em suas lutas pela conquista e garantia de melhores condições de vida no planeta. Nesse caso, pensa ele, *biopolítica* constituiria um campo e/ou caso particular de teorização e de exercício da política, isto é, da arte ou da ciência de governar; em outras palavras, conclui ele, *biopolítica* é o tipo particular de política, governamental ou não-governamental, voltado especificamente para as questões ecológicas ou ambientais, em sua

---

[1] Disponível em:<http://www1.folha.uol.com.br/fsp/opiniao/fz0203200611.htm>. Acesso em: 2 mar. 2006.

interface com as transformações tecnológicas, com a saúde e o desenvolvimento sustentável das sociedades.

Pois bem, passados alguns segundos, tempo fugaz em que nosso professor acredita ter finalmente apaziguado seu espírito, encontrando uma boa solução para o problema que o fustigava, eis que, de repente, ele se vê sobressaltado por uma torrente de novas questões: "Mas, afinal, pode-se realmente separar 'vida', concebida em sua acepção político-social, de 'vida', entendida em sua dimensão natural ou biológica? E, nesse sentido, é possível que a arte ou ciência de governar tome por objeto apenas uma delas, deixando a outra em segundo plano? Supondo que isso se mostre improvável – haja vista que ambas poderiam ser concebidas como guardando entre si uma relação de imanência, sendo coextensivas entre si, perfazendo na realidade uma e somente uma vida –, então, em que medida, ou melhor, em que termos seria possível governá-la(s)? Além disso, considerando que esse exercício de governo seja exeqüível, que diferença haveria em nomeá-lo de *política* ou de *biopolítica*? Não daria no mesmo? Por fim, como, hoje, todas essas coisas se relacionam com a educação, com seu papel conquanto instituição social nessa virada de milênio, com as políticas a ela destinadas, com seus modos de organização e funcionamento, conteúdos curriculares, metodologias psicopedagógicas, com o exercício de minha profissão, o magistério, e com o que se passa entre eu e meus alunos?"

***

Não devemos subestimar o embaraço e os esforços despendidos por esse docente fictício para dar conta desse problema, nem tampouco negligenciar a complexidade que lhe é inerente. De fato, há pouco mais de duas décadas, Jeremy Rifkin e Ted Howard, no livro *Who should play God?* ("Quem deveria atuar como Deus?") antecipavam uma avaliação crítica acerca das promessas e dos perigos que acompanhavam uma celebração prematura, desmedida e estreita de alguns aspectos da revolução biotecnológica - que naquela época ganhava corpo e especial impulso. A argumentação dos autores já deixava antever o quão difícil é separar "vida", em sua acepção político-social, de "vida", entendida em seu sentido biológico:

> Enquanto discutíamos os muitos benefícios que resultavam da nova ciência [Rifkin refere-se à engenharia genética], também alertávamos sobre os perigos que acompanhariam a revolução dessa nova tecnologia. Entre outras coisas, previmos que as espécies transgênicas, as quimeras animais e

clones, os bebês de proveta, o útero de aluguel, a fabricação de órgãos humanos e a intervenção no gene humano, seriam possíveis antes da virada do século. Também afirmávamos que o mapeamento de doenças genéticas seria abrangente, levantando questões sobre a discriminação genética praticada por empregadores, companhias de seguro e escolas. Expressamos nossa preocupação sobre a crescente comercialização do banco de genes da Terra na mão de empresas do setor farmacêutico, químico e biotécnico, e abordamos questões sobre os impactos devastadores a longo prazo dos organismos geneticamente planejados em contato com o ambiente.[2]

Mas há também um segundo fator que deve ser levado em conta, na tentativa de avaliarmos os motivos pelos quais a *biopolítica* ainda se apresentar como um tema/problema pouco conhecido e sujeito a toda sorte de mal-entendidos. O caso é que as questões críticas que permeiam essa problemática estão intimamente ligadas às intensas e vertiginosas tendências e transformações recentes experimentadas pelas sociedades contemporâneas, particularmente no campo geopolítico, econômico, científico, tecno-informacional e biotecnológico, o que faz com que elas se revistam de certa novidade, de certa estranheza, dificultando sua assimilação e seu real dimensionamento. Veja-se, por exemplo, a reação social observada, por ocasião do lançamento do livro de Rifkin e Howard:

> Na ocasião, biólogos moleculares, líderes políticos e da mídia, editores e articulistas especializados em ciência tacharam nossas predições como alarmistas e fora da realidade, argumentando que a ciência abordada por nós estaria no mínimo distante, pelo menos, centenas de anos distante. O lugar-comum vigente entre os cientistas que trabalhavam com esse assunto era que havia pouca necessidade de se estudar as implicações ambientais, econômicas, sociais e éticas do que eles chamavam de futuro "hipotético".[3]

Assim, se é verdade que a *biopolítica* envolve um pouco de todos esses elementos levantados por nosso professor, ela carece, no entanto, de ser

---

[2] RIFKIN, Jeremy. O século da biotecnologia: a valorização dos genes e a reconstrução do mundo. São Paulo: Makron Books do Brasil, 1999, p. XVIII.
[3] Ibid., p. XIII.

mais bem definida e equacionada em outros termos. Poder-se-ia, a princípio, pensar a *biopolítica* como um conjunto de temas transversais que perfaz um *campo problemático* concreto com características próprias, o qual, embora remonte à passagem do século XVIII ao século XIX, por seus desdobramentos e efeitos, desafia o pensamento e a ação em nosso presente. Ele agrega questões ligadas à medicina social, à segurança pública, à previdência social, a um racismo biológico de Estado, a diferentes tipos de governamentalidade (dos indivíduos, das coletividades e do Estado), à gestão do difícil problema das migrações num mundo globalizado, às revoluções nos campos da tecno-informação, da biotecnologia, das tele-comunicações, a processos de inclusão-exclusão, etc. Nesses termos, pela amplitude e complexidade dos fatores ligados a esse campo problemático biopolítico, sua melhor compreensão demandaria uma abordagem que conseguisse ir além dos limites impostos pela mera especialização no campo do conhecimento, e mesmo da interdisciplinaridade. É nesse sentido que poderíamos pensar em biólogos, químicos, físicos, ecologistas, comunicólogos, metereologistas, engenheiros agrícolas, médicos, geneticistas, filósofos, administradores públicos, "profissionais do social", juntamente com educadores, cientistas, políticos, ativistas e técnicos de entidades supranacionais, empenhando-se, direta ou indiretamente, em maior ou menor medida, em fóruns nacionais e internacionais, em avaliar conjuntamente questões ligadas à biopolítica, sob uma perspectiva transdisciplinar. Mas isso não implica necessariamente que todos esses diversos atores partilhariam de pontos de vista semelhantes em face dessas questões, que as designassem inequivocamente como questões biopolíticas e que firmassem em torno delas um consenso em relação à sua definição e ao seu encaminhamento.

    O caso é que a biopolítica não é redutível a um mero conjunto de temas, não se restringe apenas a mais um campo virtualmente problemático, entre outros de nossa atualidade, por mais importante que ele seja. E isso porque, além disso, ela constitui um construto ou uma noção (operadora de análise) que está ligada a um determinado *enfoque problematizador*, isto é, a uma espécie de analítica singular, a uma perspectiva peculiar de se interrogar algo que, em nossa contemporaneidade, na medida em que alude às condições de possibilidade de vida, do "vivo", se nos apresenta como problemático. Ademais, é preciso notar que tanto esse campo problemático (biopolítico) quanto essa noção e o enfoque problematizador (e/ou analítica político-conceitual) que dele procuram dar conta têm, eles próprios, uma história, em cujo curso podemos situar variações e (des)continuidades. No segundo caso (a biopolítica entendida como uma importante noção analítica e ligada a um determinado enfoque problematizador), podemos identificar suas influências, ressonâncias com outras noções e, sobretudo, a forma como ela implica posicionamentos e reposicionamentos de questões e problemas. De todo modo, não há como compreendê-la de forma mais substancial passando ao largo das formulações de Michel Foucault. Com efeito, sem minimizar as contribuições pioneiras de Hannah Arendt e Walter Benjamin à abordagem dessa problemática, foi ele, em meu entender, quem posicionou e desenvolveu de forma mais substancial esse misto de campo problemático e análise de uma forma particular de governo (de governamentalidade) dos indivíduos e das coletividades.

Não bastasse isso, parte considerável das dificuldades que tornam difícil a definição e a compreensão da biopolítica, pelo menos no plano intelectual, talvez se deva, sobretudo, ao fato de essa noção – sua história e todos os temas e posições de problemas que ela envolve – ainda se encontrar mais ou menos circunscrita a alguns discursos minoritários –filosóficos, sociológicos, de crítica cultural, histórico-políticos – posicionados relativamente à margem do pensamento dito crítico e/ou progressista, de cunho jurídico-político e/ou filosófico-jurídico, hegemônico em nossos dias, tanto nas universidades e em outros centros de pesquisa, como nos movimentos sociais e organizações não-governamentais. Esses discursos minoritários, em maior ou menor medida, estão em afinidade com um pensamento pós-crítico, cuja singularidade, no mais das vezes, prima pela desconstrução e pela afirmação da diferença, e que deve muito à *arqueogenealogia* e à *ontologia do presente*.[4]

Acredito que uma mudança de acento vem se operando nos últimos anos em relação a essa questão, alterando a atitude e a disposição de teóricos e educadores. Em primeiro lugar, com a publicação da versão brasileira de *Ditos e escritos*, assim como com a publicação em nossa língua de alguns dos cursos ministrados por Foucault no *Collège de France*, temos tido a oportunidade de rever e alargar nossas investigações para outros domínios e problemas explorados por esse filósofo, particularmente aqueles que marcam sua produção tardia. Em decorrência disso, temas ligados

---

[4] Com efeito, Foucault serve de intercessor privilegiado para possíveis abordagens à *biopolítica* ou a temas que lhe são correlatos, as quais tomam as formulações desse filósofo para operar seja num regime de ressonância, seja de desdobramento e aprofundamento. Tais seriam os casos de Gilles Deleuze, Félix Guattari, Antonio Negri, Michael Hardt, Peter Pál Pelbart, Maurizio Lazzarato, Giorgio Agamben, Roberto Sposito e Susan George, entre outros.

à governamentalidade, à ética, aos modos de subjetivação (relação a si), à resistência, em suas relações com o *biopoder* e a *biopolítica*, na passagem das sociedades disciplinares às sociedades de controle, ganham relevância, instigam curiosidade e abrem novas perspectivas de análise.[5]

Num período em que, como afirma Giorgio Agamben, as democracias representativas governam cada vez mais lançando mão do sombrio expediente do "Estado de exceção"; em que, segundo Manuel Castells, diversos povos, etnias e regiões do planeta são tratados como estruturalmente "irrelevantes" para o sistema capitalista; em que, conforme anteviu Gilles Deleuze, adentramos, pela via da comercialização das experiências humanas e pela revolução nas novas tecnologias da inteligência e da comunicação, em "sociedades de controle"; em que, por fim, educadores, intelectuais, políticos, juristas e ativistas discutem tão apaixonadamente sobre processos de inclusão e exclusão; como não perceber que as questões aí implicadas estão diretamente ligadas à *biopolítica*?

---

[5] Ver, a título de exemplo, as atividades desenvolvidas pelo "Grupo de Estudos e Pesquisas em Currículo e Pós-Modernidade", criado em março de 2001, sediado em Porto Alegre, e que reúne um grupo de pesquisadores e pesquisadoras ligados à Universidade Luterana do Brasil (ULBRA) e à Universidade Federal do Rio Grande do Sul (UFRGS), sob a coordenação de Alfredo Veiga-Neto.

Qualquer livro do nosso catálogo não encontrado nas livrarias pode ser pedido por carta, fax, telefone ou pela Internet.

✉ Rua Aimorés, 981, 8º andar – Funcionários
Belo Horizonte-MG – CEP 30140-071

📱 Tel: (31) 3222 6819
Fax: (31) 3224 6087
Televendas (gratuito): 0800 2831322

@ vendas@autenticaeditora.com.br
www.autenticaeditora.com.br

Este livro foi composto com a tipografia ACaslon-Regular e impresso em papel Ap 75g. na Formato Artes Gráficas.
